# 日本敗戦の代償—

## 神道指令・著作権・戦時加算

大家重夫・川上拓美　共編

青山社

# はじめに

## 一

シャーロック・ホームズの作者イギリス人アーサー・コナン・ドイルは、一八五九年生まれで、一九三〇年に七二歳で死亡した。「星の王子さま」の作者フランス人アントワーヌ・ド・サンテグジュペリは、一九〇〇年生まれで、一九四四年に四四歳で亡くなった。

イギリスとフランスは、ベルヌ条約加盟国であるから、ドイルもテグジュペリも日本では、日本人と同じ待遇を受け死後五〇年で著作権が切れる筈だった。

ドイルのものは、一九八〇年（昭和五五年）一二月三一日に、テグジュペリは、一九九四年（平成六年）一二月三一日に著作権が切れて、翌日から、自由に翻訳出版できる筈であった。

ところが、日本は、先のあの戦争、第二次世界大戦で、イギリス、フランスとも戦い、敗戦したため、懲罰として、「一九四一年（昭和一六年）一二月七日の戦争開始日から、対日平和条約締結日まで、戦勝国の人々の著作権を保護しなかった」という理由で、著作権の保護期間にそれぞれ、約一〇年五月を加算することを強制されることになった。

ドイルの著作権は、一九九一年五月二二日に、テグジュペリの著作権は、二〇〇五年五月二一日に著作権が切れたのである。この制度を著作権の戦時加算制度という。

本書では、川上拓美の論文「戦時加算問題、その経緯と取組み～著作権の戦後はまだ終わっていない～」を第六章に収録している。

## 二

第一章には、あの戦争で日本は敗戦したが、どの国と戦ったのか。

編者二人は、アメリカ合衆国、英国、オランダ、中華民国・国民党政府とは戦った実感があるが、講和条約では、多くの国が戦勝国となっている。一方、日本は、ドイツ、イタリアと三国同盟を結んでいたが、ハンガリー、ルーマニア、ブルガリア、スロバキア、タイ王国、満州国、汪兆銘政権、ビルマ国も日本側についていた。これらの国の名前を日本人はすっかり、忘れてしまった。

編者（大家重夫）は、ハーバート・フーバー、ジョージ・H・ナッシュ編、渡辺惣樹訳「裏切られた自由」（草思社・二〇一七年）、ジョン・アール・ヘインズ&ハーヴェイ・クレア「ヴェノナ」（PHP研究所・二〇一〇年）、宮崎正弘・渡辺惣樹「激動の日本近現代史」（ビジネス社・二〇一七年）、ハミルトン・フィッシュ「ルーズベルトの開戦責任」（渡辺惣樹・訳）（草思社文庫・二〇一七年）、山田順「永久属国論」（さくら舎・二〇一七年）、江崎道朗「アメリカ側から見た東京裁判史観の虚妄」（祥伝社新書・二〇一六年）その他、本文中で明示した諸氏の論考を読み、これらの説は納得がいくので、採用し、第二次世界大戦について記述した。

## 三

第二章では、日本人に、「大東亜戦争」「八紘一宇」の言葉を公文書に使用することを禁止した「神道指令」とE・H・ノーマンが起草したとされる「人権指令」（天皇に関する自由討議、政治犯釈放、思想警察全廃、治安維持法など弾圧法規の撤廃）を掲載した。

また大家重夫が司会をした座談会「終戦直後の宗務行政」（昭和五八年、「宗務時報」六五号）が―三六年前のものであるが―参考になると考え再掲した。掲載について、福田繁著作権継承者秋山恵子様、渋川謙一著作権継承者渋川孝子様、河和田唯賢著作権継承者河和田唯彰様、阿部美哉著作権継承者阿部温子様から再掲のご快諾をいただいた。感謝致します。

## 四

第三章では、「占領下の著作権事情」を中心に、著作権に関係した文章を収録した。

占領軍は、当初は、日本に陸海軍を持たせず、重工業も認めず、日本人が再び、戦争を起こさないよう弱体化の方針であった。また日本人に「民主主義」を植え付けようと精神面の改造も意図した。そのためには、占領目的に有害な「著作物」が外国から輸入されることを禁止し、日本の戦前、戦中の（占領軍の考える）有害な著作物を「廃棄」させた。

翻訳出版も許可制にし、郵便検閲もGHQ（その機関のCCD）によって行なわれた。外国人の著作物を翻訳し、日本人の著作物を翻訳させ、互いに著作権使用料をやりとりする「著作権」の問題は、後回しにし、あるいは、棚上げし、検閲など言論統制を優先したと思う。

昭和二〇年当時、占領軍のアメリカ合衆国は、方式主義をとり、ベルヌ同盟国でなく、日本は、フランス、イギリス、ドイツのヨーロッパの国々とともにベルヌ同盟国であったため、占領軍のアメリカ人には、適切な措置を思いつかなかった、ことも一つの原因とも思う。

東海大学教授法貴次郎（一九〇六—二〇〇五）は、昭和二〇年代、三〇年代、当時の文部省の著作権課員で、一九五四年にジュリストに「占領政策と外国著作権」を発表した。この論文をご遺族黒田慶子様のご承諾を得て収録することが出来た。黒田様に感謝する。

著作権を担当したGHQ民間情報教育局のドン・ブラウンについては、中武香奈美氏など横浜開港資料館の方々の研究成果に多くを負っている。われわれは、十分に研究成果を咀嚼していないが、今後、研究者は、横浜開港資料館発行の資料を利用すべきである。

## 五

第四章には、八人の著作権研究者を選び、戦前・戦中・戦後の足跡をたどった。

著作権研究者、一般の方々の参考に資すると考えここに掲載した。

## 六

日本人は、カタカナ、ひらがなと共に中国人の使う漢字も使用している。日本人が西洋語を日本語に翻訳した用語を中国人が取り入れて、同じ用語として使用する事例も多い。

日本人は、江戸時代から、中国大陸の国について、「支那」という呼称を使っていたが、中国人は、一九三〇年代から、「支那」を使わないで欲しいと主張していた。

占領下の日本政府に中華民国の国民党政府が、「支那」を使わないように申入れした。この要求に対応して、岡崎勝男外務省総務局長が各省庁、関係機関、新聞界へ、通達を発した。

高島俊男は、この通達を「戦敗国政府のくちおしさをにじませた苦心の通達」と評している。(「本が好き、悪口いうのはもっと好き」(大和書房・一九九五年)一一二頁)。

この通達は、「歴史的地理的又は学術的の叙述」「例えば、東支那海とか日支事変」は、かまない、とされていた。ところが、日本の多くの新聞社、出版社は、「支那」を一斉に、徹底的に排除し、多くの著作者は、これに従った。少数の著作者、評論家がこれについて、異議を唱えており、編者が知る限りの意見を掲載した。

## 七

第六章は、冒頭にのべたように編者(川上拓美)の「著作権の戦時加算」制度を収録した。

## 八

第七章には、本書に関連するＧＨＱ(General Headquarters)の指令などを収録した。紙幅の都合で、英語の原文を掲載できなかった。

「第八章　日米安全保障条約」は、トランプ大統領が、日米安全保障条約について、たびたび不公平であると発言されているので(たとえば二〇一九年六月二七日各紙)、ここに条約の翻訳文を掲載し、コメントを付した。

## 九

川上拓美も大家重夫も文化庁文化部著作権課に、同時ではないが、席を置いた者で、川上拓美はその後、日本音楽著作権協会に勤務し、著作権の実務を体験した。大家重夫は、著作権課に約五年、宗教法人を所管する文化庁宗務課に二年、五三歳の時、文部省を退職、二二年間、久留米大学法学部で著作権法を中心に講義した。

本書が成るにあたっては、編者（大家重夫）は、特に宮田昇（一九二八―二〇一九）の「翻訳権の戦後史」（みすず書房・一九九九年）および色摩力夫（一九二八―）「日本の死活問題」（グッドブックス・二〇一七年）を読み、刺激を受けている。色摩力夫は、国連という訳語がおかしい、「不幸な呼称」といわれ（前掲書一〇八頁）、また、国連憲章には、「国連加盟国は、現状維持に反するとの理由があれば日本を武力攻撃してもよい」と「そうとれる条項」（敵国条項）があるとされる（同一一二頁）。

本書は、色摩力夫の指摘する「敵国条項」とともに、「著作権の戦時加算」も約七〇年経過しており、廃止されて然るべきであるという主張の書でもある。

本書は、多くの分野の先達の方々の業績に負っており、感謝する。本書の一部分でも、国際政治、著作権、宗教などの分野に関心のある方々の眼に触れ、ご参考になれば幸甚である。

本書を発行してくださった青山社および同社の野下弘子氏、また、表紙デザインを描いて下さった葛本京子氏には、感謝する次第である。

二〇一九年九月三〇日

大家　重夫
川上　拓美

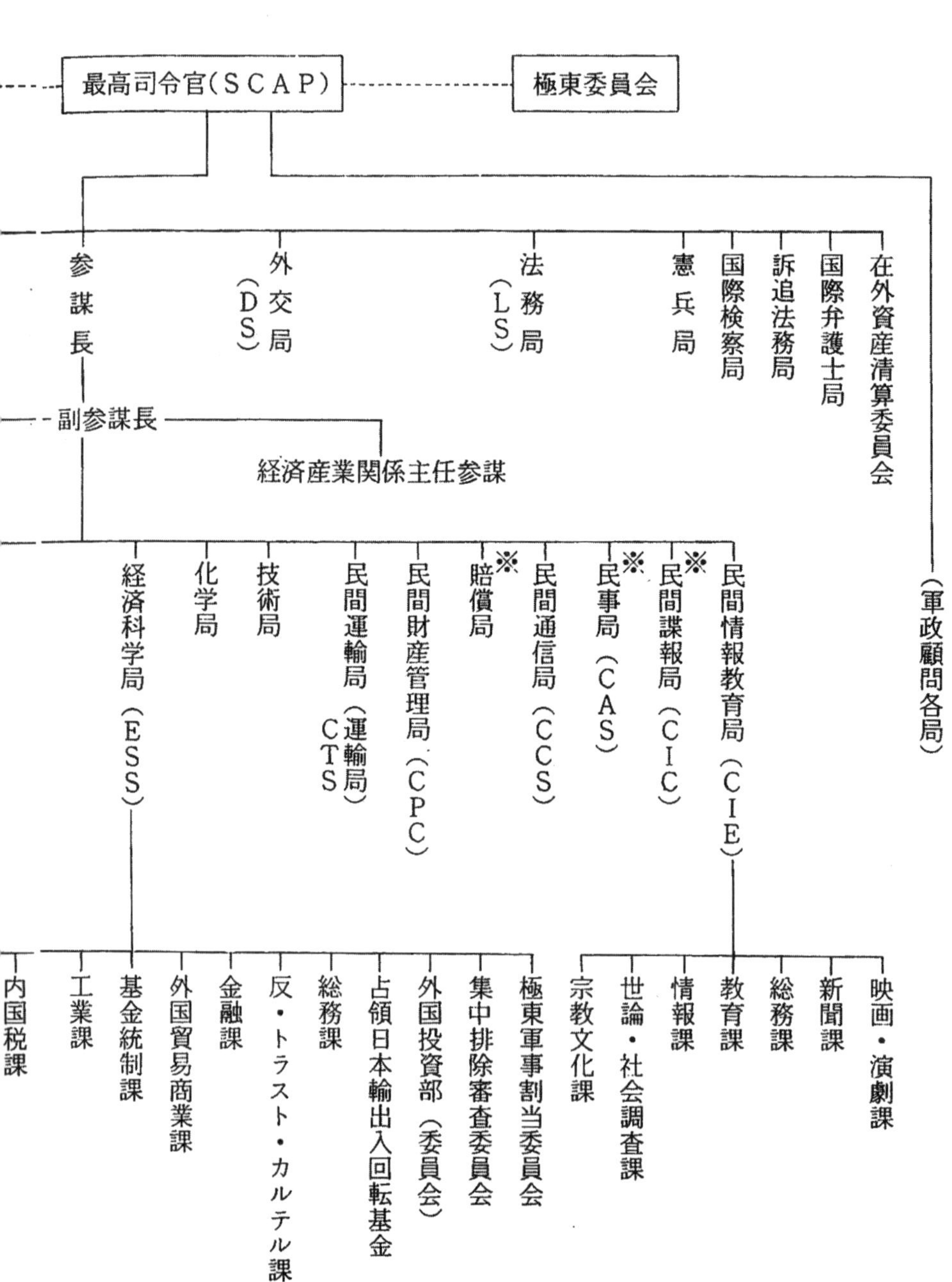
日本占領軍行政機構
最高司令官(SCAP)
極東委員会
参謀長
外交局(DS)
法務局(LS)
憲兵局
国際検察局
訴追法務局
国際弁護士局
在外資産清算委員会
(軍政顧問各局)
副参謀長
経済産業関係主任参謀
経済科学局(ESS)
化学局
技術局
民間運輸局(運輸局CTS)
民間財産管理局(CPC)
※賠償局
民間通信局(CCS)
※民事局(CAS)
※民間諜報局(CIC)
民間情報教育局(CIE)
内国税課
工業課
基金統制課
外国貿易商業課
金融課
反・トラスト・カルテル課
総務課
占領日本輸出入回転基金
外国投資部(委員会)
集中排除審査委員会
極東軍事割当委員会
宗教文化課
世論・社会調査課
情報課
教育課
総務課
新聞課
映画・演劇課

※おくれて設置

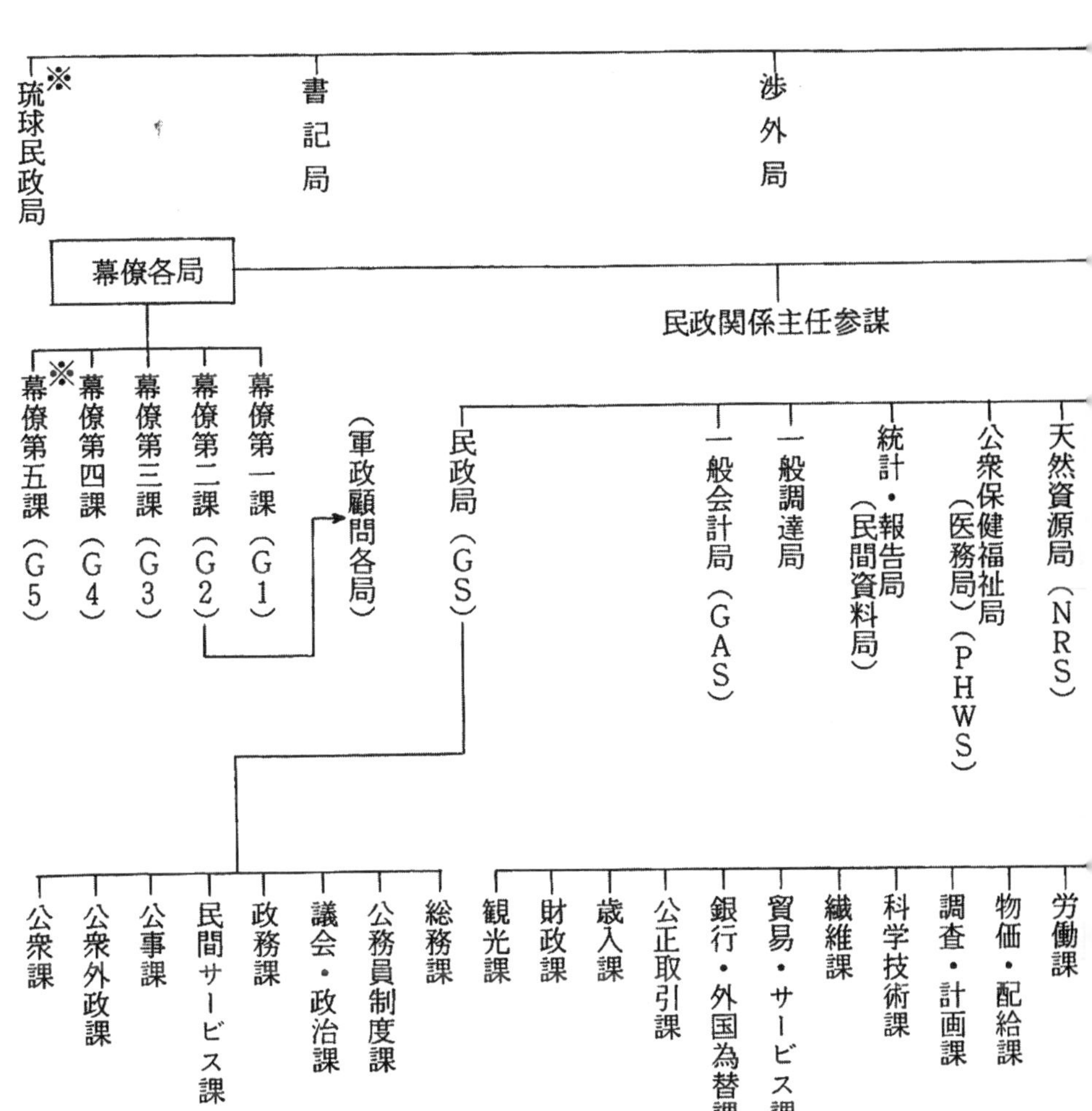
対日理事会
琉球民政局※
書記局
渉外局
幕僚各局
民政関係主任参謀
幕僚第五課（G5）※
幕僚第四課（G4）
幕僚第三課（G3）
幕僚第二課（G2）
幕僚第一課（G1）
（軍政顧問各局）
民政局（GS）
一般会計局（GAS）
一般調達局
統計・報告局（民間資料局）
公衆保健福祉局（医務局）（PHWS）
天然資源局（NRS）
公衆課
公衆外政課
公事課
民間サービス課
政務課
議会・政治課
公務員制度課
総務課
観光課
財政課
歳入課
公正取引課
銀行・外国為替課
貿易・サービス課
繊維課
科学技術課
調査・計画課
物価・配給課
労働課

# 目次

はじめに　iii
日本占領軍行政機構　viii

## 第一章　大東亜戦争とは何だったのか（大家重夫）　1

一．日本は、どの国と戦争をしたか　1
1．日本敗戦・一九四五年九月の状況　1
2．サンフランシスコ平和条約と著作権戦時加算　8
3．連合国＝国連　10
二．真珠湾奇襲と大東亜戦争を考える　13
1．大東亜戦争　13
2．占領と神道指令　15
3．サンフランシスコ平和条約　19
4．真珠湾奇襲は合法か　20
5．ハミルトン・フィッシュ　23
三．大東亜戦争はルーズベルトが日本を挑発し、先制攻撃させたのか　36
1．歴史修正主義　36
2．日本敗戦直後に「日本は嵌められた説」があった　37
3．戦後五〇年になって、アメリカから「日本は嵌められた説」が出現　38
4．「ヴェノナ」公表後の日本の出版界　41

**第二章　人権指令と神道指令**　48
一．資料・人権指令―政治、民権ならびに信教の自由に対する制限の撤廃に関する覚書　48
二．資料・教育制度の管理に関する指令　54
三．資料・新聞ならびに言論の自由に関する指令　55
四．資料・神道指令　56
五．資料・日本の郵便切手及び通貨のデザインにおける特定の主題の禁止　60
六．資料・地域組織による神道の財政援助と支援　61
七．資料・宗教団体が使用中の国有地の処分の件　62
八．資料・公葬等について（内務、文部事務次官通牒）　64
九．座談会「終戦直後の宗務行政」**（福田繁・渋川謙一・河和田唯賢・阿部美哉・大家重夫）**　68
一〇．バンス大佐と神道指令**（大家重夫）**　119

**第三章　戦争と著作権**　123
一．占領下の著作権事情―対日占領政策と著作権**（大家重夫）**　123
1．戦争を始めたが敗北した　123
2．連合国軍総司令部（ＧＨＱ）による行政　127
3．ＧＨＱの組織とこれを構成した人々　132
4．ＧＨＱの著作権行政、内務省の廃止、文部省、著作権室設置　142
5．ＧＨＱは、覚書を発出する　147
6．回状第一二号　149
7．用紙割当・外国図書翻訳許可。入札制度　155
8．外国図書の翻訳の許可・不許可の事例　157
9．東久邇宮内閣・幣原内閣・一次吉田内閣・片山内閣、芦田内閣　162

10．フォルスター事務所は昭和四九年末まで存続した　165
11．中華人民共和国・朝鮮戦争・対日平和条約　168
二．資料「回状第一二号」　170
三．占領政策と外国著作権（**法貴次郎**）　178
1．はしがき　178
2．総司令部回状第一二号　179
3．外国人に移転された著作権の登録及び保護に関する政令　186
4．文部事務次官通牒　188
5．対日平和条約の発効　192
四．資料・金融の取引の統制に関する覚書（一九四五年九月二二日）　197
五．資料・日本に於ける外国人所有の著作権の登録及び保護に関する件　199
六．資料・著作権法改正に関する請願　201
七．資料・ベルヌ条約の翻訳条項に対する日本の留保の経緯と日米間の翻訳自由の再現に関する要望　205
八．資料・著作権法改正に関する件　208
九．一九八九年以前の米国著作権制度（**大家重夫**）　209
1．アメリカ合衆国憲法の特許・著作権条項　209
2．ベルヌ条約に対するアメリカの態度　211
3．外国人著作者の保護と製造条項（manufacturing clause）　213
4．合衆国は二国間又は特別条約で外国人著作者を保護　214
5．日本、著作権法を制定し、ベルヌ条約に加盟　215
6．アメリカ著作権法の改正　217
7．日米間著作権保護ニ関スル条約　217
8．ベルヌ条約ベルリン会議での翻訳権一〇年留保　220

9．ベルヌ条約の「同時発行（simultaneous publication）」 221
10．日米の戦争と日本敗戦 221
11．アメリカ、万国著作権条約に加入 222
12．アメリカ、ベルヌ条約に入り、ベルヌ加盟国となる 222
一〇．ノルマンディー上陸作戦の史跡レストランと著作権・所有権（**大家重夫**） 225
はじめに 225
1．第二次世界大戦 225
2．ノルマンディー上陸作戦とカフェ・ゴンドレ（CAFÉ GONDRÉE） 227
3．建物の所有者が、所有権で訴訟を提起する 228
4．破棄院判決をめぐって 233
5．日本は、旧著作権法時代、「所有権」をどう考えたか 235
6．一九七〇年著作権法―二五条、四五条、四六条、四七条 237
7．一九七〇著作権法下での「所有権」 238
8．所有権、著作権、パブリシティ権に関係した判決例 240
9．フランス破棄院判決とフランス知的所有権法典一一一条の三第一項 254
10．日本ではどうあるべきか―日本の関連判例へのコメント 255
むすび 258
一一．メーテルリンク「青い鳥」と著作権（**大家重夫**） 263

## 第四章　戦前・戦中・戦後の著作権研究者（大家重夫） 269

一．大東亜戦争と著作権研究者
―宮田昇、プラーゲ博士、水野錬太郎、山下博章、小林尋次、城戸芳彦、伊藤信男、国塩耕一郎 269
はじめに 269

1．宮田昇（一九二八―二〇一九） 269
2．プラーゲ博士（一八八八―一九六九） 273
3．水野錬太郎（一八六八―一九四九） 276
4．山下博章（一八九八―一九四三） 278
5．小林尋次（一九〇〇―一九七七） 279
6．城戸芳彦（一九〇〇―一九七三） 280
7．伊藤信男（一九一〇―一九九〇） 282
8．国塩耕一郎（一九〇五―一九八六） 283
二．法貴次郎東海大学教授と著作権 288
1．出生から東京帝大卒業まで 288
2．文部省へ転職 290
3．文部省、動き始める 291
4．昭和二六年九月八日、日本国との平和条約調印 292
5．法貴次郎は、何故退任したか 294
6．東海大学教授を二二年務める 296
7．宮田昇「翻訳権の戦後史」に遭遇する 297
**第五章　呼称について（大家重夫）** 301
一．「支那」という呼称 301
**第六章　戦時加算問題、その経緯と取組み**
**～著作権の戦後はまだ終わっていない～（川上拓美）** 310
はじめに 310

一．日本の戦時加算とは何か　311
1．戦時加算に関する規定　311
2．対象国と戦時加算期間　315
3．戦時加算の対象となっている作家の作品の利用　316
4．平和条約に署名していない連合国等　317
二．日本にのみ戦時加算が課せられた経緯等　319
三．制度としての戦時加算はヨーロッパに始まる　321
1．第一次世界大戦後の戦時加算の状況　321
2．フランスにおける戦時加算制度導入の経緯　322
3．第二次世界大戦後の戦時加算の状況　323
四．ヨーロッパにおける保護期間の延長と戦時加算の取扱い　326
五．保護期間の延長と戦時加算に関する学説　327
六．日本における戦時加算問題に関する動き　330
1．条約締結時における政府答弁　330
2．昭和四四年著作権法改正案と戦時加算の取扱い　332
3．昭和四五年著作権法改正案と戦時加算の取扱い　336
七．戦時加算に関する審議会の検討状況　340
八．知的財産推進計画と戦時加算　349
九．CISAC（著作権協会国際連合）の決議　350
一〇．「著作権問題を考える創作者団体協議会」の活動　352
一一．戦時加算に関する判例　354
1．著作権侵害排除等請求事件（ミュシャの絵画の戦時加算事件）　354
2．リヒャルト・シュトラウスの著作権に関する諸事件　355

二二．ＴＰＰ協定及び日ＥＵ・ＥＰＡ協定における戦時加算問題の取扱い　358
1．ＴＰＰ協定　358
2．アメリカのＴＰＰからの脱退とＴＰＰ11協定の締結　376
3．日ＥＵ・ＥＰＡ協定　380
二三．資料・［平和条約関係］　389
1．日本国との平和条約　389
2．平和条約第一二条に基づく著作権に関する内国民待遇の相互許与に関する日米交換公文　400
3．連合国及び連合国民の著作権の特例に関する法律　410
4．日米間著作権保護に関する条約　413

**第七章　宗教・言論統制・著作権等についての覚書・指令・法律等の題名**（大家重夫）　414
一．資料１　414
二．資料２　430
三．資料３　430

**第八章　日米安全保障条約**（大家重夫）　432

判例索引
人名索引

# 第一章　大東亜戦争とは何だったのか

大家重夫

## 一．日本は、どの国と戦争をしたか

### 1．日本敗戦・一九四五年九月の状況

昭和一二年（一九三七年）七月七日、中国の北京郊外盧溝橋で、蒋介石の中国国民党軍と日本軍が衝突し、「支那事変」が始まった。

ドイツは、昭和一四年九月一日、ポーランドに侵攻した。

昭和一六年一二月八日、日本はアメリカが経済制裁をし、イギリス、オランダもこれに同調しているとして、ハワイの真珠湾を攻撃し、マレー沖のイギリスの軍艦を沈没させた。

日本政府は、同年一二月一二日、閣議で、戦争の名称を、支那事変を含め「大東亜戦争」と決定した。

日本は、昭和一五年九月二七日、ドイツ、イタリアと三国同盟を結んだ。

日本の真珠湾攻撃によって、アメリカ、イギリス、オランダ、のちにロシア、中国国民党政府等とドイツ、イタリア、日本が戦う構図となり、ドイツの昭和一四年侵攻は、「第二次世界大戦」の始まりとされた。

第二次世界大戦は、United Nations（連合国）と the Axis（枢軸国）の戦いとされた。

昭和二〇年（一九四五年）九月二日、日本が、降伏文書に署名して、大戦が終わった。

「枢軸国」とは、一九三六年、ムッソリーニがローマとベルリンを結ぶ垂直線を枢軸として交際関係は展開する

と演説したことに由来する。

当時、勝者である連合国と敗者である枢軸国の状況は、次のようである。

山田順「永久属国論」(注1)に依拠して、山田が表示した一九四五年当時の国名を列挙する。便宜上、番号を附した。

**連合国**

1．アメリカ合衆国、2．イギリス、3．ソビエト連邦、4．中華民国、5．自由フランス、6．ポーランド(亡命政権)、7．オランダ(亡命政権)、8．ベルギー(亡命政権)、9．ルクセンブルグ(亡命政権)、10．ノルウェー(亡命政権)、11．デンマーク(ドイツ占領下)、12．ユーゴスラビア(亡命政権)、13．ギリシャ(亡命政権)、14．カナダ、15．オーストラリア、16．ニュージーランド、17．南アフリカ、18．コロンビア、19．エル・サルバドル、20．コスタリカ、21．ドミニカ共和国、22．ニカラグア、23．ハイチ、24．グアテマラ、25．ホンジュラス、26．パナマ、27．メキシコ、28．キューバ、29．イラク、30．リベリア、31．アイスランド(デンマーク領から英米保護)、32．エクアドル、33．ペルー、34．パラグアイ、35．ベネズエラ、36．ウルグアイ、37．トルコ、38．シリア、39．イラン、40．サウジアラビア、41．ネパール、42．アルゼンチン(一九四五年、対枢軸国に参戦)、43．チリ(対日参戦のみ)、44．ブラジル、45．モンゴル、46．イタリア王国(一九四三年連合国に降伏後参戦)、47．ルーマニア(一九四四年以後)、48．ブルガリア(一九四四年以後)、49．スロバキア、50．フィンランド(対英ソ講和、ラップランド戦争後一九四五年対ドイツ参戦)。

**枢軸国**

1．ナチスドイツ、2．大日本帝国、3．イタリア王国(一九四三年に降伏)、4．イタリア社会共和国、5．ハンガリー、6．ルーマニア、7．ブルガリア、8．スロバキア、9．フィンランド(対ソ英講和前)、10．クロアチア独立国(大戦中に一時独立)、11．仏ヴィシー政権、12．タイ王国、13．満州国、14．汪兆銘政権、15．ビルマ国。

**中立国**

1．ポルトガル、2．スイス、3．スウェーデン、4．バチカン、5．アイルランド、6．アフガニスタン、7．リヒテンシュタイン、8．アンドラ、9．スペイン

この一九四五年八月一五日当時の日本の敵、味方の一覧表を見て、「その後の世界情勢から考えると勝者と敗者の区別がまったくつかない」と山田順（前掲書一六二頁）は言われる。まったく同感である。

中立国にあげたスペインは、一九三九年二月、フランコ将軍の政権をフランス、イギリス、のちにアメリカも承認し、同年四月一日、マドリッドで、フランコは、内戦終結を宣言した。フランコ政権は、一九四四年二月、ドイツ（一九四四年五月、無条件降伏）、日本が敗れそうだと判断したが、それまで、枢軸国よりであった。

フロレンティーノ・ロダオは、（深澤安博外翻訳）「フランコと大日本帝国」（晶文社・二〇一二年）七四頁で、次のように述べている。

「たとえば、スペインは三国同盟に密かに支持を与えて日本と連携したが、それが秘密裏におこなわれたことが幸いし、この時期の小さな罪を葬り去ることに成功した。」「連合国の批判に対し、フランコ政府は知らないし、効力もないとして取り合わなかった。」

ちなみに、一九四〇年七月二二日成立の第二次近衛内閣の松岡洋右外務大臣は、須磨彌吉郎を駐スペイン公使に任命した。須磨は、日本敗戦までマドリッドに留まった。

一九三九年九月一日、ドイツ、ポーランドに侵攻し、第二次世界大戦が始まった。

一九四〇年七月一〇日、イタリアが第二次世界大戦に参戦した。

同年七月二二日、第二次近衛内閣が成立した。松岡洋右外相、東条英機陸相である。

同年九月二七日、ベルリンで、松岡洋右外相は、日独伊三国同盟に調印した。

フロレンティーノ・ロダオは、次のように述べている。

「三国同盟の交渉で松岡外相に渡された文案には、日本政府が手に入れようとした領土のリストが記載されていた。それは日本の並はずれた野心を表している。旧ドイツ領ミクロネシア（すでに国際連盟のC式委任統治によって日本の支配下にあった）の承認だけでなく、インドシナ、仏領ポリネシア諸島、タイ、マレーシア、ビルマ、英領ボルネオ、オランダ領東インド、オーストラリア、ニュージーランド、そしてインドまで含まれていた。その上この長いリストの終わりには、万が一の場合に備えて「等」と書き加えられていた。この先行き不透明な激動の時代に、要求には制限を設けない方がよいということらしい(注2)」

ここには、フィリピンが含まれていなかった。このことについてロダオは、「日本は、アメリカとの正面衝突をできる限り避けようとしていたため、フィリピンをあまり不安に陥れないように注意していた。」からだという(注3)。

一九四一年（昭和一六年）四月一三日、、松岡外相は、モスクワで、日ソ中立条約を締結する。同年六月二二日、ドイツ軍は、ソ連攻撃を開始した。

近衛首相は、対米交渉を行う上で、三国同盟を推進し、日ソ中立条約を結んだ松岡外相の存在をアメリカは不満に思っていると考えた。

一九四一年七月一八日近衛首相は、松岡外相を排除するため、内閣総辞職を行い、海軍大将・豊田貞次郎を外相に、貴族院議員田辺治通を内相に、貴族院議員小倉正恒を蔵相に充てる第三次近衛内閣を発足させた。東条英機陸軍大臣は、留任させた。同年一〇月一六日、「第三次近衛内閣、陸軍の中国撤兵反対の強硬姿勢で和戦の最終的決断下せず総辞職した(注4)。」

一一月一日、大本営政府連絡会議

一一月五日、御前会議。

一一月一五日、連絡会議。

一一月二六日、アメリカ国務長官ハル、「乙案」拒否、日本軍の全面撤退、三国同盟の空文化など新提案。

一二月一日、御前会議。

一二月八日、日本、アメリカ、ハワイの真珠湾を攻撃した。

一二月一一日、ドイツ、イタリアが、アメリカに宣戦布告した。

一二月一二日の閣議で、戦争の名称を、支那事変を含め「大東亜戦争」と名付けた。


一九四五年（昭和二〇年）八月一四日、御前会議にて、天皇の統治権不変更の了解のもとにポツダム宣言受諾を決定した。

八月一五日、玉音放送が行われ、戦争が終わると、鈴木貫太郎内閣は、総辞職した。

八月一七日、東久邇宮稔彦内閣が成立した。外務大臣に重光葵が就任した。

九月二日、東京湾に浮かぶアメリカ戦艦ミズーリ号上で、降伏文書に全権の重光葵、梅津美治郎が調印した。

九月九日、マッカーサーは、日本管理方式について間接統治を行うと声明した。

重光外相は、八月二六日、外務省の外局として、はじめ横浜に横浜終戦連絡委員会をおき、鈴木九萬（ただかつ）を委員長にし、のち、終戦連絡中央事務局となった。九月一七日、重光外相が辞職し、吉田茂が外相に就く。

一〇月五日、東久邇内閣総辞職、一〇月九日、幣原喜重郎内閣成立し、吉田茂がひきつづき、外相となる。

聯合国軍総司令部から日本政府への命令は、終戦連絡中央事務局を通すことが決められた。

日本政府へは、戦勝国と称する多くの国から、賠償の要求など持ち込まれていたと想像する。日本政府は、終戦連絡中央事務局を経由して、どの国が戦勝国である「連合国」か問い合わせた。

連合国軍最高司令部も、即座に確定できず、次のように三回も覚書を出している。

１「聯合国」「中立国」及ビ「敵国」ノ定義ニ関スル覚書（一九四五年一〇月三一日、日本管理法令研究第一巻

第四号左六七頁、右四九頁）

2　連合国、中立国、敵国、特殊地位及び地位未決定の国の定義に関する覚書（一九四七年八月四日、日本管理法令研究第一九号左五七頁、右三六頁）

3　連合国、中立国、敵国、特殊地位及び地位未決定の国の定義に関する覚書（一九四八年六月二一日、日本管理法令研究第二四号左三一頁、右五七頁）

三番目の文書をここに掲載する。

連合国、中立国、敵国、特殊地位及び地位未決定の国の定義に関する覚書（SCAPIN1912）（一九四八年六月二一日）（日本管理法令研究第二四号）

1，取消文書一九四七年八月四日附上記主題の件

2，命令、覚書または指令において「連合国」という場合は常に、反対の意味の指示のない限り、右の語は、一九四二年一月一日連合国宣言の調印国または、其の後の国際連合憲章加盟国たる以下の諸国を意味し且つ包含するものと解されなばならない。

1．アフガニスタン、2．アルゼンチン、3．オーストラリア、4．ベルギー、5．ボリヴィア、6．ブラジル、7．ビルマ、8．白ロシア、9．カナダ、10．チリー、11．中華民国、12．コロンビア、13．コスタ・リカ、14．キューバ、15．チェッコスロバキア、16．デンマーク、17．ドミニカ共和国、18．エクワドル、19．エジプト、20．エル・サルヴァドル、21．エチオピア、22．フランス、23．ギリシア、24．グアテマラ、25．ハイチ、26．ホンジュラス、27．アイスランド、28．インド、29．イラン、30．イラク、31．レバノン、32．リベリア、33．ルクセンブルグ、34．メキシコ、35．オランダ、36．ニュー・ジーランド、37．ラカラガ、38．ノルウェイ、39．パキスタン、40．パナマ、41．パラグアイ、42．ペルー、43．

ポーランド、44．フィリピン共和国、45．サウジ・アラビア、46．シャム、47．スウェーデン、48．シリア49．トルコ、50．ウクライナ、51．南亜連邦、52．ソヴィエト連邦．53．イギリス王国、54．アメリカ合衆国、55．ウルグアイ、56．ヴェネズエラ、57．イエメン、58．ユーゴスラヴィア

3，命令、覚書または指令において、「中立国」とある場合には、反対の意味の指示なき限り、右の語は次の各国を意味し且つ包含するものと解されねばならない。

1．アフガニスタン、2．アイルランド（エール）、3．ネパール、4．ポルトガル、5．スペイン、6．スウェーデン、7．スイス、8．イエメン

アフガニスタン、スウェーデン及びイエメンは、交戦国でなかったから、現在国際連合憲章加盟国ではあるが、同時に「中立国」と分類されている。

4，命令、覚書または指令において、「敵国」とある場合は、反対の意味の指示なき限り、次の各国を意味し且つ包含するものと解さねばならない。

1．ドイツ、2．日本

5，次の各国は、第二・第三・第四項に言及された三部門のいずれにも属しないものとして扱われる・ただし右三類別の一またはそれ以上の指定ある場合は、この限りでない。右諸国は一括し「特殊国」といわれる。

1．オーストリア、2．ブルガリア、3．セイロン、4．エストニア、5．フィンランド、6．ハンガリア、7．イタリア、8．朝鮮、9．ラトヴィア、10．リスアニア、11．ルーマニア、12．シャム（タイ国）。

シャムは現在国際連合憲章加盟国であるが、同時に本項にも記載する。

6，次の一国は、第二、第三、第四及び第五項に言及された部門のいずれにも属しないものとして扱われ、「地位未定国」と呼ばれる。

アルバニア

アルバニアが、「未定の地位」にあるとされているのが興味を引く。一九七一年一〇月、アルバニア人民共和国が国連総会で提案した（中華人民共和国の中国代表を認め中華民国政府（台湾・国民党）を追放する）決議が採択された。この決議で、中華民国（台湾）は、国連の安保理常任理事国の地位を失い、中華人民共和国に交代させられたのであった。

## 2．サンフランシスコ平和条約と著作権戦時加算

連合国と日本国との平和条約は、一九五一年（昭和二六年）九月八日、サンフランシスコで、調印された。

「日本国との平和条約」（昭和二七年四月二八日条約第五号）

「第二七条　この条約は、アメリカ合衆国政府の記録に寄託する。同政府は、その認証謄本を各署名国に交付する。

以上の証拠として、下名の全権委員は、この条約に署名した。

一九五一年九月八日にサン・フランシスコ市で、ひとしく正文である英語、フランス語及びスペイン語により、並びに日本語により作成した。ＡＢＣ順に国名を掲げる。筆者が、便宜上、番号を附した。

1．アルゼンチン、2．オーストラリア、3．ベルギー王国、4．ボリヴィア、5．ブラジル、6．カンボジア、7．カナダ、8．セイロン、9．チリ、10．コロンビア、11．コスタリカ、12．キューバ、13、ドミニカ共和国、14．エクアドル、15．エジプト、16．サルヴァドル、17．エチオピア、18．フランス、19．ギリシャ、20．グアテマラ、21．ハイチ、22．ホンジュラス、23．インドネシア、24．イラン、25．イラク、26．ラオス、27．レバノン、28．リベリア、29．ルクセンブルグ大公国、30．メキシコ、31．オランダ王国、32．ニュージーランド、33．ニカラグア、34．ノルウェー王国、35．パキスタン、36．パナマ、37．パラグアイ、38．ペルー、39．フィリピン共和国、40．サウディ・アラビア、41．シリア、42．トルコ共和国、43．南アフリカ連邦、44．グレート・ブリテン及び北部アイルランド連合王国、45．アメリカ合衆国、46．ウルグアイ、47．ヴェネズエラ、48．ベトナム、49．日本国。

日本を除く四八カ国が、勝者として、日本との条約を締結した。ソ連、中華人民共和国、台湾の国民党の中華民国は、入っていない。

一九四五年から一九五一年の間に、蒋介石の中華民国は、中国大陸から台湾に追われ、一九四九年、毛沢東の中国共産党が北京に中華人民共和国を成立させた。フィリピン（一九四六年独立）、パキスタン（一九四七年独立）、インドネシア（一九四九年独立）、カンボジア（一九四九年独立）、ラオス（一九四九年独立）、ベトナム（一九四九年独立）が独立し、勝者の側で日本との平和条約に調印した。

戦争末期の昭和二〇年、ペルー、トルコ、エジプト、シリア、レバノン、イラン、サウジアラビア、アルゼンチン、スペイン、チリ、デンマーク、ブラジル、ギリシャ、そして、八月九日、ソビエト連邦とモンゴルが、日本に宣戦布告した。

中東のレバノンは、西に地中海、南はイスラエルに接し、その他はシリアに囲まれた人口約六〇〇万人、首都はベイルートである。フランスの植民地だった。

一九四三年一一月二二日、フランスがヴィシー政権、亡命ドゴール政権の時で、植民地に対する統制力、支配力はなかった。レバノンは、運良くシリアとともに独立した。独立して間もない一九四五年二月二七日、レバノンは、日本に宣戦布告した。

レバノンは、エジプト、エチオピアとともにサンフランシスコ会議に参加した。

このレバノンには、イスラム教スンニ派、シーア派、キリスト教徒が暮らしているが、過去に、イスラエルとの戦いや激しい内戦があった。いまも反シリア派ないしシリア慎重派と親シリア派の対立がある。二〇〇五年、現在の首相、ハリーリの父親、反シリア派のラフィーク・アル・ハリーリ首相は、暗殺された。

ハリーリ首相はスンニ派、大統領はキリスト教徒、国会議長はシーア派から出して、均衡を保っているらしい。国内には、イランの支援を受けているシーア派武装組織ヒズボラがいて、ミシェル・アウン大統領は、ヒズボラと関係が深いという。

二〇一七年一一月、サウジアラビアを訪問し、三週間ぶりに帰国したレバノン首相ハリーリは、スンニ派のサウジアラビアから、シーア派のイランとは仲良くするな、と警告を受けたらしい。そのあと、パリにいき、フランス大統領マクロン大統領と会っており、旧宗主国フランスは、まだ影響力を持っているらしい。

一九九九年、日産自動車のCOOに就任し、二〇一八年一一月一九日、有価証券報告書に自身の役員報酬を過小に虚偽記載したとして、金融商品取引法違反で東京地検特捜部に逮捕されたカルロス・ゴーンは、「レバノン系ブラジル人」という。(注5)

アメリカ合衆国が誕生したのは、一七七六年である。カリブ海の黒人国家、ハイチがフランスの支配を排し、独立したのは、一八〇四年である。「西半球で起こったアフリカ人奴隷の反乱の中で最も成功した革命」といわれる。どういう経緯で、日本に対して宣戦布告したか知らないが、ハイチも日本に対し、戦勝国である。テニスの全米オープン優勝者・大坂なおみ選手の父親は、ハイチ系アメリカ人という。

サンフランシスコ会議参加のこれらの国に人気小説家や作曲家、画家がいて、日本で、今でもその作品が翻訳され、読まれたり、音楽が使われたり、絵画が放映され、画集が出版されているようであれば、国際条約により著作権の使用料を支払うが、「一種の損害賠償」として、死後五〇年(あるいは七〇年)保護期間のところ、これに、ほぼ一〇年を追加して、著作権を保護するよう約束させられている。これを「著作権の戦時加算制度」という。

そのため、戦勝国、平和条約調印国の名前を記した。

## 3．連合国＝国連

日本が真珠湾攻撃をしたのは、一九四一年一二月八日である。二三日後の一九四二年一月一日、応戦したアメリカなど二六カ国の代表は、ワシントンに集まって、ドイツ、イタリア、日本の枢軸国と戦い続ける、これらの枢軸国と単独講和をしない、大西洋憲章の原則確認などを約束した「連合国共同宣言」(Declaration by United

Nations）に調印した。(注6)

このとき、はじめて、「United Nations」が用いられた。

一九四五年四月二五日、アメリカを中心とした連合国は、ドイツ、日本が敗北し、連合国が勝利することを確信し、サンフランシスコ会議を開催し、「国際連合憲章」を作成することにした。

色摩力夫「日本の死活問題」によると連合国は、次のような手順を踏んだ。(注7)

アメリカ、イギリス、ソ連、中国（国民党）の四カ国が主催国となり、すべての「連合国」に会議への参加招請状が送付された（フランスは、主催国になることを拒否した）。

ただ、その宛先は「一九四五年三月一日までに枢軸国へ宣戦布告している国」と条件がついた。その結果、前述のように、一九四五年になって、ペルー、トルコ、エジプト、シリアなどがあわてて、宣戦布告した。

ドイツ国防軍が無条件降伏するのは、一九四五年五月七日である（日本が、降伏文書に調印したのは一九四五年九月二日である）。

一九四五年四月二五日、サンフランシスコ連合国全体会議が開催され、五〇カ国が参加した。六月二六日、「国際連合憲章（Charter of the United Nations）」が調印された。

この憲章の第五三条と第一〇七条に、「敵国条項」が規定され、現在も削除されていないことを指摘しておきたい。

敵国条項について、中西輝政教授は、こう要約されている。「第二次世界大戦で連合国の敵国だった国が戦後、再び『侵略政策』に出たり、大戦によって確定した国際秩序の現状を破壊する行動をとったときには、国連加盟国（あるいは地域の安全を保障する機構）は安保理の許可がなくとも、当該国（つまり日独など旧敵国）への独自の軍事的制裁を加えられる。そして他のいかなる加盟国も、その軍事的制裁に関して制止することはできない。(注8)」。

こうして、軍事同盟で結ばれた「連合軍」（United Nations）は、勝利し、戦勝国になった。

戦勝国の特権をできるだけ、長く保持したい。そういう思惑で、戦勝国は集まった。

戦勝国は、ここで、国際機関を作った。

一九四六年一月一〇日、第一回総会が開会されるが、戦勝国は、国際機関の名前をUnited Nationsと名付けた。軍事同盟の名称をそのまま使った。

日本外務省は、この国際機関の名前として、「国際連合」略して「国連」という訳語を当てた。[注9]すなわち、日本が戦った相手は「連合国」(United Nations)で、「国連」「国際連合」もUnited Nationsである。色摩氏の前掲書には、「戦争中に自分たちが戦った相手である『連合国』の名称を使うのはあまりに違和感があるとして、俗耳に入りやすい表現を狙ったようです。」「国際機関としての「国際連合」「国連」は、すでに熟してしまった」、「私はまことに残念ながら本書では『国連』という言葉を使うことにします。[注10]」とある。

もし、「国連」でなく、「連合国機構」といった名称に翻訳しておけば、日本人は、安全保障常任理事国入りなど目指さず、また、日本人は、今ほど国連を有難く思わなかったかもしれない、と私は思う。

---

注1　山田順「永久属国論」(さくら舎・二〇一七年)一六〇頁以下による。番号は筆者がつけた。
注2　フロレンティーノ・ロダオ「フランコと大日本帝国」三三一頁。
注3　フロレンティーノ・ロダオ　前掲書一一八頁。
注4　「日本史総合年表」六〇八頁。「田辺治通(一八七八―一九五〇)」は、逓信官僚・貴族院議員。小倉正恒(一八七五―一九六一)は、東大卒業後、内務省に入省、二年後、住友に転じ、第六代住友総務理事、貴族院議員。小倉正恒は、赤司鷹一郎(のち文部次官)とともに内務省時代、水野錬太郎の著作権法起草を補助している。水野錬太郎「論策と随筆」七八五頁。
注5　ビル・エモット「『西洋』の終わり」(伏見威蕃訳、日本経済新聞出版社・二〇一七年)二一九頁。ゴーンは、日本経済新聞二〇一七年一月一日、「私の履歴書」に祖父がレバノンからブラジルに移民したこと、ゴーンは、ブラジルで生まれ、幼少期から高校はレバノン、大学はフランスと書いている。
注6　中西輝政「中国外交の大失敗」(PHP新書・二〇一五年)二〇三頁。
注7　色摩力夫「日本の死活問題」(グッドブックス・二〇〇七年)一〇四頁、

注８　中西輝政　前掲書二〇三頁。
注９　色摩力夫　前掲書一〇八頁。なお、本書一九三頁の法貴次郎論文を読むと、（占領下に用いられた「連合国」は、ソ連、国民党政府の中国は入っているが、対日平和条約の「連合国」は、この条約に調印かつ、批准した国をいい、ソ連、国民党中国、インド等は入っていない）ことに注意を要する。
注10　色摩力夫　前掲書一一一頁。

## 二．真珠湾奇襲と大東亜戦争を考える

### １．大東亜戦争

エッセイなどの原稿を依頼された人が、「大東亜戦争」という言葉を使うと、日本の多くの新聞社、出版社は、大抵、「太平洋戦争」か「第二次世界大戦」へと訂正させると思う。本稿では、まず、この「大東亜戦争」からはじめたい。

吉川弘文館の「日本史総合年表」(注1)によれば、「昭和一六年一二月八日」は、「日本時間午前二時、日本軍、マレー半島上陸、三時一九分、ハワイ真珠湾攻撃、四時過、野村・来栖大使、ハル国務長官に最後通牒を手交。米・英両国に宣戦の詔書。」とあり、「一二月一二日」の項に「閣議、戦争の名称を、支那事変を含め大東亜戦争と決定。」とある。「閣議決定」で決めている。

内閣の意思決定の方式には、「閣議決定」と「閣議了解」と二種類の方式があり、どちらかといえば、重要な政策に関わる場合、「閣議決定」である。(注2)いずれも、「法律」ではないが、法律に準じる機能を持っている。

わたしは、一九七九年（昭和五四年）、内閣官房に出向し、インドシナ難民の受入れと彼等への日本語教育に関与したが、(注3)このとき、「定住枠を三〇〇〇人にする」（昭和五六年）のち、「定住枠一万人にする」（昭和六〇年）

との定めをした。これはいずれも、「閣議了解」であった。

昭和一六年一二月一二日、あの戦争を「大東亜戦争」とするとの閣議決定をした。その後、政府がこの閣議決定を取消したと聞いていない。

一九四五年九月二日、日本全権重光葵、梅津美治郎は、ミズーリ号上で、連合国軍に対し、降伏文書に調印した。一二月一五日、GHQは、神道指令を発し、その中で、「大東亜戦争」「八紘一宇」の使用を禁止した。

スペイン人フロレンティーノ・ロダオ教授の「フランコと大日本帝国」の翻訳書が、「大東亜戦争」に触れている。(注4)

東大大学院で学び、東大で博士号を取得したフロレンティーノ・ロダオ・マドリード・コンプルテンセ大学大学院教授は、「フランコと大日本帝国」一三八頁において次のように述べている。

「この戦いには、日米戦争、太平洋戦争、大東亜戦争など、さまざまな名前がつけられた。これらの名称は史学史上最も用いられているもので、最もすばらしい偉業をあらわすと同時に、すべての国が忘却したい未完の事業の意味合いも含んでいる。それらは誰に対して負けたか（どこで敗北しなかったか）、攻撃者は誰であったか（つまり自己愛の戦いの正義とは何か）、もしくはあまり発展していない国々に文明をもたらすという使命を帯びた戦いであったか（こうして攻撃の重みを軽減している）などを意味している。本書（筆者注、「フランコと大日本帝国」）では、第二の、太平洋戦争という用語を使おうと思う。というのも日本の連合国への対峙が、スペインと日本の接触に重要な意味をもたらしたからである。しかしその一方で大東亜戦争という名称の利便性も忘れてはならない。大東亜戦争という語は、日本が野心を抱いた大東亜、そして戦いが展開した場の地理的範囲と、戦争の起源としての大陸における日本の帝国主義的野心をも明示している。大東亜の用語があまり使われなくなったのは、アメリカの占領下でこの言葉が使用禁止にされたことによるのだ。」

大東亜戦争という言葉が、アメリカによって、使用禁止されたことを知っているとは驚きである。

なお、クリストファー・ソーン（一九三四―一九九二）「太平洋戦争とは何だったのか」（草思社・一九八九年）は、「極東戦争」という言葉も使っている。

日本は、約三年九カ月、アメリカ、イギリス、オーストラリア、オランダ、中国、ソ連…と戦った。日本は、昭和二〇年八月一五日、昭和天皇は、ポツダム宣言を受諾し、戦争終結の詔書を放送した。大東亜戦争に敗北したのである。

同年九月二日、東京湾のアメリか戦艦ミズリー号上で、天皇と日本政府代表の重光葵外相、大本営（陸海軍）代表の梅津美治郎参謀総長の二人が降伏文書に調印した。(注5)

昭和二〇年九月二日から、「対日平和条約」発効の昭和二七年四月二八日まで、約六年七カ月、日本は、連合国軍最高司令官総司令部（GHQ）の占領下に置かれた。

## 2．占領と神道指令

連合国最高司令官総司令部（GHQ）が、昭和二〇年九月二日以来、日本を支配した。GHQは、政治犯約五〇〇人を釈放させ、財閥を解体させる覚書を発した。

昭和二〇年一二月一五日、GHQは、日本人に「大東亜戦争」「八紘一宇」という言葉を使うな、という命令を含む「神道指令」を発布した。

日本の出版社、新聞社、日本政府は、占領下に出された「神道指令」に従った。

すなわち、「神道指令」（国家神道、神社神道ニ対スル政府ノ保障、支援、保全、監督並ニ弘布ノ廃止ニ関スル件(注6)）、の中で次のように述べた。

「公文書ニ於テ『大東亜戦争』、『八紘一宇』ナル用語乃至ソノ他ノ用語ニシテ日本語トシテノソノ意味ノ聯想ガ国家神道、軍国主義、過激ナル国家主義ト切リ離シ得ザルモノハ之ヲ使用スルコトヲ禁止スル。而シテカカル用語ノ即刻停止ヲ命令スル。」

この神道指令など、連合国の政策を日本政府も国民もまじめに受け入れた。

大東亜戦争、八紘一宇(注7)は、昭和二一年から昭和二七年頃までは、公文書、大新聞、有名雑誌には、殆ど使用されなかったと思う。

一九四六年、ＧＨＱの労働局諮問委員会の一一名のメンバーの一人として、来日したアジア、日本の研究者ヘレン・ミアーズ（一九〇〇―一九八九）は、「アメリカの鏡　日本」を著作し、日本は、先天的な好戦的な国民でなく、先進国の「西洋の法則」を忠実に守り、教育され、実行しただけである、日本は、西洋列強が作った鏡で、そこに映っているのは西洋自身と述べた。この書籍をアメリカで出版したホートン・ミフリン社は、日本語版の出版をＧＨＱに申請したが、一九四九年八月六日、マッカーサーは「本書はプロパガンダで、公共の安全を脅かす」と拒絶した。

ヘレン・ミアーズによれば、アメリカの「日本占領は、日本の侵略的軍事機関の破壊に必要とされた期間を経過したあとも、『戦争願望を形成する経済・社会制度』と日本人の性格を『改革』するという論理で、引きつづき正当化されていった。占領の正当性は一つの仮説に立っている。すなわち、日本人は異常に侵略的な習性をもっているという仮説である。そして、私たちはそのわけを知っていると信じている。だから、私たちは日本人の好戦的根性と制度を『再教育』し『改革』することができるというわけだ。」（前掲書一五九頁）

アメリカは、日本の「異常に侵略的な習性」の源泉は、「神道」と「天皇制」であると決めつけた。

「私たちの戦後対日政策には、神道と『天皇制』は本質的に戦争をつくり出すものであるという考え方が組み込まれている。私たちの政策立案者がそのように考える一方で、天皇を戦争犯罪人にしなかったのは明らかに矛盾だが、日本人を占領軍に協力させるためには、この政策は政治的に正しかったことが明らかになっていく。」（同一六〇頁）「私たちは、日本人に国家神道を廃棄させた、しかし、国家神道は西洋型国家意識の日本版にすぎない。国家神道は、一八六八年、西洋の『指導』に応えて出てきたものだ。」（同一六七頁）(注８)。

渡部昇一は、二〇〇七年、『『東京裁判』を裁判する』において、「一六四八年のウエストファリア条約以来、どの政府も、相手の宗教にはお互いに口を出さないことになっている。」と述べた(注９)。

大正二年以降、「神道」は、「宗教」でなく、内務省（神社局・神祇院）が所管し、仏教、キリスト教など「宗教」

は、文部省宗教局（のち宗務課）が所管した。神道指令を発布後、ＧＨＱは神道は宗教であるとし、結果的には存続させた。

ポツダム宣言受諾ののち、鈴木貫太郎内閣は、総辞職した。

八月一七日、皇族の東久邇宮稔彦内閣が成立した。

一〇月四日、ＧＨＱは、政治的・民事的・宗教的自由に対する制限撤廃の覚書（天皇に関する自由討議、思想警察全廃、政治犯釈放など）を通達した。

一〇月五日、覚書は実行不可能であるとして、東久邇宮内閣総は辞職した。

一〇月九日、ＧＨＱの了承の下で、幣原喜重郎を首相とする幣原内閣が成立した。

近衛文麿は、ＧＨＱの許可を得て、佐々木惣一元京大教授と新しい憲法の草案を作ろうとした。近衛の申し出をＧＨＱは、一旦は了承した。

ところが、新聞などマスコミで、近衛に戦争責任があるのでないか、憲法草案作成を近衛が行うのはおかしい、という声がではじめた。

ＧＨＱは、十一月一日、「憲法改正のことは、東久邇内閣の副首相としての近衛に委嘱したことで、内閣総辞職によって当然解消したものとなし、近衛の調査は単なる皇室との関係に過ぎず、総司令部は関知しない」との趣旨の声明を出し、梯子をはずした。(注10)

幣原内閣は、商法学者松本烝治へ、憲法草案を作成させた。一月三一日、毎日新聞が、松本委員会の憲法草案をスクープし公表した。

この草案を見たマッカーサーは、ＧＨＱで、憲法草案を作成した。ジョン・ダウアーによれば、次のようである。

「二月一日から三日の間に矢継ぎ早に行なわれた一連の決定において、マッカーサーと民政局の側近は、日本政府にはポツダム宣言の要求を満たすような憲法草案を作成する能力はなく、ＳＣＡＰが指導しなければならないと結論した。この大胆な決定は、日本人にたいしてだけではなく、アメリカ本国政府にたいしても、マッカーサーが行使していた権力が尋常ならざるものであったことを明らかにすることになった。」（『敗北を抱きしめて　下巻』一二九頁）。[注11]

ＧＨＱの「憲法制定会議」は、二四人のアメリカ人―一六人の軍人と八人の民間人―からなっていた。忠実な共和党の支持者、ホイットニー准将、作業チームの実質上のリーダーは、ニューディール派のケーディス陸軍大佐・弁護士の下に、日本語を話すユダヤ系女性、ベアテ・シロタがいたことは有名である。

昭和二一年二月一三日午前一〇時、外務大臣官邸に、ＧＨＱの民政局長ホイットニー、ケーディス陸軍大佐・民政局次長、Ａ・ハッシー海軍中佐、Ｍ・ラウエル陸軍中佐は、吉田茂外相、松本烝治国務相、終戦連絡中央事務局次長白洲次郎、翻訳官・長谷川元吉にＧＨＱ案を手渡した。江藤淳によれば、「一〇時一〇分、ホイットニー将軍と下名等は、ポーチを去り日光を浴びた庭に出た。そのとき米軍機が一機、家の上空をかすめて飛び去った。一五分ほどたってから、白洲氏がやって来た。そのときホイットニー将軍が静かな口調で白洲氏に語った。『われわれは戸外に出て、原子力エネルギーの暖を取っているところです（以下略）』」[注12]

日本は、敗者であり、占領下であるから、当然の事柄なのであろう。そうであるから、平和条約を締結したとき即座に憲法改正に着手すべきであった。

現日本国憲法は、このＧＨＱ案を基に、昭和二一年一〇月七日、衆議院は、貴族院での修正された憲法改正案を可決し、日本国憲法が成立した。同年一一月三日、日本国憲法が公布された。翌昭和二二年五月三日、日本国憲法が施行された。

神道指令の草案を起草したＧＨＱのバンス宗教課長は、日本国憲法の草案には関与していない。しかし、神道指令の文言は、「日本国憲法」の第二〇条（信教の自由・政教分離）の解釈に大きな影響を与えた。[注13]

占領下、神道指令により、奉安殿は勿論、学校の体育館に、神棚があればこれを除去させた。

また、憲法八九条（宗教団体や公の支配に属さない団体に公金を与えてはならない）という条文は、アメリカの植民地であったフィリピンの憲法と同様の条文で、フィリピン憲法を知悉しているアメリカ人が書いたと推測された。[注14]

## 3．サンフランシスコ平和条約

一九五〇年六月二五日、朝鮮民主主義人民共和国（北朝鮮）軍が、韓国に侵攻し、朝鮮戦争が始まった。日本の復興にとって、この戦争の勃発は有り難いものであった。アメリカの日本弱体化政策は、捨て去られ、日本はソ連、中華人民共和国に対する、アメリカ、イギリス、フランスなどの自由主義陣営の一員として遇されることになった。

対日平和条約の締結が急がされ、また、東京裁判などで下された判決での被告人の刑が減刑された。

昭和二六年九月八日、サンフランシスコで、対日平和条約（日本を含む四九カ国）が調印された。

昭和二七年四月二八日、対日平和条約が発効した。

昭和二七年四月一一日、「ポツダム宣言の受諾に伴い発する命令に関する件の廃止に関する法律（昭和二七年四月一一日法第八一号）が公布され、神道指令などは、廃止された。

この神道指令の起草者は、昭和一四年頃、旧姓松山高校（現・愛媛大学）で、英語を教えていたGHQの民間情報教育局宗教課長ウィリアム・K・バンスで、東京大学の岸本英夫が協力した。

ルーズベルト大統領のアメリカは、日本が「大東亜」や「八紘一宇」の名前で、東南アジアの諸国、地域を取り纏め、アメリカを排除することを「面白くない」と考えていたのである。

あの戦争で、日本は、太平洋でも戦ったことを考えると「太平洋戦争」でもいいし、世界では、第二次世界大戦と呼んでいるから、これでもいい。

だが、あの戦争を始めた当時、日本は、ABCD（アメリカ、イギリス、中国、オランダ）包囲網の中で、「石油対日輸出全面禁止」を実施され、資源のない日本は、追い詰められていた。自存防衛の一面があった。また、「大東亜共栄圏」をつくり、欧米諸国を東南アジアから追い出し、中国、東南アジアを解放する一面があった。

結果的に、あの戦争を日本が起こしたために、ベトナム、ラオス、カンボジア、マレーシア、インドネシア、ミャンマー、フィリピン、バングラディシュ、チモール…、そしてインドがそれぞれ独立したことも確かである。

従って、大東亜戦争や八紘一宇がふさわしい時は、使えばいいし、書く人々の自由に任せるべきだと思う。統一する必要はない。

なお、中西輝政京大名誉教授は、「私の太平洋戦争観」（「あの戦争になぜ負けたのか」（文春新書）に収録されている）において、「大東亜戦争」という名称、この語が「依然として最も適切な歴史的意義をもつと考えるからである。」と述べている。

私もできるだけ、「大東亜戦争」を使いたい。

## 4．真珠湾奇襲は合法か

富坂聰氏翻訳の趙無民「もし、日本が中国に勝っていたら」（文春新書・二〇〇七年）によると、『真珠湾攻撃』の一報が中国・重慶に届いた当日、街の隅々から歓喜の声が上がり、工場、学校、政府などから人が街にあふれ出し、みな先を争って新聞を買い、互いに喜び合ったのである。一方、日本の首都・東京でもこのころ、騙し討ちの成功に人々が狂喜し、民衆が街にあふれ、勝利を祝っていた。この二つの敵対する国の国民は、同じ時に同じ事件に狂喜乱舞したのであるが、これこそ世紀の奇観ではないだろうか。」（前掲書六二頁）。

一九五六年、湖南省に生まれ、長沙基礎大学物理学部出身の趙無民氏は、抗日戦争の主役は、圧倒的に蔣介石の国民党で、日本軍が中国で行ったことは時に欧米列強や中国の軍隊よりは、まだよかったと指摘している。

趙氏に依る「抗日戦争を続けていた重慶政府のお膝元の市民たちは、日本の真珠湾攻撃を喜んだ」という指摘は面白い。趙氏は、「日本があの戦争で中国に勝っていたとしても、それは決して悪いばかりの結果であったとはいえない」「日本が中国を征服し統一することは、中国が日本を征服して統一することと全く同じ結果―中国はひとつである―になるからだ」と言われる。

昭和一六年、東条英機ら日本陸軍は、中国大陸からの撤退を拒否し、ハル・ノートをのめなかったが、中国人にはこの趙氏のような考えの人もいる、として御前会議で議論してほしかった。情報が足りなかった。

あの戦争を始めるなら山本五十六連合艦隊司令長官は真珠湾の奇襲攻撃でと主張し、これが通り、成功した、とされた。戦略的には、これは間違いであったというのが、現在、日本での定説ではないだろうか。

アメリカは、というよりルーズベルト大統領にとって、日本は、卑怯にも不意打ち攻撃をした、と宣伝することにより国民を団結させることができ、アメリカにとって、大きな利益になったからだ。逆に、日本にとっては、大失敗であった。山本五十六の奇襲作戦は、そのときは成功しても、大きい目で見れば大失敗であった。

在米の日本大使館の通知が遅れたことも、大失態であった。

山本五十六は、大東亜戦争反対を貫くべきであった。昭和天皇も山本が反対と言うのを待っていたと思う。

山本五十六連合艦隊司令長官は、一年四カ月後の一九四三年四月一八日戦死した。戦死後に、元帥の称号が贈られ、国葬が決定された。加瀬英明氏によると、昭和天皇は、侍従武官山縣有光陸軍大佐（山縣有朋の孫）（一九〇三―一九八二）に「山本元帥を国葬にしなければならないのかね」と疑問を呈された、という。[注15]

真珠湾攻撃の時、ルーズベルトは、日本の電波を傍受しており、知っていたが、放置し、奇襲してくるのを待っていたという。

それにしても、戦後、多くの日本人が残念がったのは、日本時間の一二月八日三時一九分、ハワイ真珠湾攻撃、四時過ぎ、野村・来栖大使がハル国務長官に最後通牒を手交し、米・英両国に宣戦の詔書を渡したというのだ。外務省の役人がなれない手でタイプを打ち、宣告の文書作成が遅れ、文書の手渡しが遅延してしまった。そのため、不意打ちになった、と非難されることである。

渡部昇一は、当時の日本大使館員を糾弾する。

「肝心なときにワシントンの日本大使館には誰もいなかった。その結果、アメリカ人を心の底から怒らせるとともに、世界中に『ずるい国』という印象を与えてしまった。」「これはひとえに出先の外交官たちの責任である。大使館に勤務していたキャリア外交官は全員そろってペンシルバニア・アベニュー（ワシントンのメインストリート）に並び、本当に腹を切るべきだったと思う。それくらいセンセーショナルなことをやらなければ、外国人に

『日本には騙し討ちの意図はなかった、あれは出先の外交官の怠慢のためだった』ということをわからせることはできない。[注16]」

これに対して、井口武夫氏は、井口武夫・深田祐介「駐米日本大使館『二日酔い』説は濡れ衣だ」（諸君！二〇〇九年二月号八六頁）、井口武夫「開戦神話」（中央公論新社・二〇〇八年）が「誰も酔っていなかった。大使館員の過失怠慢ではなく、本省が送信を遅らせた上、わざと解読・浄書に手間取るように詭計を案じたのが根本原因と指摘」している。

結果として、不意打ちの奇襲攻撃になってしまったが、国際法上はどうか。

戦時国際法学者、元チリ大使の色摩力夫氏は、「真珠湾攻撃は国際法違反だったのか」との問いに対して、「奇襲攻撃は今も昔も国際法上、合法である。わが国が不当な汚名を甘受するいわれはない。」としている。[注17]

前に述べた「アメリカの鏡・日本」の著者ヘレン・ミアーズは、真珠湾攻撃について触れている。[注18]ミアーズは、東京裁判において、「私たちの告発理由は『殺人』である。『世界征服』の一段階として、アメリカに対し『一方的かつ計画的攻撃』をかけるというパールハーバーの定義が告発の基礎なのだ。」という。ところが、「東京裁判で、日本側は、『封じ込め』を逆非難し、『正当防衛』を主張した。これには強力な裏付けがあったために、私たちはパールハーバーを中心訴因から外し、『少なくともいわゆる満州事変の発生時の一九三一年から』日本が企てていた『世界征服』の『陰謀』まで訴因を拡大せざるを得なくなった。」という。注として「国際検察局主席検事、Joseph B.Keenan の書簡参照。書簡は一九四六年一一月四日付 New York Times の Hanson W.Baldwin のコラムに引用されている。」という。

この問題の非難について色摩力夫氏の意見はこうである。

「日米開戦にあたって、わが国は事前に宣戦布告するという政治的意図があったが、結果として果たせなかった。これは政治的問題である。しかしながら、その時点において、事前の宣戦布告を義務とする法的ルールはそもそも実際上確立していなかったはずだ。つまり、必ずしも法的問題とはいえない。したがって、わが国は、破廉恥とか

不誠実とかという不当な汚名を未来永劫に甘受する義理もいわれもない」(注19)

だが、我々は、まず、日本国内の問題として、真珠湾開戦通告の時間の遅れについて、法的な問題として問えないとしても、外国に対し「卑怯だ」と攻撃する手段・口実を与えたことは大失敗であり、責任者は誰か、の追及を行うべきであると考える。

渡部昇一氏、西尾幹二氏、中西輝政氏の意見に賛成である。(注20)

## 5．ハミルトン・フィッシュ

われわれにハミルトン・フィッシュ共和党議員の存在を知らせたのは、日米近現代史研究家渡辺惣樹氏（一九五四―）である。

下院議員ハミルトン・フィッシュ議員（一八八八―一九九一）は、真珠湾が攻撃され、ルーズベルト大統領が日本に対する宣戦布告することを下院に求めたとき、野党共和党の立場であったが、これを支持する演説を行った。のち、ルーズベルトが、「真珠湾攻撃の一四時間前に日本の攻撃があることを知っていた。」として、ハミルトン・フィッシュ「ルーズベルトの開戦責任」を著し、このことを明らかにした（前掲書二六九頁）。

アメリカの国会では、野党もルーズベルトの開戦を支持した。

日本では、昭和一六年四月に衆議院議員の任期がきれるところ、近衛内閣は、法律を制定し、一年延長し、昭和一七年四月三〇日、第二一回総選挙を行った。全国で議員定数と同じ四六六人を「翼賛政治体制協議会」の推薦者として掲げ、政府に協力する議員で固めようとした。翼賛議員は三八一人、非推薦の当選者は、片山哲、鳩山一郎、芦田均、三木武夫、河野一郎、西尾末広ら八五人であった。戦時中の唯一の衆議院選挙である。

昭和一五年七月二二日、第二次近衛文麿内閣が成立する。一年前の昭和一四年九月一日、ドイツ軍はポーランドに侵入し、第二次世界大戦が始まっていた。

昭和一五年六月一四日、ドイツ軍がパリに無血入城し、六月二二日、フランス政府（ペタン主席）がドイツに降伏した。

同年九月二七日、ベルリンで、日独伊三国同盟に調印する（松岡洋右外相、ドイツ大使オットーと秘密交換公文）。日本は、ドイツ、イタリアに賭けたのである。

昭和一六年四月一三日、モスクワで日ソ中立条約を締結する。ところが、六月二二日、ドイツ軍がソ連攻撃を開始し、ドイツとソ連の戦争も始まる。

昭和一六年七月一八日、第三次近衛内閣が発足した。近衛が松岡外相を排除するため内閣総辞職し、豊田貞次郎海軍大将を外相兼拓相にした内閣である。陸軍大臣は、第二次近衛内閣のときの東条英機が留任した。海軍大臣は及川古志郎。駐米大使は、昭和一五年、海軍軍人である野村吉三郎が任命されている。

昭和一六年七月二日、御前会議が行われ、即時対ソ戦に参戦しない、南部仏印施策に関し、対英米戦を辞さず、と決定した。（こう述べると、日本の軍部は、整然と統一がとれていたかに見えるが、森山優によれば、「乱暴に要約すれば、かたや一所にじっとすることができず盛んに情勢を動かそうと策動する陸軍の中堅層と、それに手を焼きながらも制御しつつ利用する陸軍省の首脳。これに対し、穏健に物事を運ぼうとする事なかれ主義の海軍首脳と、その統制下で切歯扼腕しながら組織的利害（セクショナル・インタレスト）の拡充を模索する海軍中堅層。このような陸海軍の危ういバランスの上に成立したのが『国策』だった」のであり、内容の矛盾する「国策」の文書があり、また、文書の字面だけでは政策決定の意味が不明である。森山教授は、日本型意思決定のプロセスの欠陥を指摘する。（「日本はなぜ開戦に踏み切ったか―『両論併記』と『非決定』」（新潮選書・二〇一二年）三五頁、四三頁。

七月二三日、日本とヴィシー政権のフランスとの間で、日本軍の仏印進駐の交渉が妥結した。

七月二五日、アメリカは在米の日本資産を凍結し、七月二六日から日本の貿易は麻痺する（後述するソ連のスパイ、ハリー・デクスター・ホワイト財務次官補が主導した）。イギリスも二七日、日本資産凍結。断続的に続いている日本とアメリカの交渉で、アメリカは、日本が中国から撤退することを要求していた。

ルーズベルト大統領は、（日本がのめない要求）を送っていることをアメリカ国民に知らせていない。

九月六日、「帝国国策遂行要領」を第六回御前会議が決定した。

これは、八月三〇日、海軍が陸軍の「戦争を辞せざる決意のもと、一〇月下旬を目途として戦争準備を完整する」をのみ、九月三日の大本営政府連絡会議で可決されていたものである。

一〇月一六日、近衛首相は、陸軍が中国撤兵反対の強硬姿勢であり、和戦の最終決定を下せず、総辞職した。第三次近衛内閣は、三カ月の短命内閣であった。

一〇月一八日、東条英機内閣が成立した。木戸幸一内大臣の推薦である。

外務大臣には、東郷茂徳を任命した。東郷は、一一月、野村吉三郎駐米大使に加え、来栖三郎特命大使を任命し、アメリカとの交渉に当たらせることにした。

故斉藤博大使は、英語の達人であったとの批評を読んだことがあるが、野村、来栖両大使が英語の達人との批評を私は読んでいない。

ハル・ノートが提案されたとき、日本の駐米大使は、もっと英語の達人であるべきだった。中国から撤退せよ、との「中国」には、「満州」は含んでいるのか等、ハル・ノートの疑問点を即座に言い返し、もっと粘り強く交渉すべきだった、という議論もある。

来栖大使は、野村大使より英語に堪能であったのであろうか。

アメリカとの戦争は、一一月一日の大本営政府連絡会議で審議され、対米交渉を継続し、一二月一日までに交渉不成立の場合、一二月初頭に武力発動とした。一一月五日、御前会議で決定した。ルーズベルト大統領に対して、日本は、１．日本と中国の戦いに介入しないこと、２．対日禁輸を止め、それ以前の通商関係に戻すこと、３．日本に石油を供給すること、日本の蘭印の石油確保に協力すること、この条件が認められれば、仏印を除く東南アジアには進出しない、というものであった。（注21）

一九四一年一一月二六日、ハル国務長官は、野村吉三郎、来栖三郎両大使を呼び、「合衆国及び日本国間協定の基礎概略」という文書を手交した。いわゆる「ハル・ノート」と呼ばれる文書である（ハリー・デクスター・ホワイト財務次官補が原案を作成した）。これを最後通牒のように日本側は受け取った。

「その通牒は日本のすべての軍隊の中国およびインドシナからの撤退を要求していた。軍隊だけでなく警察の撤退までもが条件であった。中国という表現には満洲も含んでいた。この通牒を前にした日本は壁際に追い詰められたネズミであった。戦う以外の道が残されていなかった。そうしなければ、日本の指導者は自殺を迫られたか、暗殺されたに違いない。(注22)」

これは、ハミルトン・フィッシュ共和党議員の言葉である。

東京裁判では、「真珠湾攻撃の前に対米通告をすべし、と勧めたのは天皇か」とのキーナン検事の問いに、東条英機は「命令でなく、ご注意です。私の責任でそれを実行したのです」と答えた。(注23)

なお、東京裁判の「インドのパル判事は、ハル・ノートのようなものを突きつけられれば、モナコでもルクセンブルグでも立ち上がったろう」と述べたという話がある。(注24)

一九四一年一二月七日（ハワイ時間）、日本海軍の六隻の空母は、四一四機の航空機を搭載し、うち、三六〇機がハワイを攻撃した。

戦艦アリゾナとオクラホマ、三隻の軽巡洋艦、四隻の駆逐艦が被害を受け、一五五の航空機が破壊された。日本では、当初、大成功との声で、日本国民は、非常に喜んだ。

現在、内外の学者から、アメリカ国民を団結させた点で、大失敗、大きな愚行であったとされている。なぜなら、この真珠湾奇襲によってアメリカ国民が団結し、ヨーロッパの戦争にも介入できたから。

ルーズベルト大統領は、翌日、日本に対して宣戦布告することを議会に求めた。

野党共和党の下院議員ハミルトン・フィッシュ議員は、「日本に対して腹立たしい気持ちで一杯である。」として、ルーズベルト支持の演説を行った。

このハミルトン・フィッシュ議員は、のち、ハル・ノートの存在を知り、ルーズベルトの行動を調査、一九七六年、(ルーズベルトが、日本をして真珠湾攻撃をさせるよう、挑発していた、日本に最後通牒を突きつけた。それは秘密裏に行われた。真珠湾攻撃の一〇日前には、議会もアメリカ国民をも欺き、合衆国憲法にも違反する最後通牒が発せられた)として「ルーズベルトの開戦責任」(FDR:THE OTHER SIDE OF THE COIN(注25))を公表した。

日本は、アメリカ統治下のフィリピン、ハワイへ攻撃せず、イギリス、オランダの植民地やオーストラリア、ニュージーランドを攻撃すべきであった。そのとき、ルーズベルトは、議会を説得し、日本に宣戦布告できたであろうかとのジェフリー・レコード氏の意見がある。(注26)

フィッシュ氏によると、次のようである。

(1)ルーズベルトは、議会に知らせずに、日本に挑発的な最後通牒を発した(前掲書五二頁、二四八頁)。

(2)最後通牒を発する一九四六年一一月二五日の閣議に出席したのは、ハル国務長官、スチムソン陸軍長官、ノックス海軍長官、マーシャル陸軍参謀長、スターク海軍作戦部長である。この五人は、日本に先制攻撃をさせようと、秘密裏に誘導しようとした。この秘密を共有した。

(3)ルーズベルトは、ハワイを守るハズバンド・キンメル提督(一八八七—一九六八)とウォルター・ショート将軍(一八八〇—一九四九)に、日本艦隊の動向などを知らせるな、と命じていた。(同二四九頁)

(4)ルーズベルトらは、日本の暗号「東の風」を解読し、最後通牒で、日本が軍事行動にでることを知っていた。

日本の参謀本部も東条英機も、ルーズベルトが日本が攻撃するようにわざとハワイを警戒していない、ハワイを攻撃するよう誘導している、また暗号は読まれている、といったことを知らなかった。

こういう事実を知ると、当時の日本政府の中枢の人々に対し、「ハル・ノートをたたき台に、したたかに外交を進めることは可能だった」とはいえない。(注27)

一九四一年一二月一七日、ハズバンド・キンメルは、大統領命令で太平洋艦隊司令長官を解任され、大将から少将へ降格された。(注28) 一九四二年三月、予備役編入、一九六八年三月一四日、コネチカット州で死去、八六才であった。

ショート陸軍中将・ハワイ方面陸軍司令長官も司令長官を解任され、少将に降格された。

二人は、軍法会議で弁明の機会が与えられるよう要請したが、ルーズベルト大統領は、スチムソンの推薦で、最高裁判事オーエン・ロバーツを委員長とする委員会を設置した。

ロバーツ委員会は、二人を職務怠慢とした。

のち、上下両院合同委員会は、この委員会の結論を覆し、それぞれの上司の責任とした。

ショート少将は一九四九年に、キンメル少将は一九六八年に死去した。

一九九九年五月二五日、上院議会で、キンメルとショートの名誉回復の決議が五二対四七で可決され、同年一〇月承認された。

二〇〇〇年一〇月一一日、下院議会でも名誉回復の決議が可決されたが、ビル・クリントン大統領は署名を拒否、最終採決が次のジョージ・W・ブッシュ大統領に持ち越されたが、ブッシュも署名しなかった。

真珠湾への攻撃、そして戦争について、色摩力夫氏は、次のようにいわれる。

「第二次大戦での日本の戦略的誤算は、緒戦で大打撃を与えれば和平への交渉を求めてくると考えた点でした。ところが、アメリカは長期的に戦えば勝てるという考えをもっていたので、いっこうに交渉を求めてきませんでした。それは経済力、特に工業力の規模、持続力が、日本が想像できないほどの潜在的能力があったためです。緒戦でやられても平気でした。それほどのとてつもない国を相手に戦争をしたのは、日本にとって初めてだったのです。この背景には、戦争が新たな『パラダイム』に入っていたという事情があります」

イギリス人で、NATO統合軍の元副最高司令官ジェネラル・サー・ルパート・スミスは、第二次世界大戦までを「国家間工業戦争」、それ以降を「民衆の中での武力紛争」のパラダイムとしているという。

日本は、（大きな会戦をしてどちらが勝つか）で決めていた「近代初期の戦争」のパラダイムで、アメリカは、「国家間工業戦争」＝武器弾薬戦争のパラダイムで戦っていた、といわれる。(注29) パラダイム—ある一定の時代における支配的な考え方の枠組み—が変わっていて、日本人はこれを知らなかったというのである。つまり、勉強不足であった。

色摩氏と同じことをマックス・フォン・シュラーは、こう述べる。(注30)

「では、なぜ日本がアメリカに負けたのか。勝敗を決した最大の要因は「つくる力」だと私は考えている。アメリカには「つくる力があり、次から次へと新造鑑を送り出した。航空機を百機載せられるエセックスクラスの空母が二四隻、航空機を五〇機載せられるインディペンデンスクラス九隻が戦争中に就航している。日本が勝つためには、三回ぐらいアメリカ海軍の艦隊を全滅させなければならなかっただろう。しかも、日本は戦艦や空母を一隻でも失うことは許されなかった。失った軍艦を補填する力に欠けていたからだ。」

繰り返しになるが、日本語で翻訳され、市販されている書籍によって、次のことが述べられていることを確認したい。

1．ルーズベルト、ハル、スチムソン、ノックス、マーシャル、スタークの五人は、日本海軍の暗号を解読し、日本の奇襲攻撃を知っていたが、ハワイのキンメル大将とショート中将には、知らせなかった。(注31)

2．ルーズベルトとその側近は、親ソの人々が多く、ソ連のスパイもいた。

山田順「永久属国論」（さくら舎・二〇一七年）は、こう述べる。

「ルーズベルトは、アメリカ政府内に入り込んだソ連のスパイにより洗脳されていた。一九九五年（平成七年）にアメリカの国家安全保障局が公開した『ヴェノナ文書』（Venona Files）」には、これらのことが克明に記録されている。日本に真珠湾攻撃という〝愚かな選択〟をさせた『ハル・ノート』も、原案はソ連スパイ、ハリー・デクスター・ホワイトが作ったものだ。」（前掲書一六六頁）。

江崎道朗「アメリカ側から見た東京裁判史観の虚妄」(祥伝社新書・二〇一六年)は、アメリカ陸軍情報部特別局のクラーク大佐がソ連外交暗号通信を解読し、ソ連スパイのカバーネームを本名に特定させ、最近、一部が公開された。この文書がヴェノナ文書である。江崎氏によると、この文書により、次の政府高官がソ連のスパイである。(前掲書七六頁)。

アルジャー・ヒス財務長官補佐官
ハリー・デクスター・ホワイト財務次官補
ローレンス・ダガン国務省南米課課長
ラフリン・カリー大統領上級行政職補佐官
フランク・コー財務省通貨調査部長
ソロモン・アドラー財務省通貨調査部
ダンカン・リー戦略情報局(OSS)日本・中国担当部門主任

あの戦争を振り返ってみると、日本という国は、西欧という先進国に教えられた「戦争というゲーム」を独力で決行したが、やはり初心者がベテランに対して勝つには無理があり、手練れの「ゲームの達人」に、手もなくひねりつぶされたというのが私の感想である。

冒頭に、スペイン人フロレンティーノ・ロダオ教授の著書を紹介したが、フランコ将軍は、枢軸国側と連合国側の双方に秋波を送り、「中立」を標榜し、スペインは、参戦しなかった。フランコは、「手練れのゲームの達人」であった。

ヘレン・ミアーズと徳富蘇峰は、すでに同じような見解を述べている。

そして、結果から見れば、山田順「永久属国論」(さくら舎・二〇一七年)の説が正しい。

山田順に拠れば、あの戦争は、ソ連がアメリカを使い、ドイツ、日本を敗北に追い込み、中国、北朝鮮、東欧を共産党国家にさせ、目的を達成した勝者ということになる。

「第二次世界大戦の本当の勝者は、じつはソ連と中国共産党であることは明らかだろう。世界のどの国もアメリカに勝てないはずが、この二国だけはアメリカの裏をかいて、〝漁夫の利〟をえることに成功してしまったのである。」（前掲書一六六頁）。

ところで、勝者ソ連は、一九八九年、冷戦に敗北しロシアになり、大きく後退した。

経済力の大きさは、韓国と同程度という。

二〇一九年現在、東欧諸国はロシアから離れ、ＥＵの傘下に入っている。

プーチン政権のロシアは、中東やウクライナに介入し、昔のソ連と同じであると演出している。

中国は、二一世紀、国際社会に強権「大国」として登場し、習近平政権は二期目に入った。

習近平は、「一帯一路」を叫びアジアインフラ投資銀行（AIIB）を設置し、中国中心の拡大版「大東亜共栄圏」の建設を意図しているように見える。

汚職追放運動で、国民の支持を得ているが、経済の急速な成長は国民の間に格差を生み、経済成長が止まれば、共産党独裁政権は危うい。

一三億の人間がいながら、（お人好しの）日本と組んで、アメリカに対抗しようと名前を出して、日本に呼びかける中国人政治家が一人も現れないということを考えれば、中国もたいした国でないとも思う。

もっとも、習近平を始めとして、苛烈な生き残り競争で生き残った政治局員、政治局常務委員と、日本の政治家が太刀打ちできない気もする。

われわれは、世界各国の政治ゲームのやり方、国際情勢を常に注視し、今度こそ、戦争に巻き込まれないように、また、攻撃されないように、うまく行動したいものである。

「ゲームの達人」を養成するため、大学に「地政学」や「軍事学」、「軍事法」の講座を設置することが望まれる。

日本人個人と外国人の個人の交際は、別であるが、日本国と外国との交際は、時に、「意地悪さ」「狡猾さ」が必要で、相手が貧困に喘いでいるとき、その状況に気づかない振りをする演技力も必要であると痛感する。

注1　加藤友康・瀬野精一郎・鳥海靖・丸山擁成編『日本史綜合年表』（吉川弘文館・二〇〇一年）六〇八頁。なお、半藤一利・保阪正康・中西輝政・戸高一成・福田和也『あの戦争になぜ負けたか』（文春新書・二〇〇六年）一六五頁は、「大東亜戦争という呼称は昭和一六年一二月一〇日に開かれた大本営政府連絡会議で決定された」としている。これを内閣が各大臣の了承を得て、閣議決定という法形式にしたと思われる。

注2　「いかなる事項を閣議決定とし、いかなる事項を閣議了解とするかは、おおむね事務慣例によって定められ」「実際問題として重要政策に関する事項は閣議決定」とされている（佐藤達夫・林修三『法令用語辞典』（学陽書房・一九六一年）六四頁）。

注3　フロレンティーノ・ロダオ『フランコと大日本帝国』（訳者代表深澤安博、八嶋由香利、深澤晴奈、渡邉千秋、砂山充子、磯山久美子）（晶文社・二〇一二年）は、第二次世界大戦中のフランコ政権と日本の関係を詳細に述べたもので、原書『Franco y el imperio japones』は、二〇〇二年に刊行されている。

注4　大家重夫『シリア難民とインドシナ難民―インドシナ難民受入事業の思い出』（青山社・二〇一七年）参照。

注5　私は、昭和一六年四月、小倉市（現在の北九州市小倉北区）立堺町国民学校へ入学し、昭和一九年四月、母方の実家、大分県中津市へ疎開し、中津市立南部国民学校へ転校した。五年生の夏休みの時、日本が敗戦した。重光葵と梅津美治郎、豊田副武らは大分県出身であると聞かされた。

杉山元・元帥は、旧小倉藩士の子で、小倉北区紺屋町で生まれ、紺屋町五丁目に、「杉山元・元帥誕生の地」との石碑があった。なお、夫人は、戸籍上は、カツであるが、戦時中は、勝子と使用したようである。佐藤早苗『東条英機の妻勝子の生涯』（河出文庫・一九九七年）九頁。

私は、中津市立南部国民学校五年のとき、敗戦。戦争や軍国主義を記述した教科書を墨で黒塗りした（本書七二頁）。

注6　神道指令の訳文は、次の書籍に収録されている。

財団法人　新宗連調査室編『戦後宗教回想録』（新宗教新聞社・一九六三年）二九六頁。

神道指令についての文献。

井上恵行「宗教法人法の基礎的研究」第一書房・一九六九年初版、一九八〇年改訂四刷。
William P. WOODARD［THE ALLIED OCCUPATION OF JAPAN AND JAPANESE RELIGIONS］E.J.Brill,Leiden,Netberlands・一九七二年。この翻訳が阿部美哉・元國學院大学学長によりなされている。
W・ウッダード、阿部美哉訳「天皇と神道」（サイマル出版会・一九八八年）
福田繁「ミスターころほん回想録」（非売品・一九八二年）
岡崎匡史「日本占領と宗教改革」（学術出版会・二〇一二年）

注7　八紘一宇は、日本書紀に神武天皇即位の二年前の詔（みことのり）に掲載されており、九州日報（のち現在の西日本新聞）主筆の清水芳太郎が広めたという。片山杜秀「『八紘一宇』を広めた男」文藝春秋二〇一五年七月号三一六頁。なお、法華宗（日蓮宗）系の仏教団体である「国柱会」の創立者田中智学（一八六一―一九三九）が「八紘一宇」を造語したと、田中壮谷国柱会賽主は次のように述べる。「法華宗を中心に、地球上に生きる民族が一軒の家に住むように仲よく暮らすこと。この教えを表した言葉が、智学の造語『八紘一宇』です。」文藝春秋二〇一七年四月号三二三頁。

注8　ヘレン・ミアーズ、伊藤延司訳「アメリカの鏡・日本」（メディアファクトリー・一九九五年）を読むと、徳富蘇峰の意見と同じであると感じる。
A級戦犯容疑をかけられたが、一九四七年九月、戦犯容疑が解除された徳富蘇峰（一八六三―一九五七）は、「明治維新以後の日本の運動は、国家の自存自衛と自尊心を守るため」で、「日本の戦争行為は、独立国として列強と同等の待遇を受けられなかった不満が、爆発したものである。日本は英米独露などの行為の下手なまねごとをして失敗したが、それはちょうど烏が鵜のまねをして溺れたと同然である。『日本人の技倆の拙なきを嘲り、もしくは笑うことは勝手であるが、これを責め、これを咎め、これをもって日本を罪せん』とする資格は、欧米にはないはずだ。」と述べている（米原謙「徳富蘇峰」（中公新書・二〇〇三年）二三五頁）。徳富蘇峰は、あまり顧みられていないが、渡部昇一「真の戦闘者・徳富蘇峯」（「腐敗の時代」（文藝春秋・一九七五年）二〇一頁）の評価は正当であると思う。

注9　渡部昇一「『東京裁判』を裁判する」（致知出版社・二〇〇七年）二一六頁。

注10　私は、昭和二八年、京都大学法学部に入学したが、教養部の憲法を担当した盛秀雄教授、法学部の憲法を講じた大石義雄教授は、ＧＨＱが前言を翻したことを非難していた。佐々木惣一門下の大石義雄、盛秀雄教授は、佐々

木惣一を助け、憲法草案作成に着手していた。一二月六日、GHQは、近衛文麿へ逮捕状を発した。近衛は、一二月一六日、自殺した。GHQの声明は、松本清張『史観宰相論』（文春文庫・一九九三年三刷）二三八頁による。

注11　ジョン・ダワー『敗北を抱きしめて　下巻』（岩波書店・二〇〇一年）一二九頁。

注12　江藤淳『一九四六年憲法―その拘束　その他』（文春文庫・一九九五年）三二頁。

注13　佐藤功『憲法』（有斐閣・一九五五年）一四五頁は、（二〇条が）「このように詳細な具体的規定を設けたのは、特にわが国における従来の国家神道の弊害を防止しようとするにある。すなわち昭和二〇年一二月一五日の国家神道分離に関する総司令部の覚書（詳しくいえば「国家神道に対する政府の保障、支援、保全、監督及び弘布の廃止に関する覚書」の趣旨を憲法上に明記したものと解することによって本条各項の詳細な規定の意味が理解される。）」

注14　日本国憲法のマッカーサー草案の準備に当たって、民政局は、「宗教の取扱いにかんしては、フィリピン憲法がモデルになったと一般に考えられている」と前掲、W・ウッダード、阿部美哉訳『天皇と神道』八六頁にある。フィリピン憲法（一九八七年二月一一日発効）第六条立法部の中の第二九節第二項は、次のとおりである。阿部照哉・畑博行編『世界の憲法集』（有信堂・一九九一年）二八八頁。
「2　（公金支出の制限）公金または公の財産は、いかなる宗派、教会、教団、宗派団体、もしくは宗教上の組織、さらにはそのいかなる聖職者の、使用、便益、維持のためにも、直接間接を問わず、支出、利用、または支払いにあてられてはならない。ただしこれらの聖職者が、軍隊、刑罰施設、孤児院もしくは療養所に配属されたときはこの限りではない。」フィリピン共和国は、一八九九年、宗主国がスペインからアメリカになり、統治機構に関するスペイン法は殆ど廃棄された。一九三五年憲法は、アメリカ憲法にならって大統領制、二院制、基本的人権を定め、マルコス大統領が定めた一九七三年憲法、これを改正したアキノ大統領の下での一九八七年憲法もアメリカの影響が強い。
一九七三年憲法では、日本国憲法第八九条に酷似した前出の条文は「第六章立法部第二三条第三号」にある。

注15　加瀬英明・ヘンリー・S・ストークス『なぜアメリカは、対日戦争を仕掛けたのか』（祥伝社文庫・二〇一二年）六七頁。

注16　渡部昇一『アメリカが畏怖した日本』（PHP新書・二〇一一年）一〇四頁。

注17　色摩力夫「日本の死活問題」（グッドブックス・二〇一七年）四二頁。
注18　ヘレン・ミアーズ、伊藤延司訳「アメリカの鏡・日本」（文藝春秋・一九九五年）八四頁。
注19　色摩力夫「日本の死活問題」（グッドブックス・二〇一七年）四四頁。
注20　西尾幹二・中西輝政「日本の『世界史的立場』を取り戻す」（祥伝社・二〇一七年）二〇九頁。
注21　ジェフリー・レコード「アメリカはいかにして日本を追い詰めたか」（草思社文庫・二〇一七年）八九頁。
注22　ハミルトン・フィッシュ「ルーズベルトの開戦責任」（草思社文庫・二〇一七年）二五四頁。
注23　日暮吉延「東京裁判」（講談社現代新書・二〇〇八年）二七七頁は「他人の無意味な比喩」という。
注24　須藤眞志「ハル・ノートを書いた男」（文春新書・一九九九年）一七七頁。
注25　江崎道朗「アメリカ側から見た東京裁判史観の虚妄」（祥伝社新書・二〇一六年）四七頁に、GHQのウィロビーが、「日本が置かれた状況と同じ状況に置かれたならば、アメリカも日本と同様戦争に訴えたに違いないと思うからである。」と、オランダのレーリンク判事に述べたそうである。
注26　H、ハミルトン・フィッシュ「ルーズベルトの開戦責任」（草思社文庫・二〇一七年）。
注27　ジェフリー・レコード「アメリカはいかにして日本を追い詰めたか」（草思社文庫・二〇一七年）一〇〇頁。
注28　西尾幹二「米国覇権と『東京裁判史観』が崩れるとき」諸君！二〇〇九年三月号二四頁によると、北岡伸一氏は朝日新聞二〇〇八年一一月一三日付けに、「ハル・ノートをたたき台に、したたかに外交を進めることは可能だった。」と書かれている。
注29　ロバート・B・スティネット、妹尾作太男監訳、荒井稔・丸太知美訳「真珠湾の真実」（文藝春秋・二〇〇一年）四三六頁。
注30　前掲・色摩力夫「日本の死活問題」七八頁。
注31　マックス・フォン・シュラー「『太平洋戦争』アメリカに嵌められた日本」（ワック・二〇一七年）一二三頁。
加瀬英明・ヘンリー・S・ストークス「なぜアメリカは対日戦争を仕掛けたのか」（祥伝社新書・二〇一二年）八七頁、九二頁。

## 三．大東亜戦争はルーズベルトが日本を挑発し、先制攻撃させたのか

### 1．歴史修正主義

大東亜戦争・第二次世界大戦は、平和を愛好する連合国に対し、ドイツ、イタリア、日本の三国が、戦争を仕掛けたものである。アメリカは、日本から真珠湾を攻撃され、やむを得ず参戦した。アメリカに対する日本の宣戦布告の通告は、真珠湾攻撃のあとで、卑怯な不意打であった。いままで、我々は、東京裁判も認めたこういう説を教えられてきた。

ところが最近、新説が現れた。あの真珠湾攻撃については、ルーズベルトが（日本が、先に手を出すように）挑発し、また、日本海軍の暗号を解読していて、ルーズベルトは、日本の攻撃を知っていた。しかし、現地の司令官には伝えず、日本に先に手を出すよう仕向けた。

不意打ちされ損害を蒙った責任を、ハワイの米太平洋艦隊司令官ハズバンド・キンメルとウォルター・ショート在ハワイ米陸軍司令官の二人に負わせた。

第二次世界大戦が終わってみると、勝利者はソビエト（スターリン）とその援助を受けた中国共産党（毛沢東）のようである、ルーズベルトの方針は間違いでなかったか、という問いでその動きが始まった。このことを渡辺惣樹は、「戦争を始めるのは誰か」の序文で述べ、アメリカでは「歴史修正主義」と呼ばれているという。

日本では、何故、通告が遅れたか、大使館員の怠慢である、それなのに大使館員がみな出世したのはおかしい、という議論が行われたが、こんな議論は意味がなくなった。

ルーズベルトは、日本が先に攻撃するように、罠を仕掛けた。日本は嵌められた、という説は、一九三四年生まれの筆者に納得のいく説で、心地よい。

筆者は、国際政治の素人であるが、同じ感覚の日本人も多いようで、「歴史修正主義」に基づいた書籍が出始めた。中西輝政京大名誉教授、渡辺惣樹、藤井厳喜、江崎道朗、山田順らの著作である。

なお、この「日本は嵌められた説」を暗に示唆した説は、早くから唱えられていたので、これをまず紹介する。

## 2．日本敗戦直後に「日本は嵌められた説」があった

### （1）マーク・ゲイン「ニッポン日記」

マーク・ゲイン（一九〇二―一九八一）は、アメリカとカナダのジャーナリストで、一九四五年一二月から一年余日本に滞在、一九四八年、「JAPAN DIARY」を出版した。

一九五一年、筑摩書房で上下二冊の翻訳が発行された。この井本威夫訳「ニッポン日記」には、マッカーサーの側近だったフェラーズ准将が、マーク・ゲインに、この戦争は「ルーズベルト大統領が無理矢理戦争に引きずり込んだ」と信じている、と述べた箇所がある（「ニッポン日記」一九八二年・初版二〇刷三一八頁）。

フェラーズ個人の考えか、マッカーサー等からの情報も入っているのか不明である。

フェラーズは、ルーズベルトの政敵、フーヴァーと親しかった。フーヴァーから聞いていたのかも知れない。

フェラーズが「天皇の地位を保全することが占領統治、日本再建、長期的にはアメリカのためになる」との報告をマッカーサーにしている。

ケント・ギルバート「天皇という『世界の奇跡』を持つ日本」（徳間書店・二〇一九年）によれば、フェラーズが恵泉女学園創設者河井道などとも面会し、もし天皇を処刑すればどう思うか、と質問し、河井が、「そんなことを日本人は決して受け入れない」「もし陛下の身にそういうことが起これば、私がいの一番に死にます。」との答えを引き出している。

マッカーサーが昭和天皇を東京裁判にかけなかったのは、もし、裁判に昭和天皇をかければ、日本人による暴動が起こり、治安維持が大変と思ったこと、あわせて「日本は嵌められた説」の論者であれば、昭和天皇に責任を取らせるのは、やや酷であると考えたからでもあろう。フェラーズは、ハーバート・フーバー「裏切られた自由　上」一一三頁では、フーバー元大統領に友人扱いされている。

岡崎匡史「日本占領と宗教改革」（（株）学術出版会・二〇一二年）は、フェラーズが、寺崎英成を通じて、昭和天皇の情報を得ていたこと、天皇を東京裁判の被告にしないよう動いたこと、皇太子の家庭教師としてバイニング夫人を推薦したこと、一九七一年、日本政府は、勲二等瑞宝章をフェラーズに贈ったこと、フェラーズは、一九七三年一〇月七日、七七歳の生涯を終えている。

**（2）英国・オリヴァー・リトルトン生産工業相の発言**

一九四四年（昭和一九年）六月二〇日、オリヴァー・リトルトン（一八九三―一九七二）軍需生産大臣（Minister of Production）は、イギリス・ロンドンのアメリカ商業会議所でした演説で「米国が戦争に追い込まれたという主張は歴史の茶番（a travesty on history）。米国があまりひどく日本を挑発したので、日本軍は真珠湾で米国を攻撃するのやむなきにいたったのである」と述べた。

リトルトンは、チャーチルから聞いていたのかも知れない。

江藤淳「忘れたこと忘れさせられたこと」（文春文庫・一九九六年）四七頁。

ハミルトン・フィッシュ渡辺惣樹訳「ルーズベルトの開戦責任」（草思社文庫・二〇一七年）二四頁。

## 3．戦後五〇年になって、アメリカから「日本は嵌められた説」が出現

**（1）ロバート・B・スティネット、妹尾作太男監訳「真珠湾の真実」（文藝春秋・二〇〇一年六月三〇日）**

一九二四年生まれの著者は、真珠湾攻撃の時、高校在学中で、一九四二年に卒業すると海軍に志願入隊した。戦後、オークランド・トリビューン紙の写真部委員兼記者を務め、一九八六年退社し、一九九九年、「DAY OF DECEIT ,THE TRUTH ABOUT FOR AND PEARL HARBOR」を出版した。

スティネットは、真珠湾攻撃について、ルーズベルトは、日本の外交電報だけでなく、日本海軍の電報も傍受解読していた、ということを「情報の自由法」を使って資料を収集し、事実を知り、その研究成果を出来うる限り文

書に残したいとして発表したものである。

ただスティネットは、ルーズベルトを非難しない。「ホワイトハウスの立場からすれば、真珠湾攻撃はより大規模な悪を阻止するために耐え忍ばねばならない出来事」で、ルーズベルトが、日本に卑怯な不意打ちを行わせ、アメリカがやむを得ず参戦するよう誘導したことは正しいとする（前掲書四四七頁）。

中西輝政教授は、スティネットが「マッカラム文書」（米海軍情報部のマッカラム少佐が、一九四〇年作成の八項目の対日行動計画）を見つけたことなど、評価している。

秦郁彦編「検証・真珠湾の謎と真実」（ＰＨＰ・二〇〇一年八月一日）に収録の秦郁彦「スティネット『欺瞞の日』の欺瞞」、須藤眞志「真珠湾陰謀説の系譜」は、スティネットを支持しない。

**（2）ハミルトン・フィッシュ、渡辺惣樹訳「ルーズベルトの開戦責任」**（草思社文庫・二〇一七年）

ハミルトン・フィッシュ（一八八八―一九九一）は、一九二〇年から一九四五年までの二五年間、共和党の下院議員。共和党の重鎮で一九四一年一二月八日、民主党のルーズベルト大統領の対日戦争布告についてこれを容認する演説をした。

のちにハル・ノートの存在を知り、後悔し、一九七六年、「FDR: THE OTHER SIDE OF THE COIN, How We Were Trrcked into World War II」を公刊する。

「私は今では、あのルーズベルトの演説は間違いだったとはっきり言える。あの演説のあとに起きた歴史をみればそれは自明である。アメリカ国民だけでなく本当のことを知りたいと願う全ての人々に、隠し事のない真実が語られなければならない時に来ていると思う。あの戦いの始まりの真実は、ルーズベルトが日本を挑発したことにあったのである。彼は、日本に、最後通牒を突きつけていた。それは秘密裏に行なわれたものであった。真珠湾攻撃の一〇日前には、議会もアメリカ国民をも欺き、合衆国憲法にも違反する最後通牒が発せられていた。」

菅原出「アメリカはなぜヒットラーを必要としたのか」（草思社文庫・二〇一三年）一〇〇頁によれば、チャーチルがアメリカに送り込んだイントレビットが反フィッシュのキャンペーンを、フィッシュが落選するまで張ったという。

## (3) ハーバート・フーバー著、ジョージ・H・ナッシュ編、渡辺惣樹訳「裏切られた自由　上・下」（草思社・二〇一七年）

二〇一一年、原著書が発行された。

第三一代アメリカ大統領ハーバート・フーバー（一八七四―一九六四）は、両親を早くに失い、独力でスタンフォード大学に学び、鉱山技師として成功、ハーディング大統領、クーリッジ大統領のもとで商務長官、一九二九年から一九三三年まで、第三一代大統領を務めた。一九三三年、大統領選挙で、ルーズベルトに敗れた人である。

フーバーは、「FREEDOM BETRAYED」の中で、ルーズベルトが行った戦争指導について、次のように非難する。

「ルーズベルトはイギリスと組んで日本への挑発を続けていた。我が国の指導者の発言も常に挑発的であった。ルーズベルトは経済制裁を一年間にわたって続け、一九四一年七月には完全禁輸に至った。真珠湾攻撃の五カ月前のことである。経済制裁は、現実の戦いがないだけで実質的戦争行為だった。そうした挑発が続けばどんな国でも誇りがあれば抵抗する。日本のように「ハラキリ」の伝統がある国ならなおさらであると、ルーズベルトは警告されていた。」（上巻五二六頁）

「ルーズベルトには、左翼的なメンタリティがあった。同じ傾向の政府高官が政権内に多かった。」「ルーズベルト自身は共産主義者ではなかった。しかし彼の左翼思想によって、政権内には多くの社会主義者、共産主義者シンパが入り込んだ。なかには共産党メンバーもいた。」（下巻五二七頁）

ルーズベルトは、七年間に一九の失策を犯したとする（下巻五二九頁）。日本関連のものを以下に挙げる。

ア　対日経済制裁の失敗。

イ　一九四一年九月の近衛の和平案を拒否したこと。
ウ　一九四一年一一月の天皇からの三カ月の敵対行為停止提案を拒否したこと。
エ　一九四一年一月、カサブランカで、無条件降伏要求を出し、ドイツ、イタリア、日本との戦いを長引かせることになった。
オ　一九四三年一二月のテヘラン会談。スターリンの要求を拒否すべきであった。
カ　一九四五年二月のヤルタ会談での秘密協定。一二カ国の独立を犠牲にし、スターリンに厳しく当たるべきであった。
キ　日本の講和要請の拒否（一九四五年五月から七月）。
ク　ポツダム宣言―でのトルーマンによる失策。
スターリンに与えた条件を追認、共産主義者による併合と傀儡政権の樹立容認。
「反対があったにも関わらず、無条件降伏を求める最後通牒を日本に突きつけた」
ケ　原爆投下。アメリカの歴史に比類のないほどの残虐性を刷り込んでしまった。

## 4．「ヴェノナ」公表後の日本の出版界

二〇一〇年（平成二二年）
ジョン・アール・ヘインズ、ハーヴェイ・クレア共著、中西輝政監訳、山添博史・佐々木太郎・金自成訳「ヴェノナ（Venona）」（PHP研究所・二〇一〇年）

著者のヘインズ氏は、議会図書館の史料部で「二〇世紀政治史担当歴史官」であった歴史家、クレア氏は、アトランタにあるイーモリー（Emory）大学の政治史の教授という。

日本、ドイツ、イタリアは、アメリカとソ連を相手に戦った。アメリカとソ連の関係は、いわば同盟関係であるが、水面下でアメリカ国内のソ連のスパイは、モスクワのソ連諜報部へ暗号通信で情報を送っていた。これを、ア

メリカ陸軍情報部は傍受、解読すべく、保存していた。ソ連のスパイ、ソ連はこのことを知らない。ソ連の暗号は、よくできていて解読が難しい。一九四三年から一九八〇年代まで四〇年間、アメリカは解読し、アメリカにいたスパイの名前などを特定してきた。

一九九一年、ソ連が解体した。

一九九五年、アメリカ政府（CIA）は、ルーズベルト政権時代のソ連・コミンテルンのスパイ達とソ連との交信記録で、暗号名「VENONA」と名付けたヴェノナ文書を公開した。

「米連邦政府内に潜入していたソ連のスパイは、その数の多さにも驚くが、彼らがそこで占めた地位の重要度はさらに驚くべきものであった。たとえばその中には、ルーズベルト大統領の政務補佐官ラフリン・カリーがいたし、原爆開発プロジェクト（マンハッタン計画）の中枢には多くのソ連スパイが科学者として潜入していた（たとえばセオドア・ホールやクラウス・フックスなど）。また、OSS長官の秘書官であったダンカン・リーや前述の財務次官補ハリー・ホワイト、さらには国務長官の政治問題担当補佐官であったアルジャー・ヒス、あるいは国務省ラテンアメリカ部長のローレンス・ダッカンをはじめとして、連邦政府のあらゆる重要な部署に、数十を数えるソ連のスパイや情報源が潜入していた。」（前掲書四六三頁）。「ヴェノナ」（扶桑社・二〇一九年）四六五頁。

二〇一一年（平成二三年）

中西輝政「国民の覚悟―日本甦りへの道」（致知出版社・二〇一一年）

同書「第四章　国を支え、守るインテリジェンスの力」の中で、ヴェノナ文書に触れる。

「この文書を見ても、アメリカという国が、いかに秘密を厳守して、必死になって、血の滲むような努力をして解読してきたかということがよくわかります。ソ連の暗号は絶対解読できないといわれていたのですが、何千人という人を投入して、最盛期は一万人くらい投入して解読したのです。しかもその結果を、暗号解読していることを知られないよう外部には五〇年近く秘密にし続けてきたのです。」（一六一頁）。

二〇一五年（平成二七年）

藤井厳喜「紛争輸出国　アメリカの大罪」（祥伝社新書・二〇一五年）は、ルーズベルトは、第二次世界大戦に参戦したかった。ただ当時の世論調査で、アメリカの国民の八〇パーセントがヨーロッパの戦争介入に反対だった、と述べ（一三三頁）、これに参戦するため、日本を追い込んだ。この具体的な事実を明らかにした「アメリカ一流の知性」の執筆した四冊を挙げている。

アルバート・C・ウエデマイヤー将軍の「第二次世界大戦に勝者なし」（講談社学術文庫）、ハーバート・フーバー「裏切られた自由」（このとき邦訳はない）、チャールズ・A・ビアード「ルーズベルトの責任―日米戦争はなぜ始まったか」（藤原書店）、ハミルトン・フィッシュ「ルーズベルトの開戦責任」（草思社）の四冊を挙げている。

二〇一六年（平成二八年）

江崎道朗「アメリカ側から見た東京裁判史観の虚妄」（祥伝社新書・二〇一六年）

ヴェノナ文書は、一九四三年、アメリカ陸軍情報部の「特別局」の責任者カーター・クラーク大佐が「ドイツがソ連と単独和平に踏み切ったら、ドイツは、保有している戦力をすべてイギリス攻撃に向けてくる恐れがある」と考え、特別局の下の「通信諜報部」に、ソ連の外交暗号電信を調査する小規模グループを設置した。

渡辺惣樹「アメリカの対日政策を読み解く」（草思社・二〇一六年）

いわゆる歴史修正主義の立場からの論考で、ルーズベルト、チャーチルの外交を是とする「釈明史観主義者（アポロジスト）は、「明らかに重要だと思われる史実を、意図的か無意識かは知らないが、取り上げないからである。」という（二八六頁）。

二〇一七年（平成二九年）
渡辺惣樹「戦争を始めるのは誰か―歴史修正主義の真実」（文春新書・二〇一七年）
渡辺は、あの戦争を理解するには、一九三九年九月一日の、ドイツのポーランド侵攻までの経緯を知ることが必要である、という。チェンバレンがその外交を間違えず、ポーランドの指導者が大局を読む外交能力があれば、ヨーロッパは、ドイツとソ連の局地戦の筈だった。日本は、対ソ戦に参入することはあっても、真珠湾攻撃はなく、日米は戦う必要はなかった、という。

江崎道朗「日本は誰と戦ったのか」（ＫＫベストセラーズ・二〇一七年）
「アジア太平洋で戦争を引き起こし、世界を混乱させたのは日本ではなく、ソ連・コミンテルンとルーズベルト民主党政権だった」「日本からすれば、我々が戦ったのはアメリカのルーズベルト民主党政権だったわけですが、そのルーズベルト民主党政権はソ連・コミンテルンの工作員たちによって操られていたのではないか」。

江崎道朗「コミンテルンの謀略と日本の敗戦」（ＰＨＰ新書・二〇一七年）
筆者にとって、新事実が明らかにされている。
広田内閣のとき、軍部大臣現役武官制にしたが、そうしなくても軍部が介入したこと、その時の法制局長官は、内務省出身の次田大三郎で、敗戦後、幣原内閣の書記官長・国務大臣を務めた。次田の夫人（葛野）信の妹、（葛野）竜を野坂参三は、嫁にしたため、次田と野坂は義理の兄弟となった。ＩＬＯに次田が派遣されたとき、野坂は次田のローザンヌの宿舎に泊まっている（二〇〇頁）ことを明らかにした。小林峻一・加藤昭「闇の男―野坂参三の百年」（文藝春秋・一九九三年）は、加筆し増補されることを望みたい。

マックス・フォン・シュラー「『太平洋戦争』アメリカに嵌められた日本」（ワック・二〇一七年三月一日）

著者は、一九五六年、アメリカ生まれ。一九七四年、岩国基地に米軍海兵隊として来日、退役後、国際基督教大学で政治学を学ぶ。

ルーズベルトが、親中国、反日本であったこと、政権内にアルジャー・ヒスのような共産党の息のかかった人もいた、とし、「ルーズベルト政権内で対日戦争を主導した人物は、フランクリン・ルーズベルト大統領、コーデル・ハル国務長官、ヘンリー・スティムソン陸軍長官の三人である。」と述べている。

「日本はアメリカと無謀な戦いをしたわけでない」「日本は考え得る限りの最高の戦略を選択した。」（一二六頁）

「瓶の蓋」論は、一九八七年頃、在日米海兵隊ヘンリー・C・スタックポール司令官が「もし、米軍が撤退したら、日本はすでに相当な能力を持つ軍事力をさらに強化するだろう。誰も日本の再軍備を望んでいない。だからわれわれは（軍国主義化を防ぐ）瓶の蓋なのだ」に由来する（一三四頁）。

山田順「永久属国論」（さくら舎・二〇一七年）

日本の明治以来の外交史、世界史を概観し、（明治のときの英国の位置に、戦後はアメリカがついた）、すなわち、日本は、かつては英国の、今は米国の「属国」だと喝破する。

「いまでは、各種資料で明らかになっているが、ルーズベルトは、アメリカ政府内に入り込んだソ連のスパイによって洗脳されていた。一九九五年（平成七年）にアメリカの国家安全保障局が公開した『ヴェノナ文書』（Venona Files）には、これらのことが克明に記録されている。日本に真珠湾攻撃という〝愚かな選択〞をさせた『ハル・ノート』も、原案はソ連のスパイ、ハリー・デクスター・ホワイトがつくったものだ。」（一六六頁）。

宮崎正弘・渡辺惣樹「激動の日本近現代史」（ビジネス社・二〇一七年）

世界諸国の政治経済、特に中国の現状に詳しい宮崎正弘（一九四六—）とフーバー元大統領の「裏切られた自由」を翻訳し、ルーズベルトとチャーチルの外交の真実を明らかにした歴史修正主義者渡辺惣樹（一九五四—）との対談である。

日本の幕末から大東亜戦争にいたる歴史を筆者は漠然と知っていたつもりであったが、この対談で初めて知ったことが多い。

二〇一八年（平成三〇年）

中西輝政・渡辺惣樹「日本を戦争に巻き込んだ『ワル』は誰か」（Voice二〇一八年二月号七〇頁）

中西は、「日本は、占領期に洗脳に近い形で、アメリカの民主党政権の指令でGHQから共産主義とアメリカニズムにたいへん親和性をもつプロパガンダを注入された。」と述べている。

中西は「その意味で、FDRの狙いはむしろソ連の共産主義を利用して、日、独を打倒し、その流れを駆って最終的に最大のライバルである大英帝国を潰すことにあったといえます。」と発言し、渡辺は、『『コミンテルンの策動がFDRを動かしていた』というのは因果関係が逆というか、誇張した表現だと思います。」という。

江崎道朗「日本占領と『敗戦革命』の危機」（PHP新書・二〇一八年）

日本敗戦時、GHQには、ソ連のコミンテルン工作員や共産主義者、共産党シンパがいたこと、「占領中、WGIP（ウォー・ギルト・インフォメーション・プログラム）や東京裁判を実行したのはアメリカ人だが、元になるアイデアは延安から来た」として、延安の野坂参三が日本人捕虜への待遇などについて中国共産党へ「思想改造して利用するよう」助言したことを述べている。

中国共産党は、アメリカのOOSから資金を貰い、汪兆銘政権に賄賂を渡して、日本製の武器を購入していたこと（一八一頁）、木戸幸一は、敗戦直前、ソ連に仲介を申し入れ、そのとき、共産主義者の入閣を受け入れてもよい、と発言したこと（一九七頁）、陸軍長官ステムソンは対日強硬派であったが、一九四五年七月には、無条件降伏政策を修正し、日本の皇室を容認し、早期和平を実現せよと力説したことなど、殆ど知られていない事実を明らかにしている。

二〇一九年（平成三一年・令和元年）
江崎道朗『日本は誰と戦ったのか』（ワニブックス・二〇一九年二月）
二〇一七年一二月発行の『日本は誰と戦ったのか』の新書版で、「アパ日本再興大賞」を受賞された。伊藤隆、小堀桂一郎、小松崎和夫の講評がある。
ジョン・アール・ヘインズ、ハーヴェイ・クレア共著、中西輝政監訳、山添博史・佐々木太郎・金自成訳『ヴェノナ（Venona）』（扶桑社・二〇一九年一〇月）
本書四一頁掲載の訳書と同一の書籍で、出版社が「ＰＨＰ研究所」から「扶桑社」に変更されただけであると思われる。

# 第二章　人権指令と神道指令

## 一・資料・人権指令―政治、民権ならびに信教の自由に対する制限の撤廃に関する覚書

（昭和二〇年一〇月）

連合軍最高司令官事務所は一〇月四日次の通り発表した。

日本帝国政府に対する覚書（終戦連絡中央事務局を通じて伝達）

［主題］政治、民権ならびに信教の自由に対する制限の撤廃

政治、民権ならびに信教の自由に対する制限ならびに人権、国籍、信仰または政見にもとづく差別を撤廃するために日本帝国政府は次の措置を講ずることを要する。

［A］次の諸項に関する一切の法律、勅令、命令、省令ならびに取締規則の一切の条項を撤廃し、かつ即時その効力をもち、停止すること

（一）思想、信教、集会、言論の自由に対する制限を確立または維持する法令（天皇陛下、皇室制度ならびに日本帝国政府に対する自由な討議に対する制限令を含む）

（二）情報の蒐集ならびに頒布に対する制限を確立または維持する法令

（三）法令の条文乃至はその適用の結果、人種、国籍、信仰、また政見を理由とし一個人に不平等に便宜を与え、乃至不利に陥れる法令

［B］上述A項にいわゆる法令とは、次の諸法令を含む。但し左の諸法令に限定されてはいない

（一）治安維持法、（二）思想犯保護観察法、（三）思想犯保護観察法施行令、（四）保護観察所官制、（五）予防拘禁手続令、（六）予防拘禁処遇令、（七）国防保安法、（八）国防保安法施行令、（九）保護司指定規定、（一〇）軍用資源秘密保護法、（一一）軍用資源秘密保護法施行令、（一二）軍用資源秘密保護法施行規則、（一三）軍機保護法、（一四）軍機保護法施行規則、（一五）宗教団体法、（一六）以上諸法令の修正補足乃至実施に関する一切の法律、勅令、命令、省令ならびに取締規則

［C］次の理由にもとづき「保護乃至は観察」の名の下にすでに拘留し、投獄されている総ての人々乃至はその他の方法により自由を制限されている総ての人々を即時釈放すること

（一）上述第一条A項ならびにB項に掲げられた法令に基づくもの

（二）何らの罪名もなきもの

（三）実際には拘留投獄ないし自由制限の理由が当人の思想、言辞、信仰ないし政見に基づくにも拘わらず技術的に些細な犯行を理由にしている場合、これらの人々を一九四五年一〇月一〇日迄に悉く釈放することを要する

［D］第一条AおよびBに掲げた法律、その一部の施行のためつくられた組織または機関および内務省以外の行政省または機関の一部にして前記法律の施行を援助または補足するものは総て廃止す、これらの組織および機関は次のものを含むもこれに限定されるものにあらず

（一）全部の秘密警察機関

（二）内務省の警保局のごとく出版、公の集会、結社、映画の検閲に任ずるものおよび思想、言論、宗教、集会などの取締に当たる同様の局部

（三）出版、公の集会、結社、映画の検閲を任とする警視庁、大阪府警察局、他の府警察部、北海道庁警察部ならびに県警察部の特別高等警察部の局部ならびに思想、言論、宗教、集会の取締に当たる同様の局部

（四）保護観察官およびそれの責任に属する総ての保護観察所のごとき思想、言論、宗教、集会の保護、警察取締の任をもつ地方庁の管下にある総ての局部

［E］内務大臣、警保局長、警視総監、大阪警務局長その他すべての大都市の警察部長、北海道庁警察部長、各県警察部長、各大都市、地方および県の警察部の全部員総ての日本官吏によって発せられた従事命令の復旧、この命令の実行に当たる日本政府のすべての官吏および属官はこの命令の精神および趣旨に準拠すべく個人的の責任を有するものとす

思想善導保護観察部員等以上すべてを罷免および解雇すべし、以上のものは如何なるものといえども内務省、司法省乃至日本における如何なる警察機関のいかなる地位にも再任命さるるを得ず、以上のもののうちいかなるものといえどもその補助が本指令の条項遂行に必要なるものは本指令が遂行されるまで留任せしめ、しかる後に解雇される

［F］第一条AおよびBに規定しある法令および第一条Dによって廃止された諸機関ならびに諸機能に関係ある警察官吏、警察部員、その他政府、国家ないし地方の官吏または雇員の如何なる今後の活動をも禁止する

［G］如何なる、またあらゆる日本の法令、法律、布告、命令、訓令および規則のもとに拘置、監禁乃至、保護および監視下にあるあらゆる人物の肉体的処罰および虐待を禁ず

［H］第一条Dにおいて廃止されたる諸機関のあらゆる記録および如何なる、またあらゆるその他資料の保全ならびに維持を確実ならしめるこれらの諸記録は本命令の諸条項を達成すべく使用さるるをもっていかなる方法においてもこれを破毀し移動しまたは書換えてはならぬ

一、一九四五年一〇月一五日までにこの指令の全条項に応じてとられた全行動を詳細に記述せる広汎な報告を総司令部に提出すること

（一）上述の第一条Cに従って釈放された人物に関する情報（拘置されおりたる乃至は釈放されたる刑務所または建物あるいは彼らの保護と監視を管理している官庁毎に一括して）

（A）拘置および投獄より釈放されたるもの乃至保護および監視より釈放されたものの姓名、その年齢、国籍、人種および職業

（B）拘置または投獄より釈放されたる各人に対する犯罪嫌疑の明細乃至保護および監視のもとに置かれたる各人に対するその理由

（C）抑留、投獄、保護検束から釈放さるべき日取り及び各犯人の居住

二、本命令によって撤廃さるべき組織に関する情報

（A）組織の名前

（B）上述の命令によって罷免さるべき官吏の姓名住所官名

（C）総ての記録、報告その他の材料の所在各記

三、刑務所組織および処刑者に関する情報

（A）刑務所組織の図表

（B）刑務所、抑留所、留置所の名前および所在

（C）総ての刑務所官吏の姓名および位階勲等（刑務所長、副長、典獄、典獄補、刑務所医）

（D）この命令遂行に関し刑務所員および地方官を含む

**［コメント］** 人権指令とも呼ばれるこの一〇月四日覚書は、「戦後占領下法令集」に掲載された訳文を採用した。英文は、Removal of Restrictions on Political,Civil and Religious Liberties（SCAPIN93, 4 Oct.1945）

1．宗教との関連

治安維持法、思想犯保護観察法、国防安全法などを撤廃あるいは停止せよ、と命じている。

［B］の（二五）に「宗教団体法」が挙げられている。

昭和二〇年八月当時、内務省は神祇院で、神道を所管し、陸軍省・海軍省が、靖国神社を所管していた。

文部省は、宗教団体法（昭和一四年四月八日法律第七七号）を所管し、「宗教団体」を「神道教派、仏教宗派及び基督教其ノ他ノ宗教ノ教団（以下単ニ教派、宗派、教団ト称ス）並ニ寺院及教会ヲ謂フ」と定義していた。

この人権指令によって、宗教団体法を廃止することになった。

昭和二〇年一二月一五日、神道指令が発せられた。

昭和二〇年一二月二八日、人権指令を受けて、勅令第七一八号をもって宗教団体法が廃止され、勅令第七一九号をもって、「宗教法人令」が公布された。

神道指令は、神社神道でも宗教として発足すれば、他の宗教と同様の保護が与えられると解された。

昭和二一年二月二日、「宗教法人令中改正の件」（勅令第七〇号）をもって、宗教法人令を改正し、同日「明治三九年法律第二四号官国弊社経費ニ関スル法律廃止等ノ件」（勅令第七一号）、内務省令第五号、内務省訓令第七号から第一三号まで、及び内務省告示第一四号をもって従来の神社関係の諸法規を改廃した。

すなわち、靖国神社や護国神社なども宗教法人になった。

井上恵行「改訂　宗教法人法の基礎的研究」（第一書房・一九八〇年）五三頁。

岡崎匡史「日本占領と宗教改革」（（株）学術出版会・二〇一二年）は、神道指令の第二次草案までは、ロバート・K・ホール少佐が執筆し、第三次草案以降、実質的な執筆者は、バンス少佐とする（一五〇頁）。

2．人権指令の執筆者はノーマン

江崎道朗「日本と『敗戦革命』の危機」（PHP新書・二〇一八年）三〇一頁から三〇六頁にかけて、この指令はハーバート・ノーマンが起草し、「敗戦革命」の邪魔になる治安機関の廃絶を狙ったのではないか、と述べている。

昭和二〇年一〇月三日、東久邇宮内閣の山崎巌内務大臣がロイター通信の記者の質問に答えて「政府形態の変革、特に、天皇制廃止を主張する者は全て共産主義者と考え、治安維持法によって逮捕される」と語ったこと、また、同日、岩田宙造法務大臣は、中国中央通信の記者に「治安維持法撤廃は考慮していないが、改正を加える必要はある」「法律の改廃は議会の権限に属するが、ただ緊急勅令という方法もある。」「共産主義運動は部分的にこれを認める方針である。」と語っている。

「その翌日の一〇月四日、ＧＨＱは間髪を入れず」発表したのがこの人権指令である、と江崎道朗はいう。

中澤俊輔「治安維持法―なぜ政党政治は『悪法』を生んだか」（中公新書・二〇一二年）一一六頁は、人権指令発令の背景として英ソ、特にソ連に対し、アメリカが単独で日本管理を決定づける一手であったこと。次に東久邇内閣が、治安維持法を温存しようとして、ＧＨＱの不興を買ったこと。また、天皇制および私有財産制否認の運動等に対する治安維持法の取扱について、東久邇内閣が決断できなかったことを指摘している。

この頃、ノーマンとエマーソンは多忙である。

ノーマンは、エマーソンとともに、一九四五年一〇月五日、府中刑務所を訪問、日本共産党の徳田球一、志賀義雄らに会い、同月一〇日、釈放した。

岡部伸によると、「同七日、九日と志賀、徳田らを府中刑務所から日比谷の司令部まで軍の幕僚用の自動車に乗せて連れ出して尋問し、ＧＨＱに反対する人名と背景を聞き出す。共産主義者に共感したノーマンらは、共産主義者が右翼と軍国主義者に関する政治情報を最ももっていると考え、彼らの情報を戦犯指定や公職追放など占領政策に利用した」（Voice 二〇一四年一一月号一四五頁）。

## 二・資料・教育制度の管理に関する指令

（昭和二〇年一〇月二二日発表）

### ③ 教育制度の管理に関する指令（日本人の再教育）（昭和二〇年一〇月二二日発表）

教育に関する占領の目的ならびに政策を日本帝国政府新内閣に十分に知らしめるため次の通り指令さる

A、全教育の内容はつぎの政策の通り批判的に検討され改訂され統制さるべし

一、軍国主義的ならびに過激国家主義的思想の普及は禁止され、すべての軍事教育および訓練は中絶さるべし

二、代議政体、国際平和、個人の権威および集会、言論、宗教の自由のごとき人間の基本的権利と一致する思想の注入およびその実際化は奨励されるであろう

B、すべての教育施設に働く人は次の政策に従つて調査、承認もしくは罷免、復職、任命、再配置および看視される

一、教師および教育関係の官吏は出来るだけ敏速に調べられすべての職業軍人、軍国主義および極端な国家主義の積極的首唱者であつたものおよび占領軍の政策に積極的に敵意を持つものは罷免される

二、教師および教育関係官吏で自由主義あるいは反軍国主義の思想あるいは活動のゆえをもつて解雇され休職を命ぜられ辞職を強要されたものは再任命してよしと宣せられ、適当な資格があれば再任命の際優先的待遇を与えられる。

三、人種、国籍、思想、政見、社会的地位のゆえをもつて学生、教師、教育関係官吏に差別的待遇を与えることを禁ずる、現在までの差別待遇によりもたらされたる不平等についてはこれを是正すべき措置が至急講ぜらるべし

四、学生、教師、教育関係官吏などは教授内容を批判的にかつ理性的に論ずることを奨励され、政治、内治、宗教の自由に関する事項の自由かつ掣肘を受けざる理論は許可さるべし

五、学生、教師、教育関係官吏および一般国民は連合軍進駐の目的、進駐軍の政策、代議政体の理念と実際および日本を戦争に導きその必然の結果として日本に敗北と窮迫と日本国民の悲惨なる現状をもたらした軍閥、その積極的な協力者および軍閥に服従を余儀なくせられたものの果した役割を知らしめらるべし

C、教育課程の諸方法手段は次の政策に従い厳密に検討され、改訂されかつ統制さるべし

一、非常措置により一時的に使用を許可されている既存の課程、教科書、教授便覧および教材は出来る限り迅速に検討され、軍国主義的乃至は過激国家主義的思想を助長すべく企図された部分は抹殺さるべし

二、教養ある平和的な責任ある市民を育成すべく企図された新しい課題、教科書、教授便覧および教材を出来る限り速かに準備し現存の材料と取替えらるべし

三、現行一般教育制度は可及的速かに再建さるべし、ただし施設に制限のある場合は初等教育および教員の訓練に優先権が与えられよう

日本文部省は連合軍最高司令部の所轄部局との間に適当なる連絡をつけ、かつこれを維持すること、しかして要求あり次第本指令の条項に応ずべき一切の行動を詳細に記述せる報告を提出すること

本指令の条項に関係ある日本政府の一切の官吏ならびに属官および公私各学校の教師および学校当局者はいずれも個人的に本指令において明かにされた政策の文字はもちろんその精神に従うべき責任を持つこと

## 三、資料・新聞ならびに言論の自由に関する指令

（昭和二〇年一〇月二九日発表）

### ④ 新聞ならびに言論の自由に関する指令（思想・言論の自由）（昭和二〇年一〇月二九日発表）

連合国最高司令官は二十九日午前十一時三十分「新聞ならびに言論の自由に対する新たなる措置」と題するつぎの指令を日本政府に通達した

一、日本政府は新聞の自由ならびに通信に関する平時ならびに戦時の制限法令の施行手続を即時停止する措置を講ずること

二、今後新聞その他の刊行物を無線ならびに国際電話通信、国内電信電話、郵便、映画その他書面によると口頭によるとを問わずあらゆる形式の「語」に対する検閲は最高司令官が特に承認した場合に限ってかかる制限を認める

三、世論表示の一切の手段を完全に統制する権限を日本政府に附与する制限法令が撤廃されるまでこれら法令の施行を停止すること

四、各新聞紙ないし新聞社あるいは新聞社員に対しては如何なる政策ないし意見を表明しようとも最高司令官の命がない限り日本政府において絶対に懲罰的処置に出ないこと、出版許可の取消し、最高司令官の同意に先立っての逮捕、罰金の賦課ならびに用紙供給の削減などを編輯方針に対する処分の方法として課する日本政府の権限を今後行使しないこと

五、出版業者、著述家の統制的組織の存続を許さない

六、日本政府の如何なる機関も今後報道の禁止令を出すことは出来ない、かつ一切の言論機関に対し右機関の抱懐しない編集方針を強要するため直接ないし間接の圧迫を加えることが出来ない

七、ニュースの頒布に関する一九四五年九月十日附最高司令官の指令ならびに新聞界を政府と切りはなす一九四五年九月二十四日指令と相容れない現行の平時ならびに戦時諸法令の各部分を撤廃する措置を講ずること

関係法令次の通り（イ）新聞紙法（ロ）国家総動員法（ハ）新聞紙等掲載禁止令（ニ）新聞事業令（ホ）言論出版集会結社臨時取締法（ヘ）言論出版集会結社臨時取締法施行規則（ト）臨時刑事特別法（チ）国防保安法（リ）軍機保護法（ヌ）不穏文書取締法（ル）軍用資源秘密保護法（ヲ）重要産業団体令および重要産業団体令施行規則

八、日本政府は毎月一日ならびに十六日毎に今回の命令ならびに九月十日附、二十四日附再命令に基き日本政府のとった措置の細目を記述した報告を最高司令官に提出すること

## 四・資料・神道指令

（国家神道、神社神道に対する政府の保証、支援、保全、監督並びに弘布の廃止に関する件）（Abolition of Governmental. Sponsorship,Support, Perpetuation, Contorol,and Dissemination of State Shinto（KOKKA SHINTO,JINJA SHINTO））（SCAPIN 448（CIE）15Dec45（AG000.3））（以下、「神道指令」と略称）。（現代法制資料編纂会編「戦後占領下法令集」（国書刊行会・一九八四年）八九九頁）（Willim Woodard「THE ALLIED OCCUPATION OF JAPAN 1945-1952 AND JAPANESE RELIGIONS」）（LEIDN/E,J,BRILL/1972）二九五頁。）

一、国家神道（神社神道）の政府による援助、支持、存族、統制および普及に関する命令

国家により公式に定められた宗教または祭式を信仰しもしくは信仰すると公言するよう間接または直接的に強制されることより日本国民を解放するため、日本人の戦争に関する罪、敗北、苦難、欠乏ならびに現在の悲しむべき状態に貢献した一個の観念に対する強制的な財政支持の負担を日本国民から取除くため、日本国民を欺き侵略戦に引込むべく企図した軍国主義的かつ極端な国家主義的な宣伝に神道の教義と信条が再び悪用されることを防止するため、日本国民を助けて恒久平和と民主主義の理想に基礎を置いた新日本の建設にその国民生活を挙げて再び努力せしむるため、ここに以下のごとく命令する。

（A）日本帝国政府、都道府県庁、市町村または官公吏、属僚および雇員が公の権限に基づき神道の後援、支持、存続、統制および普及をなすことを禁止され右行為を即時停止する。

（B）公共資金よりする神道の財政的援助および神道および神社への公的機関の関与は禁止され即時停止される。

（1）風致保存地区および公園にある神社に対し、公共資金より財政支持を与えてはならないが、これはかかる神社が位置する地方に対する財政援助を日本政府が継続することを妨げるものではない。

（2）従来全面的もしくは部分的に公共資金より援助を受けていた神社に対し民間から財政支持を与えること

は認められる。但し、かかる財政支持は完全に自発的なものであり、絶対に強制または非自発的な寄付でないことを要する。

（C）神道の教義、行事、祭礼、式典または催物ならびに他の宗教、信仰、教派、信条または哲学の遵守を利用し軍国主義的かつ極端な国家主義思想の宣伝普及を行うことは禁止され即時停止される。

（D）伊勢大神宮に関する宗教令および国弊大社その他に関する宗務令は取消さる。

（E）内務省の神祇院を廃止し、その機能、義務、行政責任を他の政府機関または租税に依存する機関に移すことをしない。

（F）神道の研究および普及あるいは神官の養成を主要目的とする官公私立教育機関は、すべて廃止され、その所有財産は他の目的に転用される。これら機関が現在持っている機能、責任および義務は他のいかなる政府機関ないし政府助成機関によっても継承されない。

（G）神道の研究および普及ならびに神職養成を目的とする私立教育機関は、政府と無関係な他の私立教育機関と同じ特権が与えられこれを行使することが許されるが、他方、統制および制限においても同じ取扱いを受ける。しかしいかなる場合でも公共資金よりの援助を受けげず、また軍国主義的および極端なる国家主義的思想を宣伝普及することは許されない。

（H）公共資金に全部ないし一部依存しているいかなる教育機関においても神道の教義の普及は、その形式および方法を問わず禁止され、即時中止される。

（1）公共資金に全部ないし一部依存している各教育機関で現在使用している教師用教材および教科書は全部検閲に附せられ神道の教義は全部削除される。この種教育機関で使用するため将来出版される教材および教科書には神道の教義を含まない。

（2）公共資金に全部ないし一部依存している各教育機関では神社参拝および神道に関連ある式典、行事、儀式を行わず、またはこれを主催しない。

（I）政府による「国体の本義」「臣民の道」その他類似の刊行物、注釈、解説の配布は禁止される。

（J）「大東亜戦争」「八紘一宇」およびその他日本語の意味が国家神道、軍国主義および極端なる国家主義に関連していることが明らかな文句を公文書に使用することは即時中止される。

（K）公共資金に全部ないし一部依存している事務所、学校、協会、団体その他組織においてその神棚およびその他国家神道の象徴物を設けることを禁止され、そして即時除去される。

（L）官吏、属官、雇人、学生、市民ないし日本の居住者は、いかなる国家神道ないしその他各宗教の行事、式典、儀式ないし戒律を教授、信仰ないし参加しなくても、それによって差別待遇を受けない。

（M）政府、地方庁ないし地方公共機関の官吏は、公の資格において、就任報告、行政状態の報告のため神社に参拝すること、あるいは政府代表としていかなる儀式ないし戒律に参列することは許されない。

二、

（A）本指令の目的は、宗教を国家から分離し、宗教を政治目的に誤用するのを防止するとともに全宗教、信仰、教義を法律上全然同一基礎に置き同一の機会ならびに保護を与えるにある。また、神道のみならず一切の宗教信仰、教派、教義、哲学を利用して軍国主義的または極端な国家主義的思想の宣伝、普及を行うことならびにこれらに対する公的機関の関与を禁止した。

（B）本指令の各項目は、一切の儀式、行事、式典、戒律、信仰、教育、神話、伝説、哲学、神社および神道に関連する偶像に同等の効力をもって適用される。

（C）本指令に規定された国家神道の意味は政府により宗派神道または教派神道の教義と区別され、普通、国家神道と呼ばれる非宗教的国家儀式として分類される神道の分派である。

（D）宗派神道とは、一般の信念法律上の解釈および日本政府の公式行為によって主教と認められた神道（一三種の公認宗派より成る）の一分派を指す。

（E）一九四五年一〇月四日連合軍最高司令官により発せられた日本人の宗教上の自由を保障するための「政治的、民権的、宗教的自由に対する制限の除去」に関する基本的指令第一条の規定に従って、

（1）宗派神道は、その他のいかなる宗教とも同様の保護を受ける。

（2）国家神道は、国家と分離され、かつ、軍国主義的、極端な国家主義的要素を剥奪されたのち、その信者の希望により宗教として認められ、かつ事実上、日本人の宗教である限り他の宗教と同様の保護を受ける。

（F）指令に示された軍国主義的および極端な国家主義的観念とは日本が左の理由により他国民を支配するため採用している教義、信仰および理論を含む。

（1）日本天皇は、祖先、家系、特殊の起源ゆえに他国元首より優れているとの信念

（2）日本人は、先祖、家系および特殊の起源ゆえに他国民より優れているとの信念

（3）日本の国土は、神聖ないし特殊の起源ゆえに優れているとの信念

（4）その他の日本人に侵略戦争を起こさせ他国民との紛争解決の具として武力の使用を合理化するが如き信念

三、

日本政府は、一九四六年三月一五日までに本司令部に指令の各項目に順応し、講ぜられた措置の細目につき広汎な報告書を提出すべし。

四、

日本政府、都道府県、市町村の全官吏、属官および雇員、全教員、教育官吏、全日本人および日本居住者は、本指令の全規定の字句のみでなく、その精神に順応するよう心がくべきである。

**【コメント】** この神道指令は、バンス大佐が起草した。バンスは、岸本英夫東大助教授へ疑問点など問い合わせた。

一、（Ｉ）に昭和一二年五月、文部省刊行の「国体の本義」を配布禁止し、一（Ｊ）公文書に、「大東亜戦争」「八紘一宇」を使用することを禁止している。二項の「国家と宗教の分離」については、本書七九頁。

## 五．資料・日本の郵便切手及び通貨のデザインにおける特定の主題の禁止

（ＳＣＡＰＩＮ９４７号（一九四三年五月一三日（ＡＧ３１１．１４））

（指令の出典、Willim Woodard「THE ALLIED OCCUPATION OF JAPAN 1945-1952 AND JAPANESE RELIGIONS」）（LEIDN/E.J.BRILL/1972）二九九頁。）

１．日本郵便切手及び通貨に以下の主題を含めることは禁止される。

ａ　過去並びに現在の軍事的及び超国家主義指導者の肖像

ｂ　軍事主義及び超国家主義の象徴

ｃ　神道神社あるいは神道の象徴の描写

ｄ　もはや日本の統治下にない領土の風景

ｅ　発表された占領の目的と調和しないその他の主題

２．一九四五年一二月一五日以降に発行され、そのデザインに神道神社あるいはその他神道の象徴を含むものは、直ちに販売を回収し破棄される。

３．第二項で言及されたもの以外の郵便切手で現在ある在庫は、継続的販売及び使用は許可されるが、そのデザインに禁止された主題を含む切手の追加の印刷は認められない。そのデザインに禁止された主題を含む郵便切手を印刷するための現在ある原版は破棄される。

4．現状の題材の通貨の継続的印刷と流通は、当面の措置として許可されるが、将来の題材は、本指令と一致するものとする。

5．郵便切手及び通貨のすべての将来の題材のデザインは、承認を得るため本総司令部に提出される。連合国軍最高司令部の名の下に。

【コメント】神道指令に書くことが出来なかったとして、切手、通貨などに神武天皇や明治天皇など肖像を掲載することの禁止を想定したと思われる。

## 六．資料・地域組織による神道の財政援助と支援

（SCAPIN1318号（CIE）一九四六年一一月六日（AG003.3））

（Willim Woodard「THE ALLIED OCCUPATION OF JAPAN 1945-1952 AND JAPANESE RELIGIONS」）（LEIDN/E,J,BRILL/1972）二九九頁。）

1．神道神社並びに神道祭り及び活動への支援基金を徴収し、魔除け及びお守りを配る地域組織（町内会、部落会、隣組）の継続的利用に関して数多くの苦情が寄せられている。こうした慣行は、ＳＣＡＬＰＩＮ４４８（ＣＩＥ）一九四五年一二月一五日（AG000.3）、件名：国家神道、神社神道に対する政府の保証、支援、保全、監督並びに弘布の廃止に関する件）（SCAPIN 448（CIE）15Dec45（AG000.3））第一項ａに違反する。

2．帝国日本政府は、こうした事態を矯正するために適切な措置を執るよう指示される。連合国軍最高司令部の名の下に。

［コメント］田舎では、隣組が金銭を強制的に徴収して神社を維持し、また、町村内で戦死者が出ると葬儀を行った事例が多くあった。少数の住民は隣組制度に不満があり、ＧＨＱは神道指令のほぼ一年後、同様の通達を出したわけである。

## 七．資料・宗教団体が使用中の国有地の処分の件

（SCAPIN 一三三四号（ＣＩＥ）一九四六年一一月一三日（ＡＧ６０３））

1．覚書 C.L.O4842 号（PP-E）、一九四六年九月二〇日、件名：神社及び寺院によって使用された国家所有の土地及び森林の処分、並びに付属する法令及び施行規則の草案を参照する。

2．提案された法令及び施行規則の条項で、以下の第三項に記された基準に抵触するものは変更されるか削除されるという条件の下で、反対はなかった。

3．提案された法令及び施行規則の下での国家所有の土地の処分において、帝国日本政府は、以下の基準に従うよう指令される。

ａ 宗教団体によって現在利用され、それらの宗教的役割に必要なすべての公共の土地の所有権は、該当する日本国政府機関に申請の上、以下の場合に、そうした団体に無料で与えられる。

（1）宗教団体が一八六八年以前に土地を所有しており、日本国がその土地の所有権を取り上げたときに何らの補償も行わなかった場合か、あるいは、

（2）宗教団体がその土地を非政府所有から入手し、公共基金を支出しなかった場合

ｂ 土地が宗教団体の宗教的役割に必要でないが、上記規定ａ、に該当し、無料で与えられるものとするかは、日本政府が制定する基準に従って決定されるものとする。

c　宗教的団体の管理下にある日本国所有の森林の所有権は、日本国に残るものとし、現在の管理制度は、終了させるものとする。補償金は、宗教的団体のそうした土地の管理利益に対して、以下の規定eの条項に従って支払いうる。

d　宗教団体は、現在自ら所有するか、あるいは管理下にある他の土地を市場価格の半額で購入し得るが、第一に収入を産み出す土地でない場合に限る。

e　宗教団体は、所有及び権利を奪われる土地になした改善の妥当な費用に対して、それらの改善がその土地の価値を引き上げた範囲に限り支払われうる。

f　宗教団体の土地所有権の移転に対する条項は、軍事的神社（靖国神社、護国神社、招魂社）の場合には適用しない。一九四五年一二月一五日に存在する区分によりそのような神社を決定する。

4，帝国日本政府は、宗教的団体によって現在利用されている日本国所有の土地の処分において、執られるすべての行動を詳細にわたって記述した包括的報告書を毎月、本総司令部に提出する。

（指令の出典、Willim Woodard「THE ALLIED OCCUPATION OF JAPAN 1945-1952 AND JAPANESE RELIGIONS」）（LEIDN/E,J,BRILL/1972）三〇〇頁。）

［コメント］明治維新のあと、明治政府は、各藩の土地とともに社寺の土地も公領と考え、知行を返上、「上知」を命じた。政府は社寺等の私有の証明があるものは民有地に、その証明がないものは官有地に編入した。このように土地制度、所有権制度を整備するため、社寺上地又は地租改正等の措置によって、社寺等が使用していた財産を無償で国有とし、しかし、国は、当該財産を社寺等に対し無償で貸し付け、もって実質的に、従来からの社寺等の利益をそのまま享有させてきた。

昭和一四年三月二三日「寺院等ニ無償ニテ貸付シアル国有財産ノ処分ニ関スル法律」（昭和一四年四月八日法律第七八号）が成立した。国有境内地を無償で譲与する条項を定めた宗教保護の法律であった。

占領下、神道指令、日本国憲法（二〇条、八九条）が公布された。当時の文部省宗務課長福田繁は、ＧＨＱのバンス課長と折衝し、昭和一四年の前記法律を全面改正し、「社寺等に無償で貸し付けてある国有財産の処分に関する法律」を成立させた。「政教分離」に対応した立法である。

福田繁は、「昭和二二年一一月に『社寺等に無償で貸し付けてある国有財産の処分に関する法律案』の提出についてＧＨＱの承諾を得た。しかしこのときの覚書には、靖国神社、護国神社、招魂社などの軍国主義的神社には法の適用は認められなかった。」（福田繁「ミスターころほん回想録」（昭和五七年一一月三日、製作・丸善株式会社）五三頁）。

【参考文献】

前記のほか、

福田繁「戦後回想ほか―日本の教育（５）」（日本文化研究会・昭和四八年一月一五日）四頁。
井上恵行「改訂　宗教法人法の基礎的研究」（第一書房・昭和五五年九月五日改訂四刷）一六三頁。
大家重夫「宗教関係判例集成　第六巻（租税・憲法第八九条・国有社寺境内地処分法）」（第一書房・昭和六一年）。

## 八．資料・公葬等について（内務、文部事務次官通牒）

昭和二一年一一月一日　発宗五一　地方長官あて

内務、文部事務次官通牒

このことについては、政教分離の見地から、今後左記のような取扱によって実施するよう、貴管下及び関係諸団体等に対して、徹底方配意せられたい命に拠って通牒する。

記

一、地方官衙及び都道府県市町村等の地方公共団体は、公葬其の他の宗教的儀式及び行事（慰霊祭、追弔会等）は、その対象の如何を問はず、今後挙行しないこと、地方官衙及び地方公共団体の名において行ひ得るのは、左の範囲に限る。

（イ）文民としての功労者、殉職者に対し、宗教的儀式を伴はない慰霊祭等を行ふこと（例えば学校、警察署等で僧侶、牧師等の参加なしに教員、警察官で殉職したものの慰霊を行ふごときこと。）

（ロ）文民としての功労者、殉職者に対し、哀悼の意を表するための休業、喪旗の掲揚、但し、国旗掲揚に際しては予め現地連合軍側の諒解を得ること。

（ハ）文民としての功労者、殉職者に対し、個人又は民間団体が行ふ葬儀、慰霊祭、追弔会等に、弔慰金、花輪を贈ること、並びに官公吏が公の資格で列席し又は弔辞を読むこと。

二、文民としての功労者、殉職者等に対し、個人又は民間団体が、葬儀その他の宗教的儀式及び行事を行ふことは差支へないが、この場合と雖も地方公共団体又は公の機関が、その施設を貸すことは、原則として、避けられたい。但し、他に適当な施設がないときは、例外として、一般に貸す場合と同様の条件で、学校、公会堂等を使用せしめて差支へない。

三、戦没者に対する葬儀その他儀式及び行事を、個人又は民間団体で行ふことは差支へない。しかし、地方官衙又は地方公共団体が、これを主催若しくは援助し、又はその名において敬弔の意を表明するやうなことは、避くべきである。従って、前二項において、文民としての功労者、殉職者に対して許容される事項も、戦没者にはこれを適用しない。軍国主義者又は極端な国家主義者に対する場合も同様である。

戦没者の遺骨の輸送、保管、伝達に際し、その取扱は礼を失せざるやう、敬虔に行ふべきである。遺骨の伝達は、政府の行ふものであるから公共建物又は公共用地（学校及びその構内を除く）を使用するのは差支へない。但し、伝達式に一般公衆が参列することは認められない。又、戦没者のための葬儀その他の儀式及び行事、遺骨の出迎等をなす場合、教師が生徒児童を引率して参加したり、一般の者に対して参列を強制するがごときことのないやう、又は軍国主義思想の宣伝鼓吹にわたらないやう、注意せられたい。

四、忠霊塔、忠魂碑その他戦没者のための記念碑、銅像等の建設、並びに軍国主義者又は極端な国家主義者のためにそれらを建設することは、今後一切行はないこと。現在建設中のものについては、直ちにその工事を中止すること。なほ、現存するものの取扱は、左によられたい。

(イ) 学校及びその構内に存在するものは、これを撤去すること。

(ロ) 公共の建造物及びその構内又は公共用地に存在するもので、明白に軍国主義的又は極端な国家主義的思想の宣伝鼓吹を目的とするものは、これを撤去すること。

前項のことは、戦歿者等の遺族が私の記念碑、墓石等を建立することを禁止する趣旨ではない。

五、一般文民の功労者、殉職者等のために、記念碑、銅像等を建設することや、その保存事業を行ふことは差支へない。

**【コメント】** 昭和二一年七月一五日、桃井直美岐阜県知事は、寺崎太郎外務事務次官にあてて、電報（岐阜七月一五日午後四時一〇分発本省七月一五日午後七時四四分着、至急、警察無線経由）により、「戦病死者・公務死亡者に対する弔慰法マ総司令部より日本政府に指令ありたる処是が内容及び実施方法至急何分の指示ありたし」と政府の方針を照会した。

七月一八日午後四時三〇分、寺崎外務次官は桃井岐阜県知事に「戦病死者・公務死亡者の弔慰法に関する総司令部との折衝を踏まえた対応方針について」次のように回答した。

「マ司令部より貴電の趣旨の指令を受けた事はないが此の問題は目下折衝中で近く政府に於いて一般的訓令を発出する筈それ迄とりあえず左記要領で実施ありたい。

一、国家機関、公共団体の葬儀主催は不可
二、戦死者に対する葬儀は私的に目立たないやう行ふこと
三、功労者、公務死亡者の葬儀に官公吏が公の資格で出席し弔辞、弔慰金、花輪を送るなどは差し支えない。但し此の場合の功労、公務等に軍功、軍務等を含まない事」

外務省は、文部省に連絡、文部省は、内務省と協議し、冒頭の通達文が、一〇月下旬にまとまったと思われる。

文部省宗務課は、昭和二〇年一二月一五日の神道指令、昭和二一年一一月三日公布の日本国憲法第二〇条、第八九条と抵触しないよう原案を作成した。

一一月一日付けで、山崎匡輔文部事務次官は、寺崎太郎外務次官など各省庁、都道府県知事等関係団体に通達した。

日本国憲法第二〇条、第八九条の解釈を巡って、筆者は、津地鎮祭最高裁判決とともにこの通達も重要な資料と考える。

# 九．座談会「終戦直後の宗務行政」

1．日　時　昭和五八年（一九八三年）九月三〇日
2．出席者
宗教法人審議会会長・元文部事務次官　福田　繁
神社本庁事務局長　渋川　謙一
報仏寺住職・元宗務課専門員　河和田　唯賢
放送教育開発センター教授・元宗務課専門職員　阿部　美哉
文化庁宗務課長　大家　重夫

## 終戦直後の宗務課

**大家**　本日は、お忙しい中、お集まり下さり、有り難うございました。ただいまより、「終戦直後の宗務行政」をテーマに、座談会を開きたいと思います。

本年は大正二年に、宗務行政が内務省から文部省に移管されてから、七〇周年を迎えたわけですが、ちょうど終戦の年のあたりが真中で、また転換期にあたり、しかも、その頃の福田宗務課長時代には宗務課廃止論が出たということもあります。このように、文部省における宗務課七〇周年の年にあたりまして、その七〇年の間にあって最も重大な局面を迎えたと思われます終戦直後の宗務行政をふりかえり、後世に伝えておきたい、と思いまして、今日の座談会を開かせていただくわけでございます。

本日は、昭和二一年五月から昭和二三年七月まで宗務課長であられた福田繁先生、当時、神社新報社におられ、現在は神社本庁の事務局長であられる渋川謙一先生、当時、宗務課に在職されていた河和田唯賢先生、こうしたいわば生証人と申しましょうか、当時直接、宗務行政にあたられ、または宗教界におられ

て当時の雰囲気を直接肌で感じておられた方々御三方と、それから戦後派とでも申しましょうか、ＣＩＥ（民間情報教育局）にいたウッダード（一八九六―一九七二）の著書〝The Allied Occupation of Japan 1945-1952 and Japanese Religions〟を翻訳されたり、「ＧＨＱの宗教政策」（『展望』昭和五〇年五月）その他の論文を発表されるなどして、当時の占領軍の宗教政策を研究されている宗教学者の阿部美哉先生にお集まりいただいております。よろしくお願いいたします。

さて、昭和二〇年七月二六日、ポツダム宣言が発せられたわけですが、その中にはすでに、「日本国政府ハ日本国国民ノ間ニ於ケル民主主義的傾向ノ復活強化ニ対スル一切ノ障礙ヲ除去スベシ　言論、宗教及思想ノ自由並ニ基本的人権ノ尊重ハ確立セラルベシ」という一項が入っております。それから、終戦となるわけですが、河和田先生はこの終戦直後の宗教課におられたのですか。

**河和田**　私はおりませんでした。昭和二〇年の七月に招集が出まして、兵隊に行ったのです。そして私が宗務課に復帰したのは、九月の半ば頃だったと思います。よく井上恵行先生（一八九七―一九七一　元宗務課専門員）から、終戦直後、宗務課の部屋の前にＧＨＱの監視役が立って所持品検査をした、とかいうことをお聞きしたのですが、そのことは私は直接は知らないのです。そういう兵隊がいなくなった頃、私は復帰しました。この間、若干のブランクがあるのです。

**大家**　福田先生は、当時、大臣官房文書課におられたのですか。ＧＨＱが来てからの様子をお話しいただきたいと思います。

**福田**　私は八月の末に文部省に復帰してきまして、文書課に配属になりましたから、進駐軍が宗務課に入ってきたその場を、直接は見ておりません。しかし、私が朝、文部省にまいりますと、ものものしいのです。どうしたのかと聞くと、今、宗務課の入口で、ピストルを構えた兵隊が立っているんだと、というわけです。それで帳簿でも押さえに来たのだろうかと噂していました。

その時は判りませんでしたが、後で聞いたら、宗務課というところは宝物や金（きん）を持っているという情報があったのですね。もちろん、ニセ情報ですね。そういうことで、まず押さえるというわけなのか、日本銀行を押さえると同時に押さえに来たのです。

**大家** 九月早々ですか。

**福田** そのころだったと思います。日は覚えておりませんが、そういうことでした。一番先に兵隊がやって来たものですから、皆、びっくりしたのです。

**大家** 『戦後宗教回想録』(新宗連調査室編)二二四頁の井上恵行さんの文章によると、宗務課の戸棚に並べてあった全国寺院の「宝物目録」の英訳が、List of Treasure となっていたからだと、やっとわかった、とあります。

**福田** 月日は書いてないでしょうか。まだCIE(民間情報教育局)が東京に移ってはいなかった時だと思うのです。CIEが移ってきたのは、その宗務課の事件の後だったと私は記憶しています。GHQが横浜から東京へ移ってきて、CIEが放送会館に出来たのは九月の半ば頃ではなかったかと思います。

**大家** それは内幸町の、昔の放送会館だったですね。

**福田** その2階に出来て、その頃、私も呼び出されて行ったことがありますが、ヘンダーソンという人が一人しかいませんでした。受付も何もなくてただ待っていろというので、じっと待っていた。そんな具合ですから、その頃はまだCIEの組織が出来てなかったと思います。

**大家** 渋川先生、そのあたりの状況は、いかがでしたでしょうか。

**渋川** 私が神社新報社に入りましたのが、昭和二一年のことですが、実際に福田先生にお世話になり始めたのは、昭和二二年の九月か一〇月頃からです。その頃、行政関係の取材担当を命じられて宗務等へ通いだしたのです。

**大家** そうでございますか。これは昭和二〇年のことですが、岸本英夫先生が、一〇月一二日に、総司令部の顧問にならないかということで文部省に呼ばれてやってきた。その時、三年前に亡くなった民社党の曽祢益さん（一九〇三―一九八〇）が終戦連絡事務局の第一部長で、その終戦連絡事務局が文部省のビルにあったのですね。岸本先生が曽弥さんを訪ねると、今、宗務課ごときは米憲兵隊の監視下に置かれている、といわれたという（「戦後の宗教と社会」『岸本英夫集』第五巻七頁）のですが、九月、一〇月にも、米兵の出入りはあったのでしょうか。

**福田**　あったのかもしれません。しかし私の記憶では、それほど長くはなかったと思います。兵隊はすぐに帰ってしまって、その後は来なかったですね。一～二回くらいでしょうか。

**大家**　騒然とした昭和二〇年の頃ですが、河和田先生は宗務課にもどられた。一方、福田先生は官房の文書課で、占領軍との対応をなされていたのですね。

**福田**　私が全般的にＧＨＱとの連絡に当たりましたのは、九月からその年いっぱい、昭和二〇年の一二月に、いわゆる神道指令が出た前後までです。当時は文書課にいたから、文部省の窓口として行ったわけで、宗教だけということではありません。

　ＧＨＱの宗教関係の人というと、ＣＩＥができて、しばらくしてから、一〇月頃か、バーンズ（ＣＩＥ宗教課長、一九〇七―二〇〇八）などがやってきたのです。バーンズは、ＣＩＥの中でも早かった方だと思います。私の記憶では、彼は沖縄から来たのです。ＣＩＥの中には、沖縄戦を経て何人かいるのですが、その組が一番早かったですね。あとは本国から来たのです。もう一人、キング・ホールというのも早かったですね。この二人に、私は何回か接触したことがあります。

**大家**　ホール大尉というのはローマ字論者として非常に有名な人物ですね。文化庁の国語課というのも、そのホール大尉に因縁があるわけですね。

**福田**　彼はすんでに教科書をローマ字化するところだったのです。彼は日本へ来る以前に、中南米かどこかのある国の教育顧問をやって、非常に成績をあげて表彰状をもらったというのですね。それが自信過剰となっていて、天狗になっていた。トルコはローマ字を採用して、あれだけ民主化を実現したではないか。日本も非能率的な日本語をやめて、ローマ字にしたらよい、というのが彼の持論でした。
私はそれに対して、ローマ字にするということと、日本の民主化とどういう関係があるのかと、理論的にいろいろと話し合ったのですが、とうとう結論は得られませんでした。結局は、彼はＣＩＥの中で孤立してしまう形になります。ニューゼント中佐がきてから、キング・ホールはニューゼントとそりが合わなかったようです。
後になりますが、アメリカの教育使節団が来日したとき、彼はずいぶんローマ字採用を働きかけたのです。そうして、ある程度のところまではいったのですが、教育使節団の見識を変えることはできず、現在のままに据え置かれたわけです。私たちは、ただ漢字制限を行うといったことで、何とか持ちこたえたのです。その間には、ＣＩＥの強圧によって、有光教科書局長（一九〇三―一九九五）の懲戒処分といったいろいろなトラブルがありました。

**大家** それは、どういうわけですか。

**福田** 昭和二〇年、地理、歴史の教科書の使用が禁止されましたね。改訂するまで印刷発行をしてはいかんという指令が出されたのです。当時の教科書局は、有光さんが局長でしたが、どう対応したかというと、改訂版が出来るまで教科書がないと学校で児童が困りますから、墨を塗って使わせるという方法を考え出したわけです。ところで、墨を塗るには元がなければなりませんね。それで、まず印刷してから、学校へ渡して、そして墨を塗ったわけです。そうしないと間に合わないのです。
ところが、一一月中頃だったと思いますが、キング・ホールが、たまたま朝早く、王子の大日本印刷にジープで行ってみたら、禁止したはずの教科書をまだ印刷しているというわけです。それでひっ返してきてこれは指令違反だといきまいた。その鼻息の荒いところへ、ちょうど私が行き合わせたのです。顔を真っ赤にして、日本の役人はけしからん、明らかに指令違反であるから、処分しろというのです。これは大変なことになった。よくわからないから調べなくてはいかん、というので、すぐ、有光さんにそのことを伝えました。有光さんは青くなってしまいました。調べてみると大体以上のようなことだったのですね。教科書会社は、後でどうせ墨で塗るのだからというので、供給のために印刷して沢山積んであったわけです。有光さんは指令違反のかどで減給処分になりましたが、当時、勅任官の懲戒処分というのは初めてでしょう。ＣＩＥが見せしめのために強要したわけですね。

**大家**　また、終戦間もない頃にもどりますが九月二〇日、大日本戦時宗教報国会が日本宗教会に改組され、九月二二日、ＣＩＥが設置されました。

**福田**　私は関係しませんでしたが、戦時中の報国会の関係では、宗教報国会を解散するというのが一番最初ではないですか。

**大家**　そうだろうと思います。一方、宗教団体法の取り扱いに関して、この頃、若干のトラブルがあったようですね。

**福田**　トラブルというか、ＧＨＱとこちら側と、意思の疎通がなかったのかもしれません。私が当時、ＣＩＥに出入りしていて聞いたのは、団体法は一切廃止しろ、ということでした。それははっきりしており、しかも法律を廃止してそのままにしても、何も別に困らないだろうと思っていたのですね。ですから、改正するという話はなかった。一方、私どもは、団体法が廃止されたら、宗教法人ですから困るだろうとの思いはあったのですが、うっかりそんなことをいえばどういうことになるかわからないですから、しばらくそのままさわらなかったのです。

しかし宗教団体側の方で、税制の問題だとか、解散に伴う財産の処置などでいろいろとトラブルが起きるかもしれないというので、心配して、ＧＨＱのバーンズのところへ聞きに行ったのが、事のきっかけとなったのです。

宗教団体側は、法律的に宗教団体法廃止後どうすべきか、という考えがあって行ったわけではない。どうしたらよいかといった相談にいったわけです。一方、文部省としては、宗教団体法に代わるべきものがなくてはいけないのではないか、法的な組織をもたなくてはとてもやっていけないのだと認識していました。そこで、当時の宗務課が、宗教団体法に代わるべき措置を講じようということになりまして、宗教団体の方々と相談しながら、宗教法人令のもとを作ったのです。

**阿部**　井上恵行さんの本によりますと、宗教団体法を廃止して、それに代わるべき法的措置をすることについては、ＧＨＱもどうも了承しているようだというので、宗務課で全部用意して作成してしまったら、全然、そういう話はなくて困ってしまった、というように書いてありました。

**福田**　それはやはり、誤解があったということでしょう。文部省の側では、作らなければならないということで折衝していたのですが、ＣＩＥ側は、そのようなものはいらないというのが、当時の考え方です。代わるものを作ってもいいというように若干変わったのは、ダイク代将のところに話がいってからだと思います。前田大臣（前田多門一八八四―一九六二、一九四五年八月一八日から一九四六年一月一三日まで文相）は、ダイク氏と、アメリカ在住時代を通じて知り合っていたのでしょうか。ヘンダーソン氏とは懇意な間柄と聞いていました。それで、話がしやすくて、そういうことを言ったらしいのです。らしいということで、言ったとは聞いておりませんが、言ったらしい、そうしたら、向こうも、何か代わるものが要るならば、考えてもいいよというようなことだったと聞いています。

**大家**　九月二二日にＣＩＥ（民間情報教育局）が設置されたわけですが、その時、ダイク代将がその局長に就任して、昭和二一年五月まで、在任しました。その後がニューゼント中佐ですか。

**福田**　ニューゼントはもう来ていましたよ、一〇月の末か一一月には。しかしまだ課長ではなかったです。

**大家**　バーンズは松山高校にいたのですか。

**福田**　松山高校で教鞭をとっていたのですね。

**大家**　すると多少は日本語ができたのですか。

**福田**　日本語も多少できた。

**大家**　話すのはわかるわけですか。

**福田**　あんまりわからない。

**大家**　読んだりはできるのですか。

**福田**　読むことはできないでしょう。ただ日常、インフォーマルなときに、どこかに一緒に行ったときなどは、ちょっと日本語を使ってみるといった程度でした。

**大家**　このバーンズに岸本先生が顧問役についたのですね。

**福田**　岸本さんの話によると、東大の総長が頼まれて、岸本さんにみんなのためにひとつよろしくと言われ、はい私がやります、ということで、宗教関係のアドヴァイザーとして行くことになったのだと聞きました。

バーンズは三〇代で日本へ来て、宗教関係の責任者になったわけですが、それまでは宗教とは何も関係ないのです。宗教のことは全然、わからなかったわけです。そこで岸本さんが、顧問格、アドヴァイザーとしてバーンズに教えることになった。バーンズは一生懸命文献を読むし、岸本さんの講義は毎日のように受けたのですね。その間、神社本庁でも心配して、宮地直一さん（東京帝大神道学教授）などに依頼したこともあるけれども、全然、相手にしなかった。宮地さんは全く敬遠されたわけです。ともかく、バーンズは、一生懸命勉強して、短期間に神道などについて、非常に詳しい知識を得た。

その頃、私はバーンズとはあまり接触がなかったのです。私が、昭和二一年五月に宗務課長になってから接触した段階では、もういっぱしの学者みたいなことを言っていたのです。岸本さんに聞いてみますと、彼は非常な勉強家だったようですね。ただ、理論だけで実際を見ていないから、今後は実際を見てもらう必要がありますよという話を、岸本さんから聞いたことがあります。

**河和田**　宗教法人令の前に、私どもは多少、準備していました。それまでは、いろいろと宗教を監督するようになっていたわけですが、宗教団体法の廃止を機に、できれば宗教統制、あるいは監督というような色彩を抜いて何かここで考えようという気持ちがありまして、井上恵行さんや吉田孝一さん（昭和一七年四月七日から昭和二一年五月一一日まで宗務課長、のち調査局長、一九五五年没）は、頻繁にＧＨＱに行っておりました。条文としてある程度、英文にもしたと思うのです。それが、宗教法人令そのものと同じものであるかどうかは判らないのですが、そういう作業は進めておりました。そうして、文部省がある程度用意しておいて、ＧＨＱに意見を聞きに行ったのだろうと思うのです。

　ＧＨＱに行って、話してきて、それが、どうも意思の疎通がはっきりしなかったのですね。こちらは、それでよいのだろうと思っていると、実は向こうは、そんなことはない、ということもあった。あらためて出直して行っても、一々、検討しなくてはだめだということになったわけです。それが、政府部内では、相当、御膳立ての出来ていたものなのですね。

　それを引っこめて、今度は制定された宗教法人令が出てくるわけです。これも実は井上さんや吉田課長が、作ったものです。

**福田**　井上さんのＧＨＱと一寸した行き違いがあったということは、必ずしもよくわからないのですが、ひそかに用意したことは事実ですね。それを持ってＧＨＱに行ったのですが、それは発表しないでおいて、宗教団体法の廃止が決定次第、さっそく出そうということだったと思います。

　今、河和田さんの話にもありましたが、吉田さんは、法律には必ずしも詳しくはない人なのです。ＧＨＱと折衝している間に、向こうからいろいろ重要なことを聞いたのです。ＧＨＱ側の方針なども、聞いてくるわけです。それを、日本の法文として表現する際に、井上君が主に担当し、そして私どもの文書課へ持ってきて、いろいろ相談してやったわけです。

　河和田さんが、井上さんのしていることがよくわからなかったのも、あの当時は非常な緊急事態で、下の者には何が何だか分からないわけです。司令部の意向といったものがわかるのは、幹部だけですよ。

**大家**　情報が伝達しないのですね。

**福田**　時間の制約もあるのです。早急に処理しなくてはいけないでしょう。あの当時の緊急事態といったら、事務次官、文書課長、担当課長ぐらいまでで、下まで降りて来ないのです。一々、相談する時間などありません。ですから、私が文部省に復帰した当時少なくとも一〇月頃までのことはよく判らないですね。課長でないと、その間の事情は、全然、判らないのです。

**河和田**　非常時だったですからね。ふつうだったら、課員に相談して積み上げていくのでしょうが。

## 神社界の動向

**大家**　さて、当時の神社界というのは、大変だったでしょうね。渋川先生、このあたりはいかがでしょうか。

**渋川**　その頃は、まだ神社本庁には入っておりませんでしたから、書類で見るだけなのですが、一つ、感じることがありまして、当時、文部省はすでにＧＨＱと接触しているわけです。ところが、神祇院の方は、全然、接触していないのですね。終戦連絡事務局から、ＧＨＱは、こういう点に疑問を持っているとか、神道をどう説明したらいいのか、というほどのことしか、していない。新宗連の『戦後宗教回想録』（昭和三八年）の中に出てくるのですが、向こうは、神道指令を出す前に、日本政府の方から、神社制度に関する改革案が来ることを期待していた。そう期待していたのに来なかった。それだから、自分で出さなければいかんと思った、というのです。

**福田**　ただ、それは私の見るところでは、バーンズの言い訳にすぎないと思います。ＧＨＱ内部の情勢は決してそうではなかった、バーンズは自分でもやり過ぎたと思ったのでしょうね。

**渋川**　私は、その問題をかねてから疑問に思っていたものですから、飯沼一省先生（当時、神祇院副総裁）がお亡くなりになる前に、都市交通会館にお伺いしたときに、先生にお尋ねしたのです。あの時、もしも日本政府から一つの案を出していれば、あの神道指令ほどに過酷にはならなくてすんだのではないでしょうか、と質問しましたら、君、その当時の占領軍なんていったら、こっちのいうことなど聞きやしないよ、と一言のもとにいわれました。したがって、先生御自身がＧＨＱに行かれるのは、一一月の半ば以降です。吉田茂さん（皇典講究所専務理事、元内務省神社局長）が行って打診した後に行かれるのですね。

**福田** 吉田茂さんは、その意味では神社界の大功労者だと思いますけれども、それ以前に、私どもが聞いておりますことは、神祇院は、右往左往したといっては悪いのですが、大分神社の処置に困ったのですね。

**渋川** むしろ民間団体の方が先行しているわけです。

**河和田** 神祇院では、伊勢神宮や、天皇を祭神とする神社とか、靖国神社とかについて主に考えて、他の神社は何とかなるだろうと考えていたようですね。

**福田** 私たちの感じでは、一般の宗教団体は大丈夫だけれども、神社はとり壊されるのではないか、という感じを持っていました。そういう疑心暗鬼がありましたから、神祇院もうかつには行かなかったのではないですか。

**河和田** やはり戦争中から、向こうの放送とかを受けていた政府情報筋では、伊勢神宮や橿原神宮、そして靖国神社などがどうにかされると考えていた。そういう神社は、軍国主義、超国家主義の根元だという放送ばかりされていたわけでしょう。そういうことで、神祇院でもそこらをどう処置するかということに、一番、頭を悩ましていたと思うのです。

**渋川** ただ、ヴィンセントの一〇月八日の声明（ワシントン放送で、当時国務省極東部長、国務省陸軍省海軍省調整委員会委員長のＪ・Ｃ・ヴィンセントが、国家神道の廃止を表明した）や、一〇月四日のＧＨＱの自由の指令（人権指令）がありますね。これらに接した段階でも、神祇院の人たちは、まだ宗教と神社とは違うのだ、という立場をとっているのですね。民間団体の方は、ポツダム宣言を見てみれば、これは神社はやられるぞと、葦津珍彦さんあたりを初めとして、吉田茂さんも、後で神社本庁の初代の事務総長になる宮川宗徳さん（初代神社本庁事務総長、元神宮奉斎会専務理事）も、皆、感じているわけです。それが、一〇月二五日の、三団体（皇典講研究所、大日本神祇会、神奉斎会）の会合になるわけです。どうも、民

**福田**　間と神祇院とのずれがあったようですね。

**渋川**　岸本さんも言っていたことがあるのですが、今まで、神社は宗教にあらず、として扱ってきたわけでしょう。よもや向こうが宗教と考えるとは思わないのです。神祇院の人たちも、神道指令が出るまで、そう思っていたのです。宮川宗徳さんなどもそういってましたよ。

**福田**　宮川さん自身が、神道指令が出たことによって愕然とするのです。というのは、第一項にある、神社と国家の法制上の分離は予想していましたけれど、第二項の神話や伝説等、一切のものを含んでの国家と宗教の分離までは考えていませんでしたからね。

**大家**　それは私も聞いております。その点は、おそらくそうだと思います。それは誰も考えなかったわけです。ところが、そこをはっきり区別して考えていたのが、岸本さんでした。岸本さんは、神社の性格には二様ある、いわゆる国家神道としての神社と、宗教的な面の神社と、二様あるのだと考えておられた。岸本さんの述懐によりますと、〝私はそういうことは教えなかった〟というのですが、おそらくバーンズによく教えたはずです。あるいは教えなかったとしても、講義を受けたバーンズの方は、優等生が完全な答案を書くように、国家と宗教、神道と関連のあるものはすべて洗いざらい拾った。上は皇室から民衆の生活習慣まで拾いあげて、それを神道指令に盛ったわけです。後で考えますと、神道指令に盛られている内容は、アメリカが当初、対日政策として考えていたものよりもはるかに広くなっていると思います。それは、岸本さんの教授したものがすべて盛りこまれたのだろうと判断しました。そういう意味で、バーンズは忠実な生徒であったと思います。

**阿部**　『戦後宗教回想録』にある岸本先生の回想によりますと、彼らはホルトム（一八八四―一九五九）という学者を非常によく勉強したというのですが、このホルトムという学者の説はどのようなものだったのでしょうか。阿部先生、お話し願えますか。

今、福田先生が、バーンズにとって岸本先生のお考えが大きな影響を与えたといわれましたように、一方、ホルトムの考え方も大きな影響を与えたことでしょう。バーンズは、ホルトムの良い学生として、その著作を読んだ、と岸本先生も言っておりますが、そうだろうと思います。

ホルトムの考え方というのは、プロテスタント、特に、バプテスト派の流れをひいて政教分離を非常に厳格に考える立場です。宗教の問題は個人の問題とのみ考え、個人の問題としての宗教の自由を中心として、それを圧迫するものは、いけない。そのいけないことをやったのが日本の国家神道であり、それは明治以後に、国家によって作られた宗教である、というのが、ホルトムの説です。神道指令は、考え方としてはホルトムの説に、追随しています。

バーンズがホルトムの本を読んだのはもちろんですが、ウッダードは、アメリカで作られた政策は現場ではあまり分かっていなかったといいますが、しかしバーンズには、アメリカ政府の政策が時間がたつうちに、だんだん分かってきていたはずです。国務省陸軍省海軍省調整委員会が占領政策と基本線を決めていく際に参考にした主要な説の中に今のホルトム等のものがあり、そこで国家神道が個人の宗教を邪魔しているという考え方が、はっきり出たのだと思います。

**福田**　結局、バーンズの言うように、あのときに日本側から何か案を出してくれれば、あのようなもの（神道指令）は出さなかった、という言い訳も立つわけです。つまり、何も来なかったから、ともあれ習ったことは全部、入れたのだと。上は天皇の人間宣言から、下は神輿をかつぐことまで、盛りこんだ。お神輿は、ポータブル・シュラインといっていましたが、ああした、民衆の行事のようなものにまで介入して一切禁止するという範囲の広いものになってしまった。

岸本さんは、神道指令が出たときに何と言ったかというと、私どものところへやってきて、〝ずいぶん玄人が書いたものですね〟という感想を述べていました。これに対して、〝こんなものは、よほど日本の事情に通じている者でないと書ける筈はない。宗教について、誰か智恵をつけたり、いろいろな知識を与えた人がいなければ書けないはずですよ〟と言ったのです。そうしたら、そのとき岸本さんは苦笑しておりました。

**大家**　岸本さんの回想によりますと、神道指令が出るのは一二月一五日ですが、五日前の一二月一〇日に、内密に見せてもらったということが書いてあります（『戦後宗教回想録』）。

**福田**　その後に、岸本さんから私たちに連絡があったのです。しかし、内容は言わない。それで私たちも心待ちに、心構えをしていたわけです。どえらいものがでるという話でしたから。

**大家**　「国体」という語について、ちょっと忠告されたようですが。岸本先生も、宮地さんに会ったり、靖国神社の権宮司と打ち合わせされたりして、一一月一九日・二〇日の臨時大祭に、ダイク代将等を連れていったりしているのですね。ただ、そこのところは、双方ともおっかなびっくりのような……。

**河和田**　でも、あの靖国神社の大祭を実地に見たということは、結果として良かったのではないですか。そうでなかったら、靖国神社は一遍に廃止されていたかもしれません。祭典自体、たとえば祝詞の文章を見ても好戦的な文章は何もなかったとか、神職も普通の祭服で奉仕していますから、ちょっと軍国主義的な神社のイメージが変わったのだろうと思います。

**福田**　それは非常によかったと思うのですが、ともかく靖国神社の問題については、昭和二一年からこの問題に入るのですが、バーンズがどう考えてもGHQなんか通らなかったのですよ。GHQの上の方は、あれは廃止せよという考え方が非常に強かったようです。バーンズは、靖国神社、護国神社は、宗教とは思っていない。しかし一応、神社ですから、処置に困るわけです。苦境に立った時期があるのではないかと思いますね。

　もっと後のことですが、私は、境内地処分の問題で、バーンズといろいろ折衝したことがございました。最後に国有境内地の無償譲与を実現すべく、法律を改正することをGHQも認めたのですが、しかし靖国神社と護国神社にはこれを適用しないという指令が出たのです。私は、これは下手をすると廃止するぞという脅しだと思っていました。その前後に、バーンズといろいろ会談したとき、バーンズは、宗教団体にしたのは、間違いではなかったのか、むしろ震災記念堂のような宗教色のない施設にして、日本国民がそれを維持していくというのなら、それはそれでよかったのではないか、これはニュートラルな施設にしなくてはいかん、という話をさかんにしたことがあるのですよ。私は、それは一つの考え方だ、そういう途もあるだろうが、しかし日本の国民感情としてどう考えるかと言った。遺族会がかなり根を張っていますからね。靖国神社をいろいろいじるということは、やはり占領政策としてマイナス面があると判断したのではないかと思います。それでずっと触れずにきたわけです。

ただ、境内地の譲与の問題については、何とかしないとどうにもならないですから、バーンズに会うたびに、あれはどうしてくれる、府県にある護国神社はどうしてくれる、といいました。しかし私は、政府や公共団体が、英霊を祀り、儀式を行うべきだなどと言ったことはありません。それは神道指令の関係上、言い出すことは不可能でした。そういうことは、一度も言ったことはありませんから、この機会に誤解のないようにお願いします。ただともかく存続を第一と考えました。最初の頃は、バーンズから、放っておくと第八軍が爆弾をしかけて爆破するぞ、と脅されました。日本は敗けたのだから、爆破するならしかたがない、軍の力でおやりになるのなら、といって開き直ったこともありますよ。

**阿部**　福田先生にお教えいただきたいのですが、占領軍当局者が、靖国神社は宗教ではない、むしろ宗教として扱うべきでないと思っていたに違いないと私も思うのです。それを宗教として扱ってもかまわないと、バーンズなりＣＩＥなりが思い、そして昭和二一年の二月にああいう形で神社が宗教法人になったというのは、どの辺から変わるのでしょうか。

**福田**　宗教法人令を改正して、神社を一括して宗教団体に入れたときに、とりあえず入れておいて処置は後だという考え方だったと思います。廃止するものは後でだんだんと廃止していけばよい。とにかく処置は未決定のまま入れておこう、というわけです。

それで、だんだん話を進めていくうちに、慰霊という、亡くなった人や戦死者の霊を慰めるということは、ちょっと彼らには解らないのです。ですから、それは宗教ではないというように思っていたわけです。靖国神社は宗教に入れないで、日本人が望むならば、慰霊なら慰霊という日本人好みの施設にすればよいではないか、と単純に考えていたのです。

## 神道指令について

**大家**　神道指令に話を絞ってみたいと思います。この神道指令について、阿部先生、どのように現在の時点でお考えでしょうか。

**阿部**　第二次世界大戦という総力戦があって、その総力戦の中で、連合国側、なかんずくアメリカが戦争敵手である枢軸国側のイデオロギーを考えたときに、イタリーのファシズムがあり、ドイツのナチズムがあり、そして日本は国家神道があると認定した。良いイデオロギーは自分たちの民主主義で、悪いイデオロギーは、枢軸国側の全体主義イデオロギーであり、それが戦争の原因だと極めて乱暴に決めつけておったわけです。そのような戦争の根本原因を処置するのに功績をあげたということでバーンズもアメリカの勲章をもらえたわけです。神道指令は勝者の側からする敗者の起こした戦争の原因の根本的処理を行うための文書という機能では、当該目的的に非常によくできていると思います。

　占領下では、占領軍が最高の権力者で、日本国に最終決定権は無かったのですから神道指令が絶対的な力を持っていたということは当然です。しかし神道指令が戦争処理の一つ文書にすぎないならば、占領が終わった後も、何故、民主主義の源流みたいなことになってしまったのか。歴史的、客観的に再評価しようとしないのか。このことについては極めて不思議であるという感じを持ちます。

**大家**　神道指令は、現在の憲法、特に二〇条にすべり込まされたというか、つながっていると考えていいのでしょう。

**阿部**　日本国憲法は、ＧＨＱ憲法であることは間違いないわけで、これも戦闘が終わった時のあとの勝者による敗者の始末のつけ方の形態でありますから、両者に盛りこまれた原理は、同じ思想の上に立っているわけです。しかし法体系のレベルからいって、神道指令と、日本国憲法とは、ずいぶん違うのではないでしょうか。

その意味で、神道指令と日本国憲法が同じ思想に立っているということまではいえるけれども、この部分が、ここへ入りこんで来ているというような議論をしても、それは不毛だと思います。そうではなくて、同じ戦後処理の一環だから、同一の思想に立っているのだと考えた方がわかりがよい。そう考えるとき、憲法に出てくる宗教という語を、「国家神道」に置き換えて読みますと、大変、解りがよくなる面が多いということはいえるだろうと思います。同じ戦後処理の枠の中での占領軍の施策と位置づければ、そういうことがはっきりしてくるだろうと思います。

**大家**　渋川先生、いかがですか。

**渋川**　阿部先生のおっしゃる意味もわかりますし、それはそれなりに貴重な見解だと思うのですが、私が考えますに、ＧＨＱ側では必ずしも神道指令を即、日本国憲法二〇条に生かしたというものではどうもないらしい。ないらしいけれども、受けとった日本人の側は、神道指令が有効な時期に二〇条、八九条が出来たために、その二〇条、八九条を解釈する際に、神道指令の頭で解釈するということが、六年間の占領期間で定着していったのではないか。大学での講義なども、戦前の右側の先生は追放になっておりますから、その後に出てきた先生方だけでやっているわけです。そのために、法学における憲法解釈も、そういう声が大きくなりがちなのではないでしょうか。

本来は、阿部先生のおっしゃるように、日本国憲法は、少なくとも日本が独立した以後には、独自に解釈されるべきです。作った人の意思がどうであろうと、日本人として日本国憲法を解釈すべきでしょう。にもかかわらず今までのいろいろな裁判の判決などを見ても、私が見るかぎり、それは憲法というより神道指令がいっていることではないか、というようなものが、極めて多いように感ずるのです。学説的にそうなっているのだろうと思うのです。

**福田**　神道指令はバーンズが書いたものですね。一二月一五日に出た。それ以後、昭和二一年の初めから、神道指令に基づく通達は、ほとんど私がバーンズと折衝して詰めたのです。神道指令の履行をどのように実施するかという細目を詰めていったのです。結局、彼の思想をそのまま取り入れていったのでして、公葬の問題にしても、隣組の問題にしても、忠魂碑の問題にしても、すべてバーンズの解釈でしかないのです。

　ところで、私がそれらを作りながら感じましたのは、一二月に神道指令が出、翌年の三月には、日本側に憲法草案の内容が大体、分かったのです。先ほど、根は同じだといわれましたが、それは、極東委員会へ出す占領政策の根本方針は、一つしかないわけです。神道指令などこっちで書いたにしても、根は向こうにあって、そこから出るわけです。ですから、根は同じであるばかりでなく、新しい憲法草案の中に盛られた内容も、結局同じになるわけです。三月に、憲法草案が示された時に、あまり詳しいことは聞きませんでしたが、部分的に聞いたところでは、神道指令がそのまま入っているのではないか、神道指令と全く同じではないかと感じましたし、その後、このことは明らかとなったわけです。その時、私は、神道指令は、占領が終わればなくなるであろう。しかし、その趣旨を恒久化するために、彼らはああした憲法草案を与えたのだ、と思いました。ですから、神道指令と同じように解釈せざるをえなかったわけですね。だから日本の政府の官僚が、今の憲法の解釈をいろいろ厳しくやっていると思うよりも、神道指令そのままの考え方で新憲法は施行されているのだと思った方が早いと思います。

　ただ、あれからもう三〇年以上たちますから、憲法の解釈は時代に応じて少し変化するのは当然ですし、現時点での見直しが必要でしょうね。しかし、当時においては、私は全く同じものだと解釈していました。

**渋川**　私どももずっとそういう感じではおりましたけれども、どうも最近、根は同じであっても枝葉のところはちょっと違うのではないか、と思われます。たとえば、神道指令の第二項には、宗教（religion）と国家

(state) の分離という考え方が、強く出ています。それに対して、日本国憲法の二〇条を作った者たちは、教会 (church) と国家 (state) の分離であるという考え方で書いている、とウッダードはいっているのですね。そういうものを見ても知られるように、多少、違うのではないでしょうか。

**福田** 一つ参考になるかどうかわかりませんが、バーンズは宗教関係の責任者であって、神道指令は直接タッチしたけれども、新憲法草案については実際はタッチしていないとの言い訳ですが、たとえバーンズが直接タッチしていなくても、その上の機構が神道指令も憲法草案も両方扱っているわけですから、そこでは同じに考えていると思うのです。

ポール・ラッシュという、戦前立教の教師として来ていた人で、GHQの政治将校をやった人がいました。この人とお会いしていろいろと話をしたり、助言を得たこともあるのですが、ポール・ラッシュ氏は、神道指令について、〝あれほどやらなくてもよかった。日本の憲法も日本人が解釈すればよいのだ〟というようなことを言っていました。

**大家** それはいつ頃ですか。

**福田** それは少し後のことです。憲法ができてからですね。昭和二二年か二三年頃です。この人は非常にあけすけな人で、この人から直接・間接にいろいろなことをちょいちょい教えて貰ったので、ずいぶん助かりました。

**大家** ウッダードについては、後に著書が出るなどしておりますが、ウッダードの書いたことについて、葦津先生もちょっとおかしいところがある、と指摘された箇所もあります。もちろん、記憶違いもありましょう。福田先生なども御異論があると思うのですが、ウッダードはいつ頃から入っているのでしょうか。

**福田** CIEができて間もなくです。

**大家** バーンズのすぐ下ではなかったようですね。

**福田** 行政にはタッチしないのです。バーンズの宗教課を拡張し、調査関係の仕事を増やしたのです。調査部門が拡充されて、ウッダードとアメリカから大学教授クラスの顧問が二〜三人来たのです。

**河和田**　我々は宗教・文化資料課といっていましたね。その頃、大分、新しい人が来たようです。

**福田**　ウッダードは、戦争中は、アメリカへ帰った。アメリカから直接、日本へ来たから遅かったのではないでしょうか。

**渋川**　昭和二一年五月頃、バーンズと一緒になって……。

**福田**　昭和二一年に来たのですね。

**大家**　ちょうど福田先生が課長に就任した頃ですね。

**福田**　よく日本語の解る人がいるものだな、と思って感心したのです。

**大家**　彼は宣教師で長く日本にいたのですね。

**福田**　千葉県にいたのですね。朝鮮にもいた。千葉県下には、戦前の彼の宣教活動を知っているという人がいました。そういう人たちから、いろいろな話を聞いています。

**渋川**　彼は主として護国神社の調査を行ったわけですね。

**福田**　靖国神社もやったし、橿原神宮なども行った。

**渋川**　ウッダードのもとには、神社関係者も二人ばかり、入っています。靖国神社からも一人出しました。

**阿部**　端的にいいまして、その調査というのは、バーンズの書いた神道指令がいかに実施されているかについてのお目付役ということでしょうか。

**福田**　それだけではありません。インフォメーションは、あらゆるところから集めました。何も神社だけではないのです。寺院も、めぼしいところは皆、情報を集めて、それを彼がうまく按配して、バーンズに提出するわけです。バーンズは行政的にこれはと思うものを取り上げるというやり方で、まあキリスト教は除いてすべての宗教にわたって行ったわけです。要するにいろいろな情報を集めたのでして、神道指令の関係だけではないのです。たとえば、何々宗の寺院で、今どういうことがあって、これにどのように対応すべきか、というところまではウッダードも言えたのですが、どうするかは、バーンズのところで決定する。そういうことでかなり幅広く調査を行っていました。

**大家**　それでは、そういう資料がアメリカにあるわけですね。バーンズは送っているでしょう。

**阿部**　それなのですが、それが、メリーランド州のスートランドというところの公文書館にあるというのです。ウッダードの家にその資料の写しがあるのですが、整理が悪いので、正確な位置づけが判らない。

**福田**　法華宗から仏立講が分離独立した経緯も、ウッダードの調査からだった。

**大家**　それはどんなことですか。

**福田**　昭和二一年だったと思いますが、仏教界では、当時、離脱の問題がどんどん起きて困っていた。あちこちで宗派や寺院の分離が多発したときです。当時、法華宗に所属していた仏立講という一派があったのです。宗旨も若干違うでしょうが、煎じ詰めていえば、主に経済問題からの争いのようでした。仏立講は離脱したかったのです。当時、他の宗派でも同じでしょうが、法華宗は経済的に困っていた。一方、仏立講は、割合に財政が豊かだったのですよ。信者が多かったのです。法華宗の方は、最初から離脱しないようにいろいろ説得したのでしょうが、聞かないものだからＧＨＱに持ち込んだのです。最初にウッダードのところへ行ったと聞きましたが、法華宗は、どうしても分離するというのであれば、お金を出すように斡旋してくれ、といったということです。ウッダードは持てあまして、バーンズのところへ行ったのですが、我々はその段階で話を聞いたのです。法華宗の人が、我々がこの件を知って以後、ともかくお金の問題だということで日参してきました。

バーンズも持てあまして放っておいたのですが、そしたら我々の方へ話を持ってきたものだから、ウッダードの方はそれを口実に、文部省は信教の自由を圧迫している、と言いがかりをつけまして、二世の将校を使って、いろいろ脅しをかけてきました。しかし、最後は、お金を出すということになって、その当時で二〇万か三〇万くらいのお金、今だとどれほどでしょう、それを出して円満に手打ちを行ったのです。

実は、その手打ちのときに、今までいろいろご迷惑をかけたから、ということで、立ち会ってくれと言われて、立ち会ったりしました。

ウッダードは、文部省の宗務課長は信教の自由を阻害し、干渉したという報告をバーンズにあげたのですが、バーンズは笑って私に、こういうことになっている、とそれを見せたのです。それは全然、違うのですね。我々が干渉したのではなくて、あなた方のほうがやったのではないか、といったことがありましたが、河和田さん、覚えていませんか。

**河和田**　ええ、覚えています。結局、司令部の問題になると、我々の手に負えないですね。

神道指令に関連してですが、我々事務官としては、日本国憲法を勉強するよりは、神道指令の方を勉強しました。これは絶対命令ですからね。良いか悪いかは、即決なのです。当時、いろいろな通達を出さなければならなかったわけですが、事情が解決次第で変わるわけですから、これであれば正しいとはいえない。当時の福田課長の卓越した指導がありまして、「こういう事情であれば避けられたい」という文章が多いわけです。それほど、慎重にならざるを得なかった。これを睨んでいれば、宗務行政も大体できたということなのです。事務を執っている者として、一番の手掛かりはこれでした。

**渋川**　公葬等の件ですが、昭和二一年一一月に、基本的な通達が出ますね。これは、神道指令が出てから一年近くかかっているわけです。これは一体、どういうことか、解らなかったのですが、ある資料によると、この間も、ＧＨＱから口頭で達しがあったのですね。昭和二一年の一月と、さらに七月に、重ねて公葬等の禁止の指示があった。そして初めて一一月の一日になって、「公葬等について」の通達が出るわけです。文書で出るまで、どうしてあれほど時間がかかったのでしょうか。折衝がもめていたのですか。

**福田**　もめたというよりも、基本的なことは最初に口頭であって、それを我々が書き留めて流していたと思うのです。ところが、各地方において、どんどん違反が出てくるのです。現地軍が容赦なく摘発するでしょう。それがみんなバーンズのところに集まってくる。こちらにも報告はあるのですが、向こうの方が早い。その都度、バーンズの方で、こういう場合はこうしろ、という指令を口頭で出すわけです。そういうものが積み重なっていって、最終的に、文部省だけでは不十分ですから、当時の内務省との共同通達によって地方長官へ流すべく、まとめあげていったのが、あれです。

**河和田** あの頃は非常に神経を使ったようです。というのは、扱う範囲が、本来の文部省の範囲にとどまらないのです。神道指令をみても、各省に関する問題なのですね。それなのに、宗教に関する問題は、文部省が窓口ということで、全部、宗務課に来るのです。いろいろな問題がありますよ。その頃、私たちが思ったのは、何故、文部省だけが責任を負わなければならないのか、ということです。そういうわけで、非常に神経を使ったようです。

**福田** 宗務課は、公葬等の問題に関しては、日本政府の窓口にすぎないわけです。ところが、この問題は、文部省と内務省だけでも本当はすまない。各省すべてに関係するわけです。ですから、出す前に次官会議に持っていったように思います。次官会議にかけて、私の記憶では、どこの省だったか忘れましたが、〝こんなもの出してよいの〟などといわれましたね。それほどGHQの側はきつくて、次官会議にかけてから、共同通達として流したと思います。

**阿部** この種の指示が口頭であったとき、たとえば県知事が宗教的儀式にある目的の故に参加して良いかどうか、というようなことは、内務省などを通してすぐ何かの形でお伝えになったわけですか。

**福田** 公葬に関することは、文部省が中心となり、ただ関係者には、事後にもこのようなことを通達したと知らせました。

**阿部** そういたしますと、初めは、口頭で指示があると、すぐに都道府県等に連絡し、それがもう少しオーソライズされるのに時間が経過し、その間にいろいろな向こうからいう違反例が提示された、そこでやむをえず文書による通達ということですか。

**福田** 向こうも具体的には解らないから、ケース・バイ・ケースで積みあげていって、集大成したというようなものでしょう。

**大家**　それで昭和二六年に、やや緩和する通達を出すわけですね。

**渋川**　その前に、昭和二四年に一段階あります。実は、私が、「神社新報」で「神道指令の解説」を作っていたのです。これは当時の篠原課長の名前で出ていますけれども、実際は、ＧＨＱなのです。その中で、地鎮祭にふれて、質疑応答を作っているのです。井上恵行先生などにも手伝っていただいて、請負業者が主催するのであれば、国有地において地鎮祭等を行ってもかまわないという問答を出したのです。それは、二一年の通達からいうといけないのですね。しかし、そこまでは緩和しようではないかという意見が大半だった。その当時、井上さんは、渋川君、やってくれ、やってくれというのです。認められなくてもともとだからというわけです。バーンズのところへ持っていったら、さっとパスしたのですよ。問答を二つか三つずつ持っていってはＯＫをとったのです。ＯＫをとれなかったものもありましたが。ともかく、その地鎮祭の件が、ＯＫがとれましたので、すぐに宗務課へとんでいって、ではこれを出そうということになったのです。それが昭和二四年五月の地鎮祭・上棟祭に関する通達の背景です。

　その昭和二四年は、他の問題でも、制限を緩和する年なのですね。その原因はどうも、ＧＨＱ自体が、後にバーンズもいうように、国家と宗教の分離から、国家と教会の分離へと変わっていった時期と対応しているのではなかろうかと思うのです。昭和二四年あたりの通達と昭和二一年のそれと比べると、明らかに一色違う。それが、昭和二六年になってさらに大きくなると思います。

**福田**　昭和二四年の段階では、ＧＨＱは、朝鮮戦争が起きるという前提でいたようでした。在日朝鮮人連盟の団体等規制令による解散が二四年九月です。私たちが、朝鮮人学校を閉鎖した。私たちは何がなんだか解らないうちに、向こうの命令でやったのです。そうしたら、朝鮮戦争が起こったのです（昭和二五年六月）。あれは前兆だったわけです。昭和二四年にはもう準備していたわけです。占領政策にも、何らか連動したものがあったのではないですか。

**阿部**　占領軍スタッフのほとんどが入れ替わっていますね。リベラルな人や、やや左の人は追い帰してしまって、ほぼ完全に新しいスタッフに入れ替わっております。

**福田**　昭和二四年の段階では、ＣＩＥにいたリベラルな層は皆、本国に帰されてしまった。バーンズは残っていましたが、他のセクションは皆、変わってしまったのです。

**渋川**　バーンズは要領がよかったのでしょうか。

**福田**　思想的に、ないでしょう。その上のニューゼントは、和歌山高商の先生をしていて、日本にもちょっといた。日本語も多少解る。バーンズもそういう経歴があって、二人は日本通という点でよく合ったのですね。ニューゼントが局長になってから、バーンズはずっといた。ニューゼントは、来た当初から、私は接触していました。いろいろポストが上がって関係がなくなっても、ニューゼントからはときどき呼ばれていました。

**大家**　当時、占領下の一連の通達も、政府の担当部門の名で出ていますから、裸で見ますとつい占領軍のことを忘れてしまうのですが、そうしますと、通達は占領軍の指示というか承認のもとに出されたものなのですね。

**渋川**　日本が独立したときに、今までの占領中の通達は、神道指令がなくなったのだから全部廃止して、まとめて整理したものを出そう、という話が宗務課でありましたね。梅田義彦先生（一九〇六—一九八〇、元宗務課専門員）なども、書き始めていたのですね。ところが、昭和二七年の時点でやったのでは、得か損か判らない、というわけです。まだ占領下の気分が残っていましたからね。

**河和田**　そういう話は確かに宗務課にありました。神道指令は確かに失効した。ところが、そこでいっていることとは、あるいはそれに基づいて出した通達などがいっていることは、日本国憲法にダブっているわけです。結局、通達も憲法の解釈いかんにかかってくる。だから、いちいちそれはやらなかったのです。

**大家**　当時、バーンズの宗務課は、キリスト教に対しては、どのような対応をしていたのでしょうか。

**福田**　キリスト教を優遇したのは明らかです。いかにキリスト教だけを優遇したかという問題は、具体的な例をあげなければお解りにならないと思いますが、キリスト教だけには資材を配給したり、キリスト教の経営する学校についてはいろいろと恩典を与えたし、すべてにわたって支援した。神道指令で、宗教の自由をいっていますが、実際はキリスト教のみ自由で、他は非常に不自由だった。私は、今でもそう思っていますが、向こうのいう宗教の自由は、キリスト教のための自由であって、仏教や神社の自由ではないのですね。神道指令で、宗教の自由を尊重するという建前にはなっていたけれども、実際に神道指令を実施した結果は、先ほど述べたようです。彼らは日本にキリスト教が増えるということを大いに歓迎したわけで、そうした政策を行ったわけです。その最高責任者が、マッカーサーです。

**大家**　宣教師を呼んだりとか……。

**福田**　宣教師も呼んだし、目に見えない優遇ということはあったと思いますね。

**河和田**　非常に細かいところまで、目を着けてきましたよ。たとえば墓地の問題があります。キリスト教の墓地を寺院の一角に設けてやれというのです。そこまで干渉してきたのです。

**阿部**　今のお話、大変興味深く思います。もっともはっきりした例は、沖縄ですね。極端な例では、神社の中にキリスト教の教会が建っていて、幼稚園が出来ているというものまである。建物の材料のないときにかまぼこ兵舎などを流用してキリスト教の教会や幼稚園を建てたり、聖書を配ったり、マッカーサーが宣教師をどんどん連れてきたりということはたくさんあったわけです。ただ、いわばそうした物理的な面でのキリスト教拡張策は、あまり効果が残っていないのではないかと思います。

一方、精神的な面で、たとえば彼らのいう信教の自由というのは、もっぱら個人の信教の自由をいっているわけですね。一つのコミュニティーあるいは家の宗教という観念を否定して、個人の宗教という面のみに立脚して、個人の信仰の自由ということを押し出したのが、神道指令であり、日本国憲法です。基本線は、個人主義の宗教のみなのです。

そうすると、占領軍が押しつけた個人の宗教の自由は、基本的にコミュニティーの宗教である神道や家の宗教である仏教にはなじまない。それが大変、都合のよいのが、キリスト教であり、新宗教なのです。ですから、キリスト教等は、神道指令及び日本国憲法によって、特段の優遇を得たのだと思うのです。それは、思想的優遇なのであって、しかも今日まで続いている。このように、今日まで、神道指令の影響が、キリスト教等個人主義の宗教のみを考える立場に対する思想的優遇として続いているとすれば、眼に見える形で物をくれたこと等よりも、ずっと影響が大きいのではないかと思います。

**福田** 今の宗教の自由という問題にははなはだしく抵触する問題が、神社だけでなく、仏教についてもいろいろありました。何か問題がおきたときは、必ず、ＧＨＱが現地で介入しているという場合なのです。たとえば、京都で、私はたまたま行きあわせて聞いた話ですが、西本願寺に現地の民政部の将校が来た時に、待遇が余りよくなかったのですね。それが原因で、徹底的に意地悪されて、最後は堂班制度を廃止しろということになりまして、命令をつきつけられて困っていたのです。私がたまたまそのことを聞いて、宗教組織の内部に干渉して、信教の自由を全く踏みにじっているのではないかと感じたものだから、東京へ帰ってバーンズにそのことを話したのです。そうしたらバーンズも調べてみたのでしょう。やはり解ったとみえて、それから介入をやめたらしい。それで収まって、西本願寺は愁眉を開いたことがありました。

やはり現地の民政部は無茶苦茶で、いろいろとちょっかいを出して、自分たちの権力を見せつけるために無茶なことをやっている。そしてその都度問題を起こして、事件として東京へ報告が来るわけです。そういうのは神社はもちろんのこと、寺院にもたくさんありました。何といっても、問題は神社や寺院だけで、キリスト教にはないわけです。

**大家** それが、都道府県知事や、あるいは直接、宗務課に来るのですね。

**福田** バーンズは、神道指令を出してから、それを徹底的に履行させるのは、日本政府を通してやるしかないと考えたわけですね。神道指令を履行させるには宗務課が必要だと考えた。ですからいろいろなことをやらせるわけです。私たちは、占領軍の命令だから、いやでも忠実に履行せざるを得なかった。したがって神道指令の徹底ということについては我々は、大変寄与したことになります。

## 宗務課の処理

**福田**　ところが、終戦後、日本宗教連盟というものができて、前の課長の吉田孝一さんがその理事になった。吉田さんは宗務課長をパージになったので、退職されたのですが、宗務課長の頭が残っていたのでしょう。司令部に再々行っては、いろいろな話をされるわけです。バーンズだけでなく、司令部の考え方というのは、宗教団体法は廃止し、あとは何も要らない。占領軍が命令を出せば、それが伝わって履行される、という考えでしょう。だから文部省の宗務課のような中間機関は、あってもなくても一向に痛痒を感じないわけです。そして宗教連盟の方からさかんに吉田さんが出入りした頃は、民間の連盟を使った方がよいという考え方が強かったように思います。

たとえば、宗務課でいろいろ考えて案を持っていくと、その逆を宗教連盟が持っていくわけです。向こうで対立しているような格好になるのです。そうすると向こうは民間団体でしょう。民間団体の方が、本当をいっているのではないか。政府の役人は信用できないぞ、という考えがおそらく強かったのでしょう。初めから宗務課というものにはよい感じをもっていなかったのです。しかしながら、神道指令を履行させるためには、日本政府を通じないとやれないということを感じとったので、その間は宗務課を使ったのです。

ＧＨＱの方で、だんだん神道指令も浸透してきて、そろそろ宗務課を用いなくてもやれそうだと考え始めた頃に、私どもとしては運悪く、物資の配給の問題が起きたのです。一般家庭もそうでしたが、神社や寺院は宗教活動に欠かせない物資が全くなくて、ローソク一本、マッチ一箱ないのです。特に京都のお寺などが困って非常に喧しかったですね。せめてお勤めや祭祀用の物資を配給してほしい、さもないと宗教活動ができないと、司令部にも再々いったらしいです。しかし相手にされなかったから、我々の方へ来たのです。

実に気の毒だ、家庭も困っているけれども、宗教団体も最小限のものがなければ困るでしょう、ということで、私がいろいろ経済安定本部と折衝したのです。決して社寺の復興資材の配給ではないのです。それは我々の手に負えません。木材その他の復興資材は我々のタッチするところではなかった。せめて祭祀用、お勤め用の物資だけは何とか確保したいということで安定本部と折衝を重ねたわけです。安定本部もだんだんとこちらの事情が解って、一般家庭など民需は別に一貫してやっているから、特に宗教団体用に、別の係りを置かない限り物資は流れませんよ、という。それではお願いします、ということで、最終的に、各都道府県に宗教用の物資を配給する担当官を置くということになって、気前よく四七人認めたのです。

これはありがたいというわけで、バーンズのところへ持っていったら、ＯＫをしないのです。だんだん話してみると、彼は宗務課の権限を拡張して、宗教団体をコントロールするのではないかと、誤解しているのです。そんなことは全然ないのだと、いくら説明しても彼はうんといわなかった。せっかく四七人の定員を認められたのに、宙ぶらりんになってしまった。私はそのときに、方法は二つしかないと思いました、一つは、文部省で学校用の教育用品を配給する組織があった。この組織の中へ含めてしまって、一括の配給ルートで行うというもの、もう一つは、今もらっている事務官はあきらめて、府県に一人ずつ嘱託を置いて、宗教団体用の配給事務や相談にのる、というものです。この方法に気づいて、結局は、後者にしました。府県も人手が足りないのでなんでも欲しいということでしたから、嘱託を置くことにしました。それはバーンズも承知したのです。それが置かれたので、今までよりは多少は改善されたのです。

こんなことがあったのですが、このことはバーンズの誤解が全く氷解したわけではなかったと思います。

と同時に、前からの宗務課不要論が頭をもたげてきたことは疑いを容れません。後になって岸本さんに一度、聞いたことがあるのですが、岸本さんの立場としてはバーンズから宗務課廃止について意見を求められたとき宗務課を廃止しなさいとも存続しなさいとも言えないわけです。どちらにもつかず中立の立場でいなければならなかったのが岸本さんの立場だったと思います。

というのは、そういう話が起こってから、岸本さんから私のところへ事前に話があったのです。バーンズがえらくカッカしているけれども、どういう具合に処理するつもりかと。私は、バーンズがカッカしているなら止まるまい。指令を出すならば出してもよい。向こうのいう通りにしたらよいであろう。二三年には大体、境内地の処分もほぼ目鼻がついたことだし、神道指令といっても、もうあまりすることもないからよいのではないか。ただし、宗教団体についての調査事務だけはどこかに残しておきたい。調査課の片隅でもよいから、調査事務だけは残して、宗務課という看板は一度おろし、向こうのいうことに服従するのも致し方ないではないか、と言ったのです。これは岸本さんがなんとかしたいという好意からだと思います。岸本さんは、バーンズには、これも一つの方法だと伝えたようです。

しかし、岸本さんが、バーンズに勧めて廃止を呼びかけたという説もありますが、そんなことはありません。これは、岸本さんの名誉のために言っておきたいのです。岸本さんは、我々とも距離を置いて中立的な立場をとられたけれども、常に緊密に接触していました。しかし、いよいよの段階になると、岸本さんと意見が違っても、我々の信ずる方向で歩まなければならないことがたくさんありました。

ずっと後になって、岸本さんが東大図書館長になられたときに、昔を振り返って、〝あなたには大変すまんことをしました、至らぬことが多々ありました〟といって謝ったことがあります。そのとき、岸本さんに、〝何をおっしゃる、あの当時は非常な制約の中でいろいろなことを苦心されたのだから、今、あの時のことをかれこれいうことはありませんよ〟と言って、お互いに語り合いました。

岸本さんは、宗務課を助けたかったのでしょう。しかし、バーンズがあまりにカッカしていたから、そうはできなかった。だから、せめて何らかの方法で根を絶やさないだけのことは言っておく、という意味であったと思います。

**阿部** 岸本先生が調査事務だけは残したらと伝えられたということですが、それには、宗教学の若い学者を配置し、調査事務と宗教研究をつなげられるとよいというお考えもあったのでしょうか。

**福田** 私のいう調査というのは、ちょっと違うのです。私は、占領が終わると宗教法人法を作らなければならない。法人令に代わるものを作らなければならないということを常々念頭においていましたから、そのために必要な調査ということなのです。私が宗務課長在任の時から、篠原君と二人で、ともかくいざ占領が終わった段階で法人税を制定するときに備え、今から問題点をひとつずつ詰めておいて、おおよそ固めておかないと、すぐにはできないよ、今は占領政策の枠の中で、法人令下のいろいろな問題が噴出してきているが、これをどうするか一つずつ詰めておこう。相手のいることだし、いっぺんに出して向こうから拒否されたらそれまでだから、向こうの気分を損じないように一つずつ問題毎に詰めておいて、だんだんとまとめて、いざというときにはやろうではないか、そう篠原君と私とで相談してやっていました。いくつかの問題は、詰めたのです。

それから、宗務課廃止は、物資の配給の問題がきっかけですが、ただそれだけではないのです。たとえば、離脱の問題ですね。信教の自由のために離脱を自由にするというのはいいことだけれども、実際の状況を見るとそうなっていない。宗教の自由のために離脱していくというケースは少なくて、経済的な事由とか人事にからんだ離脱が多いのです。そういう点を客観的にみて、もし宗教の自由からではなく。他の原因で離脱するのであれば、その原因を除去する方法を講じてやるのが、一番よいのではないか。それには第三者機関のようなものか、あるいは、宗教団体の側で何か適当な措置を講ずることができるようにするとよいのではないか、という話をずっとバーンズとしてきたのです。しかしそれには全くイエスといわないのです。

だから、私が調査関係の事務を残しておきたいと思ったのは、宗教法人法を作る仕事は、いずれ文部省がしなければならない。しかし宗務課がなくなるとそれができなくなりますから、看板は変わってもそれをやる根だけは残しておこうという意味です。その意味で、調査事務だけは残して、と岸本さんに言ったけれども、岸本さんにはそこまで詳しく言えませんからね。

**河和田**　確かに課長が苦労されたところなのですね。調査という話が出ましたけれど、これは文部省の一つの伝統だと思うわけです。国民の信頼を得る一つのあり方として、宗教団体法のときにも、調査の専門家を置いたくらいです。宗務官、宗務官補というのは、ある意味で調査担当なのです。大正時代にも、宗教制度その他を研究する専門家を置いているわけです。そういう流れはずっとありまして、福田課長の時にも、いろいろ調査をしました。そのために苦労して本まで出したくらいです。その一つに『宗教便覧』がありますね。あれも、実際は原稿をこちらで作って、時事通信で出したのです。それから『宗教時報』というものを出しましたが、あれも原稿をこちらで用意して、紙の配給を心配しながら出したのです。

そういう流れがあって、新しい表現を用いれば、宗教に関する情報資料の収集とか、宗教団体との連絡とかいうことになるわけです。あとは、宗務課としては、監督制限のあり方だけが、問題として残るわけです。その問題を最終的に集大成したのが宗教法人法ということになります。

もっともその中にも、根本的な問題はありました。一体、宗教というのは、国の事務なのか、という問題、これは最後まで残りました。大体、文部省設置法を見ましても、昔から、国の事務だということになっているわけです。宗教が国の事務である以上、文部省でやるか総理府でやるか、どこでやるかは別として、担当部署は必要でしょう。しかし、この問題は、大変大きな問題だった。篠原さんは宗教法人法案作成にあたりましてそれを法制局の第一部長であった林修三さんのところへ持っていって検討してもらった。その後、予算の問題で、大蔵省と対立した。国の事務かどうかで、金をどうするか。都道府県で事務をやる場合、それは都道府県の金でやるのか。このとき、国の事務であるとはっきりいったのが、先の林修三さんでした。この基本ははっきりしておかなければならないでしょう。案外、国の事務なんていうことも、多方面に影響を与えているのです。

**福田**　宗務課の所属は、時代とともに変わってきたでしょう。それは、それぞれに理由があるのです。ある時は、教学局にくっついたり、戦後、社会教育局ができたときは、社会教育局に入った。しかし、進駐軍がやってくるので、教育と一緒にしておくとあぶないという考え方から、ニュートラルな官房に移したのです。ところが、官房に入れると、他の局の制約を受けないでどんどんやれますから、ニュートラルでも権限が少し強いということで、調査事務ということが主眼であれば、将来、調査局に入った方がよいという理由で、その後、調査局へ行ったのです。私どものいう通りになったわけです。それから文化局へ行って、現在は文化庁というわけです。そのようにそのときどきの事情によって、所属を変えていったのですね。それは宗務行政のその時その時のあり方が反映しているわけです。

**大家**　占領軍の方も、前宗務課長の吉田さんが入って民間の日本宗教連盟を活かしたいと考えたと思うのですが、そして福田先生もある意味で腹をくくったわけですが、どうしてその日本宗教連盟に、宗務課の機能が移管されなかったのでしょう。

**福田**　実体があまり具わっていなかったということと、ＣＩＥは吉田さんはじめ会長の安藤正純さんがパージを受けた人であるということにひっかかっていました。

**大家**　吉田孝一さんは、何でパージになったのですか。

**福田**　教学局にいたからです。

**河和田**　今の日本宗教連盟と文部省の宗務課の関係を模索していた時代は、確かに、民間団体でやったらどうかという意見もあったのも事実です。殊にＣＩＥには、国が、何らかの権限を握ることはいかんという考えがありましたね。これは所轄庁は地方に移せということにもなります。それが最後まで尾を引きました。しかし、そこで基本的に動かせなかったのは、宗教は国の事務であるという点なのです。

**福田**　それは、私のやっているときからその問題があって、私がいろいろと話をしたときも、文部省が宗教団体に直接、関係を持つ必要はないではないか、せっかく都道府県というものがあるのだから、都道府県知事にやらせればよいではないか、というのです。そうではないのだ、個々の寺院とか教会といったものは都道府県知事に委ねる。しかし浄土真宗本願寺派とか、日本基督教団といった広域の大きな宗派、教団になると、都道府県知事ではどうにもならないから、やはり中央の行政機関と接触をもっていなければ具合が悪いのだ、という話をしても、そこのところがひっかかって、どうしても納得しなかったですね。おそらく、篠原君が宗教法人法案作成を折衝したときにもそれが障害になったのではないかと思います。それと離脱の問題ですね。向こうがいうことを聞かなかったのは、この二つでしょう。あとの点は、大体一つずつ詰めて篠原君に引き継いでいったのですけれども。

## 国有境内地の無償譲与の問題

**大家**　福田課長時代には、例の国有境内地をどうするか、という問題（もともと社寺等の所有地または準所有地であったもので、明治四年の社寺領上知令により国有となったもの等を、その社寺等にどう返還するかという問題）がありましたね。これについて少しお話しいただきたいと思います。

**福田**　神道指令は、信教の自由ということとともに政教分離が大きな柱となっているわけです。私たちは、神道指令が出たときに、政教分離という観点から、社寺の国有境内地をどうしたらよいのか、まだＧＨＱに持ちこむ段階ではないので、内部で、非常に苦慮していたわけです。ところがそのうちに、新憲法案の草案が発表されて、神道指令が憲法に移ってきているから、憲法制定国会においては、きっと議論が出てくるに違いない。その段階ではどうするという方針も政府が持っていないと、困ってしまうであろう。そういうことで、いろいろな問題ができた場合を考え検討していました。宗教団体としては大変な問題だから騒ぐに決まっている。宗務課でもあれこれ考えたけれども、しかしよい智恵がないのです。

私もにわか勉強でいろいろ文献などを読んでみましたが、一番、助けられたのは、東北大学の豊田武さん（一九一〇―一九八〇、昭和八―一三年　文部省宗務局）の書いたものをいろいろ読んだことです。そして先生の著書からいろいろヒントを得たのです。昭和一四年に制定された法律が、執行停止みたいな休眠状態でしたので、あれを生かして使う以外にないのではないかということを考えまして、内々、法制局とも相談しました。法制局は、今頃そんなものをもってきて通りますかな、ということでした。大蔵省にも内々打診しましたが、問題にならない。そういうことで、途方にくれたのです。

しかし、いよいよ何とかしなくてはならないというので、我々としては休眠法律を生かして使うという方向で検討を続けました。まず、政府部内の意見を固めなければならないというので、法制局、大蔵省、農林省に入ってもらって、事務担当者が集って協議しました。しかしなかなか意見がまとまらない。最後には大蔵省国有財産部がどうしてもうんといってくれないので、大蔵省事務次官の野田卯一さんのところへ、文部省事務次官の山崎匡輔さんを引っぱっていって、何とか頼む、神さまが困っているのだから、と言って貰ったら、野田さんは〝よし解った、私は神さまを尊敬しているのだ〟といいましたよ。それで事務当局を納得させて、それから作業が始まったのです。

社寺の国有境内地の無償譲与を復活させよう、前の法律はそのままでは使えないから、改正しようということになった。農林省が最後までいやいやと言っていた保管林の問題も話し合いがつき、何とか共同歩調をとるよう説得ができた。それから案をバーンズのところへ持っていったのです。

そうしたら、バーンズは知らないのです。国有境内地のことなど考えてもいない。神道指令を作るときにも、そういう問題があろうとは夢にも思っていなかった。彼が何といったかというと〝君のいうことは解ったけれども、もう明治以来、八〇年たっているではないか、うっちゃいといてよいではないか〟というようなことで、イエスといわないのです。八〇年たっていようが、百年たっていようが、日本の法律では所有権が消えるわけではない。所有者はあくまで所有者なのです。ですから、憲法ができると政教分離の観点から処置しなければならないといったのです。そんなわけで、向こうもそのうちに急いで勉強を始めたのです。岸本さんも知らなかった。岸本さんはさっそく我々のところへ来て、どうするのだ、というから、こうするより以外ないのですよ、といったら、そういう方向で検討してくれ、しかしなかなか難しいよ、というようなことでした。

だんだん説明していったら、バーンズのところよりも大蔵省相手のＧＨＱの国有財産担当官の方が反応が早かったですね。法律がそうなっているのならば、法律通りにしろというような意向が大蔵省にはね返ってきて、そうしてバーンズをだんだんと説得して、最後は承諾してもらったのです。

しかしバーンズは、この問題について勉強していく過程で、神社や寺院が国有境内地を持っているのは、締めつけにかっこうの材料だと思ったのです。後に、境内地の処分審査会が法律で出来、また、保管林の処分の審査会が設置されても、全部、バーンズのＯＫなしには処分してはいけないという命令でした。伊勢神宮の問題であるとか、明治神宮の問題であるとか、いろいろな神社や寺院に個々に厳しい話があった。また、保管林の問題ですけれども、寺院で高野山金剛峯寺が問題になりました。ああいう広大な国有林をただで使って、収益をあげている、全部取り上げてしまったほうがよいという話があったのですよ。それから厳島神社ですが、あれは、島全体が、御神体だといっている。あの島の裏側まで全部、保管林です。そういうものが全部取り上げられてしまったら、神社の尊厳も信仰もない。伊勢の神宮は、五十鈴川の上流の境内地をとりあげられたら、御遷宮の用材にも困る。そういう問題が、他にもいくつもあるのです。

私もそのときは、全国の主な社寺をわたり歩いて、勉強して、一生懸命でした。いろいろな山岳信仰の問題から、保管林の成り立ちから、いろいろなことを調べていって、ひとつずつバーンズのところでディスカッションしました。そしてどうするのか、詰めていった。

他にも、大きなところでは、比叡山は全体が保管林です。それから、日光の二荒山、あれなども男体山全体が御神体となっている。山全体が御神体で、宗教活動に必要な山だといっても、解らないわけです。何故、その山が御神体なのか。そういうことを解らせるのに、大変、苦労したですね。彼はそれを一つずつチェックして、私だけでなく他の人からも意見を聞くわけです。そして自分なりにこれはこうしようと決めるのですね。その場合、彼は、非常に締めつけてきたのです。伊勢の神宮でいえば、神宮の狭い神域だけでよいとか、厳島神社にしても、神社の周辺だけでよいではないか、といっていました。

そういう時に、京都、上賀茂のゴルフ場の問題が起きたのです。上賀茂神社の宮司さんが、私のところへとんで来て、進駐軍がゴルフ場を作っていますよ、というわけです。境内地を勝手に変更するなど、進駐軍によって信教の自由をふみにじるようなことがあってよいものか。何かの間違いだろう、といったら、それでは現地を見て下さい、というのです。そこで私と、大蔵省の国有財産局の今泉総務課長と二人で行ったのです。行ってみたら、ブルドーザーを入れて整地しているのです。やっているのは、アメリカの兵隊ではないですか。

これは大変だというわけで、京都府に立ち寄って聞いてみたら、府の副知事の井上という人が、京都のCIEのアンダーソンという将校と謀って進めたというのです。朝起きてゴルフのクラブを振らないと気分が悪いというゴルフマニアのアンダーソンと井上氏が相談して、京都市内の近くにゴルフ場を作るということになって、観光会社を設立した。そのアンダーソンが目をつけたのが、上賀茂の境内地だった。府の方も、どうしたことか、それに乗っちゃって、立木を伐ってしまい、米軍のブルドーザーを入れてどんどん整地したから、上賀茂神社は処置なしですよ。とめられないでしょう。たまりかねて、宮司が、私のところまでやって来たわけです。

そこで、これは国有境内地であり、未だ処置が決まっていない土地だから、それを京都府下の一観光会社がゴルフ場を作るのは、許されない。しかもこの区域は、宗教活動に供せられる土地だ。信教の自由を害するではないか。そう、バーンズのところへ詰めよった。バーンズは、そんな馬鹿なことがあるものか、という顔して取り合わなかったです。しかし、しばらく待てということで、向こうでも一応、調べたのですね。そうしたら、事実に相違ない。それからのバーンズの反応は早かったですよ。京都からいろいろデータを取り寄せて、人も呼んで聞いたのでしょう。これは明らかに進駐軍が悪いというので、彼らは軍法会議に提訴したのです。

それで私と今泉君とは、軍法会議に証人喚問された。ＧＨＱの放送会館に、仮に軍法会議が設けられて、将校が尋問した。二人は別々に、何故、お前たちは米軍がやったと認めるのか、ということから始まった。私が行ってみたら米軍の服装して、ブルドーザーでやっていた、と答えると何メートルの近くから確認したのか。全部見えたか。米軍の要員であることを見誤ったのではないかなどと審問された。明らかに皮膚の色が違っていた、見誤ることはないというようなことを述べたのですが、我々も処罰を受けるのではないかと心配していました。

結局、我々には何のとがめもなく、後で聞くとアンダーソン氏は、軍籍を剝奪されて、本国へ送還されたということです。しかし、ゴルフ場はすでにできかけていましたね。バーンズがいうには、あとは元に復元するかどうかは、日本側の問題だ。復元できなければしょうがない。日本側の処置にまかせるという。そこで手を引いたのです。ゴルフ場は、八分通り出来上がっており、結局ゴルフ場として開場したのです。

**大家**　バーンズという人は、そういう意味ではある程度、筋を通していたのですね。

**福田**　米側が悪いと思ったら、それはやっぱりやったですね。そのかわり、こちらを責める場合は強かったです。

**大家**　その当時、神社側におられた渋川さん、バーンズという人にどういう印象を持たれましたか。

**渋川**　アメリカ人ですからね。神社本庁の人がいった場合と、私のように神社新報の記者としていった場合には、私の方がずっと楽に接触できました。

**大家**　新聞記者というのは有利ですね。

**渋川**　ただ、バーンズという人は、私と会う時、一切、日本語は使わなかったです。特に事務所で、こちらがインタビューして問題を聞くという際には、非常に厳然としていて、必ず二世の通訳に訳させるのです。私のいうことくらい、解るはずなのですがね。

ウッダードの場合には、初めから日本語で話して、非常にフランクでした。その点、占領軍の中にもいろいろな人がいるなと思いましたね。今、日本に残っていると思うのですが、ニコラスという人が、若い士官として来ていたのです。この人は行政の方の担当で、個人的にも親しい感じで話していました。

これは後のことですが、占領が終わって二〇年くらいしてバーンズと会ったときには、バーンズが部屋の中から飛び出してきて、私に握手したりしてね、私は、おそらくもう覚えていないだろうと思っていたのですが。もちろん日本語で、やあ久しぶりだ、懐かしい、といった調子なのです。全然、占領中のイギリスの植民官のような厳然たる態度ではないのです。やはりウッダードと同じアメリカ人という印象を受けました。大分違うものだと思いましたね。

あと、宗教教育の専門の博士だとか、何人かおつき合いした人がいましたが、その人たちは占領軍というような意識は与えなかったですね。極くフランクでした。

**福田** 調査関係に来ていたアメリカの大学の教授クラスの人が二〜三人いました。そういつも接触したわけではないのですが、会った時は非常にフランクで親切でしたな。バーンズとは全然違う対応の仕方でしたよ。

あれはどこの大学の教授だったか、昭和二三年になってからだと思います。一年間くらい、日本に来ていて私も何回か会いました。バーンズのアドバイザーとして来ていたのです。その人が帰る時に、夕方、第一ホテルに来てくれ、というものだから、行ったのです。下の食堂で一緒に簡単な食事をしたのですが、彼がいうには、お前みたいな抵抗する役人は珍しい、よく首にならなかったなという。そう言ってアメリカへ帰ってしまったのですが、その人も親切に話してくれましたよ。

**大家** やはり福田先生がバーンズとよく衝突するのを見ていたわけですか。

**福田** やはりよく見ていたのでしょうね。

**阿部**　ダイク代将には、お会いになりましたか。

**福田**　ダイクさんには直接、仕事のことでは会いませんでしたけれども、会ったことはあります。ダイクは大臣か次官にしか会いません。ＣＩＥの中でも格づけがありまして、我々が会うのは、ふつうの課長以下です。こちらの局長が会うのは、もう一つ上の部長クラスまでで、向こうの局長は、こちらの大臣か次官でなければ会いません。ニューゼント局長だけは、最初から私は一緒にずっとやっていたので、彼が偉くなっても時々、呼ばれていろいろなことをいわれましたが、それは特別です。皆、ランクによって、……。

**阿部**　軍人らしく、占領軍の階級ランクと日本の官僚のランクを並べてみていたのですね。

**福田**　将官とか代将というのは大臣級で、佐官級は局長級、尉官クラスは課長以下だということですね。

**河和田**　バーンズは初め、大尉ぐらいだったですね。

**福田**　政教分離という問題はいろいろ各方面に広く関係があるし、今日でも日本社会の各方面に跡が残っていますが、当時の最大の問題は境内地の問題でした。彼らは、これをてこにして、これを極度に利用したと思います。しかし朝鮮戦争が起きてから、それ以後は考え方を変えざるを得なかったでしょう。そのことは、日本の宗教界にとっては、幸いに働いたわけです。多くの神社や寺院が助かった。

　法律を作るときに、境内地の処分の範囲について、非常にバーンズとやりあったのです。たとえば、無償譲与してもよい土地の範囲としては、宗教上の儀式を行うところ、参道、庭園、それから神社、寺院の尊厳を保持するために必要な土地だとか、災害防止のための土地だとか、その辺まではよかったのです。

**阿部**　それは福田先生の方から原案を御提示になったわけですか。これはどうかというように。

**福田**　ええ、全部、私の方で案を書いて行って向こうと交渉したのです。その他に、由緒のある土地というのですが、これが向こうには解らないのです。それから、風致上、必要な土地、そうしたものも含めて交渉したのです。一つずつ絞っていったのですが、由緒のある土地だとか、風致上、必要な土地などは、認めるわけにはいかない、といって抵抗するのです。こちらもそうであろうとは予想していた。しかし、厳島神社にしても、鳥居の周辺だけで他の部分を除外してしまったら、神社の風致なんて、ゼロです。伊勢神宮にしても、バーンズを連れていったのですよ。しかしバーンズは、お社の立っているあたりと参道及び宇治橋から見える五十鈴川の周辺だけでよいではないかという。しかし、それだけだったら、どうにもならない。やはり風致を保持する上で必要な範囲の土地は、入れなければならない。風致という言葉が駄目なら、尊厳を守るといってもよい。理由はどうつけるにせよ、必要なものは必要だということで、大分やりあったのです。神宮の場合、結局、言葉を換えて認めました。

**大家** それは法律改正後の話ですね。そうするとその都度宗務課との間で、交渉が続いたのですね。

**河和田** 今、おっしゃったように、全部、宗務課が窓口ですよ。私にも経験があります。バーンズとウッダードと大蔵省とで筑波山神社へ行きまして、三時間、汗だくになって歩いたのです。そして上まで行って御山を見たわけです。そうして、結局、三〇〇万坪だか、全部、譲与となったのですが、事前に見てもらったお蔭と思います。

**福田** 山岳信仰というものに関連した問題ですが、富士山の頂上はどうなるのか。これをバーンズに説明したときに、そんなばかなことはない、といって相手にしないのです。日本の山岳信仰からすると、当然、八合目以上は浅間神社の所有地です。ですから、もし処分するとすれば、浅間神社に無償譲与することになると私は思っていました。しかし、その時はまだ決定が下されていないときで、そういう話をすると、アホらしい話だといって相手にしないわけです。

ところがずっと後になって、結局、浅間神社に譲与されたのですね。しかし、国有財産局等が、それはけしからん、それは浅間神社に由緒があろうとも国民のものである、と訴訟を起こしたことは御承知のとおりです。しかし、国有財産局側は負けましたね。

**大家** 今、沖縄の波之上宮が訴訟になっていますね。

**渋川** あれだけ、一つ、残っているのですよ。波之上宮は、挙証書類が揃わないのです。戦災を受けていますから。

**大家**　昭和二二年法律第五三号（社寺等に無償で貸し付けてある国有財産の処分に関する法律）は「沖縄の復帰に伴う特別措置に関する法律」九〇条二項、「沖縄の復帰に伴う国税関係以外の大蔵省関係法令の適用の特別措置等に関する政令」三五条によって、「例による」とされ、使われているわけですね。

**福田**　二荒山神社にしても、この法律によって助かったのです。現在の宮司さんは、そんなことをどの程度知っているかわかりませんが。

**渋川**　全神社界が、これで助かっているのです。これがもしうまくいっていなかったら、今の神社本庁などは、全然、ありませんよ。ほとんど片っ端からつぶれています。お社だけになって、実際に存続しえていたかというと、存続しえなかったと思います。

**阿部**　この国有境内地処分の問題は、占領政策に対して、日本の固有の伝統をいかに残すか、という一つの大きな課題だったと思います。これは、小さいことかもしれませんが、岸本先生は、私たちに、いつも神道について、もっと深く、考え直してみたいと言っておられました。つまり、神道というのは、自然の中をじっと歩いて、玉砂利の上を歩いているように気分が落ち着いてくる宗教なのだ、他の、お祈りをしたり、説法したりする宗教とはもう一つ違う宗教なのだ、そういう宗教があるということを外国人に教えることは中々難しい。しかし、神道はこの自然の中で落ち着くということが宗教だということを教えてくれているのだ、と言っておられました。

## 再び宗務課の状況について

**大家**　河和田さん、先ほど、福田課長のところへ宗務課廃止といった情報がいろいろな方面から伝えられ、またそういうムードになってきた、というようなお話がちょっと出ましたけれども、やはり課の室の中でも、動揺といいますか、そうした気分はありましたか。

**河和田** いえ、課長がしっかりしておられたので、すべてお任せしておりました。確かに強硬意見があるというのは知っておりましたが、それは上の問題だというようなことで、我々は課長一人にお任せして、特に心配はしておりませんでした。

**大家** 福田課長時代に、水杯をかわしたというのは、どんな様子のことだったのでしょう。

**福田** バーンズから廃止を言い渡された直後だと思うのです。これはもういかんと思いました。私一人、首になるのならかまわないけれども、課員が、皆、路頭に迷ってはいけないと思って、帰って来て上司とも相談をして、善後策を講じたのです。課員をどこかへ配置換えしてもらうとしても、一度、お別れ会をしようではないかというので、その頃は酒がありませんでしたが、多少、調達して来て、夕方から部室に皆集まって飲んだのです。酒も少ないし、皆しゅんとして元気が出ないわけです。私の記憶では、秘書課長の関口隆克さんが、夕方遅くやってきて、何をしゅんとしているのだ、歌でも歌って元気を出せといったのですが、誰も歌う人はいなかったですね。歌なんか出るわけないですよ。宗務課廃止ということで、最後のお別れの会なのですから。

ところが、実際は、残ったわけです。二～三日すると、上智大学のカトリックの神父さんが伝え聞いて、それは司令部が横暴だ、宗務課を廃止するのは無茶な話だ、元気を出しておやりなさい、自分たちが司令部へ行って廃止しないようにかけあってくるから、といって動き出したのです。カトリックの神父さんが真っ先にそういうことをいってくれるというのは、まことに奇特なことだと思いましたね。

それから他でもだんだんと伝え聞いて、最後は『中外日報』紙が、全国の宗教団体にアンケートを出して、宗務課存廃についての意見を求めたのです。その前にも、いろいろな団体が、宗務課存続について意見を述べたですよ。別に文部省が裏でそういう人たちに頼んでやったのではないのです。私は廃止されることを覚悟していましたから。前に述べたように看板はおろす、課員はそれぞれのところに配置してもらう。二九人の大世帯でしたが、あの世知辛い時期に放り出すわけにはいきません。しかし、調査事務だけはどこかへくっつけて残す。それだけを考えて、観念していたのです。

**阿部**　宗務課を廃止せよという発想はバーンズ止まりだったのですか、それとももっと上層部までそういう意見で統一されていたのですか。

**福田**　バーンズは、上の方まであげていたでしょうね。ニューゼント局長まではいっていたと思います。GHQがOKしなければ、指令が出せるわけがないのです。

**阿部**　話はいっていて、まだ決定まではしていなかったわけですか。

**福田**　いや、中で決定もしていたでしょう。そうでなければ、バーンズは我々に対して廃止するぞといえないです。ところが、中外日報アンケートがまとまって結果を見ると、大部分が宗務課の存続を希望する旨の回答であったのですね（存続七九・七％、中外日報昭和二三年九月二八日二面）。これが宗教界の世論だったのです。それでさすがのバーンズも渋々廃止の指令を引っ込めざるを得なかったのです。

**河和田**　福田先生、私は今までどうしてもわからないのですが、どうしてその時に宗務課だけがそういう問題が起きたのでしょうか。文部省全体の機構改革の問題もあったのですか。

**福田**　いや、そのときはなかったです。ただ以前他の部局で、対応の悪かったところは、廃止にするとか、課長を首にするとか、二者択一を迫られたところもありました。

**阿部**　やはり宗務課廃止論は、単に思いつきとか、あるいは課長が強腰だったからとかというよりも、政教分離論の理論的な展開から、当然、そういう考えになるということだったのではないですか。

**大家**　そういう意味では、神社にとって神祇院がなくなってしまったわけですから、いろいろと大変だったわけですね。

**渋川**　それは大変でした。でも、神祇院が廃止されて、神社本庁ができて、そこら辺まではよかったわけですね。問題は先ほどの国有境内地の問題で、これは非常に神社の運営、財政の面から大きい問題でした。これは、

福田　当時の福田課長さんを初めとする方々の御努力の賜物だと思います。神社本庁の内部としては、宮川宗徳さんだとか竹島栄雄さんだとかが、国会でその法案を通すために、各野党、与党の代議士の先生方、皆から、神道を罵倒されながら努力されたということは聞いています。

福田　ところが、国会に出てみて、野党が激励するのですよ。それは、神社だけでなく、寺院の問題でもあったからです。野党の議員さんだってそれぞれどこかのお寺と関係を持っているでしょう。そういうものが暗に出てきて、激励してくれましたよ。法案を提出したら、すーっと通ってしまいました。

## 宗教教育をめぐって、その他

阿部　宗教教育の方は、宗務課は直接、タッチされなかったのですか。

福田　いや、多少、関係しました。

阿部　教育基本法にも、宗教教育のことが出ますね。それをお作りになったときも、やはり合議とかそういう形でおやりになったのですか。

福田　合議というよりも、あの時は全省的に条項を作ることに関係しました。ところで、それ以前に、中央教育審議会で、情操教育の問題を取り上げたのです。何とか司令部を説得して公立学校においても宗教情操教育を入れさせようという。その一番の旗頭は、西本願寺出身の羽溪了諦さんでした。この方は非常に熱心だったのです。羽溪さんに、〝それは良いことだけれども、今の司令部は中々受けつけませんよ〟という話をしたことがありましたが、しかし羽溪さんは必死にバーンズとやりあったのです。

かたや国会議員ですから、司令部へ行っても丁重に扱われ、いいようなことばかり聞かされる。羽溪さんはいいと思って帰ってきて、中央教育審議会でそういう話をする。情操教育を振興するために宗教を使おう、宗教的情操を養うというようなことを中教審の答申に盛り込め、と熱心にいわれました。ところがこちらが司令部と接触してみると、全然、あべこべなのです。羽溪さんも、最後は匙を投げたと思うのです。あの頃は、その問題については、中教審が中心だった。

**河和田**　その前に、昭和二〇年の一〇月に、戦後、最初の文部省訓令というのが出ました。これは確か聖公会関係だったと思いますが、それまで学校における宗教教育、キリスト教教育に困っていたのでしょう。明治三二年に、「宗教ヲ一般ノ外ニ特立セシメル件」というのが出ていましたね。その後、やがて段々、緩和されていって、昭和一〇年頃になってくると、宗教情操教育は良いのだ、というまでに軟化してきたわけです。

そして昭和二〇年になって、私立学校では、宗教教育を学科課程内でやってもよいということになったわけです。これは非常に画期的なことです。前はそこまでいっていないのです。宗教情操教育は必要なのだ、というのが軟化してきて、公立学校で宗教を教えるというのは、正規の学科課程ではいけない、しかし私立学校では、学科課程内で行ってもよいのだ、というものが、昭和二〇年の一〇月に出ています。

**福田**　ＧＨＱは、宗教教育についてはキリスト教は一向にかまわないけれど、神道の方はやられては困るという。そして神道を排除するために、情操教育も一切いかんという姿勢だったのです。

**河和田**　昭和二四年に、「社会科及び中等教育における宗教の取扱いについて」の通達が出ますが、これもずいぶん苦労されたようですね。

**福田**　私は今思うと、あの当時、キリスト教を公立学校で教えたいということをいったら、ＧＨＱは許可したかもしれないですね。神道のことも仏教のこともいわないで、キリスト教のことだけとり上げていったら、面白かったかもしれないと思いますよ。

**大家**　教育基本法の第九条第二項には、「国及び地方公共団体が設置する学校は、特定の宗教のための宗教教育その他宗教的活動をしてはならない」とありますね。

**福田**　宗教教育はいかんというから、情操教育は行ってもいいという解釈が一応ありますね。すると今度は、情操教育とは何ぞや、どういうことをするのか、情操教育という以上は、宗教がどんなものであるかを教えなくては情操教育にならないのではないか。そうすると、キリスト教も教えると同時に、神道も仏教も全部教えることになる。それはだめだということです。

**阿部** 占領政策は国家神道を抑圧するというのが、基本線ですね。もし仮に、情操教育はキリスト教を教えるのだという形で神道指令の論理をいくらかゆるめることができたとしますと、憲法にもいくらかはね返りがあったでしょうか。

**福田** キリスト教だけにそんなことを認めるのはけしからんといって禁止したかもしれないし、あるいは他のものもやってもよいと、横並びで全部、許したかもしれない。しかし実際には、講和後の、我々の判断の問題だと思います。

**河和田** これはアメリカでも、難しい問題のようです。

**阿部** 大体、政教分離ということは、実際上、すっきりいくわけはない、いろいろな局面で、問題が出てくるのは止むを得ない。政教分離といっても完全ではない方が、実際には多いわけですから。国家神道だけがいかんといっておけばよいものを、もっともらしく政教分離などという理屈をつけたものだから、その理屈によってふり回された局面があるのでしょうね。

**福田** 国家神道という面だけを浮き彫りに出来るならば、その方だけをとらえておけばよかったわけです。しかし宗教の面までとらえてしまって、いっしょくたにしてしまったから、そこに混同があるわけで、現にいろいろな混乱が起こっている所以です。

**阿部** 私は、アメリカが本来ねらっていたものは、戦争を支えたイデオロギーなのであり、しかもそれを処理するのは、戦争の中での一つのプロセスとしてである、ということだったと考えます。それは、本質的に、宗教的な問題ではなかったのだけれども、それがたまたま、一つの時代の論理構成のあり方の中で、宗教と同一視されてしまった。こうしたものをカルトと呼びますが、カルトというのは、この場合、儀礼によって継続的に再強化されるイデオロギーを捉えたらよいと思います。戦争ないし戦闘に向けて日本人を精神的に支えたイデオロギーをアメリカとしてどうしても押さえつけなければいけないときに、ではその逆に、伸ばすべきものは何かといえば、それは民主主義だ、民主主義における宗教の取扱い方の原則は何かというと、それは信教の自由と政教分離だ、ということでしょう。そういう正当化をしている間に国家主義的イデオロギーの問題と、宗教一般の問題が、ごちゃごちゃになってしまったという感じではないでしょうか。

**福田**　政治と政策の問題と、純粋宗教の問題とを混同しているのが、神道指令だと思うのです。占領政策なり、政治の問題として扱うなら、もう少し別の扱い方もあったでしょう。逆に神社にしても、宗教の面だけを扱うのであれば、その扱いようもあったわけです。それをあまり勉強しすぎて、混同してしまったから、おかしなことになったのだと思うのですが。

**阿部**　神道指令を書く役人としてのバーンズの義務を考える場合、彼は本来的に宗教の取り扱いというようなことではなくて、占領目的の政策を書かなければならなかったわけです。そのはずですね。しかし彼が行った行為を考えると、それが熱心に宗教学者から神道の宗教的方面まで勉強しすぎて、政策を拡げすぎてしまったのではないでしょうか。

**福田**　しかし渋川さん、どうでしょうか。明治以降、神社は宗教でないという扱いでしたが、一般の神社は、本来、宗教として扱われたかったのでしょうね。

**渋川**　そこのところは、一寸、むずかしい問題がありますね。私は、明治以降の神社の扱いには、社会そのものの近代化に伴って、近代化された神社を一般の神社であっても目ざしてきた面があったと思うのです。もちろん、今、福田先生のおっしゃったように、一般神社と国体的な神社と、その他神社にもいろいろな段階があると思いますが、一般的にいうと、やはり明治維新以後、近代化の波は全国的に現れていますから、私はそのように受けとります。

**大家**　そういう意味では、戦後の取扱いの方がよいという人と、前のように宗教でないという扱いの方がよいという人といるのですか。

**渋川**　宗教であるとか、宗教でないとかいうのは、法制上の問題なのか、宗教学上の問題なのか、そこをはっきりさせることが大切だと思います。私は、宗教学上の問題として考えれば、宗教的な要素は十分にあると思います。それは、歴史的にも現状においてもです。しかし、法制的にどう扱うかというのは、そのときの政治の問題です。ですから私は、明治以降において、神社を宗教として取り扱わなかったということにも、一面の真理があったと考えます。もしそれが宗教として扱ったということになれば、国教制度でしょう。国教は少なくとも明治一五年以降、作らないという考え方が政府にあったわけですし、また神職に関しても、国教制度を期待しての神職養成は、少なくとも明治一五年以降、行っていないですね。教義をたててそれを布教するというような考え方は、あくまでももっていなかったですからね。

そういうものはないですから、法制的に宗教として取り扱わないということは成立すると思うけれども、何も布教することだけが宗教的要素ではないですから、広い意味の宗教の概念からいえば、たとえば岸本先生の考えられた宗教という概念の中には、当然、神社も入ると思います。ヨーロッパあたりの、古い宗教学の概念では、やはり教義・教典・教祖というわけで、それでいえば神社は宗教でないとも言えるわけですし、宗教学上でいっても、必ずしも単純ではないのです。

**阿部**　ともかく、あの時の強烈な圧力の中で、何とかして神社を保存しなければいけないということを考えたときに、それは宗教というところしかなかった。そのときは先人の知恵であった……。

**渋川**　そうですよね。宗教としては認められるであろう、といっているわけですから。

**河和田**　梅田義彦先生とお話ししたことがあります。神社に関する国家の法制度は遅れているのではないでしょうか。明治以来、雑然たるものがあって、いろいろ整理されながら来て、神祇院が出来て一応のめどはついたにしても、法制的にまだはっきりしない。寺院の方は、やはり雑然としたものを整理してきて、宗教

**渋川**　団体法ができている。そういうものが神社にはないわけですが、これはできないのでしょうか、とそう梅田先生にお尋ねして叱られたことがありました。そういう意味で、私は、宗教団体法は、律令制度からの伝統と経過を踏まえて成った近代立法だと思います。そういう意味で、私は、その律令制度以来の経過を踏まえて近代的に脱皮した法制度の整備が遅れていたのではないか。しかし神社には、そういうことを考えますと、いろいろの考え方はあるにしても、基本的には宗教法人法によって落ち着いているのかなと、自分で慰めているのです。ただ、梅田先生がお叱りになったということですが、それは、神祇院、あるいはその前の内務省あたりでも神社法というものを考慮して努力してはいたのでしょうね。そういう意味で、自分たちも努力したのだという気持があったのではないですか。

**大家**　それにふさわしい処遇といいますか。

**渋川**　処遇というよりも、法的な位置づけですね。神社の本質的な性格をどのように法律的に表現するか、ということです。私個人の正直な気持ちをいうと、今の宗教法人法で、神社の本質が十分に表現されうるかどうか、非常に疑問を感じます。

　これは必ずしも神社だけのことではないのです。古いお寺のような場合も同じだと思うのです。やはりもうちょっと違った法制を考えていただかなくてはならないのではなかろうかと思うのです。特に伝統のある古い寺院や神社というものは、国民の資産という面がありますよね。それを果たして、宗教法人法でいうように、僅か数人の専任役員で、その国民的な資産を自由に処分するなどということが許されるのか。この点、私は遺憾に思うのです。

　今、私は神社本庁にいて、実際に神社の運営を見ていますが、ごく一部ですが、氏子総代、あるいは神職が財産を簡単に処分している状態を見たとき、悪くいえば私利私欲に迷うようなことをして、国家なり国民なりに責任がとれるのか、と非常に危惧を覚えます。このことは、神社だけでなく、寺院にしても教会にしても同じだと思うのです。

福田　そこが向こうさんの考え方の違うところです。国民とか一般大衆というようなものとは、関係づけて考えていないわけです。キリスト教の場合は、信者はある程度、はっきりしていますが、神社は信者というのもはっきりしていないでしょう。そういう、宗教団体のようで、実は国民とか一般大衆とかいうものと結びついた存在であるというのが、向こうには、理解できなかったのですね。

今おっしゃるような、神社などの組織なり機関なりをもっとしっかりしなくてはいけないということは、確かにそうだと思います。代表役員、責任役員、信者といったものを見直す必要もあると思います。ただ、国民や一般大衆にかかわりのある神社や寺院だからといって、組織への関与の範囲を、そこまで広げないでも、もっとうまい方法があるのではないかと思います。自治組織として、また公益的組織としても見直す必要があるのではないでしょうか。

大家　本日は長時間、興味深いお話をうけたまわり、誠に有り難うございました。本年は、元、内務省で所管されてきた宗務行政が文部省に移管され、宗務課が発足して七〇周年を迎えるという、記念すべき年なわけですが、この時にあたって、宗務行政の上で最も大きな転換期を迎えた終戦直後の事情について、御関係の先生方からいろいろとお話を伺うことができ、大変、意義の深いものがあったと存じます。当時の宗務課の先輩の先生方の御苦労を無にしないよう、私どもも今後、宗務行政のより一層の充実に微力を捧げてまいりたいと存じます。本日は、どうも有り難うございました。

（了）

（私は、昭和五七年七月九日、文化庁文化部宗務課長に任命され、昭和五九年四月一日、国立吉備少年自然の家所長に任命されるまで、その職にありました。この座談会は、昭和五八年九月三〇日に行われたものです。）

## 一〇．バンス大佐と神道指令

大家重夫

**ウィリアム・ケネス・バンス**（一九〇七―二〇〇八）

一九三六年（昭和一一年）四月一日から一九三九年三月まで、三年間、松山高校に、ウィリアム・ケネス・バンス（Bunce,William Kenneth,1907-2008）というアメリカ人男性が英語教師として教鞭をとっていた。

一九三六年三月九日、広田弘毅内閣、一九三七年二月二日、林銑十郎内閣、同年六月四日、第一次近衛文麿内閣、一九三九年一月五日、平沼騏一郎内閣と続いているが、日本が第二次世界大戦に巻き込まれていく、日本の戦争前夜の風景を、二九歳で赴任したバンスは、現地で実感したのである。

一九三七年七月七日、北京郊外の盧溝橋で日本軍と蒋介石の中国軍との衝突が起こり、続いたこと、学校には奉安殿があり、国民は天皇の肖像にあたまを下げたこと、軍事教練が行われていたこと、宮本顕治（一九〇八―二〇〇七）という共産党員が獄中にいるが、松山高校の出身であることが教員室で話題になっていたと想像する。

バンスは、日本が敗戦し、アメリカの占領下のとき、ＧＨＱの一員として再び来日、神道指令の草案を書き、日本の宗教、宗教法人に大きな影響を及ぼした。

バンスは、父方の祖先はイギリス人、母方の祖先はドイツ人であった。

バンスは、中部オハイオ州のウエスタービル市の小・中・高を卒業し、オータベイン大学に入学し、一九三三年、同級生の女性と結婚した。大学で、「アメリカの対カリブ海対策―一七八九―一八五三」という題の博士論文を書き上げたところだった。

アメリカでは就職口がなかった。妻の父親は、同志社大学で宗教教育を担当しており、日本に来ないか、との話を持ち込んだ。

バンスの岳父は、日本の文部省に行き、松山高校の英語教師の口を見つけてきた。

昭和一四年、帰国。アメリカのニューメキシコ教育大学で一年間教え、母校のオータベイン大学に移り、歴史学部の主任となり、一九四一年、大東亜戦争が始まったとき、バンスは、オータベイン大学の歴史学科長兼教務部長だった。妻と二人の子がいた。

バンスは、アメリカ軍に志願した。一九四三年五月、海軍軍政学校に入学した。

一九四五年八月、マニラの米太平洋陸軍総司令部軍政局に配属、すなわちマッカーサー司令部入りした。

昭和二〇年八月、日本は敗戦し、連合国軍総司令部の占領下におかれた。

バンスは、民間情報教育局の中に置かれた宗教課の課長になった。

「占領軍が宗教課（のちに宗教文化資源課と改称）を設置した主な理由は、占領政策が日本の政府機関に対応する部局を設置する方針で日本政府の文部省に宗教課（のち宗務課と改称）が存在していたからである。文部省との全体的な関係からして、宗教課は民間情報教育局に設置することが適当とされたのであり、その名称が妥当であったかどうかは別問題であった」（ウィリアム・Ｐ・ウッダード著阿部美哉訳「天皇と神道」（サイマル出版会・一九八八年）六頁）。

九月、国務省極東部長ジョン・カーター・ヴィンセントが、ＮＢＣ放送で信教の自由、神道を国家の統制から切り離す旨の演説をした。

ダイク代将は、バンスに神道の研究を命じた。バンスは、岸本英夫東大助教授の意見を聴しながら、、日本政府に対する指令の覚書を作成した。

同年一二月一五日、いわゆる神道指令（SCAPIN 448（CIE）15 Dec45（AG000.3））が発せられた。ABOLITION OF GOVERNMENTAL SPONSORSHIP, SUPPORT, PERPETUATION, CONTROL, AND DISSEMINATION OF STATE SHINTO（KOKKA SHINTO, JINJA SHINTO）である。

この神道指令の「その１．ｊ」には、「公文書ニ於テ『大東亜戦争』（Greater East Asia War）『八紘一宇』（The

Whole Word unnder One Roof）ナル用語乃至ソノ他ノ用語ニシテ日本語トシテソノ意味ノ連想ガ国家神道、軍国主義、過激ナル国家主義ト切リ離シ得ザルモノハ之ヲ使用スルコトヲ禁止スル、而シテカカル用語ノ即刻停止ヲ命令スル」と命令している。

米国政府、マッカーサーの命令に従い、神道指令を出し、国公立の学校施設の「神棚」や奉安殿の廃止を行った。神道指令の趣旨は、憲法二〇条に引き継がれた。

日本国憲法の草案作成には、ケーディス大佐などが行ったが、バンスは、関与していない。

ただ、昭和二〇年一二月一五日の神道指令が、政教分離を詳しく規定した。

昭和二一年一一月三日公布、昭和二二年五月三日施行の日本国憲法第二〇条第三項は、「国及びその機関は、宗教教育その他いかなる宗教的活動もしてはならない。」と規定した。

昭和三〇年一二月発行のポケット注釈全書、佐藤功「憲法」（有斐閣）一四五頁は、第二〇条の注釈中、次のように述べている。

「本条一項前段は以上のような内容を包括する信教の自由を一般的に定めたものであるが」「同項後段は右の（三）を、二項は（二）を特にとりあげて規定したものであり、三項もまた国が特定の宗教を支持する直接間接の宗教的活動をなすことはその宗教を実質的に国教的性格を有するものたらしめることになることを防止する意味で、一項後段と同じ趣旨の規定である。本條がこのように詳細な具体的規定を設けたのは、特にわが国における従来の国家神道の弊害を防止しようとするにある。すなわち昭和二〇年一二月一五日の国家神道分離に関する総司令部の覚書（詳しくいえば「国家神道に対する政府の保障、支援、保全、教育及び弘布の廃止に関する覚書」）の趣旨を憲法上に明記したものと解することによって本條各項の詳細な規定の意味が理解される」。

佐藤功教授は、昭和三〇年の時点では、講和条約が行われ、神道指令などが廃止されたが、「憲法第二〇条第三項には、神道指令が生きている」と解釈された。

神道指令の発布は、一九四五年一二月一五日である。

日本国憲法が公布されたのは、一九四六年一一月三日である。

日本国憲法が施行されたのは、一九四七年五月三日である。

この短い期間のうちに、神道指令は、憲法に「滑り込んだ」のであろうか。

しばらくの間、「日本国憲法第二〇条第三項は、神道指令と無関係である、神道指令と別の解釈をとるべきだ」と声を大にして唱える学者は、出現しなかったと思う。

明治四〇年（一九〇七年）生まれのバンスは、平成二〇年（二〇〇八年）七月二三日、一〇〇歳で亡くなった。


なお、神道指令の「付録」のような次の指令がある。

占領軍は、切手（POSTAGE STAMPS）とCURRENCY（貨幣）に次のデザインを掲載することを禁止した。

（PROHIBITION OF CERTAINS SUBJECTS IN DESIGNS OF JAPANESE POSTAGE STAMPS AND CURRENCY）（SCAPIN947（CIE）13May 46（AG 311.14）

a　過去現在の軍事、超国家主義者の肖像
b　軍国主義、超国家主義のシンボル
c　神社や神道のシンボルを表現したもの
d　今は日本の統治していない領土の風景
e　占領目的と調和しないいかなる題材

**【参考文献】**

竹前栄治「日本占領―GHQ高官の証言」中央公論社・一八五―二一二頁。
William P.Woodard「The Allied Occupation of Japan and Japanese Religions」Leiden/E.J.BRILL/1972

（本稿は、筆者（大家重夫）が戸山三郎名義で、法学教室五三号（一九八五年二月号）九四頁）に掲載したものに加筆した。）

# 第三章　戦争と著作権

## 一．占領下の著作権事情―対日占領政策と著作権

大家重夫

### 1．戦争を始めたが敗北した

#### (1) 日本、アメリカ、イギリス、オランダへ宣戦布告をする

一九四一年（昭和一六年）七月一六日、第二次近衛内閣は総辞職し、七月一八日、外務大臣は豊田貞次郎海軍大将を任命し、松岡洋右を再任しなかった第三次近衛内閣が発足した。松岡洋右は独・伊・日の三国同盟を推進したが、近衛は、アメリカとの交渉のためには、不適任と思い、そう見られるように外した。

七月二三日、日本は、ヴィシー政権のフランスとの間に、日本軍の南部仏印進駐の交渉が妥結し、七月二八日、日本軍は進駐を開始した。

七月二五日、アメリカは、在米の日本資産を凍結した。二六日、イギリス、二七日、オランダも続いた。

八月一日、アメリカは、日本への発動機燃料・航空機用潤滑油の輸出を禁止した。

八月七日、豊田外相は、（近衛・ルーズベルト会談提議）を野村駐米大使に訓令した。

野村吉三郎海軍大将は、一九四〇年八月、第二次近衛内閣のとき、松岡外相が（当初、松本重治を考えたが果たせず、ルーズベルト大統領と個人的に知り合いだ）ということで選んだ人で、英語が不得意で、「大使としての役割を十分に認識していなかった」（須藤眞志「ハル・ノートを書いた男」二一〇頁）。

九月六日、御前会議が行われ、「帝国国策遂行要領」が決定された。

この会議で、昭和天皇が明治天皇の和歌を披露し、主戦派に反省を求めたこと、この御前会議の内容は、樺山愛輔伯爵によって、グルー大使へ知らされていたという（須藤眞志・前掲書八二頁）

一九四一年一〇月一八日、第三次近衛内閣は、三カ月で、総辞職した。

木戸幸一内大臣の推薦で、東条英機内閣が成立した。東条は、外務大臣に平和主義者といわれていた祖先が朝鮮半島出身の職業外交官で、妻がドイツ人である東郷茂徳（朴茂徳）を任命した。

同年一一月、東郷外相は、外交官来栖三郎を野村吉三郎の補佐役、第二のアメリカ大使として任命した。

一一月二六日、コーデル・ハル国務長官から、日本軍の中国からの全面撤退、三国同盟の空文化を含む新提案がなされた。日本にとって、昭和一二年七月七日、盧溝橋での日中衝突、「支那事変」として戦争状態が続いていたが、中国からの全面撤退は、陸軍にとって考えられないことであり、政府としても、簡単に新提案はのめるものでなく、このことをアメリカ政府も分かっていた。

一二月一日、御前会議で、このハル・ノートを最後通牒とみなし、米国、英国、オランダに対し、開戦を決定した。

一二月八日、日本時間午前二時、日本軍、マレー半島上陸、三時一九分、ハワイ真珠湾を攻撃した。

日本政府を代表して、野村吉三郎・来栖三郎両大使が、ワシントンのアメリカ国務省に行き、ハル国務長官に国交断絶の通告を手渡したのは、外務省が手渡す時間として指定した時刻より一時間二〇分遅れ、真珠湾攻撃開始後五五分遅れであった。

野村・来栖両大使が日本政府の指示時間に最後通牒を手交していれば、真珠湾攻撃の二五分前に開戦の手続きが完了し、のち、アメリカ政府から、無通告攻撃（sneak attack）と非難されることはなかった。(注1)

一二月一二日、閣議、戦争の名称を、支那事変を含め「大東亜戦争」と決定した。(注2)

日本海軍は、ハワイ真珠湾でアメリカの太平洋艦隊を沈没させ、マレー沖でイギリスの東洋艦隊を全滅させた。

インドシナ半島のフランス、インドネシアのオランダと戦った。国民党政府の中国、オーストラリアとも戦った。昭和一七年六月五日、ミッドウェー海戦に破れ、後退した。

硫黄島、沖縄で米軍を苦しめたが、昭和二〇年、勝機はなかった。

原子爆弾を広島、長崎に落とされ、ソ連軍が満州へ侵攻してくると、ポツダム宣言を受諾せざるを得なかった。

日本帝国、日本国民は、アメリカには敗れた。

渡部昇一は「日本がアメリカと戦った大東亜戦争は、戦争の格としては、横綱対横綱の堂々たる相撲であった。しかも、ギリギリ千秋楽で負けたといってもいいぐらいには戦った」と評している。(注3)

日本人は、(昭和二〇年一〇月一〇日釈放された日本共産党の徳田球一、志賀義雄らを除いて)、朝日新聞をはじめとして、マスコミもこの戦争を支持した。

日本を占領したアメリカ軍は、日本人の「頭の切り替え」及び「再教育」をしたいと考え、実行したのは無理もないとも言える。(注4)

アメリカ軍は、特に硫黄島、沖縄において日本の将兵が頑強に抵抗したこと、その闘志の源泉の一つは神道にあるのでないかと考えた。また、特攻隊が天皇のため生命を捧げ、天皇の命令で日本軍が整然と降伏した状況を見て、昭和天皇を極東軍事裁判の被告にすることは諦め、占領目的のため利用し、華族を廃止し、皇位継承者を徐々に絶やしていく「立ち枯れ作戦」という戦略をとった。(注5)

### (2) 日本、敗戦の日付けと「東京裁判」と警察予備隊

日本がポツダム宣言を受諾し、敗戦を受け入れた直接の動機は、一九四五年八月六日、広島市、八月九日、長崎市に原子爆弾が落とされ、八月九日、ソ連軍が満州、朝鮮、樺太へ侵攻したことによる。

一九四五年(昭和二〇年)八月一五日正午、昭和天皇は、戦争終結の詔書を放送した。

九月二日、東京湾のアメリカ戦艦ミズリー号上で、重光葵・梅津美治郎全権が降伏文書に調印した。

なお、色摩力夫は、日本では八月一五日を終戦の日としているが、これは間違いで、九月二日とするのが国際常識であり、アメリカは、九月二日を「ＶＪデー（対日戦勝利の日）としていると述べている。(注6) 戦争の期間は、約三年八カ月二〇日間である。

一九四五年九月二日から、一九五二年四月二八日（対日平和条約が発効し、日本が主権を回復）までの約六年八カ月、日本は連合国軍最高司令部（General Head Quarters, the Supreme Commander for the Allied Powers）（以下、ＧＨＱ）の占領下にあった。

ＧＨＱは、極東国際軍事裁判所を設置し、一九四八年一一月一二日、東条英機、広田弘毅の二人の首相経験者、松井石根、板垣征四郎、土肥原賢二、木村兵太郎ら陸軍大将六名と武藤章陸軍中将計、九名のＡ級戦犯を絞首刑にし、同年一二月二三日執行した。戦時中の指導者の公職追放も実施した。

一方、占領下とは、連合国軍最高司令部が、日本国民の生存と生活の面倒を見ることも意味し、日本人を餓死させるわけにはいかず、保護しなければならず、食糧援助、学校給食用の小麦を手配した。

ＧＨＱは、地主から土地をとりあげ、農村の小作人に分配する政策を実行した。一九五〇年、朝鮮戦争が始まると、アメリカは日本をアメリカ側につけるべく再軍備を勧め、日本は警察予備隊を創設した。

---

注1　渡部昇一「日本の繁栄は揺るがない」（ＰＨＰ研究所・一九九一年）一三四頁。

注2　昭和一六年一二月一二日、政府は「『大東亜戦争』と呼称することについて」閣議決定を行った。「今次の対米英戦は、支那事変をも含め大東亜戦争と呼称す。大東亜戦争と称するは、大東亜新秩序建設を目的とする戦争なることを意味するものにして、戦争地域を大東亜のみに限定する意味に非ず。」（朝日新聞昭和一六年一二月一三日一面）。
後述するように、昭和二〇年（一九四五年）一二月一五日、ＧＨＱが発した神道指令において、「大東亜戦争」「八紘一宇」の言葉を公文書に使用することを禁止した。

注3　渡部昇一・谷沢永一・小室直樹『新世紀への英知』（祥伝社・二〇〇一年）一〇二頁。よく言われることだが、日本は、勝利の場合、アメリカ大陸を占領し、どういう施政方針で臨むか計画はなかった。アメリカは、一九三九年秋、情報総合局、一九四一年一二月、国務省に情報総合局を設立、一九四二年六月両者を統合、国務省に戦時情報局を組織した（Unitedo States Office of War Information: OWI）。また、戦時諜報局と訳されるOSS（Office of Strategic Sservices）もあった。戦後、OWIは国務省情報局へ、OSSはCIAに移行した。OWIには、『菊と刀』のルース・ベネディクト、GHQ情報課長ドン・ブラウン、石垣綾子、画家の国吉康雄がいた。

注4　横浜国際関係史研究会・横浜開港資料館編集『GHQ情報課長ドン・ブラウンとその時代』（日本経済評論社・二〇〇九年）一九四頁の注21を参照。
横浜国際関係史研究会・横浜開港資料館編『ドン・ブラウンと昭和の日本』（有隣堂・二〇〇五年）
山本武利『GHQの検閲・諜報・宣伝工作』（岩波現代全書・二〇一三年）二八頁によると、一九五〇年発行の連合軍総司令部編、共同通信社訳『日本占領と使命』（板垣書店）二七三頁には、「民間情報教育局は、一九四五年九月二二日付一般命令第一九三号によって設立された。」「情報、教育、宗教、文化、芸術、世論調査および社会学的調査の分野で占領目的を達成することを任務としている。一般にはこれらの任務は日本人の『頭の切り換え』および『再教育』だとされている」と明言されている。

注5　中西輝政『日本人としてこれだけは知っておきたいこと』（PHP新書・二〇〇六年一七七頁）。占領終了後、憲法改正や軍人恩給復活、二月一一日（紀元節）をもとに戻す動きはあったが、皇族を増やし、公侯伯子男の貴族制度を復活しようという動きは、全くなかった。

注6　色摩力夫『日本人はなぜ終戦の日付けをまちがえたのか』（黙出版・二〇〇〇年）。

## 2. 連合国軍総司令部（GHQ）による行政

一九四五年八月一七日、東久邇宮内閣が成立した。近衛文麿は、東久邇宮内閣で副総理格の無任所国務大臣である。
一九四五年九月九日、マッカーサーは日本管理方式（間接統治・自由主義助長など）につき声明発表する。
一〇月四日、GHQ、政治的・民事的・宗教的自由に対する制限撤廃の覚書を出す。

同日、近衛文麿国務相は、マッカーサーと政治顧問ジョージ・アチソンと会見した。

近衛は、日本の軍国主義勢力の台頭を助長したのはマルキストであり、「私など皇室を中心とする封建的勢力」がその行動を抑制する役割を果たしたといい、政府の組織、議会の構成につき意見を承りたいと述べた。

マッカーサーは、憲法は改正を要する、自由主義的要素をとりいれよ、婦人参政権、労働者の権利を認めることなどが必要だ、憲法改正に関する提案を天下に公表されよ、と応対した。(注1)

近衛は、自分に憲法草案作成を許可されたと受け取る。アチソンは、国務長官へ憲法改正が論議されたとし、アメリカ政府の方針を決定する必要があると連絡した。

一〇月九日、幣原喜重郎内閣が成立した。

近衛は、宮内省御用掛として、閣外で憲法改正の調査をすることについて、国外から、及び内閣や国内からも批判が起きた。近衛は、京都大学法学部の出身で、佐々木惣一元京大教授、大石義雄京大教授、盛秀雄京大教養部教授(注2)とともに憲法草案を作成しようとしていた。東京大学教授などから異論が出るのは当然である。政府を通して、あるいは、ＧＨＱへ直接、近衛への憲法草案作成依頼は、おかしい、近衛は戦犯ではないのか、という声が上がった。アメリカからも上がった。

一一月一日、ＧＨＱは、「近衛の憲法調査は、総司令部の関知するところではない。」との声明を発し、近衛との関係を否定した。

松本烝治国務相(注3)を委員長とする憲法問題調査会が内閣に設置された。

近衛は、マッカーサーから見放された。Ｅ・Ｈ・ノーマン(注4)、都留重人、木戸幸一は、開戦の責任及び敗戦の責任について、近衛にあると考え、そのように動き始めた。これを察知した近衛は、同年一二月一六日自殺した。(注5)

一九四六年二月八日、日本政府は、松本烝治案をＧＨＱに提出する、二月一三日、ＧＨＱは、松本烝治案を拒否した。

ホイットニー民政局長、ケーディス民政局行政課長は、松本案は自由と民主主義の文書ではない、最高司令官は受け取れないと、松本烝治国務相、吉田茂外相へ言い渡した。
三月六日、天皇は象徴、戦争放棄を定めた憲法ＧＨＱ案が、日本政府案として発表された。
一九四七年五月三日、新憲法が施行された。

マッカーサーのＧＨＱは、まず、占領下の日本に日本人を閉じ込めた。外国人は、ＧＨＱが許可した者しか入国できなかった。マッカーサーの占領政策に批判的な者は、入国できなかった。ニューズウィークのコンプトン・パケナムは、一九四六年六月から一九四七年八月まで日本に滞在し、ニューズウィーク一九四七年一二月一日号で、カウフマン弁護士による「ＦＥＣ２３０」（日本の財閥を解体、大手企業も細分化し、その資産を労働組合などに売却し、日本経済を民主化する案）の批判報告を載せた。二週間後、マッカーサーは、パケナムの再入国を拒否するメッセージを発表した。（注６）

占領政策に反する書籍の輸入、翻訳は許さなかった。日本人の手紙を検閲した。占領政策に反する有害図書は没収した。ＧＨＱは、西尾幹二「ＧＨＱ焚書図書開封—米占領軍に消された戦前の日本」（徳間書店・二〇〇八年）（実質的に第一巻）で述べられたように、「書物を廃棄して国民に読ませないようにすること」を行ったのであり、日本政府が「没収」という文字を主として使ったが、「焚書」が適切である。西尾は、この「焚書」という「事件」の真相を追及されるとともに、日本人は、「焚書」により、「戦後の『戦争』」に敗北したという。ＧＨＱは、次に述べるように、占領軍に都合の悪い文書に「宣伝用刊行物」あるいは、「宣伝刊行物」という語を充てた。

一九四六年三月一七日宣伝出版物（Confiscation of Propaganda Publications）の没収に関する覚書（注７）

１　倉庫、書店、書籍販売人、出版会社、配給機関と一切の商社を含む一切の公共機関から、又はこれらの出版物が多量に保有されている日本政府の機関から、以下に列記された宣伝出版物を集めることを日本政府に対して指令する。

a　戦争と建設（朝日新聞）一九四三年一二月
b　戦時新聞読本（平田時次郎）一九四〇年一二月
c　近代海戦（毎日新聞）一九四一年一〇月
d　米英挑戦の真相（有田八郎）
e　少年飛行兵読本（陸軍情報部）一九四三年一一月
f　米英の東亜攪乱（有田八郎）一九四三年一二月
g　米英の世界侵略（堀内謙介）一九四四年八月
h　大東亜の建設（天羽英二）一九四四年一一月
i　婦人亜細亜（毎日新聞・月刊一九四二年乃至四三年九月）
j　桜（毎日新聞）月刊

2　これら出版物は、これを集めた上、中央の倉庫に保管すべきである。此等出版物をパルプ製造のために処分することについての指示は、追って本司令部から発する。

3　一九四六年三月三一日から毎月一五日と末日に定期的報告が聯合国最高司令部に提出されることを要する。この報告には次の各項を含むものとする。

a　中間期間に集められた出版物の表題と数量
b　出版物の出所と各出所から集められた出版物の表題と数量
c　出版物の総数
d　総重量
e　貯蔵所の詳細所在地

4　私人の家又は図書館にある個個の書籍は上に指令された措置から免除せられる。

この一九四六年三月一七日の第一回覚書から一九四八年四月一五日まで、全部で四八回（覚書追加第四六号）まで同様の「覚書」が発せられた。焚書図書は、七七六九点であったという（西尾幹二・前掲書三一頁）。

注1　袖井林二郎は、こう述べている。「マッカーサーに呼ばれて、『あなたはまだ若いし、日本の新しい方向を示す憲法をつくってはどうか』といっておだてられた近衛は、早速、憲法改正の勉強にとりかかります。ところがこれはマッカーサーの勇み足」「そのニュースが伝わった直後にアメリカの新聞が『近衛に憲法改正を委ねるなどということは、ギャングに少年院の規則をつくらせるものである』と社説で批判攻撃する。それでマッカーサーは近衛を簡単に見捨ててしまう」（秦郁彦・袖井林二郎「日本占領史下」（ハヤカワ文庫・一九八六年）二二六頁）。

注2　大石義雄「日本憲法史と日本国憲法」（昭和六〇年）、盛秀雄「佐々木惣一博士の憲法学」（昭和五三年）がある。

注3　松本烝治（一八七七―一九五四）は、商法学者、長女は田中耕太郎夫人。

注4　E・H・ノーマン（E/gerton Herbert Norman　一九〇九―一九五七）は、宣教師の子として日本の軽井沢で生まれ、一七歳まで日本に育ち、トロント大学ヴィクトーリア・カレッジ、ケンブリッジ大学、ハーバート大学で歴史を学び、一九三九年カナダ外務省に入る。翌四〇年駐日公使館の語学官、戦争のため四二年帰国。戦後、一九四五年九月再来日、同年一〇月、GHQのCIS（対敵諜報部）調査分析課長。一九四六年二月、極東委員会カナダ次席代表、同年八月駐日代表部首席、一九四九年、マッカーサー元帥の要請で公使。一九五三年、ニュージーランド駐在高等弁務官、五六年エジプト駐在大使。一九五七年四月四日、エジプト、カイロで自殺した。加藤周一監修中野利子編訳「日本占領の記録」（人文書院・一九九七年）。

注5　工藤美代子「われ巣鴨に出頭せず―近衛文麿と天皇」（日本経済新聞社・二〇〇六年）。鳥居民「近衛文麿『黙』して死す―すりかえられた戦争責任」（草思社・二〇〇七年）。木戸幸一の弟、和田小六の長女正子は、都留重人と結婚した。近衛文麿と木戸孝一は、ともに京大法学部出身の天皇側近の貴族として、盟友と思われていたが、木戸にとって、ノーマンと親密である都留重人が姪の夫であるという事実は、戦争責任追及において両者の利害関係が衝突する場面で、木戸孝一に有利に、近衛文麿にとって不利に働いた。東京裁判において木戸は、都留重人がGHQの情報を入手でき、死刑を免れたと想像する。木戸孝一は、東京裁判で終身禁錮の判決を受け、昭和三十年、仮釈放され、昭和五二年四月六日死亡した。

注6　青木冨貴子「昭和天皇とワシントンを結んだ男」（新潮社・二〇一一年）四二頁。ニューズウィーク東京支局長を務めたパケナムは、式部官松平康昌と親しく、日本を米国の反共政策に組み込むべく、鳩山一郎に賭けた。

注7　日本管理法令研究第一二号一七〇―一七三頁（英文、日本語訳）、一〇九頁以下に横田喜三郎の解説がある。また、西尾幹二「GHQ焚書図書開封―米占領軍に消された戦前の日本」（徳間書店・二〇〇八年）付録1に原文がある。

## 3．GHQの組織とこれを構成した人々

アメリカの目的は、日本を非武装化し、軍事力のない国家にするとともに、民主的な平和国家に改造するためであった。

占領当初は、日本を弱体化させよう、従って戦争関連の研究(注1)を禁止する、という通達も出した。

連合国最高司令官総司令部（General Headquarters, Supreme Commander for the Allied Powers）（以下、GHQ）は、連合国軍最高司令官がワシントンの統合参謀本部から受けた命令を、さらに具体的実施命令に書き換えるのを助ける機関である。(注2)

アメリカ政府は直接軍政を考えていたが、ポツダム宣言は、日本政府を通じての間接統治を謳っており、九月三日、重光外相とマッカーサーの会談で、間接統治となった。(注3)

昭和二〇年九月一五日、経済科学局（ESS）、九月二二日、民間情報教育局（CIE）、一〇月二日、民政局（GS）を含む九つの特別参謀部が設置され、GHQが発足した。

著作権は、民間情報教育局（CIE）の所管であった。

約二〇〇〇人のスタッフの内訳は、次の通りである。

なお、マーク・ゲイン著、井本威夫訳「ニッポン日記」（筑摩書房・一九六三年）三一六頁によると、マッカーサー元帥には、「側近（インナー・サークル）」があったが、いつも交代した。「ダイク准将がうまくやりすぎているように見えたときは、みんなよってたかって彼をやっつけた。」。マーク・ゲインが執筆した頃、筆頭は参謀長

P・J・ミューラー少将およびマーカット、ウィロビー[注4]、ホイットニーの各将官で、元帥が何事も相談するのはこの四人組である」とする。占領当初は、シドニィ・F・マッシューバー大佐、とボナー・フェラーズ准将だった。マッシューバー大佐は、戦争中は、マッカーサー元帥の最高諜報機関員としていつも元帥のそばにいたが、へマな声明を出し、忽然と姿を消した。フェラーズ准将は、参謀第一部か参謀第二部に所属したと思われるが、マッシューバー大佐より「長生き」したが、仲間争いの中で生き抜くことはできなかったと述べている[注5]。

参謀長（ミューラー少将）は、次のように、参謀第一部から参謀第四部まで、統括した。

参謀第一部（人事・総務）、参謀第二部（G2）（諜報）（ウィロビー少将）。

ドイツ、ハイデルベルグ出身のウィロビーは、スペインのフランコ総統の反共主義におおいに共感する人である[注6]。

傘下に、民間検閲支隊（CCD）（Civil Censorship Detachment）があり、ここは新聞・放送の検閲、書簡の抜き取り、電話盗聴を担当した。CIEと縄張り争いがあった（江藤淳「閉ざされた空間」（文春文庫・二二九頁））。

CCDの一部門にプレス・映像・放送課（Press Pictorial & Broadcast Division）（PPB）があり、その下部組織に調査課（Research Section）（RS）があった。この課が「焚書」のリスト作成を行った（西尾幹二前掲書三〇頁）。

フィッチ（B・M・FITCH）准将が統括したと思われる。

同じく、傘下に対敵諜報部（CIC）及び通訳翻訳部があり、占領政策に対する日本国民の反応、思想調査を行った。ソープ准将がCICとCCDを統括した。CICは、占領開始と同時に活動を開始した「対敵諜報部隊」である。ソープ准将は、特高を全面的に解散し、徳田球一、志賀義雄を釈放させ、梨本宮を逮捕し、秩父宮を逮捕しようとしたが、これはウィロビーが止めさせた。

ウィロビーは、「ソープ准将が派手なスタンドプレーを開始して約七カ月後、私はマッカーサーに強く進言し、彼をCIC隊長職から解き、本国へ帰してしまった」

ソープは、ウィロビーよりホイットニーに近く、共産党に同情的、親和的であった[注7]。

日本に生まれ、少年期まで日本で育ち、カナダ政府の外交官として来日したハーバート・ノーマン（一九〇九―一九五七）が、ＣＩＣ調査分析課長に就いている。一九五七年、エジプト大使を務めていたが、一九五七年四月四日、カイロで自殺した。(注8)

プランゲ文庫で有名なゴードン・ウィリアム・プランゲ（Gordon William Prange, 一九一〇―一九八〇）は、参謀第2部の戦史室に六年近く勤務した（江藤淳「閉ざされた言語空間」（(文春文庫・一九九四年）一三頁)。ＧＨＱは日本のメディアの検閲を行ったが、その資料をメリーランド大学カレッジパーク校へ運搬し、資料は、「ゴードン・W・プランゲ・コレクション：日本における連合国のプレゼンス一九四五―一九五二」と名付けられている。

参謀第三部（作戦）。

参謀第四部（調達）。

参謀長の下に幕僚部（特別参謀部）があり、ここには、一八の部署があった。

本稿に関係の深い部署から述べる。番号は筆者がつけたものである。

1．民政局（ＧＳ）（ホイットニー准将）

憲法改正、公職追放、警察改革、公務員制度改革、地方自治改革を担当した。

民政局次長ケーディス大佐。(注9)当初、民政局は、朝鮮課と日本課からなり、ケーディスは日本課長だったが、朝鮮課はのち、分離された。日本に関する事項のみ民政局の管掌となり、いくつかの課に分かれ、ケーディスは次長になった。

公職追放について、ノーマンは、ケーディス次長の右腕として関わった。（岡部伸「共産主義者ノーマンの害毒」Voice 二〇一四年一一月号一四五頁)。

一九四六年二月二三日、ドイツ人のＡ・オプラー博士が、民政局員として加わり、アルフレッド・Ｒ・ハッセー中佐率いる民政機構係に配属される。オプラー博士は、「日本占領と法制改革」（日本評論社・一九九〇年）を著し、昭和三四年まで一三年間日本に滞在した。最近、日本の刑事訴訟法（昭和二三年七月一〇日法律第一三一号）が、国際標準と外れていないかとの意見が出されたが、オプラー博士はこの法律制定にも関与している。

トーマス・ビッソン（一九〇〇―一九七九）は、民間シンクタンク太平洋問題調査会（ＩＰＲ）の研究員で機関誌「パシフィック・アフェアーズ」副編集長であったが、戦後、民政局で首席経済分析官をしている。江崎道朗「日本占領と『敗戦革命』の危機」（ＰＨＰ新書・二〇一八）七七頁は、ビッソンがソ連軍情報部の工作員だったことが明らかになっている、という。

2．経済科学局（ＥＳＳ）（マーカット少将）

財閥解体、労働改革、経済安定自立化、エネルギー政策を担当した。

3．民間情報教育局（ＣＩＥ）又は（ＣＩ＆Ｅ）（ダイク代将）（一九四五年九月二二日設置）

高橋史朗教授によると、「ウォー・ギルト・インフォメーション・プログラムは、戦争についての罪の意識を日本人に植え込もうという情報宣伝計画」で、このもととなったのが、昭和二〇年一〇月二日一般命令第四号である。そこにおいて、「戦争に関する罪、軍国主義者の責任を徹底周知せしめること」があり、「これをもとにして、ＣＩＥ（民間情報教育局）の局長であるダイクの立案した計画が、ウォー・ギルト・インフォメーション・プログラム」」という（西尾幹二＋路の会「日本人はなぜ戦後たちまち米国への敵意を失ったか」（徳間書店・二〇〇二年）一六八頁）

ダイク代将は、一九四六年三月二〇日、ニューヨークで行われた第四回極東委員会に出席し、当時の日本占領事情を語っている。「日本人が中国人から借りてきて日本語にした一万五千の漢字の中で、一般の日本人はせいぜい二千字しか理解できない」「東京の大新聞」の副編集長の一人が、社説の一つを書くのに必ず辞書を引くと私に申しておる」と語っている（「資料・占領下の放送立法」（放送法制立法過程研究会編一九八〇年）六五頁）。

民間情報教育局には、ロバート・キング・ホール少佐がいた。ホールは、戦争末期、海軍の機関で日本占領行政の研究スタッフの一員として、日本語のローマ字化を含む日本人再教育の原案を作成、CIEの教育再組織・言語簡易化担当官として来日した。

ホールは、日本語をローマ字で読み書きするようにすれば、日本文化を飛躍的に進歩させることができると考えたが、GHQ内部をまとめることが出来ず、一九四六年夏、アメリカに戻った。GHQは、一九四八年八月、日本人を対象に二七〇カ所一七、一〇〇人に、漢字の読み書きの調査をし高い識字率であったため、GHQはローマ字化を全く諦めたという。(注10)

一九四六年五月、D・R・ニュージェント中佐が局長就任した(竹前栄治「GHQ」一一六頁)

ニュージェント中佐は、一九四九年九月八日付けで日本出版協会あて(出版社は海外の著作物を利用するに当たってその著作権を侵害していないという証明が必要で、但し、著者が死後五〇年経過しているものか、一八八九年以前に発行されたものは、その証明を要しないとする)書簡を出している。(注11)

新聞、雑誌、図書、映画、演劇、ラジオなどの検閲、輸入映画、教育改革などについて、初代担当は、R・バーコフ。ニュージェントCIE局長代理からバーコフの後任として、ドン・ブラウンが兼務を命じられた。

昭和二〇年一二月来日のドン・ブラウン(Donald Beckman Brown, 一九〇五―一九八〇)情報課長が担当した。(注12) ブラウン情報課長の後任の新聞出版班長にダニエル・C・インボーデン少佐が就いた。(注13)

ドン・ブラウンの部下にタトル大尉がいて、一九四八年、「軍服を脱いで帰国したが、すぐ日本に戻ってきタトル商会を開き、GHQから、日本の古書をアメリカの大学図書館などへ輸出する許可を得、また、アメリカの古本を日本へ逆に販売した(大輪盛登「巷説出版界」(日本エディタースクール出版部・一九七七年)二一一頁)。

ロバート・バーコフ新聞課長、デビッド・コンデ映像課長について江崎道朗が触れている。(注14)

GHQの民間情報教育局には、チベットの研究者、青木文教(一八八六―一九五六)も雇用されていた(関岡英之「帝国陸軍知られざる地政学戦略—見果てぬ『防共回廊』」(祥伝社新書・二〇一九年)四〇頁)。青木文教は、西本願寺の大谷光瑞の弟子で、一九一二年、チベットに潜入し、ラサの貴族邸宅に居住し、一九一六年帰国したチベット研究家である。一九四一年一一月、外務省調査局に勤務し、戦後、乞われてＧＨＱに勤務したと思われる。

宗教については、バンス大佐（William Kenneth Bunce）が担当した。[注15]

調査スタッフとして、ウィリアム・Ｐ・ウッダード（William P.Woodard）がいた。[注16]

4．天然資源局（ＮＲＳ）

農地改革、農業の近代化、農協設立に尽力した。

5．公衆衛生福祉局（ＰＨ＆ＷＳ）

医療の近代化、保健所改革・看護制度改革・伝染病対策

6．民間諜報局（ＣＩＳ）

7．法務局（ＬＳ）

8．国際検事局

極東国際軍事法廷、ＢＣ級戦犯裁判を国際検事局と法務局が担当した。

9．民間通信局（ＣＣＳ）

10．民間運輸局（ＣＴＳ）幕僚部に新設された（竹前栄治、前掲書九〇頁）

進駐軍専用列車の運行、ＲＴＯ（鉄道輸送事務所）を所管した。

11．統計資料局（ＣＲＳ）

12．政治顧問部

マッカーサー元帥の政治顧問として派遣された国務省職員からなる。一九四六年五月以降、外交局に改称。国務省出身のＪ・Ｋ・エマーソン（一九〇六―一九八四）は、戦時中、延安で野坂参三にインタビューし有名であるが、部員として着任した。

一九四五年一〇月五日、エマーソンはノーマンと共に府中刑務所を訪問し、志賀義雄、徳田球一らにGHQ指令での釈放を伝え、志賀、徳田は同月一〇日釈放された（岡部伸「共産主義者ノーマンの害毒」Voice二〇一四年一一月号一四五頁）。

13．賠償局

14．一般会計局

15．物資調達部

16．高級副官部

17．民間財産管理局（CPC: Civil Property Custodiam）

一九五〇年頃、民間財産管理局が著作権を担当していたようである（日本管理法令研究三四号一八頁掲載の一九五〇年八月七日覚書参照）。

宮田昇「翻訳権の戦後史」三九頁によると、著作権については、文化工作CIE、参謀第二部（GS）の中のCCD（検閲）、著作権管理ということで、CPCが関係した。後述の「回状第一二号」（昭和二一年一二月五日）は、これらの部局が関与した。

---

注1　一九四九年五月二七日「研究の年次報告に関する覚書」日本管理法令研究二九号四六頁に「その活動が戦争活動の分野に於ける製作に向けられる場合を除き、科学及び技術知識の発展のための研究及び教育は、この指令及び参照指令の規定に従った機関においては許可される。」。

注2　竹前栄治「日本占領―GHQ高官の証言」（中央公論社・一九八八年）七頁。
高野雄一「聯合国総司令部の機構」日本管理法令研究一巻七号二二頁がある。

注3　福永文夫「日本占領史1945―1952」（中公新書・二〇一四年）三四頁。

注4　C・A・ウィロビー著、延禎監修「知られざる日本占領―ウィロビー回顧録」（番町書房・一九七三年）が発行され、C・A・ウィロビー著、延禎（監修）、平塚柾緒（編）「GHQ知られざる諜報戦―新版・ウィロビー回顧録」（山川出版社・二〇一一年）が出版されている。後者には保阪正康氏の解説があり、そこには、警察予備隊ができ「日本が少しずつ再軍備の方向にむかったとき、ウィロビーは吉田茂首相に対し、日本が再軍備した折りには、その参謀総長に服部卓四郎（大本営作戦部長や東条陸相秘書官などを歴任）を据えるよう要求している。」という挿話を保阪氏は紹介している。

注5　マーク・ゲイン「ニッポン日記」三一九頁によると、「もし『バターンボーイズ』の中で、政治分析家ないしは政治哲学者と称しうる人がいるとすれば、フェラーズはもっともそれに近い人」と評して、次の挿話を述べている。「たとえば、フェラーズは、ルーズベルト大統領が米国を無理矢理に戦争に引きずり込んだと確信し、また、ドイツとの戦争も起こらずにすんだと固く信じている。『天皇裕仁はルーズベルト以上の戦争犯罪人ではない。事実、きみ、記録を調べてみたまえ、そうすれば…』と彼はある特派員に語った。」ケント・ギルバート「天皇という『世界の奇跡』を持つ日本」（徳間書店・二〇一九年）七七―八一頁にかけて、昭和天皇を東京裁判に付し処刑することにマッカーサーが反対したが、これにはフェラーズ准将の進言があったと述べている。

注6　C・A・ウィロビー、延禎監修「知られざる日本占領」（番町書房・一九七三年）一三六頁。

注7　ソープ代将の仕事は、雇用する日本人について身上調査であったという。江藤淳「閉された言語空間」（文春文庫・一九九四年）一六四頁。C・A・ウィロビー、延禎監修「知られざる日本占領」（番町書房・一九七三年）一三八頁。

注8　岡部伸「共産主義者ノーマンの害毒」Voice二〇一四年一一月号一三九頁は、ロンドンの英国国立公文書館に保存されている「M15（イギリス情報局保安部）」のファイル（KV2／3261）に「カナダ人コミュニスト（共産主義者あるいは共産党員）」と記され、M15から要注意人物として徹底マークされていた、とする。平川祐弘「昭和の戦後精神史―ハーバート・ノーマンを持ち上げた人々」Hanada二〇一六年一二月号二七六頁以下。江崎道朗「日本占領と『敗戦革命』の危機」（PHP新書・二〇一八年）は、ノーマンはコミンテルンの工作員とする（八四頁）。同書三〇三頁は、一九四五年一〇月四日の「政治的・民事的・宗教的自由に対する制限撤廃の覚書」（人権指令）の起草者は、ハーバート・ノーマンであるとする。

注9

竹前栄治「日本占領―GHQ高官の証言」（中央公論社・一九八八年）二三三頁。ケーディスは、鳥尾鶴代子爵夫人との恋愛が有名である。

鳥尾多江「私の足音が聞こえる―マダム鳥尾の回想」（文藝春秋・一九八五年）一五六頁によれば、経済復興金融公庫事件（昭和電工事件）は、鳥尾鶴代とケーディス大佐との会話が端緒となっている。

木村勝美「子爵夫人鳥尾鶴代―GHQを動かした女」（立風書房・一九九二年）六六頁によれば、幣原内閣（一九四五年一〇月九日から一九四六年五月二二日）の書記官長楢橋渡（一九〇二―一九七三）は、英語と仏語に堪能で、文子夫人と共にケーディス大佐、ハッセー海軍大佐、ラウエル海軍中佐らGHQ高官を招き、松平康久子爵夫人ひさ、鍋島直縄子爵長女京子、目賀田信道男爵夫人正子、元神奈川県知事内山岩太郎夫人登志子、鳥尾敬光夫人鶴代などを招いて、パーティを開いている。即ち、占領軍からは、アルフレッド・R・ハッセー海軍大佐、マイロ・E・ラウエル海軍中佐、フランク・E・ヘイズ海軍中佐、ガイ・J・スオウブ海軍中佐、ピーター・ロウスト陸軍中佐、ミルトン・J・エスマン陸軍中尉、チャールズ・ルイス・ケーディス陸軍大佐。「以上が民政局のスタッフであるが、このほか財閥解体を担当していた経済科学局から数名の将校が顔を見せていた。」と木村勝美・前掲書六六頁は記す。

目賀田信道男爵は、韓国の財政顧問をつとめた枢密顧問官・男爵（夫人は勝海舟の娘）目賀田種太郎の子孫であろう（大家重夫「著作権を確立した人々第2版」五六頁）。

東大経済学部荒木光太郎教授夫人光子も記されている。東大教授だった河合栄治郎（一八九一―一九四四）と不倫の関係にあったという人である（竹内洋「大学という病―東大紛擾と教授群像」（中公叢書・二〇〇一年）一二九頁）。

荒木光太郎は国策に協力、昭和一六年九月、大蔵省に国家資力研究室が創設され、初代室長に就任している。牧野邦昭「経済学者たちの日米開戦」（新潮選書・二〇一八年）六四頁によると、名古屋大学に「荒木光太郎文書」がある（荒木光太郎の弟子、城島国弘教授が引き取った）。

ウィロビーは、ケーディスを失脚させようとし、日本人、斉藤昇警視総監にこのことを告げている。斉藤は、ケーディス大佐と鳥尾鶴代を尾行させ、写真を撮った。ケーディスは、斉藤警視総監を呼出し抗議したが、斉藤は、「バックに吉田茂とウィロビー少将がひかえている」ため、平然としていた（木村勝美、前掲書一三七頁）。木村によるとケーディスはユダヤ系米国人で、ウィロビーはドイツ系アメリカ人、父親はドイツ貴族という（前掲書一三五頁、一三六頁）。

注10　思想の科学研究会占領研究サークル編『日本占領研究事典』一五二頁。

注11　宮田昇「翻訳権の戦後史」二二頁、中井三朗「戦後翻訳権をめぐる諸問題」（「文学」昭和三〇年八月号七一頁）。

注12　ドン・ブラウン（Donald Beckman,1905-80）については、次の文献がある。

横浜国際関係史研究会・横浜開港資料館編集『ドン・ブラウンと昭和の日本』有隣堂・二〇〇五年。

横浜国際関係史研究会・横浜開港資料館編『GHQ情報課長ドン・ブラウンとその時代』（日本経済評論社・二〇〇九年）。この中に中武香奈美「占領期の翻訳権問題とブラウン―占領政策へのアメリカ本国の影響」が収録されている。

赤沢史朗「出版界の戦争責任追及問題と情報課長ドン・ブラウン」立命館法学三一六号一二頁（二〇〇七年）。


注13　江藤淳『閉された空間―占領軍の検閲と戦後日本』（文春文庫・一九九四年）二〇六頁。一九四七年一月七日、民間情報教育局新聞出版班長D・C・インボーデン少佐が雑誌社八〇社の代表に対し「自由な報道」という講演のあと、日本人から、日本人に報道の自由は存在するのか、という質問を受け、「侮辱的かつ不適切な審問だ」といって逆上した記録を収録している。

二三年秋、日本評論社創業者の鈴木利貞と野口肇編集局長は、CIEのインボーデン少佐から『日本評論』にプレス・コード違反の疑いがある」と呼び出され」、鈴木利貞へマルクス主義者の論文を掲載した「野口編集局長を馘首したらどうか。」と言われている。大輪盛登『巷説出版界』一六五頁。大輪盛登は、インボーデン少佐を「爬虫類のような感じの少佐」と表現している。

横浜国際関係史研究会・横浜開港資料館『ドン・ブラウンと昭和の日本』（有隣堂・二〇〇五年）八六頁には、インボーデンには新聞経営の経験があり、写真が掲載されている。八五頁には、CIE情報課に日本人スタッフとして雇用された伊藤（川喜田）和子氏の手記が掲載されている。アメリカ人は個人的には親切だが、部署の報告者などは日本人には見せなかった、という。

注14　中武香奈美「ドン・ブラウンとE・H・ノーマン」によると、一九四五年一二月一三日、ブラウン、ロバート・バーコフとノーマンは三人で夕食をとり、三人は親しい交際をしている。
江崎道朗『日本占領と『敗戦革命』の危機』（PHP新書・二〇一八年）三四七頁によると、ロバート・バーコフ新聞課長の父親は、西海岸で進歩的な日刊紙を発行しており、デビッド・コンデ映像課長は、「チャンバラ映画を徹底的に追放しようとした。

注15 バンス（一九〇七—二〇〇八）については、戸山三郎（＝大家重夫）・法学教室五三号（一九八五年二月号）八三頁。高橋史朗（『日本が二度と立ち上がれないようにアメリカが占領期に行ったこと』（致知出版社・二〇一四年）二八九頁）。竹前栄治、阿部美哉、高橋史朗氏らが占領終了後、アメリカでバンス氏に会っている。竹前栄治『日本占領—GHQ高官の証言』（中央公論社・一九八八年）一八五頁。

注16 高橋史朗・ハリー・レイ『占領下の教育改革と検閲—まぼろしの歴史教科書』（日本教育新聞社・一九八七年）一三頁によると「神道指令の骨格をつくったのはバンスでなく、ホールであった。」とする。ウッダードは、（『The Allied Occupation of Japan and Japanese Religions』（LEIDEN/E.J.BRILL/1972）を著作し、阿部美哉氏が『天皇と神道—GHQの宗教政策』（サイマル出版会・一九八八年）という題名で翻訳出版した。

## 4．GHQの著作権行政、内務省の廃止、文部省、著作権室設置

### 1　著作権法の所管庁

日本では、出版・著作権行政を所管する部局は、明治二年昌平・開成両学校、明治三年大史、明治四年文部省であったが、明治八年六月二八日太政官布告第一一二号により、内務省が主管することになった。(注1) 内務省警保局図書課が、検閲や選挙とともに著作権を所管した。昭和一五年一二月六日、図書課は検閲課と名称を変えた。（昭和二二年末の内務省廃止を前に）昭和二二年五月一〇日、「内務省官制の一部を改正する件」（政令第三九号）により、著作権事務は、文部省社会教育局に移管、社会教育局に「著作権室」が設置された。

### 2　日本出版協会

昭和二〇年九月二二日、GHQは、米国の初期の対日方針を発表し、「新聞及び言論の自由への追加措置」を交付し、新聞、出版その他言論取り締まりの法令の全廃を指令した。

これにより、出版法（明治二六年四月一四日法律第一五号）、新聞紙法（明治四四年五月六日法律第四一号）は、その効力を失った。両法とも昭和二四年五月二四日法律第九五号により廃止された。

GHQは、一〇月二六日、「用紙配給に関する新聞及び出版協会の統制の排除に関する覚書」を発した。「日本管

理法令研究」一巻四号五八頁の日本訳を要約する。
（1）日本政府は、速やかに新聞用紙及び洋型紙の配給につき責に任ずべし。
（2）現在、新聞用紙、洋型紙の配給統制を行っている日本新聞連盟及び日本出版協会は、今後、この作用を営むことはできない。
（3）日本政府は、二つの部会からなる用紙統制機関を設置し、一は、書籍・雑誌用洋型紙、他の一の部会は、新聞用紙の配給の責に任ず。各部会はイ、政府管理、大及び小出版社の代表、ハ、少なくとも三名の知名の局外者をもって構成せよ。
（4）日本政府は、この指令受理後一〇日以内に連合国最高司令官に対し下記の報告をせよ。
イ、用紙の配給を支配すべき原理及び政策の声明
ロ、統制機関を構成し及び之を代表する個人の名
（5）日本政府は、毎月末に連合国最高司令官に対しその月中の用紙配給活動の完全且つ詳細な報告をせよ。右の報告には、イ、新聞紙、ロ、洋型紙に関する左の報告を含ましむべし（以下省略）。

特殊法人日本出版会（昭和一八年二月一八日出版事業令（勅令第八二号）理事長久富達夫）は、昭和二〇年九月三〇日解散した。この団体は、戦時下、出版社に対する用紙配給割当が主たる仕事であった。

昭和二〇年一〇月一〇日、社団法人日本出版協会が設立された。出版界の有志で設立され、初代会長鈴木文史朗、二代鈴木利貞、三代石井満で、用紙配給割当を行った。

会員数は五六六社で、敗戦時出版社は約三〇〇社であった。

昭和二〇年一〇月二六日のＧＨＱ「用紙配給に対する新聞及び出版統制団体の統制の排除に関する覚書」により、「新聞及出版用紙割当委員会」が設置された（昭和二〇年一一月一三日）[注2]。

戦時中、特殊法人としてできた日本出版会が解散し、そのあとリーダースダイジェストの鈴木文史朗などが、社

団法人日本出版協会を設立した。社団法人設立認可した所管庁は、内務省検閲課と思われる。この日本出版協会について、ＧＨＱ側は、ＧＨＱが設立した、設立させたと考えていた。

ＧＨＱ民間情報教育局は、著作権担当官庁（昭和二二年五月一〇日までは内務省警保局検閲課、その日以後は、文部省社会教育局）を除外し、日本出版協会とともに「著作権行政」を進めていく。

**3　ＧＨＱの著作権行政**

昭和二一年一月七日、ＧＨＱのスポークスマンが記者会見を行った（宮田昇、前掲書三七頁、勝本正晃「現代文化と著作権」（雄渾社・一九五六年）一八八頁）。

次のことが述べられた。

（1）日米間の一九〇五年調印、一九〇六年公布の日米間著作権条約により、日米両国の書籍は相互に許可なし著作権、著作権料の支払いを行わずして自由に翻訳転載し得ることになっていたが、一九四一年一二月八日の日米開戦の結果、両国間のあらゆる条約は無効となり、著作権条約も当然無効となった（すなわち、米国の書籍の翻訳は、著作権者の許諾が必要）。

（2）米国書籍の翻訳は、ＧＨＱの許可を得る必要がある。[注3]

（3）長文のものは四〇〇字、四〇〇字以下のものは一〇〇〜一五〇字で引用して翻訳転載してよい。其の他の場合、日本に米国の代表が来ているものを除き、すべて米国著作権者の許諾を要する。

一九四六年一月一五日、ＧＨＱから、一般米国書籍の翻訳権取得は、日本出版協会及びＧＨＱ民間情報部の手を経て、米本土の著作権者に連絡照会し、その許諾を得べきものとした。かつ、米国では著作権は第一発行後五六年間存続することを指摘した（勝本正晃、前掲書一八九頁）。

「一九四六年一一月、ＧＨＱと日本出版協会は文書を交換して、アメリカ以外の海外の著作は、著者の死後五〇年を経過したもの以外は、許諾が必要とする、また契約書は民間情報教育局ＣＩＥ作成の雛形によるとしたという。」（宮田昇、前掲書三八頁）、これは、後述する「回状第一二号」の前提で、ＧＨＱの著作権の基本的考えと考えられる。

**４　一九四六年三月、極東委員会でのダイク代将発言**

昭和二一年（一九四六年）三月二〇日、ニューヨークで、第四回極東委員会が開かれ、ＧＨＱ民間情報教育局長のダイク（K.R.Dyke）代将が、著作権問題などについて説明した。放送法制立法過程研究会編「資料・占領下の放送立法」（東京大学出版会・一九八〇年）五七頁から七三頁に日本語訳がある。

ダイク代将は、英国代表のサムソム卿の質問に答え、日本出版協会について、次のように触れている。

「ジョージ・サンソム卿

議長、もう一つ質問してもよろしいでしょうか。書籍のことですが、何か進展がありましたか。貴方は、日本人の外国図書の希望とか、翻訳の困難さとか、出版権とか紙の不足とかなどを仰言いましたね。その点どんな風に進展していますか。」

「ダイク代将

余り希望通りには進んでおりません。著作権問題は難問であります。他の人は知らないようですが、皆さんは大部分ご承知のことですが、日本とアメリカの著作権協定は一九〇五年、丁度日露戦争の直後に遡るのです。著作権の自由交流がありまして、米国の著作物は日本で自由に出版され、日本のものも同様でした。そうした協定は多分戦争中になくなりました。しかし現状はこうです。日本出版協会なるものを我々は設立し、そこが、米国の出版物を発行したい出版社の窓口、いわば手形交換所の役割をするのです。アメリカでは、…がその役割をつとめるのです。我々は戦争、国防各省に、世界中の著作権を取り扱うよう依頼しました。ところが、日本から金の取立てが不可能なので問題はさらに複雑になります。

言い換えますと、出版社に支払いがありますと、例えば、円で東京に金がたまります。誰にとっても拙い取引です。経営者の理想としては、勿論、これが半年か一年、勿論それは出来ればの話で、理想論になりますが、占領目的にふさわしい物についてはとくにそれを希望しますが、一層のこと、書籍も音楽も、この著作権全部を放棄することを希望するのです。音楽はとくに大切で、演奏を希望しています。日本人の上演希望があり、今、上演の運びになっていますが、ドリンクウォーター氏の「アブラハム・リンカーン」の問題では、まさにジャングルの中を切り抜けるようなものでした。著作権の全領域は大変重要で、それが世界中ではっきりさせることが大切なのです。[注4]」

ドリンクウォーター氏の「アブラハム・リンカーン」は、上演を主催した者が著作者の承諾をとるため、GHQのダイク代将の情報教育局へ行き、音楽については大日本音楽著作権協会を通して、料金を支払ったと思われるが、詳細は不明である。

この演説からは、次のことが判明する。

1 民間情報教育局は、明治三九年四月二八日批准、同年五月一一日交付の「日米間著作権保護に関する条約」の存在を知っていた。

2 ダイク代将は、この条約（協定）は「多分戦争中になくなりました」と解した。

3 ダイク代将は、日本出版協会を設立した。

4 アメリカを始めとする外国の出版物を発行したい日本の出版社は、日本出版協会を通すことにしたい。

5 ただ、日本からお金の取立てが不可能である。

6 できれば、アメリカを始めとする諸外国は、特に占領目的にふさわしい著作物については、著作権者は著作権を放棄してほしい。

このダイク民間情報教育局長の発言は、一九四六年三月二〇日に行われた。

このあと、約八カ月後、一九四六年一一月一八日作成され、同年一二月五日、陸軍郵便局から発せられた回状第一二号「外国雑誌、図書、映画、ニュース或いは写真其の他の輸入及び日本におけるそれ等の普及に関する件」がある。

回状第一二号は、連合国軍最高司令部の内部で論争が行われ、ウィロビー少将の参謀第二部（諜報）が、ダイク民間情報教育局長を論破した、ないしマッカーサーが参謀第二部のいうとおりにせよ、と命令したと推測する。

注1　大家重夫「著作権を確立した人々　第2版」（成文堂・二〇〇二年）四一頁。
注2　新聞及出版用紙割当委員会の新設は、昭和二〇年一一月一三日と大輪盛登「巷説出版界」（日本エディタースクール出版部・一九七七年）二六九頁の年表にある。
注3　回状一二号で明示される。
注4　John Drinkwater（一八八二―一九三七）は、英国の劇作家。
大日本音楽著作権協会（昭和二三年一月、定款変更し、日本音楽著作権協会と改称）は、昭和二〇年九月三〇日、著作物使用料規程の変更を申請している。著作者の社会生活を最低限度確保するため、使用料の算定基準を四割から五割増が認められた。
歌謡曲がラジオや実演で流行し、売れっ子の歌手（実演家）は焼け跡に家を建設できたが、音楽レコードによりラジオ放送した場合、旧法三〇条一項八号により自由利用が認められるというＮＨＫに有利な規定があった。サトウハチロー、藤田正人などが著作者の放送使用料の改定に動いた。日本音楽著作権協会「60年の歩み」一四頁以下。

## 5．ＧＨＱは、覚書を発出する

ＧＨＱは、主として終戦連絡中央事務局を通じて、メモランダム＝覚書を発した。
日本管理法令研究からいくつか挙げてみる。

**○一九四六年一〇月八日、「書籍出版承認に関する覚書」**

住宅営団調査部長亀井氏は、米国人トーマス・アダムス「住宅地区の設計」の日本訳の刊行の許可を申請した（八月二四日ＣＬＯ覚書）。

これに対する回答が、この覚書である。全文を掲載する。

「1．一九四六年八月二四日付終戦連絡中央事務局覚書第四二二一号、「トマス・アダムス著『住宅地区の設計』和訳改訂版の発行」に関する件を参照すること」。
2．連合国最高司令部は右の出版に対する申請の承認を与えることはできない。
3．但し、アメリカの版権所有者（American copyright owner）について右書籍の日本における出版に対する意向および右出版の条件に関して問い合わせるであろう。所要の情報入手の上は、中央事務局に通告するであろう。」
（日本管理法令研究第一五号六二頁、英文五四頁）。

○一九四六年一一月二二日、「**書籍出版許可に関する覚書**」
「1．一九四六年八月二四日附終戦連絡中央事務局覚書第四二二一号、「トマス・アダムス著『住宅区域の設計』日本訳改訂版の出版」に関する件を参照すること。
2．一九四六年一〇月八日附返答において連合国最高司令部は、アメリカの著作権所有者が右の書籍の日本における出版に同意するや否やを照会することを約束した。
3．右の照会に対しハーバート大学出版部は右書籍の翻訳出版に許可を与えた。
4．出版者が選ばれたときは右出版者は書類をもって規準となる出版条件を規定する認可書を連合国最高司令部に申請し求められたい。」（「日本管理法令研究第一六号」英文二九頁、高野雄一解説は三八頁）。
彰国社が、一九四七年一月八日、許可書を求める申請をした。
一九四七年一月一〇日、彰国社へ手渡された。
出版条件は、次の通り。
1　著者及び米国出版者の名誉を翻訳に於いて十分尊重すること。
2　翻訳は正確なるべきこと。

3　本許可は他人に譲渡すべからず、日本書簡の日付け以後八ケ月以内に翻訳が出版せられない時は自動的に効力を失う。

4　本拠かはこの翻訳を出版するために紙の配給を勧奨することを意味しない。而して闇市場で購入する紙を購入する紙を使用してはならない。

5　出版の準備が出来たときは、翻訳を通常の方法で検閲に出さなくてはならない。（以下略）

6　日本訳が出版されたら六部を民間情報教育局に提出すること。その内二部はハーバート大学出版部に送られる（以上、前掲三八頁）。

**○一九四六年一〇月一七日、「日本に於ける外国人所有著作権に関する覚書」**

この覚書の内容は、一九四一年一二月七日現在、外国人名義で登録されている一切の著作権を三〇日以内に提出せよというもので、報告事項は、外国人著作権利用に関する契約、内容、履行状況、印税などであった。敵国人（ないし外国人）の財産権の処理のため、GHQは、事実関係を把握したかったのである。日本は、ベルヌ条約国で無方式であることを知らず出されたため、日本政府は延期を求め、一九四七年一月二〇日、ポツダム緊急勅令に基づく「外国人の著作権の調査」に関する内務省令（第四号）を制定公布即日施行、所定の事項を報告した。以上、「日本管理法令研究」第一五号五四頁から五六頁に高野雄一解説がある。

## 6．回状第一二号

この「回状」は、別個に翻訳文を掲載する。宮田昇「翻訳権の戦後史」（みすず書房・一九九九年）四〇〇頁が初出で、大きな功績である。法貴次郎「占領政策と外国著作権」ジュリスト一九五四年一〇月一日号（六七号）一七頁に、(注1)回状一二号を問題にしているにも関わらず、「日本管理法令研究」や昭和三一年発行の日本著作権協議会「著作権関係法規集」などに掲載されていなかった。

昭和二二年一月　日（ママ）[注2]
情報部渉外課長から、
外務省、終戦連絡中央事務局
各部局課長各位あて
「連合国軍最高司令部よりの出版物、映画、写真及びニュースの輸入等に関する回状の件」
として、「今般連合国軍最高司令部より聯合各国ミッションにたいし別添の通り出版物、映画、写真及びニュースの輸入等に関する回状が通達せられた趣である。本件については関係方面について重大な関心を有する向有、省内各部課にたいしても種々問合せがあるものと思われるので、ご参考までに訳文添付の上高覧に供する。」
文末に、

「民間情報教育部
　昭和二一年一一月一八日
元帥命令
参謀本部
参謀総長陸軍少将
副官部
高級副官陸軍大佐」

この後に、「四ツの別紙」として、次の別紙があり、それぞれに詳細な文章がある。
一、日本に於いて配布される外国の商業的媒体物に関する許可手続及びその規定。
二、外国に著作権がある資料に対する翻訳権、翻刻権及び興行権の日本に於ける譲渡に関する規定。
三、外国で制作された商業的映画の日本に於ける輸入、配給及び公開に関する規定。
四、非商業的弘報媒体物の日本における輸入、配布及び利用に関する規定。

この回状第一二号については、宮田昇「翻訳権の戦後史」、法貴次郎「占領政策と外国著作権」（ジュリスト一九五四年一〇月一日号）、中武香奈美「占領期の翻訳権問題とブラウン―占領政策へのアメリカ本国の影響」[注3]を参照し、「回状第一二号」について、その意味と実際にとられた措置を解読する。

一九四六年三月二〇日、民間情報教育局長ダイク代将が、第四回極東委員会で、著作権問題は難問である、本の需要がある、あちこちに図書館を建てている、と述べた。CIEの運営は、ニュージェント局長代理の下で、ブラウン情報課長（一九四六年七月一日頃、情報課長に就任）ら四名からなる運営委員会（Operating Board）が組織され、制作、企画、ラジオ、新聞、出版、映画、翻訳権などを任務とした。著作権について、GHQ部内、アメリカ国務省、陸軍省に直接問いただし、一九四六年一一月になって、回状第一二号がまとまった。

ブラウンの問題意識は、1．日本が署名している諸国際条約はいくつでどうなっているか、日米著作権条約はどうするか、2．日本著作権法が保護している外国図書の著作権の範囲、3．アメリカ以外の国の出版者に、（日本人が）翻訳の許諾をとるか、翻訳権を得ることについての展望、4．日本在住の外国人著作者との間で締結された個人的契約にどう対処するか、5．アメリカはベルヌ条約に入っていないが、日米著作権条約に代わる条約を作るか―それまではGHQから日本政府へメモランダムという形で臨時的に対応するよう勧告されるのだろうが、それはアメリカの、それとも日本の著作権法か、ベルヌ条約を基にするのか、6．連合国のソ連、中国（中華人民共和国が成立するのは一九四九年一〇月一日）の図書が日本に於いて保護されるようにアメリカ国務省は日本に命ずるのか（連合国代表らの中には、まだ誰一人、問題視している者はいないが、とブラウンは国務省宛の文書に書いたようである―中武香奈美論文）、7．日本人から、ソ連図書の翻訳希望が寄せられており、ソ連側から問題ないと言っているがどうするか。

ブラウンや米国人は、まず、次の点をどうするか、考えていたと思う。

（1）ベルヌ条約に未加盟であるアメリカとは、明治三九年著作権条約があり、著作権の相互内国民待遇を謳い、日本人は、アメリカ人著作物は翻訳自由であったが、明治三九年著作権条約を無効にし、日本人が翻訳を行うについて許諾を求めさせ、アメリカの著作権者を保護させたい。

（2）ソ連はベルヌ条約に未加盟で、したがって、日本では翻訳自由であったが、連合国とはいえ共産主義国、全体主義国であり、どうするか。[注4]

（3）ドイツなどベルヌ条約加盟国で日本と軍事同盟し枢軸国であった国の国民の著作権をどう取り扱うか。

（4）フランスなど、ベルヌ条約加盟国で、連合国の著作権は、米国並みにするか。

一九四六年一月一九日、ブラウンは、日本の著作権状況を確認する必要があるとし、ダイクCIE局長に直訴し、ほぼ一年かかり、一九四六年一一月、回状第一二号が完成した。

この約一年の間、GHQに無断で、いくつかの外国図書が翻訳されたようである。

この間、外国図書の翻訳書について、G2（参謀第二部）のCCD（民間検閲支隊）の検閲をパスすれば、翻訳書の刊行は可能であった。

ブラウンに対して、アメリカ国務省、陸軍省からは、適切なアドバイス、指令もなく、GHQ内部の参謀第二部、LS（法務局）、ESS（経済科学局）、GS（民政局）などと調整し、回状第一二号ができあがった。

1　回状第一二号には、「日本政府」という言葉がない。また、日本の法律にも触れていない。「著作権ニ関スル仲介業務ニ関スル法律」についての言及もない。

「著作権」「翻訳権」「興行権」「翻刻権」[注3]についての定義規定がない。

2　著作権問題を民間情報教育局だけで取り扱わず、「参謀第二部（G2）」も関与した。「その内容及び形式から、この回状が、各連合国に対する総司令部の通達であることが知られ、また、この文書に基づく事務が総司令部民間情報教育局の担当とされ」ていたが、参謀第二部（G2）も加わった。

3　回状第一二号の別紙二にある、「二、外国に著作権がある資料に対する翻訳権、複製権及び興行権の日本に於ける譲渡に関する規定」の意味は、次のようである。

（1）出版業者及び著作権所有者の一国単位団体（かかる団体がなければ個々の者）で、日本国民に翻訳権、複製権及び興行権を売ることを許可された者は、当分の間、日本に代表者を置くことは許されない。GHQは、以上の権利に関し、必要な商業的取り決めを行うため日本人団体にその事務を委任し、更に、日本の団体と関係外国団体間の必要な通信の取り次ぎにつき代理機関として行動する。

（2）個々の出版業者及び著作権所有者は、その所属する国が、一国単位団体を有しない場合においてのみ、これらの経路を通じて、日本出版業者に対し、翻訳権、複製権及び興行権を譲渡することを許される。

（3）出版業者及び著作権所有者の被許可一国単位団体は、特定の書籍を、それが明らかに占領目的に副う内容のものである限り、翻訳により、或いは、原語によるの如何に関わらず出版することを勧奨し得る。

（4）右の勧奨図書（原文が英語でないときは、英語を添えて）二部提出する。この提出は、当該団体所属国の使節及び参謀第二部（G2）の外国連絡課（米国の場合、直接に民間情報教育局）を通じてなされる。

（5）民間情報教育局は、右図書が占領目的に副う内容と認められれば、当該図書の翻訳権及び複製権に関する競争入札に附するために、そのような図書を日本出版業者に提供するように計らう。図書を勧奨する団体は、最低価格及び印税を要求しうるが、日本側の申し込み価格は、競争入札により決定されるものとする。最高付け値は、その承認あるいは否認決定のため関係一国単位団体に伝達される。

（6）勧奨図書以外の外国図書の翻訳権及び複製権に関する日本出版業者の申請及び申込価格は同様に、それらの図書が占領目的に副うと判断される限り、関係外国出版団体に取り次ぐ。

（7）本司令部は、外国出版諸団体に対し、占領目的に副うと信ずる特定の図書の翻訳権、複製権の提供を要請することができる。

（8）占領目的の促進に対し、積極的に資するところはないが、別に反するところなき図書は、紙の浪費を防ぐ目的上、占領目的に積極的に資するところのある同一国からの図書と取り組ませることを要する（合本にする意か不明)。

(9)その翻訳権及び複製権が取り決められ許可を受けた図書を出版するに当たっては、その校正刷りを翻訳権、複製権を付与する契約書の写しと共に提出し、出版綱領(プレス・コード)に合致するかどうかの決定を求めるため、検閲を受ける。右、提出責任は関係日本出版者が負うものとする。

(10)著作権の存する外国脚本及び音楽の興行権は、図書の出版に関する諸権利と同様の方法により取り扱う。

この回状第一二号は、本書一四四頁で述べた(米国人の著作物は、原著初版発行後五六年以上経過のもの。米国人以外の外国人については、死後五〇年を経過したもの)。これ以外のものの翻訳あるいは翻刻(そのままの複製)、複製についてはGHQの許可をとること、を前提としていたと思う。これが、当時「五〇年フィクション」といわれたことの実態であると考える。(注5)

---

注1　法貴次郎については、本書二八八頁の「法貴次郎東海大学教授と著作権」参照。

注2　宮田昇「翻訳権の戦後史」(みすず書房・一九九九年)四〇〇頁。

注3　横浜国際関係史研究会・横浜開港資料館編「GHQ情報課長ドン・ブラウンとその時代」(日本経済評論社・二〇〇九年)一五七—一九八頁。

注4　ドン・ブラウンは、共産主義者ではないかとの嫌疑で、一九五四年二月五日、解雇通知書を受取り、弁明書を出している。その中で「四六年に外国雑誌、図書、映画、ニュースあるいは写真其の他の輸入の承認および日本での普及を管理するためのGHQの基本規定である『総司令部回状第一二号』(Circular 12)を作成したのは自分であり、許可申請にも直接たずさわることで、アメリカが主導権をとるように」計らい、かつソビエトの出版物や映画の日本への浸透を阻止した、と反論した(弁明書)三四頁。ブラウンは、E・H・ノーマンと交遊があったが、共産主義者でなく、また、ソ連の刊行物を積極的に翻訳刊行させる、あるいは翻訳刊行させないといった行動はしていないようである。中武香奈美「元GHQ情報課長とマッカシズム—ドン・ブラウンに対する陸軍省

査問委員会」（栗田尚弥編著「地域と占領—首都とその周辺」（日本経済評論社・二〇〇七年）八三頁）。中武香奈美「ドン・ブラウンとE・H・ノーマン—ドン・ブラウン書簡（控）から」なお、岡部伸「共産主義者ノーマンの害毒」（Voice 二〇一四年一一月号一三九頁）は、英国国立公文書館所蔵の機密文書が、M15（イギリス情報局保安部）がノーマンを「共産主義者」と断定している、とし、ノーマンは共産主義者とする。

注5　中井三朗「戦後翻訳権をめぐる諸問題」思想一九五五年八月号（三三三号）八三七頁は、「実際には翻訳権があろうがなかろうが、とにかく原著者の死後五〇年を経過しない著作物を翻訳出版するときは、CIEの許可が必要である、という体制が出来あがった。」（八四四頁）。宮田昇「翻訳の戦後史」三八頁。

## 7．用紙割当・外国図書翻訳許可。入札制度

日本出版協会ができていたが、用紙の割当はブラウンの許可を必要とした。新聞社、雑誌社の用紙の担当者は、ブラウンへ陳情した。CIEのドン・ブラウン付特殊通訳翻訳員の森安由貴子は、こう述べている。

「（ブラウンは）とっても相手を尊重するような、やさしくて同情的な態度で接していたが、根本的なところではちっとも甘くなかったと思う。割当を増やしましょうという返事はしなかった。そのニュアンスを陳情者に伝えるのは難しかった。」

昭和二二年、ブラウンは、日本出版協会に「翻訳出版委員会」を設置させた。

昭和二二・二三年版「出版年鑑」中「出版界一年史」の翻訳権問題として、こうある。

「此の委員会は、総司令部により翻訳発行を許可されたものにつきその訳業を審査するという重要な任務を委嘱されて居り、この委員会により適訳と認められぬ限り出版を許さない訳である。」

外国図書を日本で出版すべく翻訳が許可されても、翻訳の質が低劣であれば、GHQは出版を許可しない、とした。その翻訳の質を審査する委員として、次の二九名に委嘱した。この選定について、ブラウン自身も意見を出し

たか、日本出版協会の誰が関与したか不明である。

[英語]　朝比奈貞一（科学博物館）、岩崎民平（外語）、丘英通（文理大）、緒方富雄（東大）、粕谷よし子（津田塾）、杉本栄一（商大）、杉本喬（立教）、谷岡貞子、玉木英彦（理研）都留重人（経済安定本部）[注1]、鶴見和子、中野好夫（東大）、西川正身（商大）、西脇順三郎（慶応）、野口弥吉（東大）、山内恭彦（東大）

[仏蘭西語]　河盛好藏、杉捷夫（文理大）、本田喜代治（綜合アメリカ研究所）、宮城音彌（慶応）、湯浅年子（女高師）、渡辺慧（東大）

[独逸語]　相良守峰（東大）、舟木重信（早大）、古在由重

[支那語][注2]　魚返善雄（東大）、松枝茂夫（東大）

[露西亜語]　除村吉太郎、西沢富雄[注3]

注1　中武香奈美「ドン・ブラウンとE・H・ノーマン」によると、一九四六年二月一日付けの友人、ロバート・E・キンジェリー宛の書簡で、ブラウンは、「（ノーマン）のおかげで、東京の代表的な若い学者数人と面識をもつことができた。とくに都留（重人）という名前の経済学者と平野（義太郎）という歴史家には、状況が許せばもっと会いたいと思う。過去一五年間、警察に思想を弾圧されてきた日本の学者らが著した優れた書籍を二〇冊ほど、日本の出版社に再版を働きかける時、彼らに助けてもらえるかもしれない。」とある。

注2　昭和二一年六月七日、岡崎外務省総務局長名で、中華民国が、「支那といふ文字は中華民国として極度に嫌ふものであり、現に終戦後同国代表が公式非公式に此の字の使用をやめて貰ひたいとの要求があったので今後は理屈を抜きにして先方の嫌がる文字を使わぬ様にしたいと考え念のため貴意を得る次第です。」として、関係方面に通達を出したが、昭和二二年の時点では、「支那語」として、支那が使われている。本書第五章参照。

注3　西沢富雄は、西沢富夫（一九一三―一九八五）（「アカハタ」国際部長、日本共産党中央委員会幹部会副委員長）の誤植と思われる。

## 8．外国図書の翻訳の許可・不許可の事例

### 1　ルース・ベネディクト「菊と刀」

昭和二三年（一九四八年）、ルース・ベネディクト（Ruth Benedict）（一八八七―一九四八）「THE CHRYSANTHEMUM AND THE SWORD」（菊と刀）が、長谷川松治訳で、社会思想社から翻訳出版された。ベネディクトは、一九二三年コロンビア大学卒業、人類学者として、同大学の講師、助教授、一九三〇年以降、客員教授。アメリカ国務省の戦時情報局（ＯＷＩ）で、日本研究をされた。この本は講談社学術文庫に収録され、現在でも広く読まれている。著者が戦時情報局に勤務していたこともあって、ＧＨＱは翻訳出版を許した。(注1)

### 2　マーク・ゲイン「ニッポン日記」

マーク・ゲイン（Mark Gayn）（本名Moe Ginsburg）は、アメリカとカナダのジャーナリストで、一九四五年一二月から一年余日本に滞在し、一九四八年、「JAPAN DIARY」をニューヨークの出版社から出した。日本の出版社は日本訳を出そうとしたが、ブラウンは、占領軍内部の内輪もめ暴露や占領政策批判があることから、翻訳出版を拒絶した。(注2)マーク・ゲインとブラウンは、顔見知りであった。

まもなく平和条約が発効し、「ニッポン日記」と訳され、ベストセラーになった。

「ニッポン日記」（井本威夫訳・一九六三年）（筑摩書房）には、「私の友人都留重人」（一三五頁）や、マッカーサーの側近フェラーズは、「ルーズベルト大統領が米国を無理矢理に戦争に引きずり込んだと確信し、またドイツとの戦争も起こらずにすんだと固く信じている」（三一八頁）との記述がある。日本国憲法は、一九四六年二月、松本烝治案に対する回答という形で、ホイットニー、ケーディスらが、日本側に押しつけ、(三人のアメリカ人が隣のベランダに退いた。丁度その時、アメリカの爆撃機が家を揺すぶるように飛び去った。白洲が呼びに来た。ホイットニーは、芝居がかって言った。「いや、原子力的（アトミック）な日光の中で陽なたぼっこをしていましたよ」という）挿話（一二二頁）は、いまでは多くの人が知っているが、「ニッポン日記」が初めて明らかにしたと

思う。

### 3　ヘレン・ミアーズ「アメリカの鏡・日本」

ヘレン・ミアーズ（Helen Mears）（一九〇〇―一九八九）は、一九二五年の短期間と一九三五年の一年間、日本を訪れ、戦時中はミシガン大学、ノースウエスタン大学などで日本社会について講義、一九四六年二月、ＧＨＱに設置された労働諮問委員会の一一人の一員として来日、日本の労働法、労働組合法の策定に参加した。

アメリカに帰国後、「Mirror for Americans:Japan」（アメリカの鏡・日本）を著作し、一九四八年、ホートン・ミフリン社から発行した。伊藤延司氏に拠れば、ミアーズは「近代日本は西洋列強がつくりだした鏡であり、そこに映っているのは西洋自身の姿なのだ。つまり、近代日本の犯罪は、それを裁こうとしている連合国の犯罪であるという。」「アメリカという国家であり、アメリカ国民であり、あるいは欧米植民地主義国家であり、西洋文明であり、キリスト教社会であり」「その総体としての西洋の価値観が、日本の伝統的価値観を完全破壊しようとしている。それが日本占領だ」という。

私は、徳富蘇峰が、東京裁判で全ての被告のために提出された宣誓供述書を想起した。蘇峰はいう。

「維新以後の、日本政府と云はず、国民と云はず、寧ろ日本国の運動は、第一は自存の為である。」「第二は自衛の為である。」「第三に数ふべきは、自尊心である。」「即ち一面に於いては、完全なる独立国として世界の列強並に待遇せられざる不平、不満の爆発したる抗議である。」「又た列強の為す所を見て、舜も人なり我も人なりと云ふやうな気分になり、英米露独其の他の列国が為す所を、日本一人指を咥えて、之を見物してゐるは、余りにも不見識であり、余りにも腑甲斐なくあると云ふ事を考え、所謂国民的アスピレーションとして、それが原動力となって働き出した」ようになり、「日本人の最も多量に持っている模倣性を発露した。」「之は要するに、日本人の最も多量に持っている模倣性の発露」であった。「若し日本の運動が、万一其の中に帝国主義的の不純の分子がありとすれば、日本人民にそれをコーチした者は、誰であるか。それは世界列強が皆それである。」「一九世紀の下半より、二〇世紀の上半における日本の歴史は、決して日本だけの歴史でなく、世界共通の歴史で」「唯だ日本人が、その役目を果たす事に於いて列国人ほど巧みでなかった。」「日本人は、あとから後ろから、皆先進国の真似をして来た」日本で言ふ『鴉（からす）の鵜（う）の真似』」「と言ひ得るかも知れぬ」「其の手本は、鴉が発明したのでなくして、鵜が発明したものである。」

「列国は皆な水中に潜って大小の魚を獲たが、日本だけは、それを真似して魚を得ないばかりでなく、已れ自ら水に溺れたのである。」「先進諸国は、日本人の技倆の拙さを嘲り若しくは笑う事は勝手であるが、之を責め之を咎め、之を以て日本を罪せんとするが如きは、神の眼から見れば決して公平の措置ではあるまい。(注3)」

蘇峰とミアーズが会えば同意見であると握手したであろう。

以下、中武香奈美「占領期の翻訳権問題とブラウン—占領政策へのアメリカ本国の影響」に拠って述べる。東京の暁書房が、ホートン・ミフリン社に翻訳出版許可申請し、ホートン・ミフリン社はGHQに問い合わせた。ブラウンは意見を求められ、草稿を書き不許可の理由をあげている（一九四九年七月二九日付け）。一九四九年八月六日付けでマッカーサーから同社に具体的理由をあげて不許可の回答がなされた。中武香奈美氏が発見されたブラウンの回答書（草稿）は、次のようである。

「当司令部は、一般的なアメリカ人が意見の表明に対して検閲や他の形で介入されることに対していだく嫌悪感に共感を覚えるものであるが、日本においては出版に提供されるアメリカのあらゆる図書の許認可政策に従事してきた。このことは、かなりな数に上る二流図書やアメリカの生活や政策をいくぶんでも誤って伝える図書を排除してきたことを意味する。［…］」

出版社である貴下は、日本人が決して一度も世界にとって軍国主義の脅威ではなかった、また戦争責任があるのは日本ではなくアメリカである、占領は日本国民を隷属化するものである、というこの図書の主題をよくわかっていることと思う。これらはミアーズさんが微かに暗示しているものではない。このような主題はあからさまな激しさをもって展開され、このような主題に対する反論が存在することをほとんど認めようとしない。ミアーズさんがそのような考えを表明し、アメリカの大衆がそれを読む権利について何も問題はない。しかしアメリカの納税者の支払う多大な費用を使って軍事占領している日本においては、彼女の考えは納得させたりあるいはそれ以上の影響を与えるにはほど遠い少数意見でしかない。

これらの主題の中には戦前・戦中に日本人の思考を支配し行動を規定していた考えを再構築し、支援するものがある。占領に関する主題は、占領に憤り、反対する理由をもつあらゆる日本人の態度を反映している。東京という視点に立つと、日本でこの図書を出版することは、反動主義者と共産主義者両方を強化し、日本の再建という仕事に懸命に取り組んでいる中道派の多数を混乱におとしいれるのに荷担するようなことになるという思いから逃れがたい。

そこで貴下が日本の情況を考慮し、この時期に『アメリカの鏡』の邦訳を出版しても何の有益な成果を提供できないことに同意してくれることを望むものである。」

一九五一年九月八日、対日平和条約が調印され、一九五二年四月二八日発効した。

「Mirror for Americans:JAPAN」は、一九五三年、「アメリカの反省」と訳されて文藝春秋新社から原百代訳で発行された。私はこの翻訳書の存在を知らなかった。

一九九五年、伊藤延司訳「アメリカの鏡・日本」として、アイネックス発行、メディアファクトリー発売で発行され、私は、この本を読み感服した。二〇〇五年、伊藤延司訳「新版　アメリカの鏡・日本」がKADOKAWAから、二〇一五年伊藤延司訳「アメリカの鏡・日本　完全版」が角川ソフィア文庫から発行され、二〇一七年、四版を発行しているという。

## 4　深沢正策訳「風と共に散りぬ」と大久保康雄訳「風と共に去りぬ」(注4)

一四四頁で述べたように、日米間著作権保護ニ関スル条約（明治三九年五月一二日公布）があり、その条約第二条は、相互に相手国の書籍、小冊子、演劇脚本、楽譜を許諾を得なくても翻訳し、翻訳を印刷し公にすることを自由としていた。

したがって、マーガレット・ミッチェルが一九三七年（昭和一二年）、原作「GONE WITH THE WIND」を公刊すると、一九三九年、第一書房が深沢正策訳「風と共に散りぬ」を、同年、大久保康雄訳「風と共に去りぬ」が三笠書房から発行された。

占領下の一九四九年（昭和二四年）に、三笠書房が、GHQの許可を得て大久保康雄訳「風と共に去りぬ」を発行した。平和条約後の一九五三年（昭和二八年）には、創芸社から深沢正策訳「風と共に散りぬ」が発行された。

その後、三笠書房が、マーガレット・ミッチェルの遺産相続人と契約（おそらく独占）を結び、平和条約発効後、創芸社は深沢訳を刊行出来なくなった。

宮田昇「翻訳権の戦後史」一六一頁は、この間の経緯を詳しく述べている。

深沢正策や創芸社が、一種の「既得権」に基づいて、日本政府あるいは、マーガレット・ミッチェルの著作権を承継している財団を訴えた場合、どうなるであろうか。やはり無理であろうか。

---

注1　ルース・ベネディクト、長谷川松治訳「菊と刀」（講談社学術文庫・二〇〇五年）三八九頁に川島武宜「評価と批判」があり、絶賛といってよい。

注2　中西輝政「日本人としてこれだけは知っておきたいこと」（PHP研究所・二〇〇六年）二一六頁は、「菊と刀」は、国柄を忘れた日本人論で、「戦後占領政策の一環だった」という。「恥の文化」とともに「暴発する日本」を指摘しているが、中西教授は、後者の（トラウマによる暴発）論が「ずっと深刻な意味をもった」という。中武香奈美「元GHQ情報課長とマッカーシズム―ドン・ブラウンに対する陸軍省査問委員会」（栗田尚弥編「地域と占領」日本経済評論社・二〇〇七年）九四頁。

注3　小堀桂一郎編「東京裁判　日本の弁明」（講談社学術文庫・一九九五年）三〇五頁以下を要約した。ビン・シン「評

伝　徳富蘇峰―近代日本の光と影」（岩波書店・一九九四年）一六一頁も掲載している。
注4　宮田昇「昭和の翻訳出版事件簿」（創元社・二〇一七年）一二〇頁以下に拠った。

## 9．東久邇宮内閣・幣原内閣・一次吉田内閣・片山内閣、芦田内閣

昭和二〇年八月一七日、東久邇宮内閣が成立した。

九月九日、マッカーサーが日本管理方式（間接統治・自由主義助長など）につき声明を発表した。

九月一〇日、GHQが言論及び新聞の自由に関する覚書を発表した。

九月二二日、GHQが「降伏後に於ける米国の初期の対日方針」を発表した。

九月二七日、昭和天皇が、マッカーサーを訪問した。マッカーサーは、「連合国軍最高司令官の権威が神の子孫の上にあることを強調しようとした。三〇分間にわたった会見の前に撮られ、『ライフ』に掲載された写真は、背の高いアメリカの将軍（ネクタイをしていない）と背の低い日本の天皇（正装をしている）が並んでいた。[注1]」

山崎巌内相は、翌日写真掲載の三紙（朝日、毎日、読売・報知）を皇室の尊厳を傷つけるとして発売禁止を命令した。この命令にGHQは激怒し、取消になった。[注2]

一〇月四日、GHQは政治的・民事的・宗教的自由に関する制限撤廃の覚書―人権指令を発表した。言論の自由、政治犯の釈放を求めていた。

この事件の頃から、GHQの民政局は内務省の解体、廃止を考えていたと思う。

江崎道朗「日本占領と『敗戦革命』」（PHP新書・二〇一八年）七五頁以下によると、アメリカ共産党員で、「チャイナ・ツデイ」「アメラジア」編集者トーマス・ビッソンとカナダ人外交官ハーバート・ノーマンは、論文などで日本の特高と憲兵隊の粉砕処罰を主張しており、二人の論文を読み影響を受けたGHQは、特高を所管していた内務省の廃止を考えたであろう。江崎氏は、IPR（太平洋問題調査会）及びOSS（戦略情報局）が対日占領政策に影響を与えたとする。

副田義也「内務省の社会史」によれば、ＧＨＱは、日本の弱体化を考え、そのため、権力の分権化を意図した（多くの内務官僚の説）と考え、これに対して田中二郎東大教授（のち最高裁裁判官）は、ＧＨＱは日本を本当に民主主義国家にしようと真面目に考えていたと反論したと述べている。[注3]

ちなみに、昭和二三年、ＧＨＱ民間情報教育局は、文部省大臣官房宗務課の廃止を考えていたが、日本の宗教界が存続賛成に動き、昭和二三年一〇月一二日、バンスＧＨＱ宗教課長（昭和二〇年一二月一五日神道指令の起草者）は、東京宗教記者共同会見で、存続を認めた。[注4]

ＧＨＱは、山崎巌内相を罷免せよと伝えた。「一〇月五日、東久邇内閣は山崎内相の罷免をマッカーサーの内閣への不信任ととらえ総辞職した」（福永文夫「日本占領史」（中公新書・二〇一四年）五二頁）。二カ月未満の内閣であったが、敗戦を混乱なく受け入れて、戦勝国にとっても概ね満足のいく内閣であったと思う。

昭和二〇年一〇月九日、幣原喜重郎内閣が成立する。この内閣は、翌二一年五月二二日まで続いた。書記官長は、次田大三郎である。[注5]

昭和二一年五月二二日から二二年五月二四日まで、第一次吉田茂内閣である。

昭和二一年一月、公職追放令が公布され、実施された。二月、天皇の全国巡幸が開始された。四月、憲法改正草案が、日本政府作成のものとして公表され、一一月三日、日本国憲法が公布された。

昭和二二年初頭、ＧＨＱ民政局のケーディスは、吉田茂首相を更迭するようマッカーサーに建言した。[注6]マッカーサーは、吉田に書簡を送り、「総選挙を行う時期だ」と述べた。吉田は、衆議院を解散した。

一九四七年（昭和二二年）四月二五日、第二三回衆議院議員総選挙が行われ、社会党一四三名、自由党一三一名、民主党一二四名、国民協同党三一名、共産党四名、日本農民党四名、諸派一六名無所属一一名であった。

六月一日、片山哲内閣が成立した。社会党、民主党、国民協同党の三党連立内閣である。

六月二五日、ＧＨＱと内閣行政調査部は、「昭和二二年一二月三一日に内務省を廃止」することを決定した。

日本社会党の片山哲を総理とし、民主党の芦田均を副総理・外相に任命した片山内閣は約九カ月しか続かず、昭和二三年二月一〇日、総辞職した。

昭和二三年三月一〇日、社会・民主・国民協同の三党連立の芦田均内閣が成立した。

この内閣も、七カ月しか続かなかった。昭電疑獄が起こり、來栖赳夫・経済安定本部長官、西尾末広、重政誠之元農林次官、福田赳夫大蔵省主計局長などが逮捕されたためである。

昭和二三年一〇月一三日、GHQ民政局は、民自党幹事長の山崎猛を首相候補に推した。民自党幹部の説得で、山崎猛は議員を辞任し、一〇月一九日、第二次吉田内閣が成立した。GHQ民政局による山崎猛擁立事件は、吉田嫌いのケーディス大佐が仕組んだものであった。吉田茂は、参謀二部のウィロビーと組んで阻止したわけである。ケーディスは、昭和二三年一二月八日、アメリカ陸軍を退役し、文官として米陸軍省極東代表を務めていた。

昭和二四年一月二三日の総選挙で、吉田茂の民主自由党が単独過半数を得、第三次吉田内閣が成立した。GHQの中で、ウィロビーは影響力を強め、民政局のケーディスの発言権は弱くなった。

昭和二四年五月上旬、ケーディスは、離日した。[注7]

内務省が昭和二二年末廃止となり、どの省庁に著作権事務を移すかが問題となった。

内務省警保局図書課に在籍した国塩耕一郎は、終戦連絡中央事務局にいたが、相談を受けて、文部省を推薦した。[注8]

昭和二二年五月一〇日、「内務省官制の一部を改正する件」政令第三九号で、文部省社会教育局に移管され、文化課が所管し、著作権室となった。内務省から柴田小三郎が、やや遅れて米川猛郎が、著作権室へ着任した。[注9] 法貴次郎は、昭和二二年七月一二日、著作権室に配属になった。[注10]

注1　ハワード・B・ショーンバーガー「占領1945~1952」（時事通信社）七〇頁。

注2　副田義也「内務省の社会史」（東京大学出版会・二〇〇七年）六二四頁。

副田によると、正確には、発行禁止の権限は、内務省警保局検閲課にはなく、内閣情報局にあった。情報局の加藤祐三郎部長が、前出の新聞を発行停止にすると主張、秦重徳検閲課長が「そんなことをしたら大事件になりますよ」と注意したという。

注3　副田義也「内務省の社会史」（東京大学出版会・二〇〇七年）六六〇頁。

注4　新宗教新聞社「戦後宗教回想録」（新宗教新聞社・一九六三年）七六頁。

注5　内務官僚出身の次田大三郎は、広田弘毅内閣で法制局長官、次田は、葛野信と結婚し、共産党の野坂参三は、葛野信の妹、葛野竜と結婚している。江崎道朗「コミンテルンの謀略と日本の敗戦」（ＰＨＰ新書・二〇一七年）二〇〇頁。

注6　木村勝美「子爵夫人鳥尾鶴代」（立風書房・一九九二年）一三五頁。

注7　木村勝美、前掲書一五九－一六四頁。鳥尾夫人は、その後、森美秀衆議院議員と恋愛した。鳥尾夫人は、昭和二四年、ケーディス大佐と別れてから、ニューヨークで一七年目の再会を果たしている。そのときケーディス弁護士は、メンバー組織のタワー・スーツレストランに案内し、「ミスター山崎猛が来たときも、ここに案内したんだよ。彼はなかなか立派な人だった。僕は大好きだ」と述べたという。鳥尾多江「私の足音が聞こえる－マダム鳥尾の回想」（文藝春秋・一九八五年）一九九頁。

注8　国塩耕一郎「著作権法所管省の交替」（著作権研究五号・昭和五二年）。国塩が相談を受けたのは、昭和二二年一月から三月頃と思われる。

注9　米川猛郎については、大家重夫「著作権を確立した人々　第二版」（成文堂・二〇〇四年）二二七頁。同「米川猛郎さんを偲ぶ」ＪＵＣＣ通信六〇号（一九九九年七月）。

注10　法貴次郎については、本書二八八頁。

## 10．フォルスター事務所は昭和四九年末まで存続した

一九三九年（昭和一四年）、日本政府は、著作権仲介業について、その事業を行うこと、手数料などについて、当局の許可を得るよう法律「著作権ニ関スル仲介業務ニ関スル法律」を制定し、それまでヨーロッパの著作権者から委任を受けて、仲介業務を行っていたドイツ人プラーゲ博士の団体には、許可を与えず、新設の大日本音楽著作

権協会に、音楽の分野での仲介業務実施許可を与えた。プラーゲ博士は、日本とドイツが、昭和一五年、三国同盟締結の直前であり、友好関係であったことから、ドイツ大使館、日本陸軍省を動かし、内務省警保局図書課の国塩耕一郎へ圧力をかけたが、内務省は認めず、一九四一年、日本が戦争を始めると日本から出国した。

一九四五年八月、日本敗戦。

一九四六年六月、水野錬太郎（一九四〇年四月以来会長）が、大日本音楽著作権協会の会長を辞任した。

同年九月、二代目会長に国塩耕一郎が会長に就いた。

一九四七年五月、著作権事務が内務省から文部省に移管され、同年七月、文部省社会教育局に著作権室が設置され、主務官庁が変更された。内務省は、同年一二月末、廃止された。

一九四八年一月三〇日、大日本音楽著作権協会は定款を変更、「大」の字をとり、日本音楽著作権協会となった。

同年四月、東京キャバレー協会加盟の社交場と契約を結び、音楽使用料を徴収しはじめた。並木路子の「リンゴの唄」などが大流行した。歌手は歌う都度収入があるが、作詞家作曲家はレコードを使って放送された場合、出所を明示すれば無料でよい、という制度はおかしい、と作詞家藤田正人は声を上げた。旧著作権法三〇条一項八号「音ヲ機械的ニ複製スルノ用ニ供スル機器ニ著作物ノ適法ニ写調セラレタルモノヲ興行又ハ放送ノ用ニ供スルコト」という、プラーゲ博士に著作権使用料を払いたくないという目的で一九三四年著作権法改正で挿入された条文が威力を発揮し、藤田はこれをおかしいと反発した。(注1)

一九四八年五月、日本音楽著作権協会は代表会員選挙を行い、三代目会長に中山晋平、理事長に増沢健美、常務理事に杉山長谷夫、藤田正人を選任した。

音楽著作権については、著作権仲介業務法があり、日本音楽著作権協会が一つだけ認可されていた。

アメリカのNBC放送の極東班支配人・東京支社長として、ジョージ・トーマス・フォルスターがやってきた。吉村保「フォルスターの横顔」によると、フォルスターは、朝日評論昭和二一年七月号に「放送事業の行き方」について論文を書いている。(注2)

フォルスターはGHQに陳情し、一九四九年三月一八日、GHQは、フォルスター事務所に著作権仲介業務の許可を与えた。

宮田昇「東は東、西は西—戦後翻訳出版の変遷」（早川書房・一九六八年）によれば、フォルスター事務所は、「占領下の翻訳出版界の帝王ともいうべき存在」だった（二〇頁）。

海外の図書について、自分の名前で、契約し、あらためて自分と日本の出版社と再契約するやり方であった。これは「中間利潤を得ようとすれば、いかようにも貪ることができるシステムだ。」（二一頁）。

フォルスター事務所は、音楽著作権も取り扱った。音楽著作権の分野で、日本音楽著作権協会とフォルスター事務所の二つが併存する状態が一九七四年一二月三一日まで続いた。

フォルスター氏が、昭和三九年四月二五日、五七歳で死亡、事業はヘレン・J・フォルスター夫人が承継した。約一〇名のフォルスター事務所であったが、二〇年近く日本で事業をしていれば、応援する日本人がいてもおかしくない。日本レコード協会の安藤穣会長は、文化庁文化部著作権課に在籍していた米川猛郎が、昭和四七年三月末に定年退職予定と知ると、フォルスター事務所へ就職するよう取り計らった。米川の勤務が二年九カ月経ったとき、フォルスター夫人は、フォルスター事務所を廃業し、アメリカへ帰国する道を選んだ。米川猛郎は、一九七五年から二年間、日本音楽著作権協会に嘱託として勤務し、一九九九年五月二九日、八七歳の生涯を終えた。

---

注1　大家重夫「改訂版　ニッポン著作権物語」（青山社・一九九九年）九八頁以下。

注2　吉村保「発掘　日本著作権史」（第一書房・一九九三年）に詳しい。吉村は日本音楽著作権協会「国塩耕一郎著作権論文集」（一九八七年）を編集した。

## 11．中華人民共和国・朝鮮戦争・対日平和条約

1．一九四九年一〇月一日、毛沢東の中華人民共和国が成立した。

一九五〇年六月二五日、北朝鮮軍、三八度線を越え韓国に侵攻、朝鮮戦争始まり、ソ連と中華人民共和国、北朝鮮がアメリカの敵になった。

アメリカは日本弱体化政策を変更し、日本を保護する政策に変更した。

2．一九五〇年八月七日、著作権法改正に関する覚書(注1)が出された。

「著作権法改正に関する覚書」

1．左記参照のこと。

a『日本における外国人所有の著作権の登録及び保護に関する件』と題する連合国最高司令官総司令部発日本政府あて覚書―一九四九年四月四日附第AGO七二号CPC／FP（最高司令官閲第六四九九A号(注2)）

b「著作権法改正に関する請願」と題する日本政府文部省管理局長発連合国最高司令官総司令部民間財産管理局あて一九五〇年三月一四日書簡

「翻訳に関するベルヌ条約の規定の適用を日本が留保した事情ならびに日米間翻訳自由の規定の復活方希望」と題する京都・東北大学教授勝本正晃発連合国最高司令官総司令部民間財産管理局あて一九五〇年三月三〇日附覚書。

2．文部省に対し、一九四八年ブラッセルで修正されたベルヌ条約に基づいて、現行著作権法を修正する案をこの覚書を受領してから四五日以内に、承認のため連合国最高司令官総司令部民間財産管理局あて提出するよう指令する。(注3)」

この覚書が出された背景は、一九四八年にベルヌ条約の改正会議がブラッセルで開催され、著作権の原則的保護期間が、生存間と死後五〇年とされたこと、文部省に移管された著作権担当部局が活動し始めたことによる。

勝本正晃京大教授は、当時東北大学教授を兼任していた民法学者・著作権法学者で、京都から仙台へ赴くと

き、東京で下車し、文部省の著作権室（のち課になる）で、課員を相手に著作権法の講義を行った。勝本教授は、一九五〇年三月三〇日、民間財産管理局あて、要望書を提出した。

一九五一年九月八日、サンフランシスコにて、対日平和条約、日米安全保障条約が調印された。

一九五二年四月二八日、対日平和条約・日米安全保障協約がそれぞれ発効した。

対日平和条約第一五条C項において、連合国民の著作権に関する戦時期間延長（戦時加算）が規定された。これを受けて、「連合国及び連合国民の著作権の特例に関する法律」（昭和二七年八月八日法律第三〇二号）が制定された。

日本は、ユネスコ所管の万国著作権条約（一九五二年九月六日成立、一九五三年日本調印、一九五六年一月二八日公布）に加入した。

アメリカ合衆国と日本はこの条約に入り、相互に律することになった。日本とイギリス、フランス、ドイツなどとは、ベルヌ条約で結ばれている。アメリカがベルヌ条約に加盟するのは一九八九年（平成元年）三月一日で、この日以来、ベルヌ条約加盟国として相互に保護しあっている。また、WTO協定（TRIPS協定）の締結で、WTO加盟国の著作物について保護義務を負い、米国とはWTO加盟国としても保護関係にある。

中華人民共和国は、ベルヌ条約パリ改正条約、万国著作権条約、WTOに加入した。

---

注1　日本管理法令研究三四号左から一九頁に覚書、右から二三頁に高野雄一解説がある。

注2　日本管理法令研究二九号三二頁以下に高野雄一解説がある。原文と日本語訳は同書左から三頁以下に掲載されている。

注3　日本管理法令研究三四号一九頁（左側から）に原文と翻訳文、同号二三頁に高野雄一の解説がある。

## 二．資料「回状第一二号」

昭和二一年一月一二日（編者注、昭和二一年一二月五日以降と思われる）

情報部渉外課長

外務省、終戦連絡中央事務局

各部局課長　各位

連合国軍最高司令部よりの出版物、映画、写真及びニュースの輸入等に関する回状の件

今般連合国最高司令部より連合各国ミッションにたいし別添の通り出版物、映画、写真及びニュースの輸入等に関する回状が通達せられた趣である。本件については関係方面について重大な関心を有する向あり、省内各部課にたいしても種々問答があるものと思はれるので、御参考までに訳文添付の上高覧に供する。

（訳　文）

陸軍郵便局　五〇〇

連合国軍最高司令部

昭和二一年一二月五日

回状第一二号

外国雑誌、図書、映画、ニュース或は写真其の他の輸入及び日本におけるそれ等の普及に関する件

第一節　回状の目的

第二節　商業的媒体物

第三節　非商業的媒体物

**第一節　回状の目的**

此の回状の目的は、米国を含む諸外国からの雑誌、図書、映画、ニュース或は写真、其の他弘報的媒体物の日本への輸入及日本におけるそれ等の普及に関する規定を公示するにある。

**第二節　商業的媒体物**

商業的雑誌、図書（翻訳権、翻刻権を含む）、映画、報道或は写真、其の他の弘報的媒体物は、現占領目的に有害ならざる限り、以下に掲ぐる諸条規に基き諸外国からの日本人向販売許可を得て日本に輸入し得る。

一、許可の申請は、在日外国使節及外交部（米国の場合には民間情報教育部）を通じて連合国軍最高司令官に対し之をなす。申請手続及許可規定の細目は別紙第四に掲ぐ。

二、許可を得て輸入される資料が現占領目的に有害なるや、否やは当司令部において決定する。

三、商業的弘報用媒体物中特種のものは、以下に掲ぐる別個の条規により規定するものとする。なお当司令部は状勢に応じ之等の条規を補足、変更し得る。

（一）　雑　誌

（イ）商業的外国雑誌は連合国人のための日本における出版を現に認められ、又は将来認められ得る如きものに限り、原語、日本語の何れにても日本人一般に対し販売するために出版に附し得る。但し以下の諸項を条件とする。

1　既刊雑誌各十部を許可申請者が申請書及其が英文雑誌に非ざる場合は英訳を添えて提出し、其雑誌が日本人読者に渡った場合にも占領目的に有害ならざる事が明らかになること。

2　許可を受けたる出版業者が当該雑誌の印刷に要する用紙の全部の輸入を承諾すること。

（ロ）外国で印刷された雑誌を日本人に販売するため輸入する場合は当司令部の許可を要する。

（二）図　書

（イ）外国出版業者は日本に於いて図書、パンフレット、及び之と類似の発行物を出版することは許可されない。

（ロ）日本人一般に販売するため外国に於いて印刷された書物の輸入は当司令部の許可を要する。

（ハ）翻訳権及翻刻権の譲渡は別紙の条項に依り規定される。

（三）映　画

（イ）如何なる国の映画制作業者と雖も各関係会社を個々的に代表せさる単一体として業務を執行さることを承諾する限り日本に於けるフィルムの配給を許可する。

（ロ）被許可業者の映画の輸入及び配給は別紙三の条項により之を規定する。

（四）興行権

（イ）外国演劇作品及音楽に関する興行権は別紙二の図書及その他の版権のある物の翻訳権及翻刻権に関すると同じ条項に依り規定する。

（五）ニュース或は写真

（イ）日本に於ける業務執行の許可を受けた連合国通信社は連載漫画及漫画を含みニュース、報道写真及読物を配布し得る。但し書籍原文及その抜粋を除く。

（ロ）被許可業者はその通信或はその一部を日本の通信社或は新聞社に依る類似の通信と金銭上の支払を伴う事なく交換し得る。但し宣伝目的及許可を受けた他の通信社との公正ならざる競争のために、量的に、或は質的に平等なる通信を交換し得ざること明かなる日本の通信社及新聞社に無料で通信を供給し得ない。

**第三節　非商業的媒体物**

ニュース、雑誌、図書その他の印刷物、写真及映画を含む非商業的媒体物は、報道及教養に関し占領目的の促進に有益なる限り日本への輸入を許可し、その配布に関しては別紙四の規定による之か一切を当司令部が行う。

民間情報教育部

昭和二一年一一月一八日

元帥命令

参謀本部

参謀総長陸軍少将

副官部

高級副官陸軍大佐

四ツの別紙

一、日本に於て配布される外国の商業的媒体物に関する許可手続及その規定。

二、外国に版権がある資料に対する翻訳権、翻刻権及興行権の日本に於ける譲渡に関する規定。

三、外国で制作された商業的映画の日本に於ける輸入、配給及公開に関する規定。

四、非商業的弘報媒体物の日本に於ける輸入、配布及利用に関する規定。

**別紙一**

日本において配布される外国の商業的弘報媒体物に関する許可手続及びその規定。

（一）連合国ニュース及び写真業者あるいは雑誌出版業者及図書出版業者及版権所有者の各一国単位団体（かかる団体の存在せざる場合には個々の出版業者及び版権所有者）あるいは一国単位の映画制作業者は、報道及教育に関し現占領目的を促進すべき業務遂行の許可を、それぞれの国の使節及び当司令部の外交部を通じて（合衆国の場合には、民間情報教育部）申請する。

（二）右の許可に具備す可き要件を左の如く規定する。

（イ）凡ての条約は円により表示し、凡ての支払は日本の円でなすこと。

（ロ）被許可業者は支払を受けた円を、日本における各々の許可された業者に必須なることを明白なる日本商品及びその他のサービスに関する費用にのみ使用し得る。

（ハ）右の円は、必要なる施設の一時的使用の借用料を除き、商業的利権或は不動産に於ける利権獲得を含む如何たる種類の投資にも使用し得ない。

（ニ）被許可業者は右の円を不特定期間外国為替と引換え得ず全く自己の危険において受領する。即ち外国為替との交換が可能となった時の円貨に関しては保障されない。被許可業者も、又同人の所属国政府も正常の日本の外国為替取引の回復に先立ち交換を強要せざるものとする。

（ホ）被許可業者においては右の円を如何なることがあっても、日本における経費として以外に使用できず又如何なる国籍の人会社及代理業者に肩替りし得ない。

（ヘ）連合国総司令部は、情勢の必要に応じ右以外の条件を追加し得る権利を保留する。

（三）当司令部の許可を得た被許可業者は、通常の商業的方法にて日本国人、会計及代理業者と諸契約をなし得る。

（四）被許可業者が欲する場合、その業務を日本人業者、会計あるいは代理業者をして処理せしむることができる。但し後者はそれにより被許可業者の特権を享受するを得ず、ここに規定する諸条規に服さねばならぬ。

（五）被許可業者は当司令部か日本において日本国人と業務を遂行することを許可された連合国業者の他の個々の企業に許可されておると同様の便宜を供与される。

**別紙二**

外国にある版権の翻訳権及翻刻権及刊行権の日本における譲渡に関する規定。

（一）出版業者及版権所有者の一国単位団体（かかる団体なき場合は個々の業者）にして日本国人に翻訳権、翻刻権及刊行権を譲渡する事を許可されたものは当分の間日本に代表者を置くことは許されない。

本司令部は以上の権利行使に必要な商業的取極めを行う為日本人団体にその実務を委任し更に日本の団体と関係外国団体間の必要なる通信の取次に関しては、当司令部が代理機関として行動する。

（二）個々の出版業者及版権所有者は、若し各所属国が一国単位機関を有しない場合においてのみ本経路を通して、日本出版業者に対し翻訳権、翻刻権及刊行権を譲渡する事を許可される。

（三）出版業者及版権所有者の被許可一国単位団体は何れも特種の書籍を、それが明かに占領目的に副うものである限り、日本出版業者に対し翻訳によりあるいは原国語によるの如何を問わず出版することを勧奨し得る。

（四）日本における当該団体所属国の使節及G―2（幕僚第二部）の外国連絡課（米国の場合には直接に民間情報教育部に）を通し右の勧奨図書を（原文か英語ならざる場合には英訳を添えて）二部提出する。

（五）民間情報教育部は、右図書が占領の目的に副うと認めれば、当該図書の翻訳及翻刻権に関する競争入札のために業者に提供するよう取計らう。図書を勧奨する団体は、最低価格及印税を要求し得るか、日本側の申込価格は競争入札により決定する可きものとする。最高附け値はその承認あるいは否認決定のため関係国団体に伝達する。

（六）勧奨図書以外の外国図書の翻訳権及翻刻権に関する日本出版業者の申請及申込価格は同様に、それ等の図書が占領目的に副うと判断される限り関係外国出版団体に取次ぐ。

（七）当司令部は、外国出版諸団体に対し、占領目的に副うと信ずる特種図書の翻訳権、翻刻権の提供を要求し得る。

（八）紙の浪費を防ぐため、現占領目的の促進に対し積極的に資するところはないか、別に反するところ無き図書は、何れの国のものを問わず、現占領目的に積極的に資するところある図書と取組ませるを要する。

（九）その翻訳権及翻刻権が取極められ、許可を受けた図書を出版するに当りては、その校正刷を翻訳権、翻刻権を附与する契約書の写しと共に提出し、出版綱領に一致しあるや否やの決定に関し検閲を受ける。右提出責任は関係日本人出版社にある。

（十）版権のある外国脚本及音楽の興行権は図書の出版に関する諸権利と同様の方法により取り扱う。

**別紙**三

外国において製作された商業的映画の日本における輸入、配給及び公開

（一）商業的映画（娯楽用映画、ニュース映画その他全て一般に入場料を徴する映画）を日本観衆に公開するための輸入は許可を要する。

（二）被許可業者は一年間において、戦前の何れかの一年間に業者所属の国から輸入された映画の最大量を輸入し得る。

（三）被許可業者は日本において複写するため生フィルムの輸入を要し、日本のフィルム在庫品を使用してはならない。

（四）占領の報道及教育目的促進に適するや否やを決定するため日本における公開を企図している映画のポジは、その映画の言葉か英語ならざる場合には、題名、対話の凡ての英訳と、ともに、当司令部民間情報教育部に提出するものとする。

（五）当司令部により適当と認められた映画が被許可業者により公開の準備のなった時、日本語の題名及び説明字幕あるいは日本語版の仕上り品を附加し、映画検閲綱領に一致しあるや否やの決定のために当司令部G―2の民間検閲支部、民間情報課に提出するものとする。

（六）当司令部は、報道及び教育に関し占領目的に副ふと信ずる特種映画の輸入を提案し得る。

（七）右の（二）の規定による、映画輸入数を越えさる限り既に日本にある戦前の映画は被許可業者か自国の映画制作業者に代りこれらの諸規定に従い配給し得る。

（八）被許可業者は司令部の許可なく慈善興行を含み通常の商業的経路以外にそのフィルムの使用を許可する事

は出来ない。

当司令部は、その映画の上映か他の被許可業者の商業的利益に影響を及ぼさず、更に政治的意義を持たざることを認める限り承認を与える。

**別紙四**

非商業的弘報媒体物の日本における輸入、分配及び利用に関する規定

（一）凡ての非商業的外国雑誌、図書、小冊子、写真、映画及その他の一般通信物の日本における輸入、分配及び利用は以下の諸規則により規定する。

（二）右の資料の凡ての分配は、専ら当司令部が行い、その利用も監督する。連合国総司令部を経由するに非ざれば、右の資料は日本国人及公私を問はず諸代理業者に提供も貸興も更に分配もなし得ない。

（三）如何なる連合国公館も、占領目的に副い得ると信ずる資料は、若し原文の用語が英語以外のものであった場合には完全な英訳を添え、G―2（幕僚第二部）の外国連絡課を通し民間情報教育部に提出する。

（四）当司令部は当該資料の適否、更にその分配及び利用につき決定する。現占領目的とは別に、個々の政府、国家の目的に副う可く意図した資料は削除される。現占領目的に副う資料は可及的に最も広範な範囲に分配する。

（五）斯かる資料が有益なりと認め得るならば、民間情報教育部は分配に必要な量を関係国公館に通告する。

（六）当司令部は外国公館に請求し、現占領目的に副う他の資料を各々の所属国より入手し得る。

（七）凡て大量分配を意図せる非商業的資料は、検閲規則に一致して居るか否かの決定のためG―2の民間検閲支部、民間情報課に提出する。

# 三．占領政策と外国著作権

法貴次郎

## 1．はしがき

連合軍による日本占領は足掛八年の久しきに及んだが、その間を通じて、「著作権法」及び「著作権に関する仲介業務に関する法律」は、第二次世界大戦前の姿を殆どそのままに維持した。連合国及びその政策を実施した総司令部は、上記二法律を、そっと其のままにして置いたというわけである。しかし、そうであったからといって、日本国民が自由に使用又は利用しうる外国人の著作物の範囲を定める一線を、著作権法の適用により、引くことが出来たかというとそうはいかなかったのである。

それでは誰かが右に述べた一線を引いて見せて呉れるだろうか。大凡の見当を述べて呉れる人は可成りいそうである。しかし、正確に、明晰にいわば法律的に其の一線を述べ得る者は絶無と判断される。極東委員会、米国国務省、総司令部等の関係者の中にも其のような人は居ないであろう。

日本占領の足掛八年間に於いて、極めて多数の指令又は覚書が、連合国最高司令官から日本政府に対して発せられたが、それ等の一線に言及したものは無い。確立された基準が日本政府あての指令又は覚書に述べられること無しに、外国著作権問題は極めてやかましい問題の一つとして存在していた。内外人から等しく混乱状態にあるといわれた占領下日本の外国著作権事情は、一体、どのようなものであったろうか。占領下日本に存した外国著作権の規制に関する戦時異常は、主権回復後の日本における外国著作権の規制に不測の影響を及ぼしている。現在及び将来の日本における外国著作権の規制を理解しようとする希望は、極めて自然に、約八年にわたって日本に存し続けた戦時異常規制の内容を知りたいという希望に連なるであろう。以下に掲げる私見が、そのような希望に多少でも応えうるものであれば幸である。

## 2．総司令部回状第一二号

1　占領下日本に存し続けた外国著作権の規制に関する戦時異常は総司令部回状第一二号から流れ出た結果といい得よう。この回状第一二号は「外国雑誌、図書、映画、ニュース或は写真その他の輸入及び日本に於けるそれ等の普及に関する件」という表題を有し、昭和二一年一二月五日の日附のもので、その本文の末尾に「マッカーサー元帥の命により」とあり参謀長の記名がある。その内容及び形式から、この回状が、各連合国に対する総司令部の通達であることが知られ、また、この文書に基く事務が総司令部民間情報教育局の担当とされたことが分る。

2　上記、回状第一二号の中に、「著作権の存する外国著作物の翻訳権及び興行権を日本に於て販売することに関する規定」と題する部分がある。この部分は、これを次のように訳出しても、大過あるまいと考える。

（1）出版業者及び著作権所有者の一国単位団体（かかる団体なき場合は個々の者）にして、日本国民に翻訳権、複製権及び興行権を売ることを許可されたものは、当分の間、日本に代表者を置くことは許されない。本司令部は、以上の権利に関し必要な商業的取極を行うため日本人団体にその事務を委任し、更に、日本の団体と関係外国団体間の必要なる通信の取次につき代理機関として行動する。

（2）個々の出版業者及び著作権所有者は、その所属する国が一国単位団体を有しない場合においてのみ、これらの経路を通じて、日本出版業者に対し翻訳権、複製権及び興行権を売ることを許される（註　これらの経路とは何を指すか、稍はっきりしない）。

（3）出版業者及び著作権所有者の被許可一国単位団体は、特定の書籍を、それが明かに占領目的に添う内容のものである限り、翻訳により或は原語によるの如何を問わず、日本出版業者に対し出版することを勧奨しうる。

（4）右の勧奨図書（原文が英語でないときは英訳を添えて）は二部提出するものとし、この提出は、日本における当該団体所属国の使節及びＧ２（幕僚第二部）の外国連絡課（米国の場合には直接に民間情報教育局に）を通じてなされるものとする。

(5) 民間情報教育局は、右図書が占領目的に添う内容のものと認められれば、翻訳権あるいは複製権に関する競争入札に附するために、そのような図書を日本出版業者に提供するようにする。図書を勧奨する団体は最低価格及び印税につき要求を示しうるが、日本側の附値は競争入札により決定されるものとする。最高附値は承認されるか拒絶されるかの決定を求めるため、関係一国単位団体に伝達される。

(6) 勧奨図書でない外国図書の翻訳権或は複製権に対する日本出版業者の申請及附値は、同様に、それ等の図書が占領目的に添うと判断される限り、関係外国出版業団体に伝達される。

(7) 本司令部は、本司令部が占領目的を促進するものと信ずる特定の図書につき、外国出版諸団体に対し、翻訳権或は複製権の提供を要請することが出来る。

(8) 占領目的の促進に対し積極的に資するところはないが、別に反するところなき図書は、紙の浪費を防ぐ目的上、占領目的に積極的に資するところのある同一国からの図書と取組ませられる。

(9) 翻訳権或は複製権の取極めが出来た被許可図書を出版する前に、校正刷及び翻訳権或は複製権を附与する契約の写しは、プレスコードに合致するかどうかの決定を求めるため、検閲に提出さるべきものとする。この提出責任は関係日本出版者が負う。

(10) 著作権の存する外国脚本及楽曲の興行権は、図書の出版権の処理方法と同一の方法により処理する。

3　右に訳出した規定を一見すると、それが、占領下に実施された入札手続による外国図書の翻訳発行計画の根拠であったことが知られ、更に、それが入札手続の枠に入らない外国著作物の著作権問題処理の根拠であったこともうかがえる。

其の中には、「著作権所有者」「翻訳権」「複製権」「興行権」等の語が見えるが、一体、それらの権利の範囲又は内容はどのようなものであったであろうか。また「外国著作物」「関係外国団体」「一国単位団体」「外国図書」「外国出版業団体」「外国脚本」というような語は見えているが、「連合国」という語の見当らない点も注意をひく。極く少数の国名例えば、英国、米国、ソ連邦、中国、アルゼンチンと述べただけで、それぞれの国で発行された夫々の国に属する者の著作物の「著作権」「翻訳権」「複製権」「興行権」の内容が具体的にどのようなものであったかが当然のこと乍ら気になるわけである。しかし、訳出された規定を含む回状第一二号の全文を読んでも、そのようなことは皆目わからない。にも拘わらず、回状第一二号に基く民間情報教育局の行政が進むにつれて「日本国民が自由に使用又は利用しうる外国人の著作物の範囲を定める一線」が恰も法規的に存在するかの如き形勢が馴致されるに至った。「翻訳権或は複製権の取極めが出来た被許可図書を出版する前に、校正刷及翻訳権或は複製権を附与する契約の写しは、プレスコードに合致するかどうかの決定を求めるため、検閲に提出さるべきものとする」という規定に従って、民間情報教育局が「著作権」「翻訳権」等が存すると考えた場合には、契約を結んでその文書を呈示しなければ出版することが出来なかったからである。

4　回状第一二号には「日本政府」という文字が何処にも見当らない。また日本国の法令に言及した箇処も一箇処もない。即ち、回状第一二号に盛られた政策の眼目は「著作権」「翻訳権」「興行権」等の処理に関しても、日本国の法令及日本政府と無関係にこれを行うという点にある。占領下日本における外国著作権の存否については、具体的著作物の使用に際して、民間情報教育局が直接に民間事業者団体又は民間業者に指示するという手法が採られたのである。「日本政府と無縁に」ということが民間情報教育局の方針であったから当然の帰結として、外国著作権の存否を罰する基準を示した日本政府宛の指令又は覚書等は存し得る余地がない。

要するに「自由に使用又は利用しうる外国著作物の範囲を定める一線」が一般国民の前に客観化されていなかったのである。民間情報教育局の当局者の頭脳には右の一線が漠然ながら意識されていたに相違ない。しかし、我々を含めての日本国民一般の側から考えると「著作権」「翻訳権」「興行権」等の名を附されて呼ばれたものの実体が、どういうものであるかの問題は、もうろうとして捕捉し難い疑義百出の問題であったのである。

とにかく、民間情報教育局は提出される許可申請に対して処分を決定しなければならなかった。色々の場合に出会わすにつれて、行政基準が漸次、形成されていったものであろう。基準の形成が意識され始めると、基準違反を取締まろうとの気になるのは人情の自然である。基準違反を取繕って、翻訳出版の規制を整えておかないと回状第一二号に基く入札手続による翻訳出版計画の実施に故障を生ずるとの配慮もあったことと思う（第一回入札は昭和二三年六月に行われた）。そこで、民間情報教育局は著作権侵害のリスト（後述覚書添附A表）を作成し、これを民間財産管理局に送付した。

この著作権侵害のリストに基いて、総司令部（民間財産管理局）は、昭和二三年八月三〇日附で「著作権に対する指令の適用に関する件」（最高司令官閲第五六六―A）と題する覚書を、日本政府に対し発するに至った。

この覚書の内容を部分的な抜書によって簡単に紹介すると次のようなものである。

「昭和一六年一二月七日現在に於て連合国人及び枢軸国人によって所有されていた著作物に対する適切な保護が、日本政府によって与えられていなかった事実に注意を喚起する。」

「今後は著作権所有者と連合国軍最高司令部との事前の許可なしには外国の書籍を出版してはならない。」

「添付A表記載の連合国及び枢軸国の出版業者及び著作者たちの所有している著作権、日本の出版業者によって侵害されたことが連合国軍最高司令官総司令部に報告されている。」

「著作権使用の許可なしに出版された各々の書籍の小売値段の少くとも一〇パーセント以上の印税を算定して、A表に列挙されている日本の出版業者から徴収して、その印税を日本銀行の連合国軍最高司令官管理勘定に預金するよう日本政府に命ずる。」

A表に名を挙げられた日本出版社の数は四一で、当時における翻訳出版社の殆ど凡てを網羅した観がある。但し新聞社の名は見えない。記載された冊数は一〇二冊、点数にして八六である。昭和二三年五月発行の一冊を除き、他の凡ては、昭和二〇年一〇月から昭和二二年末迄に発行されたものである。

5　A表記載のケースは、凡て、総司令部（民間情報教育局）が著作権侵害と判断したケースである。従って、A表を分析研究してその内容を検出すれば、総司令部が占領政策として日本国民に直接に強制又は強行した基準の一端が露呈してくる。検出した結果の二、三を、次に簡単に述べよう。

（1）著作者の国籍は英、米、仏、ソ連、ノルウェー、独、伊等にわたり、最初に発行された国についても同様である。これらの国に関して同一内容の利益が与えられていたらしい。随分おおざっぱなもので、此の点だけについても疑問は雲のように湧いてくる。英、仏、ノルウェー、独、伊はベルヌ同盟に属するが、独は連合国からみて敵国であり、伊は特殊地位国である。米はベルヌ同盟に属せず、日米間には翻訳自由に関する条項を持つ二国間条約があった。日ソ間に於ては著作権保護の条約関係が未だ曽つて存したためしはない。これらの国際関係の諸相には一切ふれないという処がみえる。

（2）A表の列挙に次のような翻訳書がある。ギッシング（英）の「蜘蛛の巣の家（上・下）」。ルナァル（仏）の「葡萄畑の葡萄作り」。フィリップ（仏）の「小さな町にて」。ビョルンソン（ノルウェー）の「アルネ」。ゾラ（仏）の「ナナ」及「ジェルミナール」。ニーチェ（独）の曙光」。チェーホフ（ソ連）の「妻への手紙（上・下）」等。

各著作者の没年はギッシング—一九〇三、ルナァル—一九一〇、フィリップ—一九〇九、ビョルンソン—一九一〇、ゾラ—一九〇二、ニーチェ—一九〇〇、チェーホフ—一九〇四であり著作者の死後三〇年の期間は日本が第二次世界大戦に入る前に経過済である。ニーチェの著作権は昭和五年末に、ゾラの著作権は昭和七年末にギッシングの著作権は昭和八年末に日本で条約上及び法律上、消滅した。占領政策は此のような事実を無視したわけである。チェーホフやニーチェの著作権に至っては昭和九年以前に、夫々、ソ連邦及びドイツ自体において消滅してしまっている。何を考えて占領政策がチェーホフやニーチェの著作物に対し「著作権」という呼称で利益を与えたのであろうか。とにかく、このような事実から、総司令部（民間情報教育局）が設定し且つ強行した外国著作権に関する規制は、法律的な頭脳から割り出されたものでは無く、暫定的で大ざっぱな警察措置であったことが諒解されよう。第二次世界大戦前の日本に於ける外国著作権消滅の事実を無視した占領政策は、そのうちに、占領期間を含む戦時中に死後三〇年が経過した時は外国著作権は消滅するという主張を認めないという政策を含んでいた。

（3）日本著作権法第七条は、初版発行の年の翌年から起算して満一〇年間に、契約に基く日本語訳が発行されないと、著作権に包含される日本語への翻訳権は消滅する旨を規定している。此の規定がベルヌ条約の条項に根拠する国際的に承認された規制であることは周知の通りである。著作権法第七条の規定する満一〇年間という期間が、昭和一六年一二月七日以前に経過したケースが六〇前後もA表に記載されている。しかも、そのうち三〇冊前後は著作権法第七条を援用して昭和一六年一二月七日以前に発行済であったものの増刷のケースである。一九〇四年（明治三七年）初版のヘッセ「青春彷徨」が一九三七年（昭和一二年）に翻訳発行され其の増刷（第八版）が昭和二一年に行われたケースあるいは一九一〇年（明治四三年）初版のポアンカレー「科学者と詩人」が一九二八年（昭和三年）に翻訳発行され其の増刷（第一二版）が昭和二一年に行われたケース等がその具体例である。占領政策がこのような調子であったから、著作権法第七条の規定する一〇年の期間が或外国著作物について昭和一六年一二月八日以後に経過した場合、そのような著作物は翻訳自由に属すると主張しても、このような主張は占領政策の前に全く歯が立たなかったわけである。

5　百二冊の翻訳図書を列挙して、それらが「著作権侵害」であるから定価の一〇パーセント以上の印税を徴収せよと命じた日本政府あて覚書に対して文部省は局長名を以て次のような部分を含む意見書（昭和二九年一二月二八日附）を総司令部（民間財産管理局）に対して提出した。

「上述した大蔵省令及内務省令は、著作権に関する限り、日本著作権法の存在を前提としている。日本著作権法は形式的には完全に成立して居り、従って之に代るべき法規の存在せざる限り、外国著作権の内容は同法による外は無いと考える。」

……「終戦後の外国著作権問題に関しては、日本政府は個々の覚書に基く事務は取扱ったけれども、総司令部は日本政府に対する覚書以外に、直接民間に対する指導指示による管理を行われた。そのため日本政府は外国著作権の日本国内における戦後の権利義務の関係及び外国著作権の利用手続について全般的な正確な知識を持つ立場に置かれていなかった。それ故、日本政府は日本国民に対し戦後の外国著作権に関する全般的な諸関係諸事情につき、これを公知せしめる手段をとることが出来なかった。従って、日本国民も亦外国著作権内容及その利用手段につき全般的な正確な知識を持ち得なかったと考えられる。結局、日本政府は、過去の問題については、日本著作権法を基準として、権利侵害か否かを決定せられんことを請願するものである。

この意見書は、総司令部（民間情報教育局）が民間団体を通じ直接に日本国民に対して強制した規制を、日本政府が法規として取り扱うことを拒否した意味を有する。総司令部（民間財産管理局）の公正と良識はA表記載の四一出版社、百二冊の翻訳書発行について、何等の処分決定をなさず、日本政府も亦、A表に関し何人からも印税を徴収しなかった。

しかし、将来の問題に関しては総司令部は、政府あて覚書の形式を以て「今後は著作権所有者と連合国軍最高司令官総司令部との事前の許可なしには外国の書物を出版してはならない」という規則が存することを宣明したわけである。総司令部の事前許可権は、対日平和条約の発効に至るまで、民間情報教育局の手中に掌握され、この権限の行使によって日本国民は、既述覚書添附A表の示す内容―外国人の利益―を強制的に認めさせられたといえよう。回状第一二号は制定以来、数次にわたり改訂されその番号も後には変更されたが、民間情報教育局が外国著作権という名で外国人に与えた利益の内容に関する限り、終始一貫して、A表の示す思想並に内容が維持されたといえる。総司令部（民間情報教育局）が終始一貫して基準を維持したといっても、その基準は、便宜的、暫定的なもので、本来、理論的、体系的に考えられたものでは無いから、たとえていうならば、棚引く蚕の如く、存すると見えた部分が次の時期には欠けて存せず、また逆に、欠けると見えた部分が次の時期には充足されて存在するといった調子のものであった。

昭和二三年秋から昭和二四年初頭にかけて、日本占領の政策決定機関であった極東委員会は、特許権並に著作権に関する占領政策を審議したとみられるが、この時、特許権政策はこれを決定したが、著作権政策の決定には到達しえなかったとみられる。此のような次第で、最も法律的色彩の強い筈の外国著作権問題が、占領の全期間を通じて、甚しく非法律的に且つ姑息に扱われたという感じがする。著作権という私権の問題に関し、条約及び法律を枠として意見を構成し得なかった占領下の日本国民は、極端に不利な立場におとされたものといえよう。回状第一二号が「著作権の存する外国著作物の翻訳権、複製権及び興行権を日本に於て販売することに関する規定」という部分を持っていたとしても、その部分が、自由に使用しうる著作物か否かを決する基準、つまり、著作権に関する規定と無縁のものであったことは誰の眼にも明かであろう。連合国による外国著作権に関する日本占領政策の最初の公式の決定は対日平和条約であったのである。

## 3．外国人に移転された著作権の登録及び保護に関する政令

1　総司令部による文化統制は軍令系統に属する検閲と民間情報教育局による内容指導を両面からなされたといい得よう。回状第一二号は外国雑誌、外国図書（翻訳権及び複製権を含む）、外国映画、興行権、外国のニュース及写真等について、それ等が占領目的の促進に有益なりや否やを判定する権限を民間情報教育局に与えたものである。此の権限が単に受けて立つという静止的な作用に止まらず、積極的に特定の外国図書群を日本国内に奨励普及するという作用を伴ったことは先に引用した「著作権の存する外国著作物の翻訳権、複製権及び興行権を日本に於て販売することに関する規定」を一読すれば明瞭である。即ち此の部分は見出しが印象させるような著作権関係規正として受取るよりは、入札制による翻訳発行計画の遂行に関する権限を民間情報教育局に与える規定として受けとる方が理解し易い。「本司令部は、以上の権利（註　翻訳権、複製権）に関し必要な商業的取極を行うため日本人団体にその事務を委任し」とある通り入札制による外国図書の翻訳発行計画の遂行には日本政府は全く無関係であった。入札制に基く翻訳図書が昭和二三年一〇月頃から盛んに発売されるに至ったことは周知の通りである。

2　昭和二四年四月四日附で総司令部（民間財産管理局）は「日本における外国人所有の著作権の登録及び保護に関する件」（最高司令官閲第六四九九—A号）と題する日本政府あて覚書を発し、その第四節に日本政府に対する二つの指令事項を掲げた。その一つは次のようなものであった。

日本出版業者が日本著作権法及び日本著作権法施行規則に従って、契約上課せられたる義務を実行するために、

あらゆる必要なる手段をとることを許可せよ。即ち、日本出版業者は自己の負担において、翻訳物につき存する日本に於ける著作権を夫々原著作権者に、規定通り譲り渡し、及び日本著作権法に従って登録し、且つ、かかる登録の証明書附与（英文）を契約の相手方に提供しなければならない。

民間財産管理局の係官は説明して、「入札制による翻訳発行には標準契約が出来ていて入札に成功した日本出版業者はみな署名している。しかるに何れの出版業者も契約条項を完全には履行しないから、日本政府は法的手段を立案して日本出版業者をして義務を履行させせなければならない」というのである。よくきいてみると、翻訳によって生じた日本文の上に存する著作権法第二一条に基く翻訳者の権利は原著作者たる外国人に移転され、此の移転に関しては著作権法の定める登録が行われねばならない、という条項が出版業者の義務として契約の中に書かれているというのである。しかるに何時まで待っても誰一人その条項を履行する者が無いから、日本政府あて覚書を発して登録の申請を法的手段に訴えてなさしめる要があるというのである。此のような指令事項に対して、立法を回避する論拠を見つけ出すことは困難である。どうも、事務の委任を受けた出版団体も何等かの理由で標準契約の詳細な説明を事前にしなかったらしい。入札をする出版業者も事前に詳密な契約条項の検討をなさなかったらしい。従って、出版社と翻訳者との間に、出来上った翻訳文の上の著作権は原著者に移転されるという点に関し、事前諒解の無かった場合が多かったらしい。指令に基いて法令が制定された場合に、その適用は実際上、入札制の標準契約に限られるものと諒解して（このような諒解は文部省側と民間財産管理局側との間に口頭で成立していた）立法手段が踏まれ、「外国人に移転された著作権の登録及び保護に関する政令」が公布されたのは昭和二四年七月一六日であった。

異変は思いもかけぬところに生じ、無心の行動も、時に、予想もしない連鎖反応を生起せしめる。ひとたび、前記政令が公布されるや、民間情報教育局はその発行する翻訳発行許可書に、入札制による場合と否とを問わず、翻訳文の上の著作権は原著作者に移転し、政令に従って移転登録を申請すべき旨を、許可条件として記入するに至ったのである。このようにしておかないと、入札制による翻訳発行計画は成功しないと考えたものであろう。

対日平和条約の発効に伴い、前記の政令は廃止された（昭和二七年四月一二日法律第八六号）。

## 4．文部事務次官通牒

1　連合国は、占領下日本における外国著作権問題を、公式な政策決定によることなくして、暫定的に処理した。外国といえば、アイルランド、スペイン、スウェーデン、スイス等の中立国を含むが、これらの中立国人の著作物で且つこれらの中立国で最初に発行された著作物に関し、日本でどのような内容の著作権が成立するかを、連合国が決定することは出来なかったろう。しかし、このことは、日本著作権法の適用により公有に属すると判断される中立国人の著作物が、日本で、自由に使用し得たということを意味しない。降伏文書（昭和二〇年九月二日公布）にある通り「天皇及日本国政府の国家統治の権限は本降伏条項を実施する為適当と認むる措置を執る連合国最高司令官の制限の下に置か」れ、最高司令官は日本の外交主権を停止して、日本と外国との間に、総司令部という壁を置いてしまった。この壁の中で、総司令部（民間情報教育局）は日本国民に対し、「著作権所有者と連合国軍最高司令官総司令部との事前の許可なしには外国の書物を出版してはならない」と命令し、この命令に基く民間情報教育局の許可処分からはねかえる利益を外国人が受け、外国人が受けたこの利益が著作権という名で呼ばれたということが出来よう。「著作権所有者」とは一体、何であろう。民間情報教育局は、民間団体に対し「著作権がすでに消滅公有に帰したもの（米国の場合は初版発行後五六年を経過したもの）」の出版の場合は許可が要らない、という方針を通達していたようであるが、此の場合の「著作権」についても、一体、それは何であるかという疑問を生ずる。

先に記した四十一の出版社、百二冊の翻訳出版に関する資料が示すように、民間情報教育局が持っていた「外国著作権」の意識は日本に於ける外国著作権の範囲は日本の法律によるという考え方を全く排斥していたとみられる。しからば、各外国に於て成立している外国人の権利内容を、そのまま、日本国民に認めさせるという考えであったかというと、そうでもなかったことが明らかである。何となれば、米国では初版発行後二八年で著作権の消滅するものが九割を占め、初版発行後五六年の期間を有する著作権は一割に止まるとされているからである。

民間財産管理局の係官は説明して、連合国人の著作権は、連合国民中、最も保護の厚いもの即ち死後五〇年の保護を標準とし、各連合国民はその利益に均てんするというのが、総司令部の内部で定められている政策であると言った。民間情報教育局が「著作権侵害」と考えた百二冊の翻訳書の列挙も、此の線の中には収まるものである。もし、連合国民の著作権を死後五〇年の線で管理し、非連合国民でない者の著作権は日本著作権法の適用により翻訳文は複製することが出来るということになると、非連合国民の著作物は死後三〇年経過後は複製に自由となり、また、発行後一〇年で自由翻訳出来る場合を生ずるから、日本国民の文化活動が非連合国民の著作物使用の方向に動き、占領政策に逆行することとなる。そこで、民間情報教育局は、非連合国民の著作物使用に関しても死後五〇年の線を布いて許可処分に服せしめたと解される。このような情況であったから、占領下日本に於ける外国著作権の内容を、正確に、明晰に、いわば法律的に述べうる者は、極東委員会、米国国務省、総司令部の関係者の中にも居ない筈だといえるのである。

四十一の出版社、百二冊の翻訳書の資料が示す通り、占領下日本の日本国民が、著作権侵害という名の事件にまき込まれないようにするためには、著作者の死後五十年が経過しない外国著作物の使用又は利用は原則として民間情報教育局の許可処分に服するという必要があった。このような場合に、契約を締結しなければ、許可しないという指示をうけ、不本意ながら、不本意な内容の契約を結ばせられた者は数多いことと想像する。

占領開始後、対日平和条約の発効に至る迄、日本国民は、外国著作物の使用又は利用に関して、このような不自然な又は非法律的な規制により拘束されていた。この規制を常識的な法律観念で理解することは不可能のことに属する。それは、入札制による翻訳発行計画の遂行という見地から、また、占領政策遂行を促進する外国著作物を日本に導入普及するという見地から眺めることによって、どうやらはじめて理解出来るような極めて政策的な権力措置である。

先に言及した「外国人に移転された著作権の登録及び保護に関する政令」の根拠となった昭和二四年四月四日附、

総司令部（民間財産管理局）覚書は、他のもう一つの次に掲げるような指令事項を含んでいた。

「何れかの国の何れかの国民が、日本著作権法により附与されている権利並に特権は、これを外国著作権所有者に及ぼすことを要する」

此の指令の内容は、日本国民が著作権法により与えられている権利と同一内容の利益を外国著作権所有者に与えるよう日本政府は措置すべしということであると解される。またしても外国著作権であって、連合国著作権とは記されていない。国という国を含んでの外国の著作権に関する法令案の策定は、実際上、出来ないと考えた者が関係者の中にいたとしても不思議ではあるまい。また、此のような法令が制定されて、法令に基く私権としての著作権がすべての外国人の利益のために成立すると、その既得権は主権回復後に於ても主張出来ることとなる危険があるから、法令の制定はやめるがよいと考えた者がいたとしても、不思議ではあるまい。更に、仮に指令に従って法令を制定しても、総司令部（民間情報教育局）は其の法令の内容を超えて、依然として著作者の死後五〇年を原則的基準として許可行政を行い、その許可基準にふれる出版で、事前の総司令部の許可の無いものは、占領政策違反として取締るというのである。それでは新法令の制定は全く意味が無いと考える者が居たとしても、当り前のことであろう。此のような種々の配慮は総司令部に対しても合理的に説明しうるものである。総司令部（民間財産管理局）は二ッ目の指令事項に基き、新法令を制定することはしないという政府側の方針を諒承した。

総司令部回状第一二号が述べているように、総司令部（民間情報教育局）は翻訳権、複製権に関し「必要な商業的取極を行うため日本人団体にその事務を委任し」日本人団体を手続機関として利用したから、そのような団体または其のような団体と連絡する者は、総司令部が内部的に持っている基準を知らされた。しかし、当然のこと乍ら、地方行政の担当者や教育界には、総司令部の外国著作物使用に関する行政に無知の状態が生じていた。総司令部（民間情報教育局）が日本の法令及日本政府と無関係に、外国著作物の使用に関する規制を行うことを以て政策とした以上、このような結果を生ずるのは当然である。

昭和二四年四月四日附覚書は、外国著作物の使用に関する総司令部の規制と日本政府との間に関係を設定したという点に於て劃期的のものであった。その内容の前半は翻訳権、複製権に関する回状第一二号の規定を簡単且つ具体的に表わしたものであり、その後半は先に掲げた二つの日本政府あて指令事項に関する。

総司令部（民間財産管理局）は新に立法することを考えないという日本側の方針に同意を与えると同時に、昭和二四年四月四日附覚書の趣旨を各都道府県知事、各都道府県教育委員会及各国立大学々長に周知せしめる処置をとるべきことを命じた。このような経緯をたどって、昭和二五年二月二五日附の文部事務次官通牒が前記各方面に送られたのである。事務次官通牒により、新に法規を形成することの出来ないことは因よりのことである。この通牒の目的は、従来、未連絡の状態に放置されていた前記各方面に、総司令部が外国著作物の使用に関し直接に国民に対し占領政策を実施していることを告げ、且つ、その政策につき簡略に説明することに在った。この通牒により日本著作権法の適用により、外国著作権又はその部分権の存否を判断して行動すると、占領政策違反として不法とされる旨が通知されたのである。占領下日本における外国著作権に関する規制の二重性について、通牒は次のように述べている。「一九五〇年二月現在の日本は、外国に対してまだ主権を回復していませんから、外国人の著作権が日本国内においてどんな内容をもっているかについては、日本著作権法の適用はありません。戦前戦時における国際私法的立場は、現在の日本人には許されていないものと考えていただきたい。但し、次に述べる総司令部覚書（註　昭和二四年四月四日附覚書のこと）に基き、すべての外国人の著作権は、保護の最低限として、日本著作権法の規定すると同等の保護を享有すべきものとされています。」……「何が外国著作権あるものとして扱われねばならないかについては、具体的に総司令部により決定されます。但し、原著作者死亡の年の翌年より起算して満五〇年を経過した著作物については、著作権は公有に帰し、従って著作権は消滅したものとして考えてさしつかえありません。従って自由使用ができます。」

文部事務次官通牒により、外国著作権が死後五〇年とされたということは無く、死後五〇年の規制は総司令部回状第一二号に基く総司令部の権力措置により、夙に、既成事実として存在していたのである。

## 5．対日平和条約の発効

1．外国著作物を日本国に導入し及びこれを日本国内に普及することに関しては、総司令部は、日本国の法律及日本政府と無関係に、日本国民に対して直接に行政を実施することを以てその政策とした。ために、占領の全期間を通じ、日本著作権法は、日本国民相互間の規制たるに止まり、日本国内における外国人の権利内容を定めるについては、その機能を停止せられたといえよう。客観的に定立された基準が日本国民に公示されること無しに、外国人個人がその著作物について権力で支えられた利益を与えられたということは、戦時における異常状態というより外は無い。連合国は著作権に関する占領政策を公式には、決定しなかったのであるから、民間情報教育局は自ら暫定的規定と称した粗策且つ不安定の内規を持っていたに過ぎない。にも拘らず、この暫定的規定に基く民間情報教育局の直接行政の作用は極めて権力的に且つ辛らつに進められ、暫定的ということに普通は伴う筈の遠慮又は自己規制の気配というものは殆ど全くみられなかった。このような環境の下に、日本人と外国人との間に、多数の著作権という用語を使用した契約が締結された。

外国著作物の使用又は利用に関し、占領期間中に総司令部（民間情報教育局）の行った許可処分は、具体的著作物の具体的使用に関する。総司令部内部に存した暫定的行政基準によって、一般的に、外国で著作又は発行された著作物に関し、日本に於て私権としての著作権が成立するいわれは無い。総司令部覚書により、凡ての外国人に対し著作物に関する内国民待遇を与えよということが日本政府に指令されたとしても、この指令により凡ての外国人のために、外国で著作され又は発行された著作物に関し、日本著作権法上の権利が、日本で成立したということも無い。文部事務次官通牒という形式は、日本政府が、総司令部の命により、行政的取締りの任に当る義務を負うということを示すにふさわしい形式である。

2．対日平和条約は連合国による日本に対する最初の公式の著作権政策決定である。その決定の内容は、全占領期間を通して行われた総司令部（民間情報教育局）による戦時異常規制の内容と甚しく異なる。時の推移するうち或日—昭和二七年四月二八日—日本国民を拘束する著作権に関する規制が、忽然として断層的に変化したということとである。その日に、著作権法は外国著作権に関する規制法としての機能を復活するに至り、更に対日平和条約に基く義務が加重的に日本国民に課されるに至った。このようなわけで、こと外国著作権に関しては、対日平和条約の発効が、別種の新たな混乱の原因となった。占領期間中及びその直後に、著作権法改正を実現するのは考えものだという考え方が一部に在ったのも、このような処に根拠がある。また占領期間中に、著作権に関し、新たな国際協定を成立せしめたり、または、既存の条約関係を更改するようなことはしない方がよいとの考え方が一部に在ったのも、同一の配慮に基く。

対日平和条約発効後の日本における外国著作権に関する規制の内容如何という問題と、占領下に締結された日本人と外国人間の契約の主権回復後に於ける効力如何の問題とは、区別して考えなければならない。占領下において用いられた連合国という用語の意味と、対日平和条約に用いられた連合国の用語の意味は違うということも注意すべきである。対日平和条約では、この条約に調印且批准した国を連合国といっている。従って、ソ連邦、中国及び印度等は対日平和条約にいう連合国では無い。

3．対日平和条約第一五条（c）（i）は「日本国は、公にされ及び公にされなかった連合国及びその国民の著作物に関して一九四一年一二月七日に日本国に存在した文学的及び美術的著作権がその日以後引き続いて効力を有することを認め」主権回復の日に日本国に存在することを述べている。従って、昭和一六年一二月七日以前に、著作者の死後三〇年を経過した著作物に関する著作権は主権回復後、日本で公有に帰したものと解する。また、昭和一六年一二月七日以前に、日本著作権法第七条の規定に基き、翻訳権の消滅した外国著作物は、主権回復後の日本で翻訳自由に属するものと解する。日本が連合国に対して主権を回復する日は、日本と当該連合国との間に対日平和条約の発効する日であるから、具体的なその日附は相手国により違うわけである。

対日平和条約の連合国には、アルゼンチン、メキシコ、ペルー、ウルグアイ等の国を含んでいるから、これらの国と日本国との間の著作権関係につき対日平和条約第一五条が如何なる意味を有するかが問題となる。これらの米州諸国の著作権法は何れも著作権取得に関し方式主義を採用している。このように方式主義を等しく採用する米州諸国間には、周知のように、モンテヴィデオ条約、カラカス条約、メキシコ条約、リオ・デ・ジャネイロ条約、ブエノスアイレス条約、ハバナ条約、ワシントン条約等の諸条件が存在し、これらの諸条約には経過規定の条約が無い。此の点に関し、国際著作権問題の権威の一人であるダラス博士はその著書「著作権の国際的保護」巻一、六五四頁（一九三八年版）に於て「米州条約は、その発効前に発行済の著作物に言及せず、恐らくはこれらの著作物に適用されること無し」と述べている。一八八九年（明治二二年）に、米州における最初の著作権条約として成立したモンテヴィデオ条約は、アルゼンチン、パラグアイ、ペルー、ウルグアイ、ボリヴィアによって批准されたが、現にアルゼンチンとボリヴィア間の著作権関係はこの条約により律せられている（汎米同盟発行の「米州諸国における著作権保護」一九五〇年版三九頁参照）。アルゼンチンは此の条約の発効後に公にされたボリヴィア人の著作物に関し、これを条約上、保護する義務を負うものと解される。対日平和条約はアルゼンチン、パラグァイ、ペルー、ウルグアイ、ボリヴィア等の諸国と日本国との間に初めて成立した著作権条約と考えてよいであろう。若し、そうであるならば、対日平和条約は、日本国と当該国との間に対日平和条約が効力を生じたのちに公にされた著作物に関し適用があるものと解することが自然であろう。このような背景の下に、アルゼンチン等諸国と日本国との著作権保護関係につき、対日平和条約第一五条（c）（i）がどのような意味を有するかを考えると、昭和一六年一二月七日以前に日本で公有とされたアルゼンチン等の著作物（アルゼンチン等においてのみ最初に公にされた著作物）は、日本国と当該国との間に対日平和条約の発効したのち日本において公有に属するとの意見が成り立ちうるであろう。このような意見は対日平和条約の他の著作権関係条項、例えば第七条、第一二条、第一四条等と何等矛盾することなく成立しうるものと考える。

昭和二六年七月一三日の外務省による対日平和条約草案の発表が明かにしたように、対日平和条約は相互に独立に立案された米国案と英国案をベースとして、単一の条約にねり上げられたものである。米国は一九〇五年の日米間著作権条約の当事国であり、英国は日本と同様にベルヌ同盟に属する。主権回復後の日本が米国及英国等に対して有する著作権保護の義務内容と、その日本がアルゼンチン等米州諸国に対して有する著作権保護の義務内容との間に、殆ど区別が無くなるというような結果を生ずる対日平和条約の解釈を立てることについては、同感しえない。

対日平和条約第一五条（c）（i）は更に、昭和一六年一二月七日に日本国が当事国であった条約又は協定が戦争の発生の時又はその時以後日本国又は当該連合国の国内法によって廃棄されたかどうかを問わず、これらの条約及び協定の実施によりその日以後日本国において生じ、又は戦争がなかったならば生じるはずであった権利を、日本国は当該国と日本との間に対日平和条約が発効するときに承認すべき旨を規定している。前段に述べた私見は、同様に、昭和一六年一二月七日に日本国が当事国であった条約又は協定の実施によりその日以後日本国において生じなかった権利、又は、戦争がなかったならば生ずる筈のなかった権利は、当該国と日本国との間に対日平和条約の効力を生ずる時以後、日本国において公有に属するとの解釈に導く。

対日平和条約第一五条（c）（i）により二段構えで日本が承認義務を負った連合国及び連合国民の権利に関しては、日本著作権法の定める保護期間に更に加算されるべき延長期間を認めなければならない。

締結された条約の解釈を最終的に決定する機能は裁判所がこれを有することは因よりのことであろう。

4．先に述べた通り、著作者の死後三〇年の期間が昭和一六年一二月七日以前に経過した外国人の著作物は、主権回復後は公有に属し、このような著作物の上に著作権は無い。占領期間中に締結された此のような著作物に関する契約の主権回復後の効力如何という問題がある。複製も翻訳発行も一般的に自由となった著作物について、占領期間中に契約を結んだばかりに、主権回復後も印税支払等の義務を負担するとなると格好がつかない。契約の当事者たる日本人は相手方に向って交渉を起し、主権回復後の発行に関しては契約の拘束を受けないこととするのが当然であろう。また占領期間中における日本人の発行が翻訳発行であり、そのような著作物の日本語訳の上の著作権が外国人に譲渡されている場合には、逆の方向への譲渡要請が受諾される場合が多いかと思われる。翻訳契約の性質及び其の普通の内容から考えて、著作権の消滅後も、翻訳の上の権利を外国人が保有するというのは不自然であろう。訳文の上の著作権移転は、外国人が、その有する著作権につき、侵害の生ずることを防止するために執った手段であると諒解するとの説明は、外国人にも容れられよう。

著作権法第七条の適用により、昭和一六年一二月七日以前に翻訳権の消滅した外国著作物について、占領期間中に翻訳契約が結ばれ翻訳が発行された場合も多いとみられる。このような翻訳契約の主権回復後の効力については前段に述べたところと全く同一のことがいえよう。

昭和一六年一二月七日に日本国に存在した連合国及び連合国民の著作権又は翻訳権の期間は、対日平和条約第一五条（c）の規定に基いて、戦時期間だけ延長され、更に翻訳権に関してのみ六箇月の期間が延長される。このような著作権又は翻訳権に関する契約で、占領期間中に結ばれたものについては、延長された期間内は、当事者たる日本人は完全に契約上の権利を有し義務を負う。

占領期間中に結ばれた著作権に関する契約の効力の問題に関連して、対日平和条約第一九条（d）の存在に言及しておきたい。此の条項は昭和二六年七月一三日発表の条約草案には見当らず、同年九月八日調印の条約に於て初めて挿入されたもので、次のように記されている。

日本国は、占領期間中に占領当局の指令に基いて若しくはその結果として行われ、又は当時の日本国の法律によって許可されたすべての作為又は不作為の効力を承認し、連合国民をこの作為又は不作為から生ずる民事又は刑事の責任を問ういかなる行動もとらないものとする。

占領期間中に結ばれた外国著作権に関する契約に関する問題に対し、この条項の存在がどのような影響を有するかは的確には理解し難い。しかし、占領期間中に結ばれた外国著作権の契約に関する問題について、日本国民は、主権回復後、連合国民を民事又は刑事の被告人として訴を提起し又は告訴、告発をなすことを得ないとされる場合がありそうに読める。連合国民の方からは日本国民を被告として民事上又は刑事上の責任を問いうるわけである。

（筆者・文部事務官）

（この論文は、ジュリスト六七号（一九五四年一〇月一日）に掲載されたものである。）

## 四．資料・金融の取引の統制に関する覚書（一九四五年九月二二日）

一　日本政府は予め大蔵省の許可を得たる場合の外、次に掲げたるものを含む一切の取引を阻止並に禁止するに必要なる法令の修正其の他の措置を即時実行すべし

ａ　金貨又は銀貨

ｂ　金、銀若は白金の地金又は地金の形態に於ける此等のものの合金

ｃ　日本在住の一切の人により直接又は間接に、全部又は一部を所有又は管理さるる在外資産

ｄ　日本国外在住の一切の人により、一九四一年一二月七日以降に直接又は間接に全部又は一部を所有又は管理されたる日本国内の財産

ｅ　外国為替取引

二　本指令に用ひたる用語の定義は付属文書に之を記載す

三　以上に特記されたる取引は予め当司令部の承認を経るに非ざれば大蔵省により許可せられざるものとす

**附属文書**

一「法令」とは法律、命令、布告、規則其他の法規を含む、但し此等に限らるるものに非ず

二「人」とは一切の個人、組合、社団、法人其他の団体組織及び政治的下部組織代理機関又は其等の補助機関を含む一切の政府を包含す

三「取引」とは一切の財産に関する一切の購買、販売、取得、譲渡、支払、持出、処分、輸入若は輸出並に商取引又は権利、権限若は特権の行使を包含す

四「財産」とは貨幣、小切手、手形、地金、銀行預金、其の他の預金、一切の借金負債若は債務、銀行家、仲買人、投資商会の取扱ふ金融上の有価証券、貨幣、社債、株券、利札、銀行領収書、抵当証書、質権証書、

留置権証書其の他担保の性質を有する権利の証書、倉庫証券、船荷証券、信託証券、信託証書、其の他権利、所有権若は債務を証する証書、貨物、商品、動産、手持在庫品、船舶、船舶の積荷、不動産抵当、売渡同意書、土地契約、不動産及び其れに関する一切の権利、借地権、地代、選択取引、流通証券、手形引受、版権使用料、掛勘定、受取勘定、鑑定書、特許権、商標権、若は著作権を要し又は連累せしむる契約書、若は許可書、保険証券、貴重品保管函並に其の在中品、年金、共同計算勘定、其の他一切の種類の契約

五「外国為替取引」とは一切の外国通貨を含む一切の取引、一切の外国への若は外国よりの一切の支払若は譲渡、外貨表示の一切の信用取引若は債務の弁済、一切の外国通貨の売買、譲渡若は其の他の商取引、外貨表示たると否とを問はず日本居住者と外国居住者との間の一切の金融上若は財産上の取引、日本居住者が外国居住者に対し負担せる若は外国居住者が日本居住者に対し負担せる一切の債務を含む一切の取引を包含す。但し之に限らるものに非ず

六「在外資産」とは左記のものを含む、但し之のみに限らるものに非ず

1、日本国外に在る一切の財産

2、日本国外居住者の負担となる一切の債権、銀行預金其の他の預金及信用取引

3、日本国外居住者に依り発行せられ、又は其の者の債務となるべき一切の有価証券、小切手、手形、紙幣、受領証、保険証書券、其の他所有権者若は債務を証する証書

4、日本国以外の一切の国に依り許可されたる一切の著作権、特許権、商標権及び此等のものに関する一切の契約書又ハ許可書

5、B型円表示補助通貨、日本銀行券及日本政府紙幣硬貨を除く一切の通貨

(日本管理法令研究一巻二号左三六頁、カタカナをひらがなにした)

［コメント］

日本敗戦の直後、昭和二〇年九月二二日に発せられた。

日本人が国外に有する財産、日本人以外の者が日本国内に有する財産の移動を禁止する旨の覚書である。ＧＨＱが日本政府を通じて行った。

著作権に基づいて、日本の出版社が海外の出版社、著者に送金すること、逆に海外から送金を受けることについて、司令部の許可が必要であるとの根拠の覚書である。

## 五．資料・日本に於ける外国人所有の著作権の登録及び保護に関する件

連合国最高司令官総司令部民間財産管理部発ＡＧ第〇七二号（最高司令官閣第六四九九―Ａ号）

昭和二四年四月四日

日本政府あて

高級副官陸軍大佐

アール・エム・レヴィー代理

エー・ジェー・レー

一　「金融取引の統制」と題する昭和二〇年九月二二日附日本政府あて連合国最高司令官総司令部経済科学局発覚書書ＡＧ第一三〇号参照のこと。

二　現在の規定の下において、商業的雑誌・図書（翻訳権及び複製権を含む。）・映画・ニュース及び写真情報、

並びに、其の他大衆に広く報道するための媒介物は、占領軍の目的にとって有害でない限りは、日本国人に販売するため許可を受けて外国から日本に輸入することが出来る。

三　左記事項に対して注意すべきこと。

A　左の場合、許可状が与えられている。

(一)　著作権を所有する個人が、日本国民、会社及び其の代理者に対し、著述の翻訳権及び出版権を売り渡すため正常な取引を以て、契約をなすこと。

(二)　「米国・英国」及び「仏国」の各政府、並びに「連合国対日理事会ソ連代表事務局気付オール・アライド・ユニオン・インターナショナル・ブック」が、当該国に於て著わされた著作権の存する文学的著作物の翻訳権及び出版権の売り渡しについて日本に於て契約をなし、また、連合国最高司令官総司令部を通じてすべて必要且つ附帯的なる事務を行うこと。

(三)　個人の出版業者が、一般の日本人に販売するため外国で出版された図書を輸入すること。

B　前述の被許可者が日本において帰結したすべての契約が、連合国最高司令官総司令部の承認を受けなければならない。

C　なお又、連合国最高司令官総司令部は著作権の存する演劇的及び楽劇的著作物を翻訳し又は公開上演すること、並びに、著作権の存する音楽的著作物を演奏することを、日本人に許可するため外国の著作者と協定する。

D　上記第三条B項に述べられている契約及び第三条C項に述べられている協定の写は、契約書完成と同時に、日本政府に提出される。「証拠書類A」と印されて、ここに添付されているのは、連合国最高司令官総司令部によって今までに承認された契約及び許可状の写である。

四　前各条に述べられている計画を完遂するために、上記参照第一条覚書の諸条項に拘わらず、日本政府に対し左の如く指令する。

A　日本出版業者が日本著作権法及び日本著作権法施行規則に従って、契約上課せられたる義務を実行するために、あらゆる必要なる手段をとることを許可せよ。

即ち、日本出版業者は自己の負担において、翻訳物につき存する日本に於ける著作権を夫々の原著作権者に、規定通り譲渡し、及び日本著作権法に従って登録し、且つ、かかる登録の証明書附写（英文）を契約の相手方に提供しなければならない。

B　何れの国の如何なる者に対するにせよ、日本著作権法の与える一切の権利及び特権は、之を外国人の著作権所有者に及ぼすことを要する。

五　日本政府の大蔵省及び文部省に対し、本覚書に記述されている外国人所有の著作権の存する物件に関する管理の手順に関して、連合国最高司令官総司令部の関係各局と直接連絡をとることを許可する。

文部省管理局長

## 六．資料・著作権法改正に関する請願

一九五〇年三月一四日

連合国最高司令官総司令部民間財産管理部あて

一　改正案が国会の議決を経て法律として成立した場合に、其の著作権法と「総司令部の外国著作権に関する管理行政」との関係がどうなるかという点が先ず問題となる。日本人としては、先ず、（一）外国著作権の概念は国の法律即ち著作権法によって定まるという状態の実現を希望し、（二）外国著作権に関して政府的機能を営む団体又は特権を附与せられる団体を設ける場合には法律の基礎を要する、ということにしたい。

二　外国著作権の概念を規定する法律即ち著作権法の改正は、日本がベルヌ条約加盟国である関係から、一九四八年に成立した第三次ブラッセル修正条約に根拠することとなろう。（しかしベルヌ条約に対する態度としては次の三つの場合が考えられる。即ち、（イ）脱退、（ロ）第二次ローマ条約加盟国としての地位の継続、（ハ）第三次ブラッセル修正条約への加盟。上記（ロ）第二次ローマ条約加盟国としての地位の継続という意見は相当強いと考えられる。）現在、日本には外交権が無いから、第三次ブラッセル修正条約に加盟する手続きをとることは出来ないであろう。従って加盟手続きをとることなしに、実質的に第三次ブラッセル修正条約に準拠した改正案を立案することとなる。（なお、日本がＧＨＱ（ＤＳ）の示唆又は指導に従って、在ベルヌ国際中央事務局の経費について戦後の分に関する条約上の義務負担額を支払うこととなったことについてご留意願いたい。戦前戦時の義務についても出来るだけ速やかに義務を履行することとなっている。其の半面、ベルヌ条約に根拠した日本著作権法の規定が、外国著作権について適用がないという現在の状態は不自然であると思う。）

三　第三次ブラッセル修正条約に準拠せる日本著作権法を立案する場合、日本人が同条約第二五条に基いて翻訳権一〇年の留保継続を希望することは自然であると考える。率直に言って、ＵＳＡがベルヌ条約に加盟していない事実は、一九世紀又は二〇世紀前半に於ける一流文化国としてのフランス・イギリス・ドイツ等の著作権に関し、ＵＳＡが保護義務を負担せずして自由に其の文化を導入し得たことを示している。このことは今日までのＵＳＡにとって利益となる政策の結果であろう。今日の日本が、国際法又は国際的正義の観念が許容する範囲内において、外国著作権特に翻訳に関し最大限の自由を持ちたいことは、国家又は国民の利益の点から考えて、自然であると思う。日本の現状から考えて、欧米の思想が出来るだけ自由に流通することは必要と考えられ、このような希望はユネスコ活動の精神にも合致するであろうと考えられる。

四　ＵＳＡはベルヌ条約に加入していないから、日米間の著作権に関しては特別の協定を作ることが必要となろう。かつて一九二八年にＲｏｍａ会議が開かれた時に、Observer として出席されたと記憶するＵＳＡの

Professor Shottowell 氏は、日本の翻訳自由の主張に同情ある意向を示されたときいている。一九〇六年に締結された日米間著作権条約が翻訳自由を規定したことは、USAが歴史的に日本の立場に同情的であったことを示していると思う。上述の関係から、日米間の著作権関係にあっては、第一次に過去五〇年年間にわたる翻訳自由の関係が将来に向かって継続されるに至らんことを希望せざるを得ない。

今日及び将来の日本は主としてUSAの影響の下に立つことは、思想的・政治的・経済的に自明のことであり、我々はUSAが日本の民主化のための手段として翻訳自由の関係を許容せられんことを懇請する。

戦後に立案せられたと聞いているUSAと中国間の著作権条約には、翻訳自由の条項が存したと聞いている。若し、このことが事実であるならば、中国は連合国の一員であり日本は敗戦国であるという区別は充分意識しながらも、こと翻訳に関しては、日本も中国と同様の取扱いをして頂きたいと懇請する。

また、翻訳自由の関係がどうしても許容せられない場合には、第二次の方法として、USAの著作権に関しても、翻訳権に関する限り、第三次ブラッセル修正条約第二五条と矛盾せざる保護義務を限度とするよう希望せざるを得ない。具体的にいうと、現行日本著作権法第七条の規定がUSAの著作権についても適用されるという状態の実現を希望する。御承知のように著作権法第七条は、外国著作権の存する著作物について、原著発行の年の翌年から起算して一〇年内に翻訳に関する契約が結ばれて翻訳出版物が発行された場合には、外国人は著作権の期間と等しき期間の翻訳権を所有するという条文である。なお、著作権法第七条に関し下記の諸点を陳述したい。

(a) 西欧語と日本語とは全然、語脈を異にし、欧文相互間の翻訳と欧文からの日本語訳との間には区別が存すること。

(b) 従って過去の事実が示すように、日本語訳が存する場合には其の原典に対する需要が喚起されること。

(c) 原著発行後一〇ヶ年間の翻訳権を認めれば、外国人の権利保護には支障がないであろう。原著発行後一〇ヶ年間に翻訳の希望を持たれないような需要の乏しい外国著作権とそうでないものとの間には区別があってよいと考える。若しＵＳＡがその著作権に関して、著作権の期間と翻訳権の期間とを等しくする態度を強く主張されるならば、日本人にとって困難な問題を生ずるであろう。即ち、最恵国待遇の思想を原因として、事実上、日本人は第三次ブラッセル修正条約第二五条の権利を否定されることとなるのではないかを恐れる。

五　諸外国の著作権に関し、若し、翻訳自由または著作権法第七条の規定が適用されるということになれば、占領後におけるＧＨＱの管理行政との調和が問題となるであろう。この点については、改正著作権法中に一章を設け経過規定を定めれば、妥当なる調和が出来ると考える。

六　改正著作権法の成立した場合に、ベルヌ条約に加盟していない其の他の諸国、例えば、ソビエート・中国等との関係が問題となる。特に中国との関係は、国民党政権と中共政権の対立の関係から、複雑な問題を生ずるであろう。また、ドイツとの間をいかに規律するかの問題があり、更に、イタリア・朝鮮・オーストリーの如き特殊地位国として扱われている国との間が問題となる。

七　下記のＧＨＱ諸機関は、夫々の立場から外国著作権の管理行政に関係を有していると思われる。

（ａ）ＣＰＣは外国人の私権に関する管理機関であり、現在迄に著作権に関する多数の覚書を発せられた。

（ｂ）ＣＩＥはCircular 一二号の主たる実施機関であり、外国著作権に関し日本国民に対する直接行政を行われた。

（ｃ）ＤＳは日本の国際関係について権限を有し、ベルヌ条約の義務負担に関し覚書を発し、また、覚書によらざる指導を与えられた。

（ｄ）ＬＳ（Legal Section）は、著作権法改正案に対する監督権を有せられるであろう。

（ｅ）ＧＳは日本政府が重要なりと考える法案については、成立前に許可を申請すべきものと命じていると聞いている。日本政府が著作権法改正を以て重要法案と考えることは疑いない。

（ｆ）ＥＳＳは戦後、著作権を含む外国財産権について重要な覚書を発している。また為替管理および輸出入貿易の両面から実質上、著作権に関し影響多き権限を有している。文部省がＣＰＣの指導の下に著作権法改正の立案をなす場合に、ＣＰＣがこれら多数の機関の意見を調整されることを希望する。

八　結局、第三次ブラッセル修正条約に準拠せる法律改正案作成の仕事をすすめ、同条約加盟国以外の諸国との関係は其の後に具体的に解決をするより外ないと考える。従って、翻訳権一〇年の規定をふくむ法律が成立するに至らんことを希望せざるを得ない。このような条項を含む法律案の作成について、ＧＨＱの許可が得られるようＣＰＣが御尽力下さるならば誠にありがたいと思う。この文書に対し、ＣＰＣから文部省が著作権法改正案を作成することに付て、これを Authorize するという文書を頂いたのち、文部省は活発に事務をすすめるということにしたい。

## 七．資料・ベルヌ条約の翻訳条項に対する日本の留保の経緯と日米間の翻訳自由の再現に関する要望

一九五〇年三月三〇日
勝本正晃

人も知る如く、日米間には嘗て、一九〇六年（明治三九年）所謂、「日米間著作権保護に関する条約」が存在したのであって、その第二条には「両締約国の一方の臣民又は人民は他の一方の臣民又は人民が其の版図内に於て公にしたる書籍・小冊子其の他各種の文書・演劇脚本及楽譜を認許を俟たずして翻訳し且其の翻訳を印刷して公にすることを得べし」と規定せられていた。

今本条約の成立した由来を回想するに、先ず我が国とベルヌ条約との関係を述べる必要がある。我が国は、一八九九年（明治三二年）四月一八日に、ベルヌ条約（一八八六年九月九日成立）に加入したのであるが、当時の

ベルヌ条約第五条には、その第一項に

「同盟国ノ一ニ属スル著作者及其ノ承継人ハ同盟国ノ一ニ於テ原著作物ヲ公ニシタル時ヨリ十箇年間其ノ著作物ヲ翻訳シ又ハ其ノ翻訳ヲ許可スルノ特権ヲ他ノ同盟国ニ於テ享有ス」と規定せられていたのである。此規定は一八九六年（明治二九年）五月四日「パリ」に於て署名せられた追加規定に依って次のように改正せられた。

「第五条　同盟国ノ一ニ属スル著作者又ハ其ノ承継人ハ他ノ同盟国ニ於テ原著作物ニ関スル権利ノ継続期限間其ノ著作物ヲ翻訳シ若ハ其ノ翻訳ヲ許可スル特権ヲ享有ス然レドモ原著作物最初発行ノ日ヨリ起草シテ十ヶ年内ニ同盟国ノ一ニ於テ其ノ保護ヲ請求セントスル国語ニ翻訳シタルモノヲ公ニシ若ハ公ニセシメ以テ其ノ権利ヲ使用セサリシトキハ翻訳ノ特権消滅スルモノトス」と。

而して、日本著作権法はこの規定の趣旨に従って一八九九年（明治三二年）に制定せられたものであって、即ち同法第七条は、「著作権者原著作物発行ノトキヨリ十年内ニ其ノ翻訳物ヲ発行セサルトキハ其ノ翻訳権ハ消滅ス」

前項ノ期間内ニ著作権者其ノ保護ヲ受ケントスル国語ノ翻訳物ヲ発行シタルトキハ其ノ国語ノ翻訳権ハ消滅セス」と規定したのである。

然るに其の後一九〇八年（明治四一年）の「ベルリン」改訂会議は、右の原則を廃止し著作権者は一般の著作権の保護期間内、其の著作物の翻訳権を享有することになったのである。

即ち、其の第八条に曰く、

「公ニセサル著作物ノ著作者ニシテ同盟国ノ一ニ属スルモノ及同盟国ノ一ニ於テ初メテ公ニシタル著作物ノ著作者ハ原著作物ニ関スル権利ノ存続期間他ノ同盟国ニ於テ其ノ著作物ヲ翻訳シ若ハ翻訳セシムル特権ヲ享有ス」と。

此趣旨は一九二八年（昭和三年）の「ローマ」に於ける改訂条約にも踏襲せられているのであるが、これらの会議に於て日本政府の代表者は、本来、文化の交流翻訳は相互に自由であるべきことを主張し、かつ、日本の立場としては、欧州文化に対するよき理解を自由にする必要あること、語脈の関係上、日本語への翻訳が特別に困難なること、又、日本語訳によって原著の日本に於ける需要は減少するよりも、増加する傾向あることを主張したが、納れられなかったので、日本政府は従来、右の点に留保を為し来ったのである。即ち、日本政府は、一九〇八年のベルリン会議並びに、一九二八年のローマ会議に於いて改正せられたベルヌ条約第二七条（二）の規定に従い、日本政府は其の従前為したる留保の利益を保持すること、即ち、右条約第八条に定める著作物を翻訳し又は之を許諾する著作者の特権に関しては、一八九六年の「パリ」会議によって改正せられた一八八六年の「ベルヌ」条約第五条の規定に引続き準拠する旨を宣言したのである。（一九三一年―昭和六年）

これらの経過について見るときは、日本が其特殊的な文化的立場から、如何に翻訳の自由を熱心に主張し来ったかを知ることができる。

然るに、日本と米国との間には、更に一歩を進め前掲の、翻訳相互自由を認めた一九〇六年の条約が存したのである。この事実は、米国自体がベルヌ条約に参加していないこと、従って、我が国との間には本来、翻訳の自由を制限すべき条約上の障害が存しないということ、に基く理論上の根拠の外、実に両国の文化的関連が極めて緊密であると云う実際的事情に基づくものであって、従来、この条約によって、両国の文化が自由に交流し、両国の文化的親善に貢献したことは、計り知れないものがあるのである。

今や我が国は第二次世界大戦の結果として、物質的並びに精神的に、米国の援助、了解に俟つものが頗る多い。而して米国の精神文化の日本への浸潤を容易ならしむるためには、翻訳の自由を認めてその門戸を開放することが最も望ましいのである。

翻訳の自由こそは、日米両国民相互の理解を深めるための捷径であり、真の和平恒久の確立は物質を支配する精神の和平を措いては到達し得ないであろう。翻訳の自由によって個々の両国著作家が受くる犠牲の如きは、両国間の将来の提携のため忍ばねばならぬと考える。否、過去の事実に徴すれば、翻訳のために原書の輸入は却って増加しつつあるのであって、将来は、恐らく翻訳を待たず直接に原書が頒布せられることになるであろう。元来、米国はベルヌ条約に未だ加盟していない関係上、日本以外の、ベルヌ条約締盟国との間には、翻訳に関する障害を有しないのである。されば、米国作家が、日本に対する翻訳上の利益を失っても、それは既得権を害するものと云えず、又、特に、日本に対してのみ犠牲を払うことにはならないのである。否、却って日本に対してのみ特殊の負担を課するものと云わねばならない。

私は、将来、少なくとも日米間に和平条約が締結せられる際には、日本として他の一般諸国と同等なる文化的利益に均霑せしめ、たとえ、米国がベルヌ条約に加盟する場合に於ても日米両国の将来の提携のために、嘗て存したる日米両国間の翻訳自由に関する条約を復活するに至らんことを切望して已まぬものである。

## 八・資料・著作権法改正に関する件

連合国最高司令官総司令部民間財産管理部発第〇七二号CPC／OD

昭和二五年八月七日

日本政府文部省あて

歩兵大佐管理官補

E・C・ミラー

一 左記参照のこと。

a「日本における外国人所有の著作権の登録および保護に関する件」と題する連合国最高司令官総司令部発日本政府あて覚書一九四九年四月四日附第AG〇七二号CPC／FP（最高司令官閣第六四九九A号）

b「著作権法改正に関する請願」と題する日本政府文部省管理局長発連合国最高司令官総司令部民間財産

管理部あて一九五〇年三月一四日附覚書

c「翻訳に関するベルヌ条約の規定の適用を日本が留保した事情ならびに日米間翻訳自由の規定の復活方希望」と題する京都・東北大学教授勝本正晃発連合国最高司令官総司令部民間財産管理部あて一九五〇年三月三〇日附覚書

二　文部省に対し、一九四八年ブラッセルで修正されたベルヌ条約に基いて、現行著作権法を修正する案をこの覚書を受領してから四五日以内に、承認のため連合国最高司令官総司令部民間財産管理局あて提出するよう指令する。

# 九．一九八九年以前の米国著作権制度

大家重夫

## 1．アメリカ合衆国憲法の特許・著作権条項

日本では、一七七二年（安永元年）、第一〇代将軍、家治の時代、側用人田沼意次が老中に就任、兼任し、権勢を振るい始めた。一七七〇年代は、本居宣長、上田秋成、円山応挙、平賀源内、杉田玄白らが活躍していた時代である。

この頃、アメリカという国ができた。

一七七三年イギリス政府は、茶の直送とその独占販売権をイギリス東インド会社に与える茶法を制定した。この法律に対して、アメリカ北部、マサチューセッツ植民地の商人、市民が、一七七三年一二月一六日、ボストン港に入港の東インド会社船を襲撃、積み荷の茶を海に投棄したティーパーティ事件を起こした。

一七七五年四月、アメリカ東部沿岸のイギリス領の一三植民地(注1)が、宗主国イギリス（グレート・ブリテン王国）

からの独立戦争を始めた。フランスが応援した。

一七八三年九月、イギリスはアメリカの独立を承認し、アメリカ合衆国が誕生した。

一七八七年五月、アメリカは、フィラデルフィアで憲法制定会議を開催し、アメリカ合衆国憲法が審議された。

同年八月、ジェイムズ・マディソンとチャールズ・ピンクニーは、連邦議会にいくつかの権限を追加することを提案、「特許」、「著作権」の語を明示していたが、これは採用されず、同年九月一六日、合衆国憲法一編八節八項が規定され、これは、合衆国連邦議会の権限を列挙したうちの一つで、「著作者（author）および発明者に対して、一定期間その書いたもの（writings）および発見（discoveries）について排他的権利を保障することによって、学術及び有用な技術の進歩を促進する」という条文になり、各州の代表者はこれに署名した。

この規定は、「特許・著作権条項」（patent-copyright clause）と呼ばれた。

合衆国連邦議会は、この憲法の授権により、一七九〇年、特許法及び著作権法を制定した。

一七九〇年著作権法のタイトルは、「地図、海図および書籍の複製物の保護を一定期間その作成者及び権利者に確保することにより学芸を促進するための法」として、一四年間の更新可能な権利を作成者に与え、登録、寄託、著作権表示を課していた。

これは、イングランド一七一〇年著作権法が「学芸の手段としての権利」としていることにならった。

一七九〇年著作権法は、合衆国の国民並びに合衆国に居住する者のみに適用し、外国人に関しては何らの規定を置かなかった。合衆国に居住する者は永久に同国に居住するの意思を有するものと解釈された。未発行著作物は、コモンローによる保護があるとされた。

アメリカ国民とアメリカに居住する者の著作物を保護した。

アメリカ著作権法は、アメリカ国民の学問美術を保護する目的で作成され、外国著作者の保護は、眼中に置いていなかった。

アメリカ合衆国は、イギリスから独立したが、同じ英語を用いるため、英語で書かれた教科書、文学書などを自由に使用できるよう外国著作者の著作権は保護しなかった。

イギリスは、もっとも不利益を蒙るため、何度も申し入れを行っている。(注2)

イギリスの作家、ディッケンズ（一八一二―一八七〇）は、一八四一年及び一八六七年にアメリカに旅行した際、著作権の相互保護を訴えたが、実効は上がらなかった。

## 2．ベルヌ条約に対するアメリカの態度

フランスの作家ユーゴー（一八〇二―一八八五）が会長を務めた国際文芸協会（ＡＬＡＩ）（一八七八年創立）の要請により、スイス政府が音頭をとり、一八八三年（明治一六年）から一八八五年（明治一八年）まで毎年九月、スイスのベルヌで国際会議が開かれ、一八八六年、ベルヌ条約が成立した。

一八八三年九月一三日、第一回本会議の前の準備段階の会議である。国際文芸協会の条約草案が提案された。この会議には、アメリカも日本も出席していない。

アメリカは、次の文書を提出した。

「合衆国政府は、文学的及び美術的著作物の著作者は、その国籍並びにその著作物の複製地の如何を問わず、どこでも内国民として保護されるべきであるというルールを原則として受け入れようとしている。しかし、実際には、当政府は、すべての国を一つの同じ条約の枠内で扱うことには大きな障害があると思う。著作物の著作者に、すべての国においてその著作物を複製させる権利あるいは複製物を差し止める権利を許与することを考える場合に、関税の差異、さらに著作者または美術家に加えて、多数の企業が書籍または美術著作物の制作、複製に関与しているという事実が考慮されねばならない。その著作物が自分の手を離れるという形で市場に出て行く画家あるいは彫刻家と、その著作物に、製紙業者、植字工、印刷業者、製本業者その他の業務上関係ある人々全てが関与する文学の著作者との間には一線を画すべき差異がある。(注3)」

第一回本会議は、一八八四年九月八日～一九日まで開催された。

第二回本会議は、一八八五年九月七日～一八日まで開催された。

第三回本会議は、一八八六年九月六日～九日まで開催された。

当時の大統領クリーブランドは、全権公使ウインチェスターを委員に任命し、出席させた。

一八八六年九月六日、第三回本会議出席者は次の通り。

ベルギー、フランス、ドイツ、グレート・ブリテン、ハイチ、イタリア、日本（黒川誠一郎ローマ駐在イタリア公使館参事官）（傍聴のため）[注4]、リベリア、スペイン、スイス、チュニジア、アメリカ合衆国（ボイド・ウインチェスター、ベルヌ駐在アメリカ合衆国公使総領事）である。条約案に次の国が署名し、それぞれ批准し、条約は発効し、原加盟国になった。

1，フランス、2，ドイツ、3，グレート・ブリテン、4，イタリア、（以上、経費分担金一等級）、5，スペイン（二等級）、6，ベルギー、7，スイス（以上、三等級）、8，ハイチ（五等級）、9、チュニジア（六等級）。

第三回本会議で、アメリカ合衆国のウインチェスターは、アメリカの立場を説明する機会を与えられた。その一部を紹介する。

「アメリカ合衆国の態度は一種の慎重なる期待である。我が国の憲法は、議会に明白に留保された特権の中で、『著作者及び発明者に対して、その著作物及び発明物についての排他的権利を特定の期間保証することによって、学術及び有益な美術の進歩を促進する権能』―について言及しているが、それはその点に関して行動の主導権を握り、制限の設定において尊重すべきは、行政府よりはむしろ立法府次第であることを意味する。著作者の権利と特許は、連邦法が同一の基盤に置いている問題であり、文学的所有権に関する諸問題は、立法府にとっては常に差し迫った問題として現れ、この重要な問題に関する国際条約を締結する憲法上の権利は、立法府に属することを取り違えるという事実を行政府は見逃すことはできない。著作者の権利の国際的保護の問題はアメリカ合衆国にとって重大である。活発で、啓蒙的な、知的運動として際立っているこの六千万人の人間の集合体以上に、互いの共通の利益をそこに一致させることができる国民がどれほどいようか？したがって、著作者の権利を定めることを使命とする、議会の憲法上の特権を侵害することのないようにと望まなくても、行政府は、この計画中の条約に盛り込まれている諸原則に強力に、かつ、全面的に賛同の意を表している。」

### 3．外国人著作者の保護と製造条項（manufacturing clause）

一八二三年（文政六年）、徳川家斉将軍の時代、オランダ商館医師ドイツ人シーボルトが長崎に着任した。この年、アメリカの大統領モンローが（南北両大陸へのヨーロッパの干渉を拒絶する宣言）をした。

一八三一年（天保二年）、全面改正され、保護期間第一期を二八年とした。

一八七〇年（明治三年）、全面改正され、著作権行政の所管を議会図書館に移管した。

一八八六年（明治一九年）、ベルヌ条約が成立した。アメリカは、登録主義をとり、外国人の著作者に著作権保護を認めないため、排外主義を採用していると説明された。

一八九一年三月三日の法律第一三号に次の規定を置いた。

第一三条

本法は左の場合に限り外国の人民又は臣民に適用す。

他国が合衆国の人民に自国人民と全然同一の基礎に於いて著作権の保護を与えるとき又は他国が著作権の保護に関し相互主義の国際条約の対手にして且つ合衆国が何時にてもその条約に加入しうるとき。

前記条件の存否は本法の適用を必要と認むるとき大統領之を宣言すべし。

次の「製造条項」は、一八九一年（明治二四年）、外国人に著作権保護を与える代償として、アメリカ国内の印刷業及び製本業保護のため、著作権法に規定された。(注5)

アメリカで著作権保護を求めるためには、書籍・刊行物の本文は、外国で制作される英語でないものを除き、すべて、合衆国内の植字または合衆国内の植字から作られた版下によって印刷されたものでなければならない。石版や写真版によって制作されたものであれば、その過程が全て合衆国内で全部実施されたものでなければならない、とする。

スイス連邦政府は、アメリカをベルヌ条約に加盟させる目的で、ベルヌ同盟に属する諸国の著作者は前記法律の第二の要件（他国が著作権の保護に関し相互主義の国際条約の対手にして且つ合衆国が何時にてもその条約に加入しうるとき）に基づき、アメリカにおいて保護を享有すべきものなることをアメリカ政府に要求した。しかるに、合衆国大統領は、一八九一年六月二七日付けで、「合衆国著作権法の最も緊要にしてかつ、最も骨子たるべき、type-selting の要件がアメリカの同盟加入の障害にならない旨の保証がスイス政府によりて与えられざるべし」との理由で同盟加入を拒絶した。

### 4．合衆国は二国間又は特別条約で外国人著作者を保護

一八九一年三月三日の法律、「第一三条　本法は左の場合に限り外国の人民又は臣民に適用す。他国が合衆国の人民に自国人民と全然同一の基礎に於いて著作権の保護を与えるとき」に該当する国であるとして、アメリカ合衆国大統領は、一八九一年七月一日、ベルギー、フランス、スイス、イギリスの臣民又は人民に米国法を適用する旨の宣言を行った。このあと、チリ、コスタリカ、デンマーク、スペイン、イタリア、メキシコ、オランダ、ポルトガルの八カ国に対しても同一の宣言を行った。

ドイツ著作権法は、外国著作者を自国著作者と全然同一視する主義を採用していなかった。従って、前記法律第一三条の第一要件に該当せざるを以て、ドイツと特別条約を結ぶことにした。

一八九二年一月一五日、ドイツとアメリカ合衆国間の著作権条約

第一条　合衆国の人民はドイツ帝国においてドイツ帝国臣民と同一の基礎に於いて学芸美術及び写真の著作物に関し著作権の保護を享有す。

第二条　合衆国政府は、本条約がドイツ帝国に於いて立法上裁可を経たりとの公報を受領するときは、大統領は直ちに一八九一年三月三日の法律に依り同法の規定をドイツ帝国臣民に適用する旨の宣言を為すことを約す。

第三条　本条約は、なるべく速やかにワシントンにおいて批准交換せらるべし。

本条約は、批准交換後三週間を経て施行し、而して本条約施行の当時に未だ発行せられざる著作物にのみ適用す。

本条約は締盟国の一方により廃棄せられたる後、尚ほ三ケ月間施行せらる。

## 5．日本、著作権法を制定し、ベルヌ条約に加盟

一八五三年（嘉永六年）、アメリカの東インド艦隊司令長官ペリーが軍艦四叟を率いて浦賀に来航した。

一八五八年（安政五年）四月、井伊直弼が大老に就任、江戸幕府は、その年、「日本大君(たいくん)」の名前で、日米修好通商条約、日蘭修好通商条約、日露修好通商条約、日英修好通商条約、日仏修好通商条約と五カ国と通商条約を結んだ。治外法権制、協定税率、最恵国約款など日本に不平等な条約であった。

明治新政府は、この条約を承認したが、歴代の内閣にとって、この不平等条約の改正を実現することが大きな課題となった。

一八九四年（明治二七年）、第二次伊藤博文内閣、陸奥宗光外相のとき、イギリスが、日英修好通商条約の改正に応じ、以後、一五カ国との改正条約に調印した。

これらの国との条約改正にあたってイギリスなどは、「領事裁判権の廃止に先立ち、工業所有権のパリ条約、版権のベルヌ条約に加入すること」という条件をつけた。

第二次松方正義内閣の樺山資紀内相は、秘書官の水野錬太郎へ明治三〇年（一八九七年）から八カ月間、ベルヌ条約所管の知能権国際連盟中央事務局、フランス、イギリス、ドイツ、イタリアなどに出張を命じた。ベルヌ条約に適合する法律を作成させるためである。

今日の「著作権」に相当する「著作者の権利」を「版権」として明治八年九月三日改正の出版条例（太政官布告第一三五号）が規定していたが、明治二〇年一二月二八日、版権条例（勅令第七七号）として独立させ、明治二〇年一二月二八日、出版条例（勅令第七六号）と分離した。

版権条例を起草した内務省の末松謙澄は、明治二三年衆議院議員になると、議員提案し、明治二六年版権条例を版権法にした。

樺山内相が、水野錬太郎に命じたことは、版権法を改正するか、全部改正あるいは、新法を作ることであった。

水野は、「版権」という言葉を使わず、「著作権」という言葉を用い、「著作権法」を立案、国会に上程し、国会議員の質問に対し、殆ど一人で答弁した。

明治三二年（一八九九年）、三月四日、著作権法が公布され、版権法、脚本楽譜条例、写真版権条例が廃止された。「著作権法」施行と同時にベルヌ条約に加入した。

日本の明治三二年著作権法の特徴

1．著作権の発生に登録なしに無方式主義をとった。ただし、偽作（著作権侵害）に対する民事の訴訟を提起する場合、登録を要するとした（一五条二項）が、明治四三年著作権法改正で削除し登録不要とした。

2．著作権保護の範囲を拡張した。

3．保護期間を著作者の生存中と死後三〇年にした。

4．著作者が原著作物発行の後、一〇年間翻訳し、又は翻訳をさせないとき、翻訳権は、（時効消滅のように）消滅するという制度をとった。

5．著作者の人格的利益の保護を拡張した。

6．著作権の制限規定を置き、著作権の限界を明らかにした。

7．外国著作者の権利を保護した。

日本がベルヌ条約に加入した時、ベルヌ加盟国は、次の一二カ国であった。

1，英国、2，ドイツ、3，フランス、4，イタリア、5，ベルギー、6，スイス、7，スペイン、8，ハイチ、9，チェニス、10，ルクセンブルグ、11，モナコ、12，ノルウェー。

アメリカ、ロシアは、加入していない。

## 6．アメリカ著作権法の改正

アメリカ合衆国は、一八九五年（明治二八年）、著作権法を一部改正した。

仮著作権—外国の英語著作物について、暫定期間（一年間）の著作権を認めた。

一八九七年（明治三〇年）、著作権行政は、一八七〇年に議会図書館に移管されていたが、議会図書館に、著作権局を置いた。

アメリカ著作権法が、一九〇九年（明治四二年）に広範囲に改正された。

保護期間、発行著作物は、二八年、更新すれば、さらに二八年とした。

未発行著作物は、納本の日から二八年、更新すれば、さらに二八年とした。

## 7．日米間著作権保護ニ関スル条約

（一九〇五年（明治三八年）一一月一〇日　東京に於いて調印）

（一九〇六年（明治三九年）四月二八日　批准）

（同年　五月一一日　公布）

（一九五三年（昭和二八年）四月二七日講和発効前日に失効）(注6)

朕明治三八年一一月一〇日東京に於て朕か全権委員と亜米利加合衆国全権委員の署名調印したる日米間著作権保護に関する条約を批准し茲に之を公布せしむ

日本国皇帝陛下及亜米利加合衆国大統領は互いに両国に於て著作権に関し法律上の保護の便益を各其の臣民及人民に拡張せむと欲し之か為協約を締結することに決し日本国皇帝陛下ハ其の外務大臣陸軍大将従二位勲一等功三級伯爵桂太郎を亜米利加合衆国大統領は其の日本国駐特命全権公使「ロイド・シー・グリスコム」を各其の全権委員に任命せり因て

各全権委員は互に其の委任状を示し其の良好妥当なるを認め協定すること左の如し

第一条（内国民待遇）両締約国の一方の臣民又は人民は文学及美術の著作物並写真に付一方の版図内に於て其の国の臣民又は人民に許与せらるる保護と同様の基礎に於て不正の複製に対し著作権の保護を享有すへし但し本協約第二条の規定に遵由すへし

第二条（翻訳自由）両締約国の一方の臣民又は人民は他の一方の臣民又は人民か其の版図内にて公にしたる書籍、小冊子その他各種の文書、演劇脚本及楽譜を認許を俟たすして翻訳し且その翻訳を印刷して公にすることを得へし

第三条（批准、廃棄）本協約は之を批准し其の批准は成るへく速に東京に於て交換し批准交換の日より之を実施し其の実施後に公にせらるる著作物に限り適用すへし両締約国の一方は何時たりとも本協約を終了せむと欲する旨を他の一方に通知するの権利を有し　其の通知を為したる後三箇月を経過したるときは本協約は全然消滅に帰すへし

右証拠として上記の各全権委員は本協約に記名調印するものなり

明治三八年一一月一〇日即西暦一九〇五年一一月一〇日東京に於て日本文及英文にて認めたる本書各二通を作る

桂　太　郎　㊞

ロイド・シー・グリスゴム　㊞

天祐を保有し萬世一系の帝祚を践みたる日本国皇帝（御名）此書を見る有衆に宣示す
朕帝国と亜米利加合衆国との間に日米間著作権保護に関し明治三八年一一月一〇日東京に於て両国全権委員の記名調印したる条約の各条目を親しく閲覧点検したるに善く朕の意に適し間然する所なきを以て右条約を嘉納批准す

神武天皇御即位紀元二五六六年明治三九年四月二八日
東京宮城に於て親ら名を署し爾を鈐せしむ
御名御璽

外務大臣　侯爵　西園寺　公望　㊞

この条約は、1．双方は、それぞれ他方の国民を内国民と同じ待遇をする、2．双方は、それぞれ、他方の国内で発行された書籍、小冊子、文書、演劇脚本、楽譜を自由に翻訳し、印刷発行できる、というものであった。

当時のアメリカ合衆国の著作権法は、（1）著作権の保護について、方式主義をとり、議会図書館内の著作権局に登録する必要があった。（2）議会図書館に製本二部を納本することを必要とした。（3）著作物の題号を登録することの条件を要した。以上の条件を満たさなければ、著作権が発生しないとした。

日本は、無方式主義をとった。著作権法二八条により条約に別段の規定がなければ、日本国において初めてその著作物を発行したものについては保護していたから、日本で、第一発行された外国人著作物は保護されていた。そのうえ、この日米間著作権条約によりアメリカ国民は、アメリカで著作物を発行したときに、（登録なしに）日本において、保護されることになった。

日本人は、アメリカで保護を受けるには、アメリカで、議会図書館著作権局に納本をし、その著作物に著作権留保の記入をし、発行後一二カ月内に之を登録し、かつ、アメリカ合衆国内に存在する印刷器具によりて印刷した製本二部を納付することを必要とした。英語の著作物に関しては、日本における発行と同時にアメリカにおいて発行し、かつ納本及び登録することを必要とした。

日米間著作権条約は、日本にとって不利益で、アメリカ合衆国には有利なもので、水野錬太郎は、「不均等相互主義」といい、これはドイツ・アメリカ合衆国の条約と同様で、ドイツは不平の声を上げているが、日本も同じであるとした。[注7]

だが、水野錬太郎は、この条約が翻訳について、相互に自由としたことを高く評価した。「我が国に取りて最も利益なる規定にして米国が之を承認したることに就ては一面外交当局者の労を多とし、一面米国の寛容を諒とせさる可からす。」とした。

水野は、「一国が、他国の文化を輸入するは、学者の製作物を輸入するに若くはなし、日本は、欧米の文物を利用すること最も急なるの時において、外国書の翻訳を途絶するは我が国文化の上に少なからざる障害を来す。しかして、日本語と欧米諸国の国語とは全然その根底を異にしている。日本が翻訳の自由を認むるの必要は欧米諸国におけるよりは一層重大である。

ロシアは、ヨーロッパの一強国であるが、文藝学術について英米仏独等に比肩することができず、ロシアは之を知り、ベルヌ同盟条約に加入の勧誘があるが、公然、翻訳自由の必要を説き同盟加入を拒絶している」と述べた。[注8]

## 8．ベルヌ条約ベルリン会議での翻訳権一〇年留保

一九〇八年（明治四一年）、ドイツのベルリンで、ベルヌ条約ベルリン会議が行われた。

日本は、著作権法七条「一〇年内に著作権者がその翻訳物を発行しなかったとき、その翻訳権は消滅する」という規定をもっていたが、ベルリン会議では、翻訳権を著作権のうちの支分権にし、著作権の保護期間満了まで、著作権者が翻訳の許諾権をもつという動きになった。

水野錬太郎は、この動きに反対し、ベルリン改正条約八条に準拠せず、従前通り、一八八六年の原条約（一八九六年パリ追加規定第一条第三にて改正）第五条に準拠する「既得権」維持に成功し、著作権法七条を維持することが

出来た。

## 9．ベルヌ条約の「同時発行（simultaneous publication）」

一九〇八年（明治四一年）、ベルリンで会議を開き、ベルヌ条約は、次の条文を置いた。

第四条第三項

「公にせさる著作物に関しては著作者の属する国を以て著作物の本国とし、公にしたる著作物に関しては第一発行の国を以て本国とし、数個の同盟国に於て同時に公にしたる著作物に関しては右諸国の中に付其の国法の許与する保護の期間最も短き国を以て其の本国とす。同盟に属せさる国と同盟国とに於て同時に公にしたる著作物に関しては、同盟国を以て本国と見做す。」

第六条

「同盟国に属せさる著作者にして同盟国の一に於て始めて其の著作物を公にしたるときは、其の国に於ては内国著作者と同一の権利を享有し、他の同盟国に於ては本条約の許与する権利を享有す。」

この条約が発効して以来、アメリカ合衆国で発行され、同時にベルヌ同盟国のカナダで発行された場合、日本などベルヌ同盟国は、その著作物に保護を与えなければならないことになった。

「アメリカの著作物の多くが、カナダで同時公刊されている。それを理由にアメリカの著作者が権利主張をしてきた」実例として、宮田昇『出版の境界に生きる』（太田出版・二〇一七年）は、E・S・ガードナーの『ペリーメイスン』シリーズ」の数点が「同時公刊」であり、早川書房は契約を交わしたと述べられている。

## 10．日米の戦争と日本敗戦

アメリカは、「日米間著作権保護ニ関スル条約」を廃棄した。(注9)

占領下、アメリカは、日本を民主的な国家に改造するための（占領行政に有害な内外の著作物）を日本国民の目に触れさせないことを優先し、著作権の取扱いは、（アメリカ人を含む外国人の死後五〇年を経過した者）の著作権、翻訳権は消滅とし、アメリカ人の著作物で、占領目的に資すると認めたものは入札で出版を許可するなど恣意的な行政を行った。

対日平和条約一二条の規定により、日本とアメリカは、著作権保護について、内国民待遇を相互供与を認めること、アメリカ人の著作物について、「翻訳権一〇年留保」を認めることを内容とする「日米暫定協定」が締結された。

## 11．アメリカ、万国著作権条約に加入

ユネスコが、一九四五年一一月、政府間の国際機関としてロンドンに創設されたが、一九四六年一二月、国連と協定を結び、パリに本部を置く国連の専門機関となった。

アメリカが主導して、万国著作権条約を作り、このユネスコに所管させた。

アメリカと日本は、一九五六年四月二八日、万国著作権条約に当事国として加入し、「日米暫定協定」を執行させ、両国は、万国著作権条約で規律することになった。

## 12．アメリカ、ベルヌ条約に入り、ベルヌ加盟国となる

ベルヌ条約は、一八八六年（明治一九年）創設され、日本は、一八九九年（明治三二年）、旧著作権法を制定すると同時にこの条約を批准し、ベルヌ同盟国になった。

ベルヌ条約は、1，同盟国の外国人を内国民待遇とすること、2，無方式主義、3，遡及効（条約に入る前に創作された著作物にも遡及して保護が及ぶ）が、その特徴である。

ジュネーブに本部を置くＷＩＰＯ（世界知的所有権機関）が、ベルヌ条約を所管している。

アメリカは、一九八九年三月一日、登録主義を捨てて、ベルヌ条約加盟国になった。

注1　ニューハンプシャー州、マサチューセッツ州、ロードアイランド州、コネチカット州、ニューヨーク州、ペンシルベニア州、デラウェア州、メリーランド州、ヴァージニア州、ノースカロライナ州、サウスカロライナ州、ジョージア州、ニュージャージィ州。

注2　一八三七年（天保八年）、イギリスの著作者はアメリカ上院に外国著作権を保護するよう請願している。G.Putnam, -an argument on behalf of innternational copyright:Henry C. Carey. -Letters on international copyright.
イギリスは、一八三八年、著作権の国際保護に関する法律を発布し、外国人を保護することにした。このとき、イギリスの国務大臣パーマストン卿は、アメリカ政府に対し、著作権保護の国際条約を締結しようと提案した。一八七〇年（明治三年）、イギリスのクラレンドン卿も同様の提案をアメリカ政府に行った。

注3　塚越建太郎訳「ベルヌ条約創設会議の記録」（著作権情報センター・一九九五年）七頁。

注4　大家重夫「著作権を確立した人々　第2版」一二〇頁以下に、スイス政府から日本政府へ、ベルヌ条約会議への参加要請があったこと、黒川誠一郎を派遣したこと、著作権の保護は、固より一大美挙ではあるが、先進国図書を翻訳し、先進国に追いつかねばならない日本は、「加盟の儀は謝絶相成りたく」と返答したことを記している。黒川誠一郎（金沢藩士出身。一八四九―一九〇九）については、吉村保「発掘日本著作権史」（第一書房・一九九三年）九頁以下が詳しい。

注5　土井輝生「アメリカ新著作権法の解説」（第一法規・一九八一年）一四七頁。
中川善之助・阿部浩二「改訂　著作権」（第一法規・一九八〇年）（土井輝生執筆）四五〇頁。アール・W・キントナー、ジャック・L・ラー、有賀美智子訳「アメリカ知的所有権概説」（発明協会・一九七八年）四六二頁。
（社）著作権情報センター「新版　著作権事典」（出版ニュース社・一九九九年）一九六頁。

注6　この条約は、（社）日本著作権協議会「著作権関係法規集（第五版）」（昭和三一年二月二五日公刊）七九頁に拠った。これには記されていないが、「勅令無号」とされている。カナを平仮名にし、数字の表記を変えた。

注7　本稿は、水野錬太郎「著作権保護ニ関スル日米協約ニ就テ」（法学協会雑誌二四巻六号七二四頁）に依っている。
水野錬太郎は、ドイツの知的財産法専攻者アルバート・オステルリート氏が、「一八九二年の独米条約は、表面は完全なる平等主義なるが如くなるも両国の内国法を比較するときは実質上極めて不平等なり、而してその不利益はドイツの側にあり」と述べ、ドイツの著作者、出版者は、この条約に不平を唱え、あるいは帝国議会に建議し、あるいは著作者並びに出版者の会議で、その廃止を決議し、あるいは新聞紙上において之を非難攻撃し、近

年その声が高くなっている、と述べている。

注8　アメリカで、一九三六年（昭和一一年）出版されたマーガレット・ミッチェルの「Gone With The Wind」は、二年後の昭和一三年、日本で、大久保康雄訳「風と共に去りぬ」という題名で三笠書房から、深沢正策訳「風と共に去る」という題名で第一書房から出版された。宮田昇「昭和の翻訳出版事件簿」（創元社・二〇一七年）一二四頁。

ところで、対日平和条約がおこなわれ、米国の著作物が、日本及びベルヌ加盟国で、初めて発行された場合、あるいは米国とベルヌ条約加盟国と同時発行された場合、これらの翻訳権について、日本は著作権法の保護を与えなければならず、また、平和条約による戦時加算を課す規定を置いた。

ミッチェルの「Gone With The Wind」は、戦前—昭和一一年から戦時中は、翻訳自由で、双方が併存した。戦後、占領期間中は、双方、出版禁止の状態であった。

対日平和条約が結ばれ、戦時加算とともに、平和条約一二条で、内国民待遇が規定されていた。ミッチェルの本は、カナダで昭和一一年、同時発行されたものとされて、対日平和条約で、改めて、日本で、著作権保護を与えられることになった。

大久保康雄訳の三笠書房は、権利会社と契約、「その地位」を独占し、深沢正策・第一書房を排除した。以上、宮田昇前掲書一五四頁以下による「風と共に去りぬ」翻訳権の話である。物語のように興味深い。

注9　一九四六年（昭和二一年）一月七日、GHQのスポークスマンが、記者会見で、「一九四一年一二月八日の日米開戦の結果、両国間のあらゆる条約は無効となった。日米著作権条約も無効になった。一九四六年一月八日各紙、宮田昇「翻訳権の戦後史」三七頁、勝本正晃「現代文化と著作権」一八八頁。

一九四六年三月二〇日、ニューヨーク、マサチューセッツ街で行われた「第四回極東委員会において、K・R・ダイク代将は、「日本とアメリカの著作権協定は一九〇五年、丁度日露戦争の直後に遡るのです。著作権の自由交流がありまして、米国の著作物は日本で自由に出版され、日本のものも同様でした。そうした協定は多分戦争中になくなりました。」と述べている。以上、放送法制立法過程研究会（代表網島毅）「資料・占領下の放送立法」（東京大学出版会・一九八〇年）六八頁。

# 一〇．ノルマンディー上陸作戦の史跡レストランと著作権・所有権

大家重夫

## はじめに

歴史的事件に関係づけられた「建物」を、公共の場所から撮影し、この撮影した「建物の写真」を絵葉書として販売することについて、建物の所有者の許諾を要するか、という問題である。

建物に、いわば「肖像財産権」「肖像パブリシティ権」があるかともいえる。

フランスで、「所有権」に基づいて、歴史的建物の絵葉書を販売するには、建物所有者の許諾が必要であるとの破棄院判決がでたこと、フランス学界で議論されていることが、駒田泰土上智大学教授によって紹介された(注1)。駒田教授に感謝する。

## 1．第二次世界大戦

一九三九年（昭和一四年）九月一日、ヒットラーのドイツ軍は、ポーランドへ侵攻し、第二次世界大戦が始まった。二日後の九月三日、フランス、イギリスは、ドイツへ宣戦布告した。二国は、対ポーランド援助条約を結んでいた。ポーランドを制圧したドイツは、一九四〇年五月、西部戦線、ルクセンブルグ、オランダ、ベルギー三国へ電撃作戦で侵入、フランスへも進軍した。マジノ線は役に立たなかった。フランスは、六月一二日、アメリカを介して、「パリを無防備都市と宣言する」とドイツへ通告し、六月一四日、ドイツ軍がパリへ無血入城した。

これより先、ポール・レノーを首相とするフランス政府は、ツール（Tours）、ボルドー（Bordeaux）へと移動した。

六月に入ってすぐ、レノーは、四九歳のシャルル・ド・ゴール大佐を国防次官兼陸軍次官に抜擢した。ボルドーで、ドイツとの戦争を徹底抗戦するか、即時休戦するか閣僚の意見が分かれた。副首相のペタンは、即時休戦を主

張、レノーやド・ゴールは、徹底抗戦派であった。

パリ陥落二日後の六月一六日、八四歳の副首相ペタンが総理大臣になった。翌一七日、ド・ゴールは、即時にボルドーから空路ロンドンへ向かった。ペタンの政府は、六月二二日、休戦協定を結んだ。ド・ゴールは、亡命政府「自由フランス」を結成し、BBCラジオを通じて、対独抗戦とヴィシー政権打倒を呼びかけた。(注2)

七月二日、フランス政府は、本拠をヴィシー(Vichy)へ移した。ヴィシー政府は、ド・ゴールを脱走罪で死刑判決を下した。ド・ゴールは、チャーチル首相から「自由フランス」代表として認められ、活動資金を得ることになった。

一九四一年(昭和一六年)六月二二日、ドイツ軍は、ソ連占領のポーランドへ進撃し、ソ連軍をモスクワ四〇〇キロのスモレンスクまで追い詰めた。

一九四一年(昭和一六年)一二月八日、ドイツ、イタリアと三国同盟を結んでいた日本はアメリカの真珠湾を攻撃し、香港、シンガポール、マレーシア、フィリピン、インドネシア、ビルマのイギリス、オランダ、アメリカ軍を追い払い占領した。

日本は、ハル・ノートを突きつけられ、自衛的な気持もあり起こした戦争であったが、ドイツが優勢に戦争を進めていたことも戦争に踏み切った原因であった。もし、一九四一年一二月八日当時、ドイツの敗色が歴然たるものであれば、戦争を起こさなかったと思う。

アメリカは、一九四一年三月、武器貸与法を制定し、イギリスや中国に無償で武器援助できるようにしていた。アメリカは、日本と太平洋で戦争するとともにヨーロッパで、イギリス、カナダなどと共に直接ドイツと戦うことになった。

一九四二年一月、ドイツは、スターリングラード攻防戦で敗北、方々で敗戦しはじめた。日本は、どうか。ミッドウェー海戦は、一九四二年(昭和一七年)六月五日で、空母四隻、全ての艦載機を失い、一九四三年四月、山本五十六が戦死し、一九四四年六月一九日、マリアナ沖海戦で、決定的に敗北、同年七月、サイパン島の日本軍が全滅した。

日本軍は、一九四二年（昭和一七年）頃から、ドイツ軍も一九四二年頃から、苦戦を強いられるようになり、潮目が変わった。

## 2．ノルマンディー上陸作戦とカフェ・ゴンドレ（CAFÉ GONDRÉE）

一九四四年（昭和一九年）六月、欧州連合国派遣軍最高司令部（SHAEP）が設置され、ドワイト・D・アイゼンハウアー将軍の指揮の下に、フランスのノルマンディーへ一七万五〇〇〇人の兵を上陸する作戦が立てられた。

上陸作戦開始の日、Dデイは、六月五日と決められた。五日から六日にかけて戦闘が行われた。

人口六万人の住むカーンは、ドイツ軍がいたから、イギリス空軍が爆撃し、カーンを代表する修道院、教会などが全壊または半壊した。

上陸作戦の方は、西から、ユタ・ビーチとオマハ・ビーチはアメリカ、ゴールド・ビーチはイギリス、ジュノー・ビーチはカナダで、ソード・ビーチはイギリスと自由フランス軍が、それぞれ海から上陸か空から降下すると割当てられた。

ソード・ビーチから数キロの距離にBenouville（ベヌーヴィル）という村があり、そこに、カフェ・ゴンドレ（CAFÉ GONDRÉE）があった。イギリス第六空挺旅団の七個のパラシュート大隊の兵士たち

は、午前三時、ベヌーヴィルのランヴィル橋に到着した。兵士たちは、ペガサス橋に近いレストラン、カフェ・ゴンドレを見つけた。やがて長身でがっしりした体躯、沈着冷静、軍人らしい口ひげを立てた、イギリス第六空挺師団団長、ゲール（GALE）少将が到着した。

カフェ・ゴンドレの主人ゴンドレ氏と家族は、地下室からでてきて、解放されたことを喜び、シャンパンを取り出して、これを兵士とともにぐい飲みし、勝利と解放を祝った。店は、しばらく軍隊の援護の拠点となった。

一九四四年八月二五日、イギリス軍、アメリカ軍、自由フランス軍は、パリを解放、二六日、ド・ゴール将軍は、エトワール凱旋門からノートルダム大聖堂まで凱旋パレードを行った。(注3)

### 3．建物の所有者が、所有権で訴訟を提起する

#### (1) フランス民法

フランス政府は、CAFÉ GONDRÉE を歴史的建造物に指定した。(注4)

ゴンドレ氏が亡くなり、娘の Pritchett 夫人（旧姓 Gondrée）の時代になった。夫人は、この建物を絵葉書にして売ったこともある。

一九四四年六月五日、六日のノルマンディー上陸作戦から、五〇年経過した。これを記念して、一九九四年（平成六年）、出版社デュブライ（Dubrayt）は、カフェ・ゴンドレを公共の場所から写真撮影し、これを絵葉書にして売り出した。

カフェ・ゴンドレの所有者、Pritchett 夫人は、自己の所有する建物の外観を許諾なく撮影し、この撮影した写真を複製販売することを差し止めようと訴えた。

所有権について、フランス民法は、五四四条、五四五条、五四六条の三箇条をおく。(注5)

フランス民法
第五四四条　所有権とは、法律又は規則により禁止された使用をなさざる限り、絶対無制限に物の収益及び処分を為す権利をいう。
La propriété est le droit de jouir et disposer des choses de la manière la plus abslue, pourvu qu'on n'en fasse pas un usage prohibé par les lois ou par les règlements.

大村敦志教授は「五四四条　所有権は、最も絶対的な仕方で **de la manière la plus absolue** 物を使用し収益する権利である。…」と訳されている（「フランス民法―日本における研究状況」（信山社・二〇一〇年）一三七頁）。

なお、日本民法で、これに対応するのは民法二〇六条である。

（所有権の内容）
第二〇六条　所有者は、法令の制限内において、自由にその所有物の使用、収益及び処分をする権利を有する。

日本民法八五条は、「この法律において、「物」とは、有体物をいう。」とあり、所有権の対象は、有体物に限り、無体物は民法の対象外である。四宮和夫・能見善久「民法総則第六版」によれば、物権と債権を峻別するドイツ法の影響を受けて、「債権に対する所有権」を認めるのは適当でない、と考え、「物を有体物に限定する八五条ができた。」（一五七頁）。

一八九〇年（明治二三年）四月二一日、民法のうち財産編などが公布されたが、民法典論争がおこり施行されなかった。その旧民法財産編六条は、次のようで、無体物も所有権の対象であった。

第一項　物ニ有体ナル有リ無体ナル有リ

第二項　有体物トハ人ノ感音ニ触ルルモノヲ謂フ即チ地所、建物、動物、器具ノ如シ
第三項　無体物トハ智能ノミヲ以テ理会スルモノヲ謂フ即チ左ノ如シ
　第一　物権及ヒ人権
　第二　著述者、技術者及ヒ発明者ノ権利
　第三　解散シタル会社又ハ清算中ナル共通ニ属スル財産及ヒ債務ノ包括(注6)

前掲四宮和夫・能見善久によれば、ローマ法が、物を有体物と無体物に分け整理する考え方と、「債権についての所有権」という考え方（オーストリア民法典一四二四条）をした自然法の考え方に由来し、「フランス民法でも、学説には無体物を含めて『物』を考えるものがあり、旧民法典は、その影響を受けた。」（一五七頁）とされる。

周知のように、旧民法典は、フランス人ボアソナード（BOISSONADE）（一八二五―一九一〇）が原案を作成した。大久保泰甫「日本近代法の父ボアソナド」（岩波新書・一九七七年）によれば、ボアソナドは、契約の自由を保証した民法を想定し、所有権について、「国家権力に対する、自然権としての所有権の保障」であると考えたのに対し、延期派は、「国家権力による、国家権力の是認した範囲内における所有権の保障」と考え、また、ボアソナドは、「法典はできるだけくわしく、細かい点まで規定した方がいい」とし、延期派は「くどくどと教科書のような法は簡潔な方がいい」と主張したという（一九〇頁）。

所有権について、現行の外国法―ドイツ民法九〇三条、スイス民法六四一条も、フランス民法、日本民法と同じく、所有物の使用、収益、処分という主要な効力を列挙し、所有者が、自由に行使でき、所有権が強力な力を有することを表明している。

フランス民法
第五四五条　何人も所有権の譲渡を強制されることはないが、公用のためかつ正当に事前に補償を受ける場合は、この限りではない。
Nul ne peut être contraint de céder sa propriété, si ce n'est pour cause d'utillité publique, et moyennant une juste et préalable indemnité.

これに対応する条文は、日本民法にはないが、日本国憲法二九条が財産権の不可侵、公用徴収について定める。
憲法第二九条　①財産権は、これを侵してはならない。
②財産権の内容は、公共の福祉に適合するやうに、法律でこれを定める。
③私有財産は、正当な補償の下に、これを公共のために用いることができる。

フランス民法
第五四六条　物の所有権は、動産に関すると不動産に関するとを問わず、天然又は人工により、その物より生じる全ての物およびこれに従として附加する物に及ぶ。
La propriété d'une chose soit mobillière, soit immobilliere, donne droit sur tout ce qu'elle produit, et sur ce quis'y unit accessoirement soit naturellement, soit artificiellement.

これに対応するのは日本民法第二四二条（不動産の付合）および（動産の付合）を定めた第二四三条、二四四条、二四五条である。本稿と直接関係しないので、条文の掲載は省略する。

## (2) 裁判

建物の所有者は、その所有権に基づいて、建物を撮影した写真の販売を禁止できるか。

ここで根拠として主張するのは、フランス民法五四四条と五四五条である。

なお、後述するが、フランス知的所有権法典に関する法律(一九九二年)があり、「第一一一の一条一項 精神の著作物の著作者は、その著作物に関して、自己が創作したという事実のみにより、排他的ですべての者に対抗しうる無形財産の所有権を有する。」、「第一一一の三条 一項 第一一一の一条に定める無形財産の所有権は、有形物の所有権とは別個独立のものである。」と定められている。

[カーン控訴院判決]

カーン(Caen)控訴院は、商業目的で、所有者の許諾なくカフェを公共の場所から写真撮影し、複製しても、これは、所有者に認められた権能(prerogatives)の侵害を構成しないとし、夫人の請求を棄却した。

カフェ・ゴンドレの敗訴である。

[フランス破棄院判決]

一九九九年三月一〇日、フランス破棄院(注7)(Cour de cassation)は、「写真という形態で、他人の財産を利用することは、所有者の使用収益権の侵害を構成する」として、この事件をルーアン(Rouen)控訴院へ移送した。なお、一九九二年一一月二六日メッツ(Metz)控訴院判決も、この破棄院判決と同様であるという。

「建物の所有者は、その建物の外観を撮影する他人へ、所有権に基づいて、その使用収益機能の侵害である」といえるという判決がでたのである。

なお、ある原審判決が破棄院で破棄されると、原審と同一の審級(控訴院の場合ならば控訴院)へ移送されるが、原審裁判所に差し戻すことはしない。(注8)

## 4．破棄院判決をめぐって

### （1）賛成する学者

アゴスチニ（E. Agostini）（政治学院法学部一級教員）は、「民法五四四条及び五四五条の良心的な適用に加えて、破棄院が財産の影像に関する権利をその真実の場所に位置づけたことは全く正当である」と評価した。

ロベール（A. Robert）（（ジャン・ムラン・リヨン大学名誉教授）は、前出一九九二年メッツ控訴院判決の評釈で、「民法五四四条の定める例外を除けば、所有権は絶対なものである」、（この所有権の絶対性についての弊害、欠点を除去するため―筆者）（所有者に対し）権利濫用の法理を用いたり、複製許諾に対する所有者の不当な拒絶に対しては、これをフォート（faute）（帰責原因）[注9]構成し絶対性の原則を緩和すればよい、とする。有体物の外観に所有権の効力を及ぼすことについて、不動産は通行人の目にさらされているから、所有権の効力を及ぼすのはおかしいという批判があろうが、「見ることと写真撮影して、複製・発行することは違う」として、写真撮影して複製物を発行することについて、所有権が及ぶことを肯定するのである。

フランス民法では、不法行為の要件は、損害（dommage）、フォート（faute）、および因果関係（causalité）の三つである。ここでは、帰責原因としておく。

### （2）破棄院判決に反対する学者

著作権法学者として著名なフランソン（A. Françon）（パリ第二大学名誉教授、著書「La propriété littéraire et artistoique」（Collection "Que sais-je, P.U.F., 1970）は、こう述べる。

「著作者の複製権が所有者の私的生活に対し払われるべき尊重によって、制限を受ける可能性があるということは、すでに裁判所が承認してきた。（筆者注、絵画を購入した所有者が、自由に展示できることなどを意味しているのであろうか。）しかし、本判決は、やり過ぎだ。何故なら、本判決は、複製権を所有権の権能とし、所有者はその財産の影像に関する権利を与えられることになったから」。

カロン（Caron）教授は、本判決が所有者に認めた独占権は、illégitime（非合法、違法、不当）であるとし、次の理由を挙げる。1．著作権は、創作により独占権を与えられるが、このカフェの所有者は、いかなる創作行為も行っていない。所有権は、永遠で、著作権は保護期間が設けられている。何故、創作者が、創作していない者に劣後的地位におかれるのか理解できない。2．あらゆる所有者は財産の維持と管理に投資するので、その外観に対する独占権をもつべきだという考えが背後にあるとしたら、それはあまりに極端であり、ショッキングである。3．所有権と著作権が競合する場合、特別法が凌駕するということで、著作権が優越するだろうが、所有者は、多くの場合、著作権を楯に著作物たる有体物の外観利用を拒む著作者の側に対し、それは権利濫用だとし、立証しなければならないだろう。しかし、権利濫用法理をここまで、頻繁に活用されるものにしてよいものか疑問である。有体物の外観利用によって、侵害される利益のうち、精神的なものは、民法九条による私的生活の保護と名誉権で保護を与え、財産的なものは不法行為、準契約、不正競争防止法等の手段を用いればよい。

本判決は、結局、無益である。

（ここで、民法九条とは、「1項　それぞれの者は自己の私生活の尊重を求める権利を有する。2項　判事は、損害賠償は、別段として、私生活の内輪に対する侵害を阻止しまたは差止めるのに適切な、係争物委託、差押、その他の如きあらゆる措置を命ずることができる。（北村一郎訳）」を指す。大村敦志「フランス法―日本における研究状況」（信山社・二〇一〇年）六一頁。

**（3）中間的な説**

ア、撮影された有体物が主である場合に限る

ゴティエ（P.Y.Gautier）（パリ第二大学教授）は、撮影された有体物が被写体として、付随的なものか、それとも主たるものかを区別し、後者のみが所有者の許諾を要するという理論を持ち込むことができるとする。すなわち、建物が主体である絵葉書を作成し、販売する場合は、所有者の許諾がいる、建物が背景に映り込んでいた場合、所

有者の許諾は不要というのである。また、著作物でもある有体物の外観について、すでに著作者が複製許諾を与えているのに、所有者が権利を行使しようとすれば、それは権利濫用となるだろうし、著作物が公有に帰した場合でも、所有者が不当な条件を提示して、その自由な流通を阻害しようとすれば、やはり濫用と評価されるだろうとする。(注10)

イ、一定の場合に限り所有者の権利を認めるコルニュ（M. Cornu）（国立科学センター（CNRS）研究員）は、著作権に匹敵するほどの独占権が所有者に与えられるべきではなく、本判決は行き過ぎであるとする。しかし、一定の場合、有体物の外観利用に所有権の効力が及ぶべきであるとし、利用の性格、所有者の態度、客体たる物の性質といった様々なファクターを考慮して、「明白に過度の妨害（trouble）」があると認められる場合にのみ、所有者の請求を認めるべきだとしている。また、教育、報道目的、芸術的な動機から有体物の外観を利用する場合などは、たとえ商業目的でそれを行うのだとしても、許されてしかるべきであるとする。（筆者注、この歴史的建造物を撮影した絵葉書を販売することは、教育目的あるいは報道目的があり、商業目的でもある。所有者の許諾は不要という結論になる。）

## 5．日本は、旧著作権法時代、「所有権」をどう考えたか

日本では、著作権法の方で、どう所有権を見ていたか、とくに美術の著作物の場合、これを購入した所有権者と美術著作物の著作者の関係を調べてみる。

当時も今も、所有権は、客体である有体物がある限り、永遠に存続する。著作権は、著作権法が保護期間を定めており、保護期間を経過すれば消滅する。

美術の著作物の著作者は、一旦、原作品を譲渡した場合、所有者はどのような権利をもつのか。

所有権を譲渡した著作者は、手元に財産権たる複製権、展示権と著作者人格権をもつが、所有権をもつ者とどう関わるか。

旧著作権法時代

一八九九年著作権法は、著作権と著作物の所有権について、特に触れていない。

旧著作権法の時代、内務省で昭和三年から昭和一一年まで、著作権法を担当していた小林尋次（一九〇〇―一九七七）は、著書「現行著作権法の立法理由と解釈」（初版一九五八年、再刊二〇一〇年）において、次のように述べていた。著作権法の全面改正に対し提言を行っていた。

「著作権と関係なく、著作物の所有権を他人に譲り渡す場合」「特に美術的著作物」について、そのケースが多いが、「かかる場合においては、例えば絵画の所有権移転は、その絵画の著作権移転をも意味するものでないことは勿論である。外国立法例中にはこの点につき明文を置いているものが少なくない。」として（一九五八年当時の）イタリア著作権法二七条、オーストリア著作権法一八条、チェコ著作権法一九条を掲げ[注11]、日本の著作権法はその種の規定を欠くが、これらの外国立法例と同様に解すべきであるとしていた。続けて「かくの如き場合に於いて、著作者が著作権を行使しようと思った際（例えば複製しようと思った際）、著作物所有者はその所有物たる作品を著作者に提供する義務があるかどうかの問題が起こる。所有権の尊厳性に重きを置き、所有者は、たとえ著作者の要請があっても、その作品の模写、展覧、複製のため必要な行為を受忍する義務なしとする立法例もあり、又或る程度の受忍義務有りとする立法例もある。我国現行法ではこの点に関し規定を設けていないから、所有権者には受忍義務なしと解釈すべきであろう。尤も将来の立法問題として、この点を如何に取り扱うかは、考慮を要する点である。」（再刊一二〇頁）。

この後段に、所有者は、作品を提供してほしいという著作者に、所有者は提供する受忍義務があるか、という点について、ドイツ著作権法（一九六五年九月五日）にいわゆる接近権の規定がある。

第二五条（著作物への接近）1．著作者は、その著作物の原作品又は複製物の占有者に対して、著作物の複製物又は翻案物を作成するために必要にして、かつ、占有者の正当なる利益に反しない限り、原作品又は複製物に接近することを求めることができる。

2．占有者は、原作品又は複製物を著作者に引き渡す義務を負わない。

## 6．一九七〇年著作権法—二五条、四五条、四六条、四七条

一九七〇年全面改正の著作権法は、次の点で特徴がある。

1．その美術の著作物又はまだ発行されていない写真の著作物をこれらの原作品により公に展示する権利、すなわち、これらの著作者は展示権をもつとした（二五条）。旧著作権法になかった規定である。では、原作品を購入し、所有権を得た者は、公に展示する場合、著作権者の許諾を得なければ、著作権侵害（展示権侵害）になるか。ならない。

著作権法四五条一項は、著作権者の展示権の権利を制限し、これら原作品（美術の著作物若しくは写真の著作物の原作品）の所有者又はその同意を得た者は、公に展示することを認めている。ただし、これら原作品を街路、公園、その他一般公衆に開放されている屋外の場所又は建造物の外壁等一般公衆の見やすい屋外の場所に恒常的に設置する場合には、適用しない—つまり著作者の展示権が優先する（四五条二項）。

注意を要するのは、所有者（とその同意を得た者）にも「展示権」が与えられたのではなく、著作者に認められた展示権の制限として、展示の自由が認められたということである。

著作者人格権との関係で、「その美術の著作物又は写真の著作物でまだ公表されていないものの原作品を譲渡した場合」には、「これらの著作物をその原作品による展示の方法で公衆に提示すること」について、同意したものと推定される（一八条二項二号）。原作品の譲渡を受けた者は、（公開の展示をしないといった）特約がなければ公表権侵害にならない。ただし、著作者の名誉声望を害する方法によりその著作物を利用する行為は、著作者人格権を侵害するものと見なされる（一一三条六項）。

2．複製権の関係である。

美術の著作物又は写真の著作物の原作品を、二五条の著作権者の展示権を害することなく、公に展示する場合、

公に展示する者は、観覧者のためにこれらの著作物の解説又は紹介をすることを目的とする小冊子にこれらの著作物を掲載することができる（四七条）。展覧会で、解説紹介の「小冊子」に「複製」されることについて、著作権者に無断、無料でいい、とする。複製権が制限されている。現実には、非常に多くの展覧会で販売されている展覧会カタログが高価で美麗であり、「小冊子」に当たらないとされた事例がある（東京地裁平成元年一〇月六日判決）。[注12]

美術の著作物でその原作品が四五条二項に規定する屋外の場所に恒常的に設置されているもの。又は建築の著作物は、（1）彫刻を増製し、又はその増製物の譲渡により公衆に提供する場合、（2）建築の著作物を建築により複製し、又はその複製物の譲渡により公衆に提供する場合、（3）四五条二項に規定する屋外の場所に恒常的に設置するために複製する場合、（4）専ら美術の著作物の複製物の販売を目的として複製し、又はその複製物を販売する場合、を除いて、誰でも自由にこれを利用することができる（四六条）。（1）から（4）まで以外の場合、著作権者の複製権が制限される。

（4）は、著作権者の権利が制限されない場合で、これにより、東京スカイツリーが、「美術の著作物」ということになれば、東京スカイツリーの絵葉書を作成（複製）し、その複製物である絵葉書を販売するのには、東京スカイツリーの著作権者の許諾を取らなければならない。しかし、東京スカイツリーは、「建築の著作物」たりえても、著作権法上、「美術の著作物」ではないと思われる。とすれば、何人も東京スカイツリーの絵葉書を販売しても、著作権法上は、かまわない。[注13]

このように日本では、公開の美術の著作物の「絵葉書」を作成し、販売することについて、著作権者とこれを利用しようとする者との規定がある。

当然のことかも知れないが、所有権者と利用者との規定はない。

## 7．一九七〇著作権法下での「所有権」

一九七〇年著作権法全面改正の立案者は、「所有権」の存在にも気を配っていた。

昭和三八年一月一六日から昭和四五年七月三日まで、約七年五カ月、著作権課長として在任し、著作権法改正を実現させた佐野文一郎（一九二五―二〇一七）は、佐野文一郎・鈴木敏夫「新著作権法問答」（一九七〇年・新時代社）において、「美術品の作者が複製を許可しているのに、所有者が拒否できますか。」

との問に次のように答えた。Aが佐野、Bが鈴木。

A「議論はあるのですが、拒否できるといわざるをえない。いたむからライトを当ててもらいたくない、あるいは貸すのはいやだといえば、それについては、いかに著作権者の許諾を得ていても、住居に立ち入り、応接間にはいって、撮ってもいいということにならない」。B「著作者の権利として、『複製する権利を専有する』とあり」「権利の衝突が出てくるように思うんですが…」に対し、A「著作権の完全な行使が、物理的に不能になるという状態が起こる。そういう状況を排除するためには、作品に接近する権利を別に著作者側に認めなければ、複製権を専有するからといって、所有権を排除して写真撮影ができるというわけにはいかない。」（二二八頁）。なお、この「接近権」については、内閣法制局と議論されている。(注14)

また、「美術品の所有者が、原作品の展示で対価を得ているとき、作者はその分け前を請求できますか」。

A「できない。所有者がもっている権利は、もちろん所有権ですから、その対価は所有権のほうから出てくる、いわば貸し賃、レンタル・フィーですからそれに対して著作者側が分け前をよこせというわけにはいかない」「四五条の、美術の著作物の持ち主はその作品を展示できる、という規定がなければ、所有者といえども無断では展覧会に出せないことになるから、著作権を根拠にして、著作者側は、自分の著作権使用料を、所有者なり、あるいは展覧会の開催者からもらうという道が開けるのですが、そこを認めてしまうと、所有権に対して、あまりに行きすぎた制限がかかってしまう。だから四五条の規定をおいて、持ち主は自由に展示してよろしいと書いてありますから、その限りにおいては、画家の権利は制限されるわけです。」（二二八―二二九頁）。

## 8．所有権、著作権、パブリシティ権に関係した判決例

ここで、日本法の下での、「物についての所有権」「無体物を扱う著作権」「(人の) 氏名・肖像の有する財産的価値の利用権（パブリシティ権)」に関係する判例を掲げることにする。

### (1) 広告用ガス気球「影像」利用事件

原告Xは、広告宣伝等を営業目的とする株式会社で、西ドイツのバルーン社から同社製造の気球を購入し、所有者となり、これから広告宣伝の媒体に、この気球を使おうと計画した。

原告Xは、この気球を、一時、訴外Aに賃貸したところ、空中の気球をプロカメラマンが撮影し、写真貸出業者へ持ち込み、B広告代理店は、六万円でその気球の写真を借用した。

被告Y1は自動車会社で、B広告代理店に依頼し、中央部に気球の映像を配置し、下部に被告らの企業名、製品名の文字を記載した縦一〇三センチ、横七三センチのポスターを作成し、Y1の営業所等に掲示した。Y2は、広告ポスターの一部を負担し、本件ポスターを使用した。

原告Xは、被告Y1のポスター掲載により、気球の映像が広く流布し、広告媒体としての新鮮さが大半喪失、営業上多大の損害を被った、新規性と独占性が失われ、他に賃貸することができなくなったとして被告らに各自八〇〇万円の逸失利益の損害賠償を求めて訴えた。

①東京地裁昭和五二年三月一七日判決[注15]

請求は棄却されたが、判決は、所有権を、強く大きく解するものであった。

「そもそも、所有者は、その所有権の範囲を逸脱しもしくは他人の権利・利益を侵奪する等の場合を除いて、その所有物を、如何なる手段・方法によっても、使用収益することができる（従って、所有物を撮影してその影像を利用して使用収益することもできる。）と解すべきである。さらに第三者は、（所有者から使用収益権能を付与されもしくは使用収益自体を承認されている場合を除いて）他人の所有物を如何なる手段・方法であっても使用収益す

ることが許されない（従って、他人の所有物を撮影してその影像を利用して使用収益することも許されない）と解すべきである。されば、本件において、被告らは本件気球の「影像」を利用したにすぎないものではあるけれども、その手段の故を以て、かかる利用が許される、と判断することはできないものである。」と述べ、「本件気球（の影像）を利用したことは違法」とした。しかし、被告らは、訴外Bに広告ポスターを発注したが、Bは、広告ポスター製作の「専門企業」で、被告らが本件ポスターが企画の設定から素材の利用（本件写真の利用を含む）に至るまで適法に処理した上で製作されたものであると信じていたことは社会通念上相当である、また被告らには原告の気球について有する使用収益機能を妨害若しくは侵害する結果になることを予見する余地はなかった、として、原告の請求を棄却した。

②東京高裁昭和五三年九月二八日判決[注16]

「一般に、物の所有者は、その所有権の範囲を逸脱し若しくは他人の権利・利益を侵害する結果となるような場合を除き、その所有物を如何なる手段・方法によっても使用収益することができ、第三者は、所有者から使用収益を承認されている場合を除いては、直接にせよ間接にせよ、他人の所有物を利用することによって所有者の使用収益を阻害してはならない法的関係にある」「本件気球についていえば、右気球を特定商品ないし特定企業の広告媒体として使用することにより利益をあげることが広告宣伝業者たる控訴人の所有目的と認められる」「第三者が控訴人の右目的の実現に先立って、右気球を特定商品ないし特定企業の宣伝に利用し、」「右気球に特定の商品ないし企業のイメージを密着させてしまって、所有者である控訴人が使用収益の目的を達成することを不可能にしたとすれば、控訴人が右気球の所有者として有する利益を侵害したものというべく、かかる控訴人の所有目的及びこれを阻害する結果の発生を予見しうべき地位にある第三者が、あえて前記のような挙に出た時は、控訴人に対し損害賠償の責に任ずべき場合の生じうることは、これを否定することができない」「気球を撮影した写真を素材とするポスターによって宣伝行為をすることも、ここにいう右気球の利用に含まれる」として、一審と同じく所有権の権利を重く考えた。

なお、被控訴人が、「ある物が思想・感情の創作的な表現であれば、その物の複製に対する保護は著作権法」「その物が工業上利用できる意匠であれば、意匠法により規制される。これらの法律に定める期間内に限り保護が与えられる」「これら法律に定める要件を具備しない場合や、法律が定める保護の期間が満了した場合、そうした著作物や意匠は公共の財産（パブリック・ドメイン）に帰し、それらの複製は何人にも許される」「本件ポスターの製作使用が控訴人の権利を侵害する違法な行為とされるべき理由はない」と主張したが、裁判所は、これらの保護と民法の所有権保護は、保護の目的・内容・保護されるべき権利主体を異にし、所有者が所有権に基づいて、他人に気球の利用（写真撮影を含む）を拒否できることと何ら矛盾しないとし、採用しなかった。

しかしながら、控訴審は、被控訴人らによるポスターの使用と控訴人主張の損害との間には、因果関係が存在しないという理由で、控訴を棄却した。

### （2）顔真卿自書告身帖事件

原告X（書道博物館）は、墨蹟類を多数所蔵する財団法人で、展示、複製の許可、複製物の販売をおこなっているが、中国唐の時代の政治家、書家でもある顔真卿（七〇九—七八四）の「顔真卿自書建中告身帖」（以下、「告身帖」）の真蹟（真筆）を所蔵している。この告身帖は、昭和初期、訴外Aが所有し、AからXへ譲渡されたものであるが、Xへの譲渡以前に、Aは、訴外Bへ告身帖を貸与し、Bは写真撮影し、写真乾板を作成、これをAは了承していた。Bの相続人から告身帖の写真乾板を譲り受けたY1とY2出版社（Yが代表取締役）は、これを用いて告身帖を複製し、その複製物を一部とする刊行物「顔真卿楷書と王樹臨書」（以下、本件刊行物）を印刷、定価六六〇〇円、五〇〇部を発行した。顔真卿の書は、当然、著作権の保護期間が切れている。Xにおいては、顔真卿の書を所蔵していることもあって、入場者も多く、その複製物の販売によって利益を得ている。

Xは、「一般に物の所有者は、その所有権の範囲を逸脱し又は他人の権利・利益を侵害する結果となるような場合を除き、その所有物を如何なる手段・方法によっても使用収益することができ、第三者は所有者から使用収益を承認されている場合を除いては、直接にせよ間接にせよ、他人の所有物を利用することによって所有者の使用収益を阻害してはならない関係にある」「ある物について、その所有者の許諾なしにその複製及び影像の製作・販売等を行えば、所有者がその物について有する使用収益権を侵害することになる」と主張して、本件刊行物の販売の差止及び「告身帖」の複製部分の廃棄を請求し、訴訟を提起した。

①一審東京地裁昭和五七年一月二五日判決(注17)

Xのいう「一般に物の所有者は、その所有権の範囲を逸脱し又は他人の権利・利益を侵害する結果となるような場合を除き、その所有物を如何なる手段・方法によっても使用収益することができ、第三者は所有者から使用収益を承認されている場合を除いては、直接にせよ間接にせよ、他人の所有物を利用することによって所有者の使用収益を阻害してはならない関係にある」ことは、まったく肯定したが、「右は有体物についての使用収益にとどまり、所有者が、有体物を離れて無体物である美術の著作物（美術的価値）自体を排他的に支配し、使用収益することができる訳ではない」「保護期間が満了し、著作権が消滅した場合」「美術の著作物（美術的価値）を体現している有体物の所有者が、著作権の消滅を理由として、美術の著作物自体について右の排他的な利用・支配権能を取得できるいわれはない」とした。

②二審東京高裁昭和五七年一一月二九日判決(注18)

Xは、所有権の内容として、美術の場合、著作権の存続期間がある間は、著作権法の制約に服し、期間が満了すれば、直ちに何人もその著作物の自由な利用ができるわけでなく、原作品の所有者が原作品の影像や写真の排他的支配権を有する、第三者による右作品の影像・写真の利用が右原作品の所有者が有する使用収益権を害する結果となるときは、所有者はその所有権に基づきこれを差し止められる、と主張した。控訴審は、一審判決は相当で、控訴は理由なしとした。

「美術の著作者が専有する無体物たる美術の著作物の複製権及び展示権は、著作権の存続期間満了後においては、いわゆるパブリック・ドメインに帰するところ、この場合、美術の著作物の原作品の所有者が、有体物についてこれを直接かつ排他的に支配する権利である所有権の内容として、無体物たる美術の著作物につき排他的な利用・支配権能を取得して原作品の影像や写真に対し排他的支配権を取得するに至ると解する余地は全くない」「美術の著作物の原作品の所有者は、有体物たる所有物そのものの使用・収益・処分について排他的な権利を有するから、他人（著作権者をも含む）が、原作品の所有者に対し、著作物の内在する所有物に接近するのを求めたり、その開示、貸出及び写真撮影等を求めたりするのに対し、これを拒むことができるし、また、著作権者の権利を侵害しない限り、対価を得てこれを許すこともできるが、それ以上に無体物たる著作物についてなんらかの権利を主張することはできない」とし、控訴を棄却した。

③最高裁昭和五九年一月二〇日判決[注19]

上告人は、美術の著作物の場合、保護期間内においては所有権の権能の一部が離脱して著作権の権能と化し、保護期間の満了により著作権が消滅、同時にその権能が所有権の権能に復帰すると解した説を唱えたが最高裁は採用せず、上告を棄却した。

「美術の著作物の原作品は、それ自体有体物であるが、同時に無体物である美術の著作物を体現している」「所有権は有体物をその客体とする権利であるから、美術の著作物の原作品に対する所有権は、その有体物の面に対する排他的支配権能であるにとどまり、無体物である美術の著作物自体を直接排他的に支配する権能ではないと解する」「美術の著作物に対する排他的支配権は、著作物の保護期間内に限り、ひとり著作権者がこれを専有する」「著作物の保護期間内においては、所有権と著作権とは同時的に併存するのであるが、所論のように、保護期間内においては所有権の権能の一部が離脱して著作権の権能と化し、保護期間の満了により著作権が消滅すると同時にその権能が所有権の権能に復帰すると解するが如きは、両権利が前記のように客体を異にすることを理解しないことによるもの」である。「著作権の消滅後は、所論のように著作権者の有していた著作物の複製権等が所有権者に復帰するのではなく、著作物は公有（パブリック・ドメイン）に帰し、何人も著作者の人格的利益を害しない限り自由にこれを利用しうる」「著作権が消滅しても、そのことにより、所有権が、無体物としての面に対する排他的支配権能までも手中に収め、所有権の一内容として著作権と同様の保護を与えられることになると解することはできない」「著作権の消滅後に第三者が有体物としての美術の著作物の原作品に対する排他的支配権能をおかすことなく原作品の著作物の面を利用したとしても、右行為は、原作品の所有権を侵害するものではない」と判示し、被告Yの行為は、所有権侵害ではないと示唆した。

ついで、原告側の窮状を念頭に「保護期間の満了後において第三者が美術の著作物の複製物を出版すると、所論のように、美術の著作物の原作品の所有権者に対価を支払って原作品の利用の許諾を求める者が減少し、原作品によって収益をあげる機会を奪われ、経済上の不利益を受けるであろうことは否定し難い」が、「第三者の複製物の出版が有体物としての原作品に対する排他的支配を侵すことなく行われたものであるときは、右複製物の出版は単に公有に帰した著作物の面を利用するにすぎない」とし、「たとえ原作品の所有権者に右のような経済上の不利益が生じたとしても、それは、第三者が著作物を自由に利用することができることによる事実上の結果である」「所論のように第三者が所有権者の原作品に対する使用収益機能を違法におかしたことによるものではない」として、Xの主張を採らず、上告を棄却した。

**（3）長尾鶏事件（高知地裁昭和五九年一〇月二九日判決**[注20]**）**

被告Yは、父の代から丹精込めて、永年、国の天然記念物に指定されている長尾鶏の飼育をしている。原告Xは、Yの先代の頃から、この長尾鶏を撮影し、その写真を高知県下の観光業者、旅館、土産物店に置いて、販売している（Xは、先代に代価一〇〇〇円をその都度支払い、絵葉書にすることの承諾を得ていたとの主張をしたが、本裁判では認めなかった）。

XY間に代価をめぐって、紛争が生じ、Yは、Xに対し、「長尾鶏は著作物であり、Xが無断で、Yの所有物である長尾鶏を撮影し、撮影した長尾鶏の姿を複製し、販売し、利益を上げている。七五〇万円の損害賠償を請求する」とし、昭和五五年三月、訴訟を提起した。

裁判官が、「長尾鶏が著作物かとの認定が先決で、鑑定人の申請をしては」と示唆、Yは、訴えの取下げの書面を提出したが、Xが同意せず、Yは請求の放棄をした。

Xは、このような訴訟をYが行ったことは、Xに対する不法行為であるとして、一〇五万円（訴訟提起の費用七五万円及び慰謝料三〇万円）の損害賠償請求訴訟を起こした。

高知地裁金子與裁判官は、「しかしながら、本件長尾鶏には、前示の如く独特な美しさがあり、その管理、飼育にもそれなりの工夫と人知れぬ苦労があり、永年の努力の積重ねの結果、ようやくにしてこれが育て上げられたものであることを考えると、本件長尾鶏を写真にとったうえ絵葉書等に複製し、他に販売することは、右長尾鶏所有者の権利の範囲内に属するものというべく、その所有者の承諾を得ることなくして右写真を複製して絵葉書にして他に販売をする所為は、右所有権者の権利を侵害するものとして不法行為の要件を備えるものとみられ、右権利を侵害した者はその損害を賠償する義務がある」と判示し、Yの起こした訴訟は、不法行為に当たらない、として請求を棄却した。

### （4）錦絵事件（大阪地裁昭和六〇年六月一一日判決[注21]）

原告Xは、錦絵の収集家、研究家である。被告Y1（講談社）は、書籍の出版等を行う株式会社である。被告Y2（株式会社第一出版センター）は、Y1出版の書籍の編集等を行う会社である。

Xは、Y側と「錦絵幕末明治の歴史」（以下、本書）を出版するため、次の契約を結んだが、履行されなかったとして、被告各自六〇四万三七〇〇円をXへ支払うよう請求、訴訟を提起した。

裁判所は、1．契約の内容、2．掲載使用料の支払い請求、3．逸失使用料相当額の損害賠償請求、4．貸与使用料の不当利得返還請求、5．掲載使用料相当額の損害賠償請求、6．名誉毀損による損害賠償請求、7．示談の成立、に分けて検討した。

1．原告、被告間の契約の内容は、どうであったか

イ　原告所蔵の錦絵六〇〇点（一巻当たり錦絵約一〇〇点、うち五〇点が原告所蔵錦絵）を限度として掲載する。
ロ　被告らは、各自、原告所蔵錦絵六〇〇点を限度とする掲載料二五〇万円を支払う。
ハ　原告所蔵錦絵の掲載点数が増加した場合、一点、四一六六円の使用料を支払う。
ニ　被告らが本書を出版するために撮影した原告所蔵の錦絵の写真フィルムを他の書籍に使用する場合には、あらかじめ原告の承諾を得た上で、その使用料を支払う。
ホ　原告は、被告らが本書を出版後、「被告らが撮影した原告所蔵の錦絵の写真フィルムを原告に引き渡すという黙示の契約も成立したと主張するが、先に認定した事実をもっては右黙示の契約の成立を推認するに足らず、他にこれを認めるに足りる証拠はない。」
ヘ　「原告は、出版業界においては、錦絵等の出版社は、錦絵等を掲載した書籍を出版した後に、同書籍に掲載するために撮影した錦絵等の写真フィルムを、掲載及び契約の有無にかかわらず、錦絵の所蔵家に引渡すという慣行が存在すると主張する。〈証拠〉を総合すると、所蔵家の側では、撮影した錦絵の写真フィルムを所蔵家に引き渡すという慣行の定着を期待しながらも、他方出版社の側では、できるだけ引渡をしないですませようとする考え方が根強く残っていることをうかがうことができる。」「錦絵の所蔵家から出版社に対する写真フィルムの引渡請求権を認めることが出版業界における慣行として支持される程度にまで確立していると認めることは困難である。」「原告の右主張事実は認めることができない。」

2．掲載使用料の支払い請求
原告Xは、二一三点分の八八万七五〇〇円の支払い請求権を有するとした。

3．逸失使用料相当額の損害賠償請求
原告に対し、写真フィルムの引渡義務があるのに、義務不履行による賠償を請求したが、原告主張の黙示の契約の成立または慣習法の存在を認めず、原告の主張は理由がない。

4．貸与使用料の不当利得返還請求

被告らは、第三者へ、原告所蔵の写真フィルムを、使用料一枚二万円で貸与、一七四万八〇〇〇円の収入を得た。経費三五％控除し、一一一万六二〇〇円不当利得の返還義務がある。

5．掲載使用料相当額の損害賠償請求

Y1は、七点（一七枚）の無断複製の掲載については、三四万円の賠償責任がある。

6．名誉毀損による損害賠償請求。錦絵一点（三枚）について、所蔵家を「浅井収」とすべきを「関口高次郎」と誤った。慰謝料五万円。

7．示談の成立。被告主張の示談の成立を認めなかった。

8．結論として、（2）、（4）、（5）、（6）の合計二三九万三七〇〇円の損害賠償を命じた。

【コメント】上記1、ホ（出版社は、撮影後、写真フィルムを所蔵家へ引き渡すという黙示の契約の成立が否定された）こと、へ（所蔵家は、契約の有無にかかわらず、出版社からフィルム引渡請求権をもつという慣行が否定された）ことが重要である。なお、福王寺一彦・大家重夫「美術作家の著作権」（里文出版・二〇一四年）二八七頁以下参照。

**（5）大型サロンクルーザー事件[注22]（神戸地裁伊丹支部平成三年一一月二八日判決）**

被告Yは、大型サロンクルーザー（本件クルーザー）を輸入して、Aへ販売した。平成元年二月下旬、Aは、この本件クルーザーをホテル経営者の原告Xへ売った。

Yは、クルーザー輸入、販売業を始めたのだが、その最初の購入者がAであったので、今後のYの販売のための宣伝として、本件クルーザーの写真を撮影し、雑誌の広告として掲載したいとして撮影の了承を得、撮影し、月刊誌「オーシャンライフ」へ、写真のネガを平成元年二月頃送付し、「オーシャンライフ」平成元年六月号及び八月号に本件クルーザーが掲載された。

Yは、平成元年四月末頃、本件クルーザーの所有権がAからXへ移転したことを知ったが、雑誌社へ、新所有者がXである、などの連絡をしなかった。

Xは、本件クルーザーをホテルのシンボルとして使用していたが、その船名入りの写真が、前記雑誌に掲載され、Yの販売広告用に使用されたため、（Xが持ち主である）本件クルーザーが売りに出ているとの噂が広がり、Xの営業用の信用、名誉が著しく害されたとし、また、従業員も辞めていき、ホテルも廃業のやむなきに至ったとして、五五〇万円の損害賠償（うち弁護士費用五〇万円）を請求して、Yを訴えた。

横山敏夫裁判官は、次のような判決を下した。

ア、「原告は、本件クルーザーの所有者として、同艇の写真等が第三者によって無断でその宣伝広告等に使用されることがない権利を有していることは明らかである。」

イ、被告Yは、平成元年二月末頃、本件、クルーザーの所有権がAから移転したことを知ったのであるから、Yは、その時点で新所有者のXに対し、改めて写真掲載の承諾を得るべき義務があった。

ウ、Yは、Xの承諾を求めることも、右雑誌掲載中止の手続きもとらず、そのまま掲載されるに委せていたことから、被告Yには、原告Xが被った損害賠償責任がある。

エ、雑誌は、本件クルーザーの使用例として掲載されたが、その所有者名を明示すべきであったのに怠った点、損害賠償責任がある。

オ、広告写真を見た者が本件クルーザーが売りに出されたと誤解し、経営悪化でホテルも売りに出された等の噂も流れ、原告Xのホテル経営上の信用、名誉が侵害された。

カ、ただし、写真掲載とホテル廃業の間に相当因果関係はない。

ク、以上、原告Xの信用、名誉の侵害は、弁護士費用を含め、一〇〇万円であるとした。

この判決は、クルーザーの所有権をもつ者は、そのクルーザーを第三者が写真撮影し、写真を公表することについて、許諾権をもつ、と解されやすい、私もそう解し、この判決は疑問であるとの意見を表明した。(注23)

浅野直人教授は、「本件クルーザーが、原告の経営するホテルのシンボル的存在であったことを考慮したものというべきであり、原告の所有するあらゆる物にこのような権利を認めたものというべきではなさそうである」とされる。[注24] しかし、上述、ア、のような判決文である以上、この判決は、所有権に基づいて、「同艇の写真等が第三者によって無断でその宣伝広告等に使用されることがない権利を有している」、すなわち、フランス破棄院判決と同じであると見てよいと思われる。

### (6) かえでの木事件（東京地裁平成一四年七月三日判決[注25]）

原告Xは、昭和四三年、長野県池田町に、訴外Aと共有で、土地を購入、昭和五九年、Aからその共有持分の譲渡を受け、単独で土地を所有している。Xは、整地した際、土地の上に植えられた約一五メートルの美しいかえでの木の美しさに感動し、本件かえでを管理保全する必要性を痛感し、平成一二年四月、個人で楽しむ以外の営利目的での本件かえでの撮影やその映像の使用については、原告の許可を受けること、及び許可を受ける場合には、本件かえでの保全のための金銭的援助を求めることをきめ、許可等に関する事務を訴外Bに委ねた。

平成一二年七月、本件土地上に「根を踏まない、枝を折らないなど樹を大切にして下さい。本件かえでに対する私有地での撮影及び映像使用の権利は所有者にあります。撮影した映像を個人として楽しむ以外は撮影、使用許可を得てください。無断で公に使用することはできません」と記載した看板を設置した。

被告Y1は、フリーのカメラマンで、この看板が設置される以前に、本件かえでの木を無断で撮影し、被告Y2（株）ポプラ社）からかえでの木の写真を掲載した書籍を出版した。

Xは、かえでの木の所有権に基づいて、1．書籍「シリーズ　自然　いのち　ひと②　わたしのもみじ」の印刷、発行、製本、販売、頒布の禁止、2．すでに販売、頒布した書籍の回収、3．被告は、連帯して三三〇万円の損害賠償を支払うよう求めた。

東京地裁民事二九部飯村敏明裁判長は、「第三者が、原告が本件看板を設置した以降に、本件かえでの生育に悪影響を及ぼすと考えて原告が明示的に禁止した行為を行うために本件土地に立ち入った場合には、原告の本件土地の所有権を侵害する不法行為を構成することは明らか」であり、「本件土地の所有権侵害行為と相当因果関係を有する範囲の損害を賠償すべき」であるとしたが、「本件看板を設置した後に、被告Y１が、そのような行為をしたことは認められないから、被告Y１の原告に対する不法行為は成立しない」「その他、本件全証拠によるも、原告の法的保護に値する何らかの利益を侵害したということも認められない」とし、Xの請求を棄却した。なお、「本件土地内に、美観を損ねないような柵を設けること等によって、より確実に」原告の目的が達成できる、と付言している。

この判決では、①まず、「かえでの木」の所有権に基づいて、無断営利目的写真撮影の禁止が可能か、という問題ではなく、②「かえでの木」の植わっている土地の所有権者が、無断営利目的写真撮影の禁止が可能か、という問題となっている。また、③「単に土地所有権がある」ことでは、排他力がなく、他人が営利目的の写真撮影をしても合法だが、「土地所有権に基づき立ち入り禁止」「無断撮影禁止」の看板をした場合、はじめて、排他的効力が生じ、看板に表示された禁止行為をおこなえば違法となるとしている。

三浦正広教授は「この事件が提起している問題の本質は、有体物に対する所有権の権能の問題あるいは物のパブリシティ権の問題として把握することも可能であるが、Xがかえでの木の所有権にもとづく損害賠償を請求しているにすぎないということもあり、裁判所は厄介な問題を回避し、争点をすりかえることによって事案の解決を図ったということができる」と評している。(注26)

### (7) ギャロップレーサー事件

これは、競馬の競争馬の馬主は、ゲームソフトに、馬主に無断でその馬の名前を使用されないという権利をもつか、という事件である。

競走馬の馬主という「所有権者」という観点から、ここに挙げておく。

市販のゲーム機器に、実在の野球選手の名前、相撲力士の氏名を無断で使用すれば、パブリシティ権の侵害である。アメリカ法の影響を受けて、マーク・レスター事件（東京地裁昭和五一年六月二九日判決[注27]）、おニャン子くらぶ事件（東京高裁平成三年九月二六日判決[注23]）などにより、自然人である芸能人の氏名、肖像の営利的利用について、芸能人は、顧客吸引力をもち、経済的利益ないし価値があり、これを排他的に支配する財産的権利ないし利益があり、差止、損害賠償を求めうるという理論である。

1、名古屋地裁平成一二年一月一九日判決[注28]

物のパブリシティ権も著名人と同じく、顧客吸引力をもつと客観的に認められることが必要で、これを経済的に利用できる者は、その物の所有者であるから、パブリシティ権は、その物の所有者に帰属する。物が顧客吸引力を有する限り、日々発生するから、物の所有権が移転の場合、パブリシティ権も新所有者へ移る。馬名の無断使用は、パブリシティ権侵害の不法行為か。「物についての名称、肖像等を使用する目的、方法及び態様を全体的かつ客観的に考察して、右使用が物の名称、肖像等のパブリシティ価値に着目してその利用を目的とするものであるといえるか否か」により判断すべきだとして、「G１レースに出走したことがある競走馬」について、顧客吸引力があるとし、これらの馬名の無断使用はパブリシティ権侵害とした。

2、名古屋高裁平成一三年三月八日判決[注29]

名古屋地裁と同じく、物のパブリシティ権を認めた。

「強い競走馬そのものに対する名声、社会的評価、知名度等が生じており」著名人と同様の顧客吸引力を有していることは公知の事実で、「物のパブリシティ権を一定の要件のもとに承認し、これを保護するのを相当とするような社会状況が生まれている」とし、名古屋地裁と違って、「各競走馬のうち」「G１レースに出走して優勝したことがある競走馬」にのみ、パブリシティ権を認めた。差止請求権は認めなかった。

3、最高裁平成一六年二月一三日判決[注30]

「競走馬等の物の所有権は、その物の有体物としての面に対する排他的支配権能であるにとどまり、その物の名称等の無体物としての面を直接排他的に支配する権能に及ぶものではないから、第三者が、競走馬の有体物としての面に対する所有者の排他的支配権能を侵すことなく、競走馬の名称等が有する顧客吸引力などの競走馬の無体物としての面における経済的価値を利用したとしても、その利用行為は、競走馬の所有権を侵害するものではない」として最高裁昭和五九年一月二〇日判決（顔真卿自書告身帖事件）を引用する。ついで「現行法上、物の名称の使用など、物の無体物の面の利用に関しては、商標法、著作権法、不正競争防止法等の知的財産権関係の各法律が、一定の範囲の者に対し、一定の要件の下に排他的な使用権を付与し、その権利の保護を図っている」。

反面、「各法律は、それぞれの知的財産権の発生原因、内容、範囲、消滅原因等を定め、その排他的な使用権の及ぶ範囲、限界を明確にしている」「上記各法律の趣旨、目的にかんがみると、競走馬の名称等が顧客吸引力を有するとしても、物の無体物としての面の利用の一態様である競走馬の名称等の使用につき、法令等の根拠もなく競走馬の所有者に対し排他的な使用権等を認めることは相当でなく、また、競走馬の名称等の無断利用行為に関する不法行為の成否については、違法とされる行為の範囲、態様等が法令等により明確になっているとはいえない現時点において、これを肯定することはできない」「したがって、本件において、差止又は不法行為の成立を肯定することはできない」とした。

なお、ギャロップレーサー事件と同じく、競走馬の馬名をゲーム「ダービースタリオン」に使用することを巡って、東京地裁平成一三年八月二七日判決、(注31)東京高裁平成一四年九月一二日判決(注32)（以上ダービースタリオン事件）がある。いずれも最高裁平成一六年二月一三日判決と結論を同じくしている。

アメリカから入ってきたパブリシティ権は、「人の肖像・氏名の有する財産的価値を利用する権利」であるが、ドイツやフランスでは、人の肖像・氏名は、人格権として保護され、その人に無断で、その肖像を公表すれば、肖像権侵害とされてきた。興味深いのは、フランスでは、肖像権は「所有権」と同一視されていたことである。

一九〇五年（明治三八年）二月一〇日セーヌ民事裁判所判決は（映画製作者が、ある俳優が外科手術を受けている場面を撮影し公表した教育目的映画の場合、俳優から訴えられた事件で）「人は、自己の肖像の上に時効にかか

らない所有権を有する」とし八〇〇〇フランの賠償を命じている。（注33）

フランス、ドイツの肖像権の内容は、肖像の作成は含まず、無断で肖像を公表することである。本稿の副題を「建物に『肖像権』はあるか」としたが、人の肖像権をフランスでは「所有権」で説明していたので、この表現は正しいかも知れない。

## 9．フランス破棄院判決とフランス知的所有権法典一一一条の三第一項

［フランス知的所有権法典］

駒田泰土教授がコピライト二〇〇〇年六月号で指摘するように、「フランス知的所有権法典（Code de la propriètè intellectuelle）に関する一九九二年七月一日の法律」第一一一の三条には、次のような条文がある（以下、大山幸房訳による）。

「第一一一の一条に定める無体財産の所有権は、有体物の所有権とは別個独立のものである。」

（筆者注、第一一一の一条　精神の著作物の著作者は、その著作物に関して、自己が創作したという事実のみにより、排他的ですべての者に対抗しうる無体財産の所有権を享有する。）

2　有体物の取得者は、一二三の四条第二項及び第三項（筆者注、遺著の取り扱い）に規定する場合を除き、その取得という事実によってこの法典に規定するいずれの権利も与えられない。これらの権利は、著作者又はその権利承継人個人に存続する。ただし、これらの者は、それらの権利の行使のためにその有形物を利用することを有形物の所有者に要求することはできない。所有者が公表権の行使を妨げる明白な濫用がある場合には、大審裁判所は、第一二一の三条（筆者注、死亡著作者の代理人に公表権の行使又は不行使の明らかな濫用がある場合、大審裁判所が適当な措置を命ずることができる等の規定）の規定に従って、適当ないずれの措置もとることができる。

それまでのフランス著作権法（一九五七年三月一一日）の「第二九条」は、「第一条に定める無形の所有権は、有体物の所有権とは、別個独立のものとする」とあり、以下、この条文が、現行法典第一一一の三条に引き継がれ

ている。

この条文をどう説明するのか。駒田教授がいわれるように、ゴンドレ破棄院判決により「フランスの著作権思想の普及に努めてきた関係者は、いささか途方にくれているかもしれない」。

無体財産権（知的所有権、知的財産権）の対象は無体物、所有権の対象は有体物という、二元説というのは、日本の現行民法の立場で有り、顔真卿自書告身帖事件最高裁判決が強調するところであった。フランソン教授が、破棄院判決に反対しているが、私もフランソン教授の意見を支持する。

## 10．日本ではどうあるべきか―日本の関連判例へのコメント

日本の判例をいくつか列挙したが、改めてコメントをしたい。

（1）広告用ガス気球「影像」利用事件であるが、この事件において、裁判所は、無体財産権、知的財産権と有体物の所有権について、あまり考えず、（カフェ・ゴンドレ事件の破棄院判決と同じように）所有権は、強大であるという人々が無意識のうちに持っている感覚でもって、判決を下したのではないだろうか。カフェ・ゴンドレ事件破棄院判決を先取りしたともいえる。

（2）顔真卿自書告身帖事件については、阿部浩二教授が「著作権法判例百選三版」で述べられているように「有体物についての所有権と、そこに化体（体現）されている著作物についての権利との区別、すなわち、著作権についてのもっとも基礎的な理解を教示する事件」という位置づけに賛成する。

多くの日本の学者は賛成と思うが、次のような意見もある。

故辻正美京大教授は、（顔真卿事件最高裁判決は）「第三者による複製物の出版等が『有体物としての原作品に対する排他的支配をおか』して行われた場合」には、その法的責任を追及しうる余地を残している。それが具体的にいかなる場合を指すのか明らかでないが、封蔵されているものを無理矢理開披して複製（写真撮影）したような場合でなければ所有者の排他的支配をおかしたことにならないとの趣旨である

とすれば、やや問題であろう。というのは、②事件（広告用ガス気球事件―筆者）」でも③事件（長尾鶏事件）でも、所有者に無断で写真撮影が行われたものの、特に不法な有形力の行使を伴っていないにもかかわらず、その後の利用態様と併せて、所有権の侵害（所有者の収益権能の侵害）が肯定されており、また、④事件（サロンクルーザー事件）では、旧所有者の承諾を得て撮影した写真の影像でも、新所有者の承諾を得ないでこれを利用すれば不法行為となるとされているからである」。辻教授は、上記の判例をすべて、肯定するという前提で、矛盾なく説明しようとされ、その上で、次のように言う。

「所有者は、その排他的な使用収益権能に基づいて、他人に対し写真撮影のために所有物を使用させるかどうか、撮影した写真（影像）で収益を図ることを許容するかどうかの決定権を有する。したがって、たとえ不法な有形力の行使を伴わなくても、他人の所有物を写真撮影することは、所有者の明示又は黙示の許諾がない限り、違法であり、所有権の侵害に当たるというべきである。」とされる。(注34)

松尾弘慶応義塾大学大学院法務研究科教授は、「著作権が消滅するなどして、現在それが存在しない美術作品に対して所有者Aがもつ所有権の効力は、当該美術作品に合法的にアクセスしてその写真画像を作成した者Bが、これを複製し、販売するなどの利用をする行為には及ばない」「したがって、AはBに対し、写真画像の複製の製作、販売などの利用行為の差止を請求できない」―（顔真卿自書告身帖事件）。では、「Aが所有する、著作権消滅後の美術作品に対し、不法にアクセスしてその写真画像を作成したBが、その原作品をAに返還した後に、その写真画像を複製し、販売するなど、不法行為に基づく損害賠償請求（七〇九条）をする以外、差止請求はできないと解してよいか」「しかし、所有権＝有体物、知的財産権＝無体物という二元説が絶対的なものと解すべきでない」として、「AがBに対して当該作品の写真画像の撮影・複製・販売などを明示的・黙示的に承諾しない限り、むしろ原則として物の無体的利益にも所有権の効力を及ぶと解する余地もある」とする。

松尾教授は、「所有権の客体・効力が物の無体的利益に及ぶかどうかは、一律に否定（二元説）又は肯定（一元説）するのでなく、①物と無体的利益との密着度、及び②当該無体的利益の社会的利用への要請度に照らし、個別的・類型的に判断すべきである」とされる。(注35)

なお、松尾教授は、顔真卿事件で、書道博物館が自書告身帖を入手する以前に、当時の所有者の承諾を得て、写真画像が合法的に作成されたのであるから、「A（書道博物館）が取得した所有権は写真画像の利用権限が既に他人に譲渡されたものであったがゆえにAのDに対する差止請求が認められなかったとして、二元説によらずに解決することも可能」であったと指摘されるが興味深い考えである。

（3）長尾鶏事件は、長尾鶏の所有者が、その飼育場所を高い塀で囲い、外部の公共の場所から写真撮影できないようにしておけばよかったということに尽きると思う。

（4）辻正美教授は、錦絵等の所蔵者に同情的で、「貴重な美術品の所蔵者にとっては、その取得や保存に多額の出費を要したにもかかわらず、①事件のような事情の下でその複製物が出版・販売された場合には、何の法的権利も主張し得ないというのは、納得し難いところであろう。このような事態を打開するには、新たな保護制度の導入を含めて、美術品の所蔵者の権利一般について、今一度検討し直すことが必要であるように思われる」とした。

所蔵者が、出版社へ撮影したフィルムを返還するよう明示した契約をさせ、これは法上有効であろうが、実際上、デジタルカメラの時代になり、撮影者の手元に「フィルム」は残存し、拡散するであろう。所蔵者は、所有権に基づいて、手元で管理し、拝観料、入場料を取り、撮影を禁止すべきである。所蔵家と美術品を借り受けて撮影した者との契約は、多様な契約が考えられるが、その契約が裁判によっては、公序良俗違反で無効、あるいは権利濫用とされる場合もあろう。

（5）大型サロンクルーザー事件判決については、既に触れたが、旧所有者の承諾を得て撮影した写真の影像でも、新所有者の承諾を得ないで利用すると不法行為になるという判例はおかしいと思う。

船の所有権を持てば、その所有権により、雑誌が、無断で船の姿を掲載することも、間違った船主の氏名を表示することも不法行為というのであろうか。

大型サロンクルーザーが美術の著作物で、絵葉書にするのであれば、著作権法四六条四号の問題が生じるが、船主の名前が違っていたのであれば、その点だけを謝罪すべきである。

(6)かえでの木事件であるが、かえでの木は、著作物ではない。著作権法四六条四号の問題はない。木の所有者が、囲いを作り、外から撮影できないようにしなければ、誰でも木を撮影し、写真を利用できる。

(7)競馬の競走馬の名前・姿を、ゲームなどに使用する場合、馬主の許諾がいるか、という問題で、最高裁は、馬主の許諾不要とした。

最高裁は、パブリシティ権は、自然人の人格から流出すると考え、馬の名前について、否定したと考えられるが、私は、1.無体物は、知的財産法、有体物は、民法の所有権という棲み分け、2.既存の知的財産法の大系において、予定していないという理由で、物のパブリシティ権を認めない。

松尾弘教授は、物(この場合、馬)とその物の名称との「密着度が比較的低いことから所有権の効力がそこまで及ばない結果」であるという理由づけも可能である」とされる。興味深い理由づけである。

## むすび

フランスでは、「無体物の所有権と有体物の所有権は、別個独立」という知的所有権法典の条文があるのに、有体物の所有権が、無体物までも支配する判例を生み出した。

日本では、最高裁判例(顔真卿自書告身帖事件)や大方の学説が、物の所有権は、無体物としての面には支配力は及ばない、とし、「物の所有権は民法で、無体物の所有権は知的財産法で」とされている。私も賛成である。

ただ、能見善久教授、松尾弘教授、故辻正美教授は、この考えを疑問視している。現在のところ、少数派であるが、いつ多数派になるか分からないのがこの世のならいである。注意が肝腎である。

本稿の作成については、駒田泰士教授の論文を拝見したことが切っ掛けであり、感謝に堪えない。われわれの日本民法は、ドイツ法とともにフランス法の影響を非常に多く受けている。日本の著作権判例をウオッチしているが、フランス法、フランス判例にも目を向けていきたい。フランス語をはじめとしてフランス法をご教示くださったJASRAC国際部の渡辺聡氏のご教示にも感謝する。

（写真は、二〇一二年八月二五日、カフェ・ゴンドレ事件の破棄院判決の舞台であるベヌーヴィル村のカフェ・ゴンドレへ行った際のものである。）

---

注1　駒田泰土「有体物の外観利用と所有権―カフェ Gondrée 事件フランス判例」コピライト。二〇〇〇年二月号三四頁。同「カフェ Gondrée 事件破棄院判決をめぐるフランスの議論状況」。

注2　長谷川公昭「ナチ占領下のパリ」草思社・一九八六年。

注3　アントニー・ビーヴァー、平賀秀明訳「ノルマンディー上陸作戦一九四四　上」白水社・二〇一一年。

注4　フランスには、「歴史的記念物に関する一九一三年法」及び「天然記念物ならびに芸術的歴史的科学的伝承的特質をもつ史跡の保護に関する一九三〇年法」がある。フランスは、日本と違って、第二次世界大戦後の建造物にまで保護し、保護対象が広い。フランスでは、一九八八年に作られたものが一九九二年、歴史的記念建造物に登録されたという。北河大次郎及び文部科学省「我が国の文教施策」（平成五年度）による。

注5　神戸大学外国法研究会「仏蘭西民法[Ⅱ]物権法」(執筆、実方正雄、補遺高木多喜夫)（有斐閣・一九五六年）に依った。

注6　旧民法の条文は、我妻栄編集代表「旧法令集」（有斐閣・一九六八年）一一五頁に依った。三浦正広「有体物の影像による利用とその保護―所有権、著作権、物のパブリシティ権」青山法学論集四五巻四号一七四頁（二〇〇八年（平成一六年）三月二七日発行）。四宮和夫・能見善久「民法総則第六版」（弘文堂・二〇〇三年）一五七頁（能見善久教授の執筆と推定する）は、「アプリオリに所有権の対象は有体物でなければならない、と硬直的に考えるのは適当でない」とし、「旧民法典の立場は、実は極めて現代的な立場でもあった」と旧民法典を高く評価する。なお、四宮和夫・能見善久前掲書一五七頁に掲載の旧民法典の条文は、我妻栄編「旧法令集」一一五頁と若干異なっている。「ボアソナードと旧民法典」と題したコラムで、大村敦志「フランス民法」（信山社・二〇一〇年）は、「現行民

法典は、旧民法典を経てフランス民法典に連なるものであると言える」といい、ボソナードは、「当時最新であったイタリア民法典やベルギー民法草案などを参照」「フランス民法典になかった規定を設けている」と指摘する。

注7 破棄院は、パリに一つ置かれ、法令の解釈について判例の統一を任務とする。法律審で事件そのものを裁かない。事件を裁判せず、判決を裁判する。破棄院は第三審と考えていない。

注8 滝沢正「フランス法第四版」一九四頁（三省堂・二〇一〇年）。

注9 滝沢正「フランス法第四版」一九六頁。

注10 フォートについては、末川博「権利侵害論」一四〇頁、日本評論社・一九四四年、野田良之「フランス民法におけるｆａｕｔｅの概念」（「損害賠償責任の研究上―我妻先生還暦記念」有斐閣・一九五七年）一〇九頁）。

注11 日本の顔真卿自書告身帖事件は、著作物が公有になっているのに、（本物とされる書）の所有者が、複製物の販売禁止を請求した事件で、最高裁一九八四年一月二〇日判決民集三八巻一号一頁は、美術の著作物の原作品についての所有権は、その有体物の面に対する排他的支配権能にとどまる、としていた。所有者の権利濫用という議論は出ていない。

イタリア著作権法第二七条　著作者は美術物の所有権を譲渡したことにより、著作権を喪失することなし。しかし所有権の譲受人は、著作者がその著作物を模写し、複製し又は展覧することを受忍するの義務を負わない。

オーストリア著作権法第一八条（一）造形美術品及び写真の所有権を有償又は無償で他人に譲渡した場合に於いては、併せて複製及増製の権利をも移転したと看做なさない。但し別段の契約ありたるときは、その定めに従う。

（二）前項の場合に於いて、複製の用に供するもの（鋳型、印版、木版）の所有権を移転したるときは、増製の権利をも移転しているものと看做す。

チェコ著作権法第一九条（著作物の所有者と著作者との関係）著作者の利益が所有者の利益よりも重要であると認められる場合に限り、著作物の所有者は、著作者のその著作物利用を受忍するの義務を負う。この場合に於いて著作者の利用行為は特に所有者の精神的利益を十分に考慮して正当なる範囲に止むることを要する。

前項の規定に拘わらず所有者は、著作者に対して、その著作物の引渡し又は保守の義務を負うものではない。

注12 判時一三二三号一四〇頁。

注13 ジュリスト四八六号一〇二頁の佐野文一郎発言。

「東京タワーを建築の著作物だと考えても、四六条の四号は美術の著作物だけを対象にして建築をはずしてしまっていますから、ミニチュアとして売ることも自由になってしまいます。だから万博の太陽の塔みたいなものは、

注14　美術の著作物だとみるとその複製は著作権侵害になり、建築だといえばフリーということになります。」

美術の著作物を著作者が売った。その原作品を、著作者や第三者が複製したいと思い、所有者、占有者へ複製の許諾を求めたが拒否された。著作者へは原作品へ接近して、複製する権利、「接近権」を著作権法に規定すべきでなかったか、という議論がある。ジュリスト四七二号（一九七一年二月一五日号）一〇〇頁。

菊井康郎「著作物の原作品または複製物を用いないと、複製が不可能な場合が現実にある」「その所有者または占有者が、原作品または複製物の利用を、著作者に対し拒否するというケースが起こることも考えられる。」

佐野「法制局でその点が問題になったとき、私のほうは、やはり二つの権利は分けて考えたい。特別に、裁判所の許可を得て原作品に接近して複製することができる権利というようなものを規定しなければ、複製が全く不可能な場合であっても、原作品の所有者の権利を排除して写真撮影が可能だとはちょっと考えられまいという考え方だった」「それに対して、ほかにコピーなんかがあって、それを通じて複製が可能である場合ならばいいけれども、原作品が一点しかなくて、それが全く未公表のものであるというような場合には、複製権の譲渡が行われてもおよそ内容のないものになってしまって実現不可能のものになる。そういう状態のときになお正当な理由なくして所有者が撮影をこばんだというようなときには、接近権が書いてないからといって複製権の侵害という事態が全く起こらぬとは言い切れないのでないかというご指摘があって、最終的にはどうもすっきりしたところまでたどりつけなかったように思います。」

山本桂一「接近権…を認める余地はある…現在の立て方はどうも佐野説になる…所有権というものがある以上、やはり同意が要る…」

菊井「私も、むろん同意が要るという立場に立ちつつ、同意を拒否する側について、一種の権利濫用みたいなものというのがあり得ないのかどうか。」

山本「一つしかないようなときには拒否できないという、限定された場合のね。」

野村義男「そうすると所有権と著作者のアクセスの権利との関係、アクセスの権利があるとは書いていないのだからどう調節するのか。おれに複製権があるから何でもさせろといって、それではさせなければならぬのか。そこらの点は、こっちは特別法で所有権のほうは一般法だ、こっちが優先するんだという議論もできなくはない」。

注15　判時八六八号六四頁。

注16　著判三集八四六頁。

注17　判時一〇二八号三五頁著判四集二五三頁。

注18　判時一〇六三号二〇八頁著判四集二六二頁。
注19　民集三八巻一号一頁、判時一一〇七号一二七頁。
注20　判タ五五九号二九一頁著判四集七一頁。
注21　判時一一六九号七三頁。
注22　神戸地裁伊丹支部平成三年一一月二八日判決判時一四一二号一三六頁著判集一〇巻六一八頁。
注23　著判一〇巻六二〇頁、「肖像権—新版」一二三〇頁。
注24　判例評論四〇四号三六頁。
注25　判時一七九三号一二三頁。
注26　三浦正広「有体物の影像による利用とその保護—所有権、著作権、物のパブリシティ権」青山法学論集四五巻四号一七四頁（二〇〇八年（平成一六年）三月二七日発行）。なお三浦正広「有体物の影像による利用と所有権—かえで写真事件」岡山商科大学社会総合研究所報二五号一九三頁。

注27　判時八一七号二三頁。注二三。
注28　判タ一〇七〇号二三三頁。
注29　判タ一〇七一号二九四頁。
注30　民集五八巻二号一頁判時一八六三号二五頁。
注31　判時一七五八号三頁。
注32　判時一八〇九号一四〇頁。
注33　三島宗彦「人格権の保護」（有斐閣・一九六五年）一〇九頁以下。大家重夫「肖像権」（新日本法規・一九七九年）一六三頁以下。
注34　斉藤博・牧野利秋「裁判実務大系第二七巻知的財産関係訴訟法」（青林書院・一九九七年）三九九頁以下（執筆、辻正美）。
注35　能見善久・加藤新太郎編「論点体系判例民法二物権」（第一法規・二〇〇九年）（執筆松尾弘）二一三頁。

（本稿はマーチャンダイジング・ライツ・レポート二〇一二年一〇月号五八頁に掲載したものである。）

## 一一・メーテルリンク「青い鳥」と著作権

大家重夫

ベルギーの詩人、劇作家モーリス・メーテルリンク（一八六二―一九四九）は、ベルギーの、フランス語を話すヘントの裕福な家庭に生まれた。昭和二四年、フランスのニースで、八七歳の生涯を終えている。

ベルギーは、ドイツとフランスの間に位置し、海を隔てるがイギリスにも近い。現在、人口は約一一〇〇万人。ベルギーは、フランス語圏とオランダ語圏からなる。

北半分がオランダ語を公用語とするフランデレン地域、南半分がフランス語を公用語とするワロン地域であるが、首都ブリュッセルやヘントは北にあるが、フランス語を使う家庭が多かったし、今も多いようである。

ベルギーは、第二次世界大戦で、連合国側につき、勝者となった。

メーテルリンクは、一九〇九年（明治四二年）、脚本「ロアゾ・ブロー（青い鳥）」の英語版を発行、一九一三年（大正二年）、フランス語版を発行した。

一九一一年、「青い鳥」で、ノーベル文学賞を授けられた。

一九三二年、ベルギー政府から伯爵位を授与されている。

日本の国文学者若月紫蘭こと若月保治は、一九一三年（大正二年）四月二四日付けのメーテルリンクからの手紙によって、「青い鳥」の日本語訳への翻訳の許可を得た。同年、一二月二五日、英語版から「青い鳥」を翻訳し、一九一五年（大正四年）四月一日、フランス語版から翻訳し、いずれも松竹書院から発行した。

一方、大正の終わりから昭和の初めにかけて、「青い鳥」の楠山正雄訳が富山房の「絵とお話の本」第六巻及び新潮社の「近代劇選集」に、菊池寛訳が興文社・文藝春秋社の「小学生全集」に収録された。いずれも、無断翻訳であった。

昭和四年二月、日本語への翻訳権は、自分のみにあると信じていた若月紫蘭は、花井忠弁護士、山下博章弁護士（日大教授）、宮原次郎弁護士、藤田玖平弁護士を代理人として、菊池寛、（株）文藝春秋（代表取締役菊池寛）、石川寅吉、（株）興文社（代表取締役石川寅吉）、楠山正雄、佐藤義亮、合資会社冨山房（代表者無限責任役員坂本嘉治馬）、小川菊松の八者を被告とし、①刊行物の発売頒布差止、②東京朝日新聞等への謝罪広告、③損害賠償を求めて訴訟を提起した。

損害賠償として、文藝春秋社、同社長菊池寛、興文社、同社長石川寅吉は、各自六万二五〇〇万円、楠山正雄は一万五五七〇円、佐藤義亮には三八四〇円、冨山房は七六八〇円、小川菊松は四〇五〇円を支払うよう、またそれぞれの完済まで昭和四年二月一九日以降の五分の利息を支払うよう求めた。この損害賠償請求には、精神上の苦痛を慰藉するための慰藉料がそれぞれ入っていた。

原告の言い分は、①メーテルリンクから日本語による翻訳権を譲渡されている。その譲渡契約は、日本国の法律により成立し、昭和三年五月四日、翻訳権譲渡の登録を行っている。②かりに排他的権利の譲渡を原告が受けたのでなく、翻訳の許諾にすぎなくても、被告等の行為は、原告の権利、少なくとも法律上利益のある地位を侵害したものである。③さらに一歩譲っても、被告等の翻訳は、原告のものを改竄した同一種のものであり、翻訳文の著作権侵害であると主張した。

被告側の弁護士も豪華である。1．菊池寛と文藝春秋には榛村専一弁護士、濱野英一弁護士、復代理人山口昇弁護士、2．石川寅吉と興文社には公荘惟和弁護士、毛受信雄弁護士、復代理人橋本武人弁護士、3．楠山正雄は飯塚半衛弁護士、4．佐藤義亮には森真一郎弁護士、復代理人吉田幸吉弁護士、5．合資会社冨山房には飯塚半衛弁護士、6．小川菊松には飯塚半衛弁護士がついた。

被告側は、①メーテルリンクは、一九〇九年、フランス・パリの出版社イユヂュス・フワスケールへ「青い鳥」を含む一切の著作権を譲渡しており、原告へ翻訳権の譲渡又は、翻訳の許諾をする筈がない。②仮に一歩譲って翻訳権の譲渡を受けたとしても、著作権法七条（当時）の翻訳権一〇年留保制度によって、大正八年（一九一九年）

に翻訳権は消滅している、と主張した。

翻訳権一〇年留保制度とは、著作権者が原著作物発行の時から、一〇年以内にその翻訳物が発行されなかった場合、その著作権者の翻訳権は、あたかも時効消滅のように、消滅するという制度である。ベルヌ条約加盟国の小説で、これは売れそうだと日本の出版社が思ったとき、その小説の発行から九年経過したものであるとき、日本の出版社は、一〇年経過まであと一年待てば、交渉なし、契約なし、自由に翻訳発行できるという制度である。もちろん、一〇年間の間に、他の日本の出版社が、その外国の著作権者と契約をしないという条件が必要である。

旧著作権法は、明治三二年七月一五日から昭和四五年一二月三一日まで効力があり、この「著作権一〇年留保」の制度が存在した。

「第七条　著作権者原著作物発行ノトキヨリ十年内ニ其ノ翻訳物ヲ発行セサルトキハ其ノ翻訳権ハ消滅ス
前項ノ期間内ニ著作権者其ノ保護ヲ受ケントスル国語ノ翻訳物ヲ発行シタルトキハ其ノ国語ノ翻訳権ハ消滅セス」

一八八六年の原始ベルヌ条約の追加規定（一八九六年五月四日パリ署名）で定められ、日本は、一八九九年、旧著作権法制定と同時に、このベルヌ条約に入り、「一〇年留保」規定である「第七条」を定め、一九〇八年（明治四一年）のベルヌ条約ベルリン会議で廃止されそうになったが、水野錬太郎代表（当時、内務省神社局長であった）が認めさせた制度であった。

東京地方裁判所第四民事部山崎一郎裁判長、岡崎恕一判事、田中盈判事が担当した。

昭和七年一一月一〇日判決（法律新聞三四九八号九頁）は、次のような判断をし、「原告ノ請求ヲ棄却ス。訴訟費用ハ原告ノ負担トス」というものであった。

メーテルリンクが原告に与えた書簡をフランス文学者辰野隆、フランス法学者杉山直治郎に鑑定させた。鑑定は、原告に与えられた権能は、日本語訳を出版しうる権能であって、排他的独占的な翻訳権の譲渡の意思表示があったとは解しがたい、というものであった。

メーテルリンクは、パリの出版社に著作権を譲渡しているが、出版社との間で、原告若月に日本語による翻訳を許諾すべき権能を留保していたが、出版社の承諾を得て、若月へ許諾した、と認定した。

裁判所は、次に、若月紫蘭の「青い鳥」発行の一九一五年（大正四年）は、原本発行の一九〇九年の翌年から起算し、一〇年以内であり、原著作権者の翻訳権は消滅していないとして、「一〇年留保」を認めなかった。

裁判所は、菊池寛、文藝春秋社などの被告は、原著作権者又はその承継人に対する関係で権利侵害を生じることはあっても、原告のような単に原著作者から翻訳許諾を得たに過ぎない者に対する関係では、権利濫用としてなされるものでない以上、法の許容するところである。原告に対し利益を害し、損害を生じたとしても、被告において不法行為による損害賠償を負う者ではないとして、原告の請求を棄却した。

メーテルリンクか、その権利承継人が訴えれば別、という訳である。

昭和四五年、著作権法大改正のとき、英文学者・評論家の本多顕彰氏が翻訳権一〇年留保の維持を叫んだ（サンケイ昭和四一年一〇月一八日）。

鈴木竹雄東大名誉教授は「外国人の著作者が持っている利益を尊重するのが、国際的な大義名分からいえば当然のことで、日本が困っても、だから無視していいことにはならない感じがする」「日本文に直すのには骨が折れるといわれるけれども、それは著者に払う金をまけてくれという理由になっても、翻訳がむづかしいからタダにしろというのは、理屈にはならない気がします」（ジュリスト三六三号二〇頁）。

昭和四五年の著作権法大改正で「一〇年留保規定」は削除された。ただし、昭和四五年末までに発行された著作物についてのみ、旧著作権法七条はその効力があるものとされている（附則第八条）。

一九七三年（昭和四八年）、オーストラリアで、パトリック・ホワイト氏は、初めてノーベル文学賞を受賞した。ホワイト氏の代表作は、「Voss（ヴォス）」というもので、孤高の探検家ヴォスとシドニーのアングロサクソンの移民社会に同一化することを拒否する女性の交流を通じて、新大陸オーストラリアとは何か、を問う作品である。

「ヴォス」は、一九五七年に初版が出た。

昭和五〇年（一九七五年）日本の出版社、サイマル出版会が、「一〇年留保規定」を使って、「ヴォス」の翻訳を越智道雄に依頼し出版した。翻訳本一部をホワイト氏に送った。

オーストラリアの総合週刊誌ブルテインの一九七五年九月末号のコラム欄は、〝日本の出版社は、ホワイト氏に無断で「ヴォス」の「海賊出版」をし、ホワイト氏に翻訳のコピーを送ったきりで、弁解もしない、印税も払わない〟と書いた。

日経昭和五〇年一〇月一五日は、「日本は文化後進国？」「通じにくい著作権法除外国」「〝海賊版〟と抗議」「豪州ノーベル賞作家ら『道義的な問題も』」と報じている。

日本が、一〇年留保制度を採用していることを外国に知らせる必要があると思われた。

ただ、日本は、もう後進国でないので、通用するかとの意見も出された。

昭和二七年、大阪の新日本放送が「青い鳥」を放送しようとしたところ、メーテルリンクの著作権を管理しているブラッセルの著作家劇作家協会は、「原則として日本の観客を対象としたメーテルリンクの作品の上演を許可しない。本人の生前の意思だ」と通告してきた。再度折衝し、新日本放送は一回きりの約束で、ラジオ五〇分番組のために、五万七二〇〇円を支払って放送した（毎日新聞昭和二七年二月一日）。

昭和三二年、人形劇団プークがニース在住の未亡人から許諾を得たとの報道もある（週刊朝日昭和三二年四月七日号）。

第二次世界大戦は、ヒトラー政権のドイツが、一九三九年（昭和一四年）九月一日、ポーランドへ攻め入り始まった。

一九四〇年五月、ドイツは西部戦線に兵を回し、ルクセンブルグ、オランダ、ベルギー三国を侵略した。第一次世界大戦でも、ドイツはベルギーに侵攻した。

メーテルリンクは、ドイツとその同盟国である日本には憎悪をいだき、自分の作品は、両国の国民には、著作権を使用させせないよう遺言したと伝えられている。

メーテルリンクが、日本や日本人を嫌っているという報道は多くはないものの、ときどき報ぜられた。

著作権者が、その著作物の使用をいくら金を出しても拒絶するという場合、絶対に使用できないだろうか。

著作権法六八条は、放送に際し著作権者と協議が成立しないか、協議ができない場合、文化庁長官の裁定で、補償金を支払えば放送できるとしている。

万国著作権条約加入国の著作権者の作品を翻訳し、その翻訳物を発行することを拒絶した場合、「万国著作権条約の実施に伴う著作権法の特例に関する法律」第五条により、作品が発行されてから七年間、日本語の翻訳が出ていない場合、文化庁長官の認可を受けた金額を拒絶した著作権者へ支払うか供託すれば、翻訳物を発行できる。これは「承諾」を強制するので、「強制許諾」という。

また、邪道かもしれないが、「引用」（著作権法三二条一項）という手段がある。

外国人にしろ、日本人にしろ、その著作物の使用を許さない権利者に対して、文章であれば、その拒絶者の作品を無断で複製し、「」で囲み、前後に、自分の文章で、その作品を論ずれば、それが「公正な慣行に合致し」「報道、批評、研究その他の引用の目的上正当な範囲内で行われるもの」と裁判官が判断すれば、違法ではない。

藤田君代対小学館事件（東京高裁昭和六〇年一〇月一七日判決）で、小学館は、「引用」を主張したが、失敗し敗訴した。「引用」によって、許されると判定されるケースもあり得ると思う。

（本稿は、「法学教室」三五号（一九八三年八月号）一一五頁に戸山三郎名で掲載したものに加筆した。）

**【参考文献】**

宮田昇「昭和の翻訳出版事件簿」（創元社・二〇一七年）四七―五九頁。
伊藤信男「著作権事件１００話」（著作権資料協会・一九七六年）一七二頁―一七七頁

# 第四章　戦前・戦中・戦後の著作権研究者

## 一．大東亜戦争と著作権研究者―宮田昇、プラーゲ博士、水野錬太郎、山下博章小林尋次、城戸芳彦、伊藤信男、国塩耕一郎

大家重夫

### はじめに

日本は一九四一年一二月八日から約三年九カ月、アメリカ、イギリス、オランダ、フランスなどと戦った。実務家として、著作権を研究した人々は、戦争中、何をしていたか、筆者の知ることをここに記録しておきたい。

### 1．宮田昇（一九二八―二〇一九）

日本は、一八九九年（明治三二年）、ベルヌ条約に加盟し、そのために旧著作権法を制定した。当時の日本は、先進国の文献に触れ、先進国に追いつくことを第一目標にしていたため、反対論があったが、条約に入り、原則として、翻訳の承諾を得ること、翻訳使用料を支払う道を選んだ。ベルヌ同盟国の著作物が一〇年間、翻訳されない場合、時効消滅のように、翻訳（許諾）権が消滅するという、「翻訳権一〇年留保」制度を守った。

昭和二〇年の日本敗戦で、日本を占領したアメリカ合衆国は、ベルヌ条約に加盟していない国であった。占領軍には、日本人に民主主義を教えるという建前があり、昭和二〇年当時は、硫黄島や沖縄でアメリカ軍を悩

ませた日本人の根源、「日本精神」はどこにあるか、を考えた。

どうやら神道に関係するらしい、と考えた。この「日本精神」を絶滅させ、日本を弱体化させようという気持があったことは、間違いない。

昭和二五年六月、朝鮮戦争が起こり、昭和二七年、サンフランシスコ講和条約で、日本弱体化政策は捨てられた。占領下、ＧＨＱの行った著作権政策については、高野雄一東大教授、鈴木竹雄東大教授、法貴次郎東海大学教授の論考があるが、包括的な文献としては、宮田昇「翻訳権の戦後史」が唯一の著書で、昭和二〇年八月一五日から講和条約発効の昭和二七年四月二八日までの「戦後・著作権事情」を描いている。

その宮田昇氏（以下、敬称略）は、「敗戦三三回忌―予科練の過去を歩く」（みすず書房・二〇一一年）を上梓している。

この本は、宮田の自伝でもある。

昭和三年（一九二八年）生まれ、母子家庭の一人息子の宮田は、母、姉の反対を押し切り、昭和一九年（一九四四年）、一五歳の旧制中学三年から、海軍の航空隊第一四期甲種飛行予科練習生―いわゆる予科練―に入った。奈良県天理市、滋賀県大津市、京都府福知山市、綾部市に送られ、飛行場の建設や穴掘り仕事に従事された。上官からの理不尽ないろんな体罰もあった。

特攻隊へ志願させようとする上官。宮田の長姉は班長の下士官に何度も手紙を書き、それとなく配慮を要請し、このことを宮田は後に知る。宮田は、敗戦時、一七歳。それからも苦労が続く。宮田もあの戦争の最大の被害者の一人であると痛々しい思いで読んだ。

「敗戦三三回忌―予科練の過去を歩く」を読むと、日本人は、それこそ、一億全員、真面目に戦争を戦った、と思う。

石平（一九六二―）は、「中国がいちばん怖いのは戦前の大日本帝国」「一枚岩になるような日本をいちばん怖がっている、ある意味では、アメリカにしても中国にしても、日本を戦前の一枚岩に戻したくないのが本音かもしれません。」と述べている（宮崎正弘・石平「私たちの予測した通り、いよいよ自壊する中国！」（ワック・二〇一五年）一八七頁）。

われわれ国民は、皆、一丸となって、真面目に大東亜戦争を戦ったと思う。

あの戦争で、第一線で戦い、苦労され、復員され、今度は経済戦争で戦ったのは、宮田昇など、大正末期・昭和初期生まれの方々であると痛感する。

戦争が終わり、宮田は、文字通りゼロから這い上がった。

昭和二四年から昭和三一年まで、貸本屋を開業している。

昭和二七年、早川書房の編集者になり、ハヤカワ・ポケットミステリの創刊に関わっている。昭和三〇年退社し、チャールズ・イー・タトル商会著作権課に勤務している。

昭和二八年、ウィキペディアによれば、明治大学文学部文学科を中退されている。

翻訳、児童文学の創作もしている。

「内田庶」というペンネームで、児童文学の創作、翻訳をされている。

昭和四二年、独立して、矢野浩三郎と「矢野著作権事務所」を起こし、昭和四五年、「日本ユニ・エージェンシー」と改称し、宮田は、社長に就任する。

平成三年（一九九一年）「日本ユニ著作権センター」を創設し、代表に就任する。

平成四年、日本ユニ著作権センター会長。

日本ユニ著作権センターは、出版界の新人研修を兼ねた著作権研修の場である。

著作権懇話会というべき月一回の二水会は、宮田昇や小学館の豊田きいち（一九二五―二〇一三）が中心となり、ＮＨＫ、出版社（小学館、新潮社）、東映、日本音楽著作権協会、写真家協会、文化庁著作権課に在職、著作権を担当したＯＢの集まりは今も続いている。

私の知る限り、宮田には、次の著書がある。特に「翻訳権の戦後史」は、必読の文献である。

「東は東、西は西―戦後翻訳出版の変遷」早川書房・一九六八年。

「翻訳権の戦後史」みすず書房・一九九九年。

「戦後『翻訳』風雲録―翻訳者が神々だった時代」本の雑誌社・二〇〇〇年。

「学術論文のための著作権Q&A〔第二版〕」東海大学出版会・二〇〇三年。

「新編　戦後翻訳権風雲録―大人の本棚」みすず書房・二〇〇七年。


八〇歳になられてからは、つぎの書籍を出版されている。

「翻訳出版の実務〔第四版〕」日本エディタースクール出版部・二〇〇八年。

「学術論文のための著作権Q&A　新訂二版」東海大学出版会・二〇〇八年。

「敗戦三三回忌―予科練の過去を歩く」みすず書房・二〇一一年。

「図書館に通う―当世『公立無料貸本屋』事情」みすず書房・二〇一三年。

「小尾俊人の戦後―みすず書房出発の頃」みすず書房・二〇一六年。

「出版の境界に生きる―私の歩んだ戦後と出版の七〇年史」太田出版・二〇一七年。

「昭和の翻訳出版事件簿」創元社・二〇一七年。


論文としては、二〇一八年六月発行の「JUCC通信」二二一号には、「昭和の翻訳出版事件簿」補遺⑤として、『ヴォス』とサイマル出版会　田村勝夫」を執筆されている。

二〇一九年三月一四日、宮田は、忽然と他界した。九〇歳。

私の考える宮田の最大の業績は、「日本人は、海外の小説、文献を無断で翻訳している」との風評があり、これを、評論家、木村毅（一八九四―一九七九）や、朝日新聞昭和九年二月三日付けが肯定し、私もそうかも知れない、と思っていたが、氏は、国立国会図書館へ通われ、日本語に翻訳された膨大な書籍を調査され、日本人は、真面目で、無断翻訳は非常に少なかったことを立証し、翻訳権十年留保制度が活用されたことを指摘、日本の出版社の名誉を守ったことであると思う（「翻訳権の戦後史」一八七頁）。

福島正実は、宮田昇を次のように評している。

「権威主義に対する反骨精神、計算を度外視した判官贔屓、持ち扱い難いほどの正義感、にもかかわらず冴えを見せる出版人としてのカンの良さ、巧みな戦術を操る人物であった」。

いずれも納得のいく批評であるが、私は、宮田昇は、愛国者であったといいたい。

日本国を愛し、日本国が戦争を始めると一員として闘い、戦後は、出版人として、海外の出版人と取引し、交際し、日本国の名誉を守ってビジネス戦争に勝利した人であった。

## 2．プラーゲ博士（一八八八—一九六九）

プラーゲ（Plage,Wilhelm）は、一八八八年（明治二一年）に生まれた。

ベルリン大学で法律学と国民経済学を学び、日本語も学び、一九一二年（明治四五年）二月、プロシアの外交官としての資格を得て、同年七月から一九一三年末まで、東京のドイツ大使館、一九一四年八月まで長崎のドイツ大使館領事館に通訳官として勤務した。

第一次世界大戦が勃発すると、米国経由で日本を出発、ワシントンのドイツ大使館付きとなり、一九一七年二月まで、ニューヨークに在勤、帰国し短期教練後、一九一七年六月から、西部戦線で野砲兵として勤務した。尉官（ロイトナント）にて一等及び二等の鉄十字勲章を授かっている。ドイツは敗北し、プラーゲは、再び駐日ドイツ大使館に戻った。

一九二一年（大正一〇年）、駐日ドイツ大使ゾルフと「共同勤務をなすべきことの不可能及び共和政体に伴う不都合にあきたらず」という理由で、ドイツ外務省を辞職する。

一時、ドイツの輸入商会の商況報告事務に従事する。

プラーゲは、大正一一年四月一日から一四年六月末日まで、旧制松江高校（島根大学の前身）にドイツ語教師として松江に住んだ。

大正一一年六月、プラーゲは結婚した。ハンブルグ大学に入り、フロレンツ教授について日本学を学び、「日本民法における家族関係」で博士号をとり、これを手土産に再来日。今度は、四国の松山高校（愛媛大学の前身）で、昭和三年四月から昭和四年三月まで一年間、ドイツ語教師を務めている。

そのあと上京、一高（東京大学教養学部の前身）や府立高校（都立大学、首都大学東京の前身）でドイツ語教師を務める。昭和六年頃、外国著作権の仲介業（現在は、著作権管理業という）を始めた。

ヨーロッパの音楽著作権者、レコード会社の団体から委任されて、日本で行われる演奏会や発足したばかりのNHKから、「著作権料」を取り立てたのである。

一九二八年（昭和三年）、ベルヌ条約ローマ会議が開かれて、日本もこの改正条約に賛成し、著作権法を改正した。これにより、内外の音楽著作権者は、権利の制約が取り払われ、放送において、音楽を利用している者から、著作権料を取り立てることができるようになっていた。

ドイツ語教師プラーゲ博士は、ヨーロッパの音楽著作権団体、レコード団体から委任されて、日本で初の著作権仲介業務ないし著作権管理業をはじめた。

NHKは、昭和七年八月から、月六〇〇円、年間七二〇〇円、西洋音楽の使用料を支払った。プラーゲ博士は、あちこちで開かれる演奏会、音楽会に出向き、音楽著作権の使用料を請求した。歌手にも請求した。

レコード会社、松竹など演劇、映画会社は、ニセモノではないかと、委任したパリの団体に確認したり、歌手は、警察に相談した。警察、検察は、著作権法、ベルヌ条約などを調べてみると、プラーゲ博士の行動を是認しているから困惑した。

公衆の面前で、作詞家、作曲家が創作した無形物（音楽）を、作詞家・作曲家に無断で、空中に発散（演奏）すると、著作権（演奏権）侵害という不法行為になる、という「理論」を日本人に教えたプラーゲ博士の功績は偉大である。

プラーゲ博士は、高値をふっかける強欲な不良外人か、違法行為ではないか、との悪評にめげず、日本に著作権法が存在し、これに沿っていることを示した、信念のある外国人であった。

作曲家山田耕筰とは意気投合し、山田は、プラーゲ博士に自分の著作権を委任し、ドイツから多額の著作権料を取り立ててもらった。

音楽著作権の仲介団体がプラーゲ博士の「大日本音楽作家出版者協会」ひとつで、プラーゲ博士が外国人であることに危機感を抱いた日本政府（内務省警保局）、作曲家の団体、音楽を使う方の団体、演奏家の団体は、日本人による著作権仲介業務団体を作ることで一致した。

著作権仲介業を行うには、政府の許可が必要であるとして、昭和一四年、「著作権ニ関スル仲介業務ニ関スル法律」が制定された。

仲介業務を行うには、主務大臣の許可がいること、許可を得ずに仲介業務を行えば、三〇〇〇円以下の罰金、この法律施行時に著作権仲介業を行っているものは、三カ月に限ることと定められていた。

内務省は、名乗り出たプラーゲ博士の団体には許可を与えず、「大日本音楽著作権協会」（ＪＡＳＲＡＣの前身）にのみ許可を与え、プラーゲ博士は廃業に追い込まれた。

プラーゲ博士は、昭和一七年一月、横浜港から貨物船で帰国した。戦争中、プラーゲ博士は、カナダのＧＥＭＡ（ドイツの音楽著作権協会）に勤務した。

一九四五年（昭和二〇年）、パリのバンセーヌに捕虜収容所が設置されていた。のち京大教授になる野上素一は、イタリアで勉学していたが、イタリアが敗戦し、ドイツに移動した。ドイツも敗戦し、野上はパリの捕虜収容所へ移された。

収容所で、日本人は野上のほかにもいたと思われるが、小柄のドイツ人プラーゲが野上に近寄り、日本人か、と話しかけた。プラーゲは、銀座の何という店の寿司がおいしかったなど、滑らかな日本語で語った。

一九四八年一一月一五日から一九六八年一二月三一日まで、プラーゲ博士は、GEMA（ドイツ音楽演奏権及び機械的複製権協会）の駐米代表に就任した。

その後、一九六四年一二月、駐米代表を辞職し、ニューヨークからドイツ、ニーダーローデンへ居を移し、年金生活に入った。

一九六九年年六月一九日、プラーゲ博士は八二歳で死去した。

プラーゲ博士は、第一次世界大戦で野砲の陸軍中尉として参加した。大正一一年、旧制松江高校でドイツ語教師の時、学生がチョークを全部隠し、授業を妨害した。プラーゲ博士は、「日本の将来を背負って立たねばならぬ君たちは、しっかり勉強せよ。今、ドイツは、敗戦国として復興に立ち上がって懸命である。外国人のわたしが外国でこのように働いているのに、君たちの将来が案じられて仕方ない」と説教をした。（「崗のふもとに―旧制松江高等学校史」（平成二年七月二一日発行）七四頁）。プラーゲ博士は教育熱心な人であった。

## 3．水野錬太郎（一八六八―一九四九）

明治元年（一九六八年）に生まれ、予備門（旧制一高の前身）では、夏目漱石、山田美妙、秋山真之らと肩を並べ、帝国大学で英法を学び、渋沢栄一の第一銀行、農商務省の役人を経て、内務省に入省した。

明治三二年（一八九九年）、旧著作権法を立案、著作権の論文で法学博士になっている。

「著作権法要義　全」（有斐閣書房・明法堂・一八九九年）、「著作権法―明治三八年法政大学講義録」の著者である。論文も多い。

水野錬太郎は、戦時中、貴族院議員、著作権審査会会長、大日本音楽著作権協会会長などの職にあった。

戦時中、帝大時代の同級生若槻礼次郎とは、電話で情報交換していた。若槻は民政党員で、総理大臣になった。

水野は、政友会の原敬に、床次竹二郎とともにその才能を認められ、官僚から大正二年、政友会入りした政治家である。

大正六年、寺内正毅内閣、大正一一年、加藤友三郎内閣、大正一三年、清浦奎吾内閣で水野は内務大臣を務めた。

大正八年、原敬首相は、水野前内相を朝鮮総督齋藤実を補佐する政務総監に任命し、水野は、二年一〇か月、朝鮮総督府で「文化政治」を行った。加藤友三郎首相死亡直後の関東大震災では、水野内相が戒厳令を発布した。田中義一内閣で文相、優錠事件で退任した。

昭和三年の田中義一内閣文相、昭和一八年大日本興亜同盟総裁の経歴などからか、戦後、A級戦争犯罪人に指名され自宅拘禁された。

粟屋憲太郎「東京裁判への道　下」（講談社・二〇〇六年）六五頁、七七頁によれば、水野は、Aダッシュ級の容疑者だが、尋問ののち、特定の犯罪がなければ自宅拘禁を解除するとされた。東京裁判七被告の絞首刑実施の翌日の昭和二三年一二月二四日のことであった。昭和二三年一二月三一日、拘禁を解除された。昭和二四年一一月二五日逝去、八一歳。大日本帝国そのものを体現したといっていい人だったから、日本人に裁かれるならともかく、連合国の東京裁判には承服できなかったに違いない。

水野錬太郎が立案作成した一八九九年制定の「著作権法」は、一般人には無視されていた。しかし、一九三〇年代に入り、音楽会を開いて、歌手が歌うと、著作権（演奏権）使用料を取り立てる根拠は、ベルヌ条約と「著作権法」ということになった。

著作権法は、活力剤が注入されたかのように、裁判所で、あるいは裁判所外で、活用されるようになった。日本人に著作権を教えたプラーゲ博士の功績である。

大正四年一月、水野錬太郎（大正元年一二月から終身勅選の貴族院議員）は、「戦争ト著作権」と題して研究会で講演した。著作権条約は、戦争の開始で当然に消滅又は停止するものではない、と説いた（法学協会雑誌三三巻一号一三五頁）。遠藤源六博士が、戦争の開始により、条約はその基礎を失い、著作権条約も停止すると述べた（法学協会雑誌三三巻一一号）。水野は、遠藤に対する反論をしたのだ。

これに対し、遠藤博士は、法学協会雑誌三三巻二号で自説を詳細に述べ、水野は同雑誌三三巻三号で、「著作権保護同盟ノ解釈ニ関スル遠藤博士ノ所説ヲ正ス」として、ベルヌ条約の解釈を述べた。

このことについては、結果から見ると、遠藤博士が正しく、水野の所説は間違っていたといえよう。

京都帝国大学創立のとき、法科大学の教授に誘われ、一時、心が動いたようであるが、周囲が許さなかった。

水野は、一生、書生のような気分の人であったと思う。水野の次男政直（長男は夭折）は共同通信社の部長、その長男政一は、サンケイ新聞記者を経て上野の森美術館長を務めている。

## 4．山下博章（一八九八―一九四三）

岡山県鴨方の出身である。日本大学法学部を卒業すると、ドイツへ留学する。日本大学が期待した俊才であった。一九二三年（大正一二年）九月一日、関東大震災が起こったのを機に帰国した。同年、日本大学法学部教授、一〇年間教授を務め、一九三三年（昭和八年）、退職し、弁護士を開業した。

プラーゲ博士の弁護人をつとめた。

戦時中の一九四三年（昭和一八年）一二月五日、四五歳で逝去された。

著書に「民法講義」「物権法論　上・下」「担保物権法」等がある。

正木ひろしが主宰した「近きより」にたびたび寄稿している。

著作権に基づく仮処分申請について、山下弁護士と判事のやりとりを描いた「法廷の内外・磨り減り」は、機知に富み、巧みな比喩の読み物になっている。

「文化旋風の波紋」（「改造」一二巻一三号・昭和一五年）がある。

城戸弁護士の二年年長であられたが、四五歳の若さで亡くなられたことは惜しまれる。

大地飛太郎（伊藤信男）は、氏が長命であられたら、日本大学総長になっておられたであろう、と述べている（「コピライト」一三五号）。

氏の次男が、山下龍二名古屋大学名誉教授である。名大文学部で中国哲学、陽明学などを研究し、講じられた。

筆者は、昭和四三年から二年間の大学紛争当時、名古屋大学の庶務課長を務め、山下龍二教授、西条八十の長男である西条八束教授とお近づきになり、のち、それぞれの「著作権」観を伺ったものである。

## 5．小林尋次（一九〇〇—一九七七）

小林尋次は、大阪の市岡中学から一高、大正一四年、東大法学部をでて、内務省に入った。のち厚生大臣になる古井喜実と同期である。広島県庁にいた時、尾道の名家、西原善平（西原銀行の創業者）の孫娘と結婚した。昭和三年、内務省の警保局図書課の事務官を命ぜられた。

事務官と言っても、課長補佐よりやや上のような地位で、課長に次ぐ者で、複数いた。同僚には、敗戦時の内務大臣安倍源基（一八九四—一九八九）、生悦住求馬（宮城県知事、文部省社会教育局長、日本学校給食会理事長）がいる。

図書課の主たる仕事は、検閲、選挙法で、片手間で著作権を担当していた。小林は選挙法を担当し、解説書を書き、著作権法も研究し、図書課の庶務全般を担当した。

昭和三年といえば、政友会の田中義一内閣の下で、三・一五事件（一九二八年三月一五日）が起こり、日本共産党員とその同調者が、治安維持法違反容疑で多数検挙された。

この年の四月、文部大臣は水野錬太郎で、東大、京大、東北大、九大の総長を呼び、左翼系の教授や学生の処分および社会科学系の研究会を解散する方針を発表している。

五月二五日、水野は、田中義一首相が、同郷の久原房之助を入閣させることに反対し、辞意を表明したが、昭和天皇の「優諚」により留任すると伝えられたこと、このことが新聞により問題視されて、結局、水野は辞職した。

しかし、水野錬太郎は、終身、勅選の貴族院議員であった。

小林は、こう書いている。「(水野錬太郎）氏は、貴族院の重鎮であり、政界の大立て物であったので、内務省の中での噂では、同氏の完全な御諒解を得ない限り、著作権法の改正を迂闊に国会に提出することは出来ないと聞かされていた。迂闊に著作権法改正案が国会に提出されたとせば、必ずや同博士から、お前達はまだ勉強が足りない、著作権そのものを理解していない、自分のところへ日参して受講しろと叱られ、到底法案通過させて貰えぬだろうと聞かされていた。」（小林尋次「再刊　現行　著作権法の立法理由と解釈」三頁）。

小林は、内務省警保局図書課で、昭和三年から昭和一一年まで、著作権、選挙、検閲などを担当し、昭和六年著作権法改正、昭和九年著作権法改正を手掛けた。

小林は、戦時中、インドネシアのスマトラ・ランボン州長官になっている。

戦後引き揚げたが、公職追放に該当し、弁護士を開業し、日本民間放送連盟の顧問弁護士をされた。

小林尋次の著書「現行著作権法の立法理由と解釈―著作権法全文改正の資料として」は、昭和三三年、当時の文部省著作権課長大田周夫の尽力で、文部省から発行され、昭和四五年著作権法改正の際、関係者によって、参考にされた。

「幻の名著」とされていたこの書物は、このほど、「再刊　現行著作権法の立法理由と解釈―著作権法全文改正の資料として」として、第一書房から発行された。黒澤明監督の映画の著作権についての東京地裁平成一九年九月一四日判決で、小林説が援用された。

小林は、戦時中、スマトラで善政を敷いたのか、戦後、インドネシア人が自宅に訪ねてきたと長女由紀子さんから伺った。

小林は、昭和五二年九月一日、七七歳で亡くなられた。一人娘の由紀子さんも平成三年三月二二日亡くなられた。

小林の著作物の著作権は、民法九五九条により国庫に帰属し、著作権法六二条により消滅した。

## 6. 城戸芳彦（一九〇〇―一九七三）

福岡県田川郡香春町の薬屋と農業を営む家に一九〇〇年一二月二〇日生まれた。

「君恋し」の作詞で知られる時雨音羽（池野音吉）と学生時代に友人となり、その縁で、音楽著作権事件の相談にのったり、事件を扱ったようである。

プラーゲ博士から依頼され、多くの事件の弁護人を務めた。

城戸は「著作権法研究」（新興音楽出版社・昭和一八年）、「音楽著作権の研究」（全音楽譜出版社・昭和二四年）、「著作権法研究」（全音楽譜出版社・昭和二九年）を残している。

「著作権法研究」の序文の末尾には、「尚本書は、多年著作権に関する外国法制の研究を共にした、元日本大学教授山下博章氏及ウヰルヘルム・プラーゲ博士の両氏に負ふところあり」「記して謝意を表す。」とある。

また、「音楽著作権の研究」には、「昭和六年頃から昭和一五年にかけて、所謂『プラーゲ旋風』として、多くの新聞・雑誌に誤報され、或いはその女事務員が長期間拘致されて、遂に自殺する等の惨事を起こして苦しんだ例のプラーゲ博士は、これ等の国際団体より日本に派遣された代理人であったのである。同氏の性格と、厳正な処置の為とはいえ、真相を知悉する著者は今でも同氏を気の毒に思っている。然し音楽の無断使用の多いことは、現在でもそうであるが、当時も文明国随一であったのである。」（二〇一頁）。

昭和三〇年頃、札幌市で、事務所で音楽のレコードをかけ、これを有線放送でカフェ、バー、喫茶店に配信し、料金を徴収するという新商売が始まった。

レコード製作会社、レコード販売店は、共同してこの新商売のミュージックサプライを相手に、レコードの使用差止の仮処分を求め、また、差止と損害賠償の本訴を行った。

札幌高裁昭和三四年五月二九日判決（下民集一〇巻五号一一二一頁）が下されると、ミュージックサプライ側に、小林尋次弁護士がつき、レコード会社側に城戸芳彦弁護士がついて、最高裁で華々しく弁論が為されると期待していたが、城戸芳彦弁護士が、最高裁判事に任命された。

城戸芳彦最高裁判事は、「プラーゲは日本の音楽文化の敵であり、城戸弁護士はそれを援ける国賊であり売国奴である」と月刊誌「音楽春秋」に書かれ、名誉毀損の告訴を行ったことを思い出し、「売国奴にされた話」をジュリスト一九六七年三月一日号（三六五号）の随想欄に記している。

城戸は、一九六三年（昭和三八年）六月六日から一九七〇年（昭和四五年）一二月一九日まで最高裁判事を務めた。昭和四六年春、勲一等瑞宝章を授けられた。一九七三年（昭和四八年）六月一八日、七二歳で死去された。

## 7．伊藤信男（一九一〇―一九九〇）

この方は、劇的な人生を送られた。伊藤は、昭和一〇年、内務省図書課著作権掛主任として、プラーゲ博士対策、著作権仲介業務法に携わり、国塩耕一郎を助けた。

伊藤は、昭和一四年一月、陸軍法務官試補に転出、六カ月の実務修習ののち陸軍法務官に任官し、法務少佐となり、名古屋へ赴任した。

昭和二〇年五月一四日、名古屋市を約四八〇機のＢ29が空襲し、大量の焼夷弾を落とし、死者三三八名。米機二機が撃墜され、米軍中尉など一一名を捕縛、軍律法廷で裁くことになった。軍法会議が裁判機関で司法機関であるのに対し、軍律法廷は、統帥権に基づく行政機関であり、準司法機関である。七月一一日、一一名は、審判ののち、民間への無差別爆撃を行ったとして、全員を死刑に処した。検察官は拘置所長を兼任していた伊藤法務少佐である。同年八月一五日、日本敗戦、今度は、連合国軍（米国第八軍司令部）からＢＣ級の戦争犯罪被告人として伊藤が起訴された。

昭和二三年一月二二日より、横浜の連合軍軍事裁判所で公判が開始された。

伊藤は、軍律会議の正当性と無罪を主張する。昭和二三年三月四日、絞首刑を宣告された。

大岡昇平「ながい旅」（新潮社・一九八二年）では、岡田資中将が米軍の無差別爆撃の違法性、軍律会議略式手続きの不可避性を立証し、「法戦」を戦ったというノンフィクションで伊藤少佐も登場する。大岡のこの書を読むと、岡田中将が有罪になり、九月一七日処刑された。それによって、伊藤中佐が一人でかぶっていた罪状が軽減されたようだが、絞首刑は変わらない。

昭和二三年一〇月二八日、伊藤は、終身刑に減刑された。

昭和二七年四月、対日平和・安保両条約が発効した。伊藤はまもなく釈放された。ドストエフスキーと同様の体験をした伊藤は、昭和三一年、弁護士を開業、また著作権の研究を再開し、著作権審議会委員などを務められた。

伊藤は、ときどき文化庁著作権課を訪れた。課長補佐席の筆者の向かいの椅子に腰を下ろし、プラーゲ旋風のこと、最近の著作権判例を批評され、肖像権のこと、著作権の歴史などを語って下さった。明るく、大声で、「プラーゲはけしからん、というのが世論だったよ」「君はプラーゲに甘いよ」とおっしゃったのが印象に残る。

「軍律法廷」の著者、北博昭氏によれば、「巣鴨拘禁所（昭和二八年一月現在、三棟三階四二号室）に拘禁中にも、伊藤はそのペンネーム（大地飛太郎）を使用していたという。「私（北）は、自由に大地を羽ばたきたいという思いをこめて」と思っていたが、「思うところを遠慮なく述べたい」という意味だったと推測されている。伊藤は平成二年八月二九日、逝去された。八〇歳。

東京、銀座にあるライツ法律特許事務所の伊藤真弁護士は、信男の次男である。

「著作権事件１００話」（著作権資料協会・一九七六年）、「著作権１００年史年表」（文化庁・一九六九年）、「著作権関係法令・判例・文献文献総攬」（日本著作権協会・一九五七年）（非売品、二〇〇部限定）など多数の著書編書を残した。

（大岡昇平「ながい旅」（新潮社・一九八二年）は、岡田資中将を主人公にするものであるが、二二頁、三九頁、五八頁、九四頁、一一五頁、一一九頁は、伊藤信男についてふれている。北博昭「軍律法廷」朝日新聞社・一九九七年、横浜弁護士会「法廷の星条旗―ＢＣ級戦犯横浜裁判の記録」日本評論社・二〇〇四年）

## 8. 国塩耕一郎（一九〇五―一九八六）

明治三八年九月六日、岡山県赤磐郡山陽町（現在、山陽市）に生まれた。音楽にも造詣の深い人であった。大正一五年旧制一高を卒業、昭和四年三月、東大法学部を卒業し、同年四月、内務省に入省した。

「ファシズムの理論」(『出版警察資料』第四輯、昭和七年八月内務省警保局)(「秘」扱いで、無記名)、「ファショの話」(『警察思潮』昭和七年七月号)「マルキシズムの法律観」(『普及』昭和七年一・二・三月号)を執筆している。

昭和一二年、内務省警保局図書課に勤務した。ここで、著作権仲介業務法を立案し、プラーゲ博士の事業を閉め出し、日本音楽著作権協会の設立に大きな役割を果たした。

昭和一五年一二月六日、内務省警保局勤務のまま内閣情報局情報官兼内閣事務官に任ぜられている。

昭和一六年五月九日、厚生省職業局技能課長に就任した。戦争が始まると、「勤労の再配置と人口政策」というテーマで、論文を書いたり、座談会、講演やラジオ放送にでて、大いに活躍した。

昭和一八年夏、(筆者には政府外の誰からか不明であるが)ある人から、国塩技能課長へ「切迫した軍用石油の補充事情を打開するため、焼玉エンジンの百トン級の小型木造船の大集団による石油輸送計画を立てた。東條総理兼陸相、島田海相の諒解を得たので、その計画実行に必要な技術者を割り当てて欲しい」という依頼があった。

戦況を心配していた国塩は、その大胆な計画に感銘し、即座に引き受け、鑑政本部に連絡するとさような船による南シナ海の荒海乗り切りは無謀だと反対された。国塩は、依頼者へその旨伝えたところ、依頼者から、鑑政本部や政府のやり方までに広げて非難された。国塩は、「政府を非難されるのはどうか。そういうことを言われるなら、政府が代わってからにしたどうだ」といって喧嘩別れになった。

数日後、国塩は、理由を明らかにされず、東京憲兵隊に連行され、憲兵大尉から「東條内閣を打倒せよと叫んだのは本当か」と尋問された。

小型木造船計画の提案者に「政府が代わってからにしたらどうか」といって喧嘩別れになったことから、話が増幅され、憲兵にまで伝わったのである。

国塩は、「政府の戦争方針などに疑問も生じ、一個人としていかにすべきか考えた」という。昭和一八年一一月頃、辞表を提出した。辞表は、昭和一九年七月に受理された。

昭和一九年七月一八日、東條英機内閣が総辞職した。陸軍大将小磯国昭が組閣した。

国塩が退官したことは、同郷の友人を通じて、朝日新聞社常務の美土路昌一へ伝わった。美土路は、宇垣一成大将と同じ岡山県出身である。宇垣の側近と目されていた美土路は、重慶政府と日本との和平工作を行おうと計画していた宇垣を応援していた。美土路は、国塩に参加しないか、と慫慂した。国塩は、四谷で宇垣大将に会い、宇垣が「支那に行くから手伝ってくれ」といわれ、宇垣に同行し、同年九月一七日、東京を発ち、二一日に上海に到着している。

吉村保「仲介業務法の立案者・国塩耕一郎」（『発掘　日本著作権史』（第一書房・一九九三年）一八七頁）によれば、宇垣のこの計画に政府の支出はないが、「明石帝国銀行頭取が宇垣大将の計画に賛同して工作資金の調達を引き受けた」「資金の額は三〇〇万円」だったという。宇垣一行は、南京にも行った。だが、昭和一九年一〇月二〇日、米軍がレイテ島に上陸するに及んで、重慶側も強気になったであろうし、宇垣側に連絡がなくなり、宇垣の計画は挫折、現地解散した。

昭和二〇年八月一五日、日本は敗戦した。

国塩は、再び、官界に戻ることにした。

昭和二一年六月二九日、外務事務官兼終戦連絡中央事務局設営部長に就任した。

昭和二二年三月一五日、官選の最後の茨城県知事に任命された。

昭和二二年四月二五日、総選挙で社会党が一四三議席、自由党一三一議席、民主党一二六議席で、五月二四日、片山哲内閣が成立した。国務大臣・経済安定本部総務長官に和田博雄が就任した。国塩は和田から依頼され、昭和二二年七月、経済安定本部監査局長に就任した。中央経済調査庁（一九四八年八月一日総理府の外局、一九四九年六月一日経済安定本部の外局になる）の査察部長になる。

昭和二四年一二月、退官した。同年一二月、産業復興公団監事、二五年七月、産業復興公団理事、昭和二七年七月自転車振興会連合会理事、昭和二七年七月から日本自転車振興会監事に任命されている。

昭和三五年（一九六〇年）、一月二四日、旧社会党右派を中心に民主社会党が結成され、西尾末広が委員長になった。

同年三月、国塩は、日本自転車振興会監事の職を捨て、民主社会党財務委員会常任委員に就く。

国塩は、民主社会党から選挙に誘われた。

この昭和三五年に、岸内閣、安保改定で抗議集会、六月一五日、女子学生樺美智子が死亡した。一六日、岸内閣、アイク訪日延期を要請。新安保条約自然成立。六月二三日批准書が交換され発効した。七月一五日岸内閣辞職。一〇月一二日、浅沼稲次郎社会党委員長が立会演説中、右翼少年によって刺殺された。

国塩は、この騒然とした昭和三五年一一月二〇日の総選挙に、選挙区を静岡一区にし、民社党から出馬した。定員五名で、自民四名、社会党が一名当選、国塩は八番目で一万五五九一票獲得したが落選した。

昭和三五年一一月以降、国塩は公職に就いていない。

昭和五四年五月、日本音楽著作権協会では、勝承夫会長（作詞家）、酒井三郎理事長（昭和研究会、戦後、民放連専務理事）、森田正典理事（NHK出身）という体制で、NHK、民間放送を相手に、音楽著作権の放送使用料の値上げを交渉していた。昭和五三年度から三年間時限のブランケット方式にし、NHKは、国内・国際放送費合算額の〇・六六％、民間放送は「みなしタイム収入」の〇・六二％という料率で妥結した。しかし、作詞家、作曲家、音楽出版社は不満で、酒井三郎、森田正典は辞職した。

昭和五四年一〇月二三日、勝承夫会長は、国塩を理事に委嘱、同年一一月一日、国塩は理事長に就任した。

国塩は、昭和二一年六月一一日、水野錬太郎が日本音楽著作権協会会長を辞任したため、二代目会長として、昭和二三年五月四日まで就任したが、それは経済安定本部監査局長と兼任で、二代目会長は名目的、名誉職的なものであった。

昭和五四年一一月一日から昭和五六年四月一四日まで日本音楽著作権協会の理事長を務めた。作詞家、作曲家は、放送事業者とＪＡＳＲＡＣとの間の放送使用料をめぐって不満があり、政治家でもある国塩の手を借りて、有利に解決したいというものであった。

昭和五六年四月一四日、国塩理事長は、「昭和五六年度に適用する放送使用料について、諸般の事情から思うような結果が得られなかった責任をとる」として、辞職した。

勝会長が亡くなり、服部良一会長、そして理事長には芥川也寸志が就いている。

国塩は、日本敗戦時、内務省が廃止と決まったとき、当時の政府幹部から著作権の所管省をどこにするかについて、相談を受けている。外国では、法務省系統と文部省系統があるが、今後、国際交流も盛んになるであろうし文化行政拡充に期待し、文部省移管を勧めた。昭和五二年発行の「著作権研究」五号に「著作権法所管省の交替」を書いている。

明治維新の際、著作権は、検閲事務とともに、大学（現在の東大の前身）、そして、明治四年設置の文部省、明治八年に内務省に移管されており、文部省に戻ったといえよう。

昭和六一年六月七日、国塩は八〇歳で逝去した。

日本音楽著作権協会の放送映画部長などを歴任した吉村保が、「国塩耕一郎論文集」（(社)日本音楽著作権協会・一九八七年）を刊行した。芥川也寸志および佐野文一郎が、それぞれ国塩について思い出を語っている。芥川は、当時ドイツと三国同盟を結び、軍部がプラーゲ氏にも仲介業務の許可を与えるよう国塩に対し圧力をかけたのに、よくこれに反対したとして、国塩の「時流に流されない強い信念と硬骨の気概」を賞賛している。

佐野は、国塩が仲介業務法の立法に寄与され、その後の検討委員会の主査をお願いしたこと、ＪＡＳＲＡＣ会長、理事長としての功績に触れたあと、国塩が旧制一高の記念祭寄贈歌「生命の泉、緑の野」の作曲者（作詞は郡祐一（岸内閣の国務大臣））であったことを明かしている。佐野が、「思い出す『国塩さん』は、いつもむっつりしている」と述べられているが、筆者が会った国塩も、いつもむっつりしていた。

# 二・法貴次郎東海大学教授と著作権

大家重夫

## 1・出生から東京帝大卒業まで

法貴次郎は、明治三九年（一九〇六年）二月八日、大連で生まれた。父慶次郎（明治七年生まれ）は、京都府亀岡市の農家の出身である。本籍は、京都府南桑田郡曽我部村大字法貴小字茶屋下又壱番地である、「大字法貴」とあり、由緒ある姓である。

慶次郎は、京都府で小学校訓導の後、明治三三年三月三一日、東京高等師範学校文科第一部を卒業、中等教員免許を取得した。明治三六年四月二三日、東京高等師範学校教諭、高等官八等に叙せられた。明治三七年、高等官七等、従七位に叙せられた。

日本は、日露戦争に勝利し、明治三八年九月五日、日露講和条約に調印した。日本の韓国保護が承認され、南樺太・遼東租借権を獲得、東清鉄道南部の経営権をロシアから継承した。一九〇六年（明治三九年）六月七日、南満州鉄道株式会社（以下、満鉄という）が設立された。

この国策会社の初代総裁は、後藤新平である。

法貴慶次郎は、明治三八年、清国政府の招聘により、在官のまま、清国で、教育学及び西洋倫理学を講じた。こののち、高等師範から、設立されたばかりの満鉄へ就職した。一九〇七年、満鉄は、本社を大連に移転している。一九一四年（大正三年）、満鉄は、大連図書館を建設した。のち奉天図書館、哈爾浜図書館を置くが、一九三九年、大連図書館は、満鉄調査部が所管し、奉天図書館と哈爾浜図書館は、鉄道総局が所管している。法貴慶次郎は、大正二年か三年頃、この大連図書館の館長に就任したと思われる。

法貴慶次郎は、坂井衆庶の次女末子と結婚した。

坂井衆庶は、肥前の唐津舞鶴城の小笠原藩（藩主小笠原長行）の鉄砲奉行、家老格の家柄の出で、唐津の城内で、末子は生まれたらしい。

末子の弟に新井文夫（音浪とも称した）がいて、文夫は男子のほか三人の娘に恵まれ、三女は三枝という名前であった。[注1]

三枝は、のち首相となる群馬県金古町（現、高崎市群馬金古）の福田赳夫（一九〇五―一九九五）と結婚した。

三枝の兄と福田赳夫が高崎中学の同級生だった縁という。

すなわち、法貴次郎の母方の従姉妹は、総理夫人となった。終戦直後、大蔵省主計局長だった福田赳夫は、昭和二三年、昭電疑獄の際、収賄の嫌疑で収容され、のち無罪になり、政界入りする。

なお、父、慶次郎は、福田赳夫の家庭教師をしていたと伝えられている。

「行政学」、「地方自治」、「地方財政」について著作の多い法貴三郎（一九〇七―一九七八）は、次郎の弟である。

法貴次郎は、大連で生まれ、恵まれた生活を送ったと想像される。

法貴次郎は、大連一中から、旧制第五高等学校に入学した。

昭和二年四月、東京帝国大学法学部に入学した。

昭和五年三月三一日、東京帝国大学法学部を卒業した。[注2]

この時期、日本は不景気であった。法貴次郎と同じ昭和五年三月に卒業し、のち、福岡地裁、福岡高裁判事となり昭和五一年四月、勲二等瑞宝章を授かった丹生義孝は、次のように述べている。

「私が東京帝大法学部を卒業した昭和五年春は、アメリカの大不況の波をもろにかぶり、わが国も明治以来最大の不況に見舞われました。とび抜けて成績のよい何人かが大蔵、外務省などに入れただけで、私を含めて大勢の卒業生に職はありません。多くの友人が巡査、小学校教員になりました。私もタクシーの運転手にでもなろうかと、自動車学校の門前を何回かうろつきました。[注3]」

法貴次郎は、昭和五年一〇月、株式会社三省堂に入社した。

昭和一七年一一月一日現在の「株式会社三省堂従業員名簿」によると、出版部には、調査課、出版部事務課、教科書課、参考書課、辞書課、学芸課、校正課とあるが、参考書課長に法貴次郎の名前がある。

昭和一九年七月末、内閣情報局に移籍した。

内閣情報局は、昭和一五年一二月六日、第二次近衛内閣のとき設置された。

のち、文部省で一緒になる米川猛郎は、昭和一六年三月、内務省警保局図書課からこの情報局に移り、昭和一六年一一月、天津の居留民団に転任している。

## 2. 文部省へ転職

内閣情報局は、昭和二〇年一二月三一日、廃止となった。

法貴次郎は、同日付で、文部省に移籍となった。社会教育局文化課である。課長は、小林行雄であった。

昭和二一年一月一日は、マッカーサー元帥の年頭の辞、天皇陛下の人間宣言で始まった。

同年一月四日、公職追放令。

総司令部（民間情報教育局）は、新聞・出版・放送・映画・演劇などについては、政府の介入を許さず、直接指導監督した。

戦時中、出版統制のため作られた「日本出版会」は、「日本出版協会」になった。

日本出版協会は、昭和二一年一月二四日、定時総会を開催した。戦争責任が問題になり、「出版界粛清委員会」が設置された。一月二九日、日本出版協会による自主的粛清措置を不満とした二十余社が脱退した。

同年四月一五日、日本自由出版協会が設立された。

法貴は、小林課長の承認擁護のもとに、「日本出版協会より罰を宣告された出版社」から救援を求められ、秘密行動でこれに応じ、「正義」が勝った、という文章を残している。

昭和二二年五月一〇日、「内務省官制の一部を改正する件（政令第三九号）」により、著作権事務が内務省警保局検閲課（昭和一五年以前は図書課で名称が変更した）から、文部省社会教育局へ移管された。占領軍の方針で、昭和二二年一二月三一日内務省は廃止と決まっており、警保局出身で著作権ニ関スル仲介業務ニ関スル法律を立案した国塩耕一郎が、内務省の担当者から相談を受け、文部省を推薦、そのようになった。

同年七月一二日、文部省社会教育局に著作権室が設置され、内務省警保局にいた柴田小三郎[注4]が室長に就任した。この頃、法貴は、神出七郎[注5]とともに著作権室に異動になった。

また、内務省警保局図書課に、早稲田大学を卒業、直ちに嘱託で入省し、検閲業務を行っていた米川猛郎[注6]は、昭和一六年、中国・天津市の居留民団に派遣されており、昭和二一年四月、引き揚げて品川区引き揚げ者会幹事ののち、文部省行きを命ぜられ、一〇月一三日、著作権室に配属された。

昭和二三年一月、文部省は、勝本正晃京大教授[注7]に、「著作権法改正に関し調査研究」を依頼し、これに対する報告を勝本教授が行い、報告書は、「著作権法改正の諸問題」（法文社・一九四九年二月）として出版された。勝本教授は、東北大学の教授を兼任されており、仙台へ行く途中、東京で下車し、著作権課員へ著作権法の講義を行っている。

昭和二四年五月三一日、「文部省設置法」（法律第一四六号）が公布され、同時に文部省組織規程（文部省令第二一号）が公布された。

## 3．文部省、動き始める

昭和二四年六月一日から、文部省社会教育局の著作権室は、管理局著作権課となる。

大蔵省「職員録」昭和二四年版には、久保田藤麿管理局長、柴田小三郎著作権課長とある。

昭和二五年二月二五日、文部事務次官通牒として、「外国著作権尊重に関する注意」が発せられた。[注8]

同年三月一四日、文部省管理局長は、ＧＨＱ民間財産管理局に対し、「著作権法改正に関する請願」を提出した。[注9]

同年三月三〇日、勝本正晃教授は、ＧＨＱのＣＰＣ宛に「翻訳に関するベルヌ条約の規定の適用を日本が留保した事情並に日米間翻訳自由の規定の復活方希望」と題する文書を提出した。[注10]

昭和二六年八月一日、著作権課は、管理局から社会教育局著作権課に移管された。

大蔵省「職員録」昭和二七年版には、社会教育局著作権課長安嶋彌、課長補佐野島弥三郎とある。

安嶋彌は、のちに文化庁長官、東宮大夫を務めるが、昭和二七年に著作権課長就任したと思われる。

妹尾茂喜、その後任の安嶋も著作権課長在職の期間は短い。

## 4. 昭和二六年九月八日、日本国との平和条約調印

対日平和条約が昭和二七年（一九五二年）四月二八日、効力が発生し、日本は独立国となった。

平和条約一二条に基づき、日本とアメリカ合衆国は、内国民待遇の相互許与を行うこととして、日米交換公文及び附属書簡が交わされた。

ベルヌ条約加盟国と、米国など登録主義をとる米州諸条約加盟国との架け橋のために、万国著作権条約がユネスコを事務局として成立した。

日本と米国は、それぞれこの条約に入り、結びつくことが暗黙の内に合意されていたと思われる。

ユネスコ主催で、一九五二年八月一八日から九月六日まで、ジュネーブで政府間著作権会議が開催された。

万国著作権条約は、昭和二七年（一九五二年）九月、ジュネーブで成立した。

この会議に、勝本正晃京大教授は全権委員として、法貴次郎事務官は、全権代理として出席した。他に全権委員には、スイス大使館の萩原徹公使、全権代理にはフランス大使館の松本和夫書記官が命ぜられた。

勝本正晃・法貴次郎「万国著作権条約の©条項と日米関係」をジュリスト昭和三〇年七月一五日号に公表した。(注11)

大蔵省「職員録」昭和三〇年版には、次のように詳細である。

著作権課長　安嶋彌
課長補佐　神出七郎
専門職　法貴次郎

登録係長　　千葉金蔵
管理係長　　万波　教
法規係長　　米川猛郎

日本は、万国著作権条約を、昭和三一年（一九五六年）、批准した。

大蔵省「職員録」昭和三一年版は、次のように課長が代わっている。

著作権課長　大田周夫
課長補佐　　神出七郎
専門職　　　法貴次郎
係長　　　　山本チヨ
係長　　　　千葉金蔵
係長　　　　万波　教
係長　　　　米川猛郎

大田周夫は、明治三七年三月三〇日生まれ、東京帝大法学部卒業後高等試験行政科合格、昭和四年、台湾総督府属に任ぜられ、昭和二〇年七月、台湾総督府州部長であった。敗戦により、昭和二〇年一〇月二五日、終戦事務連絡部総務課長、昭和二一年五月三一日退官、日本に引き揚げた。昭和二一年九月五日、文部省に入省し、体育局勤労課長についた。体育局学徒厚生課長、学校教育局高等教育課長、初等中等教育局中学教育課長、調査局宗務課長、社会教育局社会教育施設課長を経て、昭和三〇年九月六日、社会教育局著作権課長に就任、昭和三六年五月一日国立西洋美術館次長に昇任するまで約五年八カ月、著作権課長であった。平成三年一〇月一日、八七歳で死去された。

大田課長は、小林尋次が持ち込んだ「現行著作権法の立法理由と解釈」を文部省から出版した。また、入省して以来、配布された文書などを保存、所蔵していたが、退職後、国立教育政策研究所へ寄贈し教育学者から感謝されている。

日本は、著作権法を死後五〇年に延長せよ、ブラッセル会議の定めた水準まであげよ、著作者が放送において、権利を制限させられているが、これを廃止せよ、などの意見や苦情が著作権課へ寄せられ、著作権課は、昭和三二年著作権法を改正する準備を始めた。

昭和三六年五月一日、渋谷敬三が著作権課長に就任した。

同日、文部省社会教育局に新たに著作権担当の審議官を設置し、妹尾茂喜が就任した。

昭和三七年三月二九日、著作権審議会を著作権制度審議会に名称変更した。

## 5．法貴次郎は、何故退任したか

法貴次郎は、昭和三八年（一九六三年）三月、文部省を退職した。(注12) 五七歳である。

なぜ退職したか。

専門職として著作権課に在職するか、あるいは他の課へ異動を希望するか。後者であれば、階級が上がり、出世の可能性がある。おそらく、歴代の—柴田小三郎、妹尾茂喜、安嶋彌、大田周夫、渋谷敬三、佐野文一郎の幾人かから、問われていたのではないだろうか。

そして多分、法貴は、仕事として「著作権」を愛しており、このままでかまわない、と答えたと推測する。勿論、気の合わない課長もいたであろう。

ただ、著作権課長—文部省の大方針に反対だった。

文部省は、著作権法の改正実現を大方針にした。法貴は、著作権法改正の方法、手順について、自分なりの考えがあり、大方針に不満があったと想像する。

著作権法改正のために、渋谷敬三課長は、昭和三七年四月一日、著作権制度審議会令（政令第一七号）を公布、施行させ、委員三〇名を発令し、著作権制度審議会を発足させた。

昭和三八年一月一六日、渋谷は、中等教育課長に栄進した。同日、佐野文一郎（一九二五―二〇一七）が著作権課長に就任した。

佐野課長は、渋谷が設定した路線を進めていく。佐野は、昭和四五年七月二日まで約七年半、著作権課長を務め、著作権法の大改正を完成させた。

昭和三八年一月あるいは二月、法貴は文部省を退職しようと決心したと思われる。

日本が新憲法のもと、三権分立の民主国家であることについて、法貴は、もっとアメリカ型であるべきであると考えていたと思う。政府が法律案を提出し、いわば行政府は「立法」もしている、国会議員が実際に立案し、立法すべきでないか。著作権法の改正手続きについて、著作権制度審議会で審議し、答申し、これを受けて、著作権課が「立法」し、国会に提案することに疑問をもったと解する。

そして、「著作権法改正案」を国民の前に一定期間公表し、意見を聞くべきだと考えていたと思う。

昭和四〇年二月、次の文章を残している。

「昭和二二年五月一〇日から、文部省は、著作権を主管するに至りましたが、爾来、約一七年の間に、文部大臣は、一四人にわたって交替しております。著作権の主管局長および主管課長は、それぞれに、八人（ママ）にわたり交替しております。大臣、局長、課長の交替時期は、互いに、ズレておりますから、著作権に関する国家意思を定める機関系統は、常に、動揺ないし浮動しており、このような管轄機構で、世界的に専門事項とされている著作権関係事項を処理している日本国のような国は、欧米の民主国には、一つとしてありません。この点について、著作権法を改正する事業が、抜本的の構想を樹立するよう、強く要望したいと思います。また、現時点で、たまたま、著作権に関し、国家組織上の権限を有している方々が、組織上の権限と、著作権の専門事項に関する知識とは、わが国では、一般的に言って、両立していないことを考慮され、著作権法等を改正する手続きについて、まず、国際的に普通の手続きによるとの方針を採ることについて、共感を示されるよう、深く、希望します。」（民商法雑誌五一

巻五号（昭和四〇年二月一五日）七六四頁）

「組織上の権限と著作権の専門事項に関する知識とは、我が国では、一般的にいって、両立していない」とは、面白い、あるいは痛烈な表現である。

法貴は、小林行雄とは一番気が合い、佐野文一郎と大田周夫とも良好な関係で、柴田小三郎、渋谷敬三とはうまくいかなかったと推測する。

## 6．東海大学教授を二二年務める

法貴次郎は、熊本の旧制第五高等学校を出ている。

東海大学の創立者、松前重義（一九〇一―一九九一）は、熊本県益城郡の出身である。松前あるいは、松前の側近が、松前より五歳年下の法貴を知っていて招いたのではないかと想像する。

松前重義は、戦争中、勅任官の逓信省工務局長であったが、その言動が東条英機に睨まれ、二等兵として南方戦線に派兵され、戦後は逓信院総裁になるも公職追放され、日本社会党から衆議院議員に六回当選した硬骨の人である。昭和二七年から昭和三八年一〇月までと、昭和四二年から昭和四四年まで、衆議院議員であった。松前は平成三年、八九歳で死去した。

法貴は、昭和三八年（一九六三年）四月一日から昭和四一年三月三一日まで、東海大学文学部広報学科、専任教授に就任した。

昭和四一年（一九六六年）四月一日から昭和五一年三月三一日まで、東海大学政治経済学部政治学科、専任教授を務めた。

昭和五一年（一九七六年）四月一日から昭和五九年三月三一日まで、東海大学政治経済学部政治学科の委嘱教授を務めた。

法貴は、担当した講義で、言論の自由、新聞、出版、放送、広告に関係した法律について語ると共に、著作権法についても触れた。

一九八四年、七八歳の法貴は、全ての役職を退任した。

## 7．宮田昇「翻訳権の戦後史」に遭遇する

平成一一年（一九九九年）、九五歳の法貴は、書店で、宮田昇「翻訳権の戦後史」（みすず書房・一九九九年）を見つけた。

宮田昇は、若くして翻訳権の仲介業務に携わり、日本ユニ著作権センターを創業、実務の立場から、著作権に関する多くの著作がある。

「翻訳権の戦後史」は、占領下の日本において、外国図書の翻訳出版がどういう根拠で許可ないし不許可とされていたか、「五〇年フィクション」とは何か、などについて克明に説いた宮田の代表作である。そこには、法貴次郎の名前が、「占領政策と著作権」とともに数カ所、引用されていた。

法貴は、早速、宮田昇を訪問、「よくぞ『翻訳権の戦後史』を書いてくださった」と手を握り、喜んだ。

法貴は、平成一七年（二〇〇五年）五月二九日、静かに旅立った。九九歳であった。

法貴の葬儀には、文部省退職時の著作権課長である佐野文一郎が、葬儀に参列した。なお、佐野（一九二五—二〇一七）は、九二歳で、平成二九年一二月死去された。

宮田昇（一九二八—二〇一九）は、平成三一年三月一四日、九〇歳で亡くなった。

東海大学で、法貴次郎教授を慕う教え子達は、法貴の定年後、毎年、「法貴教授夫妻を囲む会」を開いていた。代表幹事の高島正継氏（熊本県芦北郡芦北町花岡一八二二—一四）によれば、法貴教授が亡くなる四カ月前の二〇〇五年一月、約二〇人が先生夫妻を囲む会を銀座で開いたばかりだったという。

法貴次郎は、幸福な晩年を送っていた。

注1　日本経済新聞一九九三年一月八日三六面の「私の履歴書」福田赳夫七回参照。新井三枝の祖父新井善教は大審院の判事、その二男文夫は足尾銅山の技師、福田は、文夫の長男、三枝の兄と高崎中学の同窓で彼と仲が良かった、と述べている。

注2　「在学中昭和四年、高等文官試験行政科に合格した」とされる。

注3　東京帝国大学法学部卒業アルバム（昭和五年三月）によると、法貴次郎、丹生義孝とともに次の方々の写真が掲載されている。

丹生義孝「黒猫判事」（製作　第一法規出版・一九八五年）五頁。

石井良助（日本法制史学者）、田上穣治（憲法学者）、緒方信一（文部省事務次官、昭和三一年当時初等教育局長）、河野一之（大蔵事務次官・太陽神戸銀行会長）、門叶宗雄（内務省、島根県知事、警視総監、防衛事務次官）、長谷川周重（住友化学会長）、佐藤朝生（札幌オリンピック冬季組織委員会事務総長・総理府総務副長官）、古賀英正（筆名南條範夫）（小説家・経済学者・國學院大學教授）。

注4　柴田小三郎は、一九三八年（昭和一三年）七月一日、内務省警保局に「属」として配属されている。同日、伊藤信男も属として在籍している。このとき、国塩耕一郎は、「事務官」として警保局にいる。いずれも警保局図書課所属と思われる。

注5　神出七郎は、「日米間の著作権保護の沿革―実務資料による日米関係の前史」（著作権資料協会・一九八七年）、「日米間の著作権保護の沿革（Ｖ）―実務資料による日米関係の前史」（著作権資料協会・一九九二年）を著している。昭和二二年三月二〇日に入省、著作権を担当、昭和四六年三月三一日まで在籍した。東京大学法学部卒業。

注6　大家重夫「米川猛郎を偲ぶ」ＪＵＣＣ通信六〇号。米川猛郎には、「著作権登録をめぐる諸問題」（著作権資料協会・一九七一年）がある。米川猛郎は、昭和二二年一〇月一三日から昭和四七年三月三一日まで在籍した。

注7　勝本正晃（一八九五―一九九三）は、京大法学部創設期の京都大学法学部教授（刑法）勝本勘三郎の長男である。正晃は、民法学者、著作権法学者で、画家の追及権制度を日本に紹介した。山口大学の小川明子博士、日本画家福王寺一彦氏らが美術作家の「追及権」制度導入を唱えているが、改めて勝本正晃教授の具体的な追及権制度案が注目されている。

注8　日本著作権協議会「著作権関係法規集（昭和三一年二月公刊）」一四九頁は、「占領五〇年フィクションの根拠法」及び「註」として、「同趣旨が、昭和二五年六月一〇日付け国管第一七号、各都道府県知事、各都道府県教育委員会、

注9　日本出版協会長、日本新聞協会会長、日本放送協会長あて文部省管理局長通知で出ている。」と記している。
注10　宮田昇「翻訳権の戦後史」一一八頁。
宮田昇「翻訳権の戦後史」一一五頁。なお、伊藤信男「著作権一〇〇年史年表」二〇〇頁は、「ベルヌ条約の翻訳条項に対する日本の留保の経緯と日米間の翻訳自由の再現に関する要望」としている。
注11　この論文は、（条約批准直前の情勢）という副題を付け、勝本正晃「現代文化と著作権」に収録されている。
昭和三八年三月、著作権課には、次の人がいた。（　）は、著作権課在職期間。
注12　著作権課長佐野文一郎（昭和三八年一月一六日～昭和四五年七月二日まで在籍）、神出七郎（昭和二二年三月二〇日～昭和四六年三月三一日）、米川猛郎（昭和二二年一〇月一三日～昭和四七年三月三一日）、前畑安宏（昭和三七年四月一日～昭和四一年四月一〇日）、佐竹（大村）敬子（昭和三七年四月一日～昭和四三年五月三一日）、大山幸房（昭和三一年五月一六日～平成二年三月三一日）、久保庭伊佐男（昭和三四年四月一三日～昭和四四年七月一日）、佐々木良一（昭和三五年八月一日～昭和四一年六月三〇日）。木田（河村）禮子（昭和二二年八月一日～昭和四一年四月三〇日）。

（本稿作成にあたっては、法貴次郎氏の長女黒田慶子氏、小学館に在籍された大亀哲郎氏、文化庁著作権課に在籍された久保庭伊佐男氏など多くの方々からご教示を頂きました。感謝致します。）

## 法貴次郎の著書・論文

○著書
「著作権法改正の根本問題―附・米国著作権法について」東海大学出版会発行
昭和三八年一二月　第一刷発行、昭和三九年九月、第二刷発行

○論文
◎一九五四年（昭和二九年）
「著作権に関する国際条約と翻訳権」ジュリスト一九五四年七月一日号（六一号）一四頁
「占領政策と外国著作権」ジュリスト一九五四年一〇月一日号（六八号）一七頁

◎一九五五年（昭和三〇年）
勝本正晃・法貴次郎と共著
「万国著作権条約の©条項と日米関係」ジュリスト一九五五年七月一五日号（八六号）六二頁
◎一九五六年（昭和三一年）
「新聞及び雑誌の©記号等の表示と作家の権利」ジュリスト一九五六年八月一五日号（一一二号）五九頁
◎一九五九年（昭和三四年）
「萬国著作権条約の成立―国語政策と翻訳権制度」（「勝本正晃先生還暦記念　下」（有斐閣）六五〇頁から六八一頁に収録）
◎一九六四年（昭和三九年）
「新聞社及び出版社による週刊雑誌の著作権表示」東海大学紀要・文学部・第五輯
◎一九六五年（昭和四〇年）
「著作権法改正の根本問題―同法改正の手続について」民商法雑誌五一巻五号三頁（一九六五年二月一五日）
◎一九六六年（昭和四一年）
「著作権法改正の根本問題―著作権制度審議会答申に対する論評」民商法雑誌五四巻三号二七三頁
◎一九九五年（平成七年）
「出版事業への手紙（平成七年五月）」出版クラブだより三六四号（一九九五年五月一日）

# 第五章　呼称について

大家重夫

## 一．「支那」という呼称

### 1．マケドニア

一九九一年、旧ユーゴスラビアの一地方が独立し、「マケドニア」と名乗ろうとした。隣国のギリシャは、その国内に「マケドニア地方」があり、明確に区別できないといい、また、「マケドニア」の名前には由緒があるとして、反対した。二七年かかって、二〇一八年六月、「北マケドニア」へ変更することで両国は合意した。

ギリシャは、その国が「北マケドニア」と称するのであればかまわない、とし、「マケドニア」にしたかったアルバニア人は、ギリシャに押し切られ落胆しているらしい。

ギリシャの急進左派連合（ＳＹＲＩＺＡ）をまとめて、ＥＵの要求する財政規律を守っているツイプラス首相は、外交手腕で有能と評価されていると、ニューズウィーク日本版二〇一九年二月五日号一〇頁が報じている。

### 2．外務省総務局長通達

終戦直後、中華民国の代表は、日本政府に、公式、非公式に、「支那」という言葉を使わないでくれ、と要求した。

昭和二〇年から昭和二一年の五月頃まで、要求があり、五月中・下旬、外務省は、次のように、「今後は理屈を抜きにして先方の嫌がる文字を使わぬ様にしよう」と決め、岡崎総務局長へ通達を出させた。

岡崎総務局長とは、のち、第三次、第四次、第五次吉田茂内閣（一九四九年二月一六日から一九五四年一二月一〇日）まで、外務大臣を務めた岡崎勝男である。

岡崎総務局長は、新聞社、雑誌社の社長、各省次官などに次の文面を送った。

ここに揚げたのは文部次官宛で、文部省は、国公私立の大学、高校、高等専門学校の長あてに送ったことが分かる。

「支那」の呼称を避けることについて

（昭和二一年七月三日官文五七号文書課長ヨリ省内各局課室長、部長、直轄各部長、公私立大学高等専門学校長宛）

このことに就いて、外務次官から、別紙写のやうに申越がありましたから、右御了知の上、御関係の向にも洩れなく傳へ下さるやう御願ひ致します。

文合第三五七号

昭和二一年六月六日

外務次官

文部次官殿

支那の呼称を避けることに関する件

本件に関し外務省総務局長から六月六日附で都下の主な新聞雑誌社長に対し念のため写しのやうに申送った。右御参考のため御送りする次第であるが、機会があったら御関係の向へも同様御傳へを得たい。

本信送付先　各省次官、内閣書記官長、法制局長官、統計局長、内閣審議室、各都道府県、終戦連絡地方事務局長

中華民国の国名として支那といふ文字を使ふことは過去に於ては普通行はれて居たのであるが其の後之を改められ中国等の語が使はれてゐる処支那といふ文字は中華民国として極度に嫌ふものであり、現に終戦後同国代表が公式非公式に此の字の使用をやめて貰ひ度いとの要求があったので今後は理屈を抜きにして先方の嫌がる文字を使はぬ様にしたいと考え念のため貴意を得る次第です。

要するに支那の文字を使はなければよいのですから用辞例としては、

中華民国、中国、民国。
中華民国人、中国人、民国人、華人。
日華、米華、中蘇、英華。

などのいづれを用ひるも差支なく唯歴史的地理的又は学術的の叙述などの場合は必ずしも右に拠り得ない例へば東支那海とか日支事変とか云ふことはやむを得ぬと考へます。

ちなみに現在の満州は満州であり満州国でないことも念のため申添へます。

昭和二一年六月七日

岡崎外務省総務局長

## 3. 渡部昇一、谷沢永一

岡崎外務省総務局長の通牒は、「支那」は、先方が嫌がるから、理屈抜きに使うのを止めようという趣旨で、嫌々ながら書いたと思う。何故か「シナ」というカタカナの使用について触れていない。「支那」には、「シナ」も入っているとするのであろう。

渡部昇一（一九三〇―二〇一七）は、「日本史からみた日本人」で、（中国とは美称であり、日本には、すでに関西と九州の中間にある地方を「中国」と称しており、シナを「中国」と称するのは不適当である）と述べていた。また、「シナ」というのは元来、大変めでたい意味の名称であり、これに不愉快な連想がついたのは阿片戦争の頃ではあるまいか。」（「古語俗解」（文藝春秋・一九八三年）一三頁）といい、「中国」でなく、「シナ」を使われた。

谷沢永一（一九二九―二〇一一）は、渡部昇一との対談・共著が多いが、次のように述べている（「日本を叱る」（講談社・一九九二年）一八四頁）。

「日本ではチャイナのことを『中国』と呼ぶことになっている。中華民国のときに日本人の側が『中国』と略称するようになったのか、あるいはチャイニーズの方から『中国』と呼ぶように要望があったのか、そのへんはわからないが、私がさかのぼれる範囲では、昭和一五年（一九四〇）、竹内好氏主宰の『中国文学研究会』が発行した機関誌が『中国文学』という表題で、これがおそらく日本における公式の出版物で『中国』という名称を最初に用いた例ではないかと思う。」とされる。

渡部昇一・谷沢永一「封印の近現代史」（ビジネス社・二〇〇一年）一八二頁に次のように述べられている。目次の次においてもほぼ同文が「付記」されている。

「『シナ』と『中国』は区別して用いている。中国という場合、それは国の名前である中華人民共和国や中華民国の略称として用いるべきである。中国という言葉には、外国を夷狄戎蛮と見なし、自らを高いものとする外国蔑視が含まれているので、われわれがあえてシナを中国と言う必要はない。そのため、英語のチャイナ、あるいはドイツ語のヒーナ、あるいはフランス語のシンとの整合性も考えてシナと呼ぶ」。

## 4．中嶋嶺雄

中嶋嶺雄（一九三六―二〇一三）は、「Chinaを『中国』と呼ぶ重大な過ち」という題で、雑誌「WiLL」二〇〇六年九月号九〇頁から一〇三頁にかけて「中国は支那と呼ぶのが正しい」という論文を書いている。

この論文は、「支那」「中国」の歴史に遡り、外国の状況、冒頭の外務省、取り次いだ文部省、国立の外事専門学校（現在の東京外国語大学）が学則を改正し、「支那科」を「中国科」、従来の「支那語」を「中国語」へ改正した経緯などを包括的に解説し、「以上の検討結果から、中国当局がChinaの呼称を維持している限り、『支那』を用いることにはなんら異議を差し挟む余地はないのだと結論してよいものと、私は現在考えている。」と結論づけている。

## 5．呉智英

二〇一七年九月五日付け朝日新聞は、中国政府が、企業名に使ってはならない「NGワード」を決定したとの記事を載せた。「中国の蔑称『支那』」もその一つに入っていた。

即ち、国家工商行政管理総局が、七月末付で、「企業名称禁止・使用制限規則」を各省、自治区、市場監督管理部門に通知したので、「支那」「大和」「法輪功」「大地主」「東突（東トルキスタン）」「占中（オキュパイ・セントラル）」などが挙げられていた。

呉智英（一九四六―）は、朝日の記事を読み、「『支那』は、英語のChinaと同原の言葉で、支那を指す世界共通語」である。支那政府は、西欧には要求せず、「日本にのみこうした差別的な要求をする」。支那は「上下意識・差別意識による他民族支配思想」により、日本へ「支那」を使うな、と強制する。「差別の被害者が加害者に対して謝罪を強制されているという例は、日本だけである。」とする。（SAPIO二〇一七年一一・一二月号）二八頁。

## 6．加藤徹

加藤徹（一九六三―）著「貝と羊の中国人」（新潮新書・二〇〇六年）は、中国人の根底には、多神教的で有形の財貨を好んだ殷人の貝の文化、一神教的で無形の主義を重んじ周人の羊の文化があるとする。その「第七章」は「黄帝と神武天皇」であるが、「支那・中国と中華民国・中華人民共和国」としてもいい約四〇頁の章で、歴史的に、包括的に、論じている。日本が二〇世紀初頭、「中国」という自称を認めず、また、一九一二年、清が滅亡し「中華民国」が生まれたとき、日本は「中華」を嫌い、「大支那共和国」という名称を公文書に使い、抗議され、一九三〇年頃まで「支那共和国」「大支那共和国」という呼称を使った。

加藤はこう述べている。「日本側の言い分は、中華民国の英訳名は『チャイナの共和国』なのだから、日本人にもこの呼称を使う権利があるというものだった。中国人が日本人にだけ『中華』という尊大な呼称をおしつけるのは不公平だ、という気持ちである。」（一九九頁）

「支那」という語は、二〇世紀初頭までは蔑称でなかった。「中国人が『支那』という日本語に違和感を感ずるのは、同じ漢字文化圏の国だからである。互いの自称を漢字に書けば、そのまま意味が通じるのに、日本人はわざわざ『支那共和国』という国名を作った。中国人はそこに、悪意と屈辱を感じたのだ。国どうしでも個人どうしでも、対等の関係なら、相手の自称を認めるのがマナーであろう。」（二〇一頁）

加藤に拠れば、「中華思想」と「中国思想」は違うことを指摘、英訳国名は、中華民国は「ナショナル・リパブリック・オブ・チャイナ」（のち、最初のナショナルをとる）、中華人民共和国は、「ピープルズ・リパブリック・オブ・チャイナ（チャイナの人民共和国）」であること、あの戦争中、「南京の中華民国政府（汪兆銘政権。日本と友好関係にあった。重慶の蒋介石政権と別）の要請を受け、今後、段階的に『支那』という呼称をやめてゆくことを約束した。もし仮に、日本が第二次世界大戦で戦勝国となっても、『支那』は廃語となったろう。」（二〇五頁）という（筆者は、この点は疑問と思う）。

## 7．有本香、小林よしのり

小林よしのり（一九五三―）・有本香（一九六二―）「はじめての支那論」（幻冬舎新書・二〇一一年）において、

冒頭に掲げた経緯について有本香は、次のように要約している。

「そういうトリッキーな言葉を、うまい具合に、日本での『中華民国』の略称として定着させたのは、蒋介石ですよね。戦前の日本人は、公文書も含めてみんな『支那』としていましたが、日本が戦争に負けると、戦勝国側に入った蒋介石が『今後は中華民国と呼び、略称は中国とするよう』主張した。そこには、中華思想の華夷秩序の中に日本を取り込もうという意思が働いている。」「蒋介石とは敵対する中国共産党も、対日工作という点でだけは同じ意思でつながっている。」

小林よしのり「その上、戦後日本では、『支那』を差別語であるかのように扱ってきた。一時、評論家の呉智英が『支那は差別語ではない。』と主張して孤独な戦いをしていたけど、あれは称賛すべきだと思うね。」（四三頁）

## 8．高島俊男

高島俊男「本が好き、悪口言うのはもっと好き」（大和書房・一九九五年）に収録された『「支那」はわるいことばだろうか』は、三五頁に及ぶ内容の濃い文章である。

高島は、中華民国政府が一九三〇年（昭和五年）、日本政府に対して、「中華民国」という国号を称することを求め、「支那」という文字を使った公式文書は受け取りを拒絶すると通告し、同年一〇月、日本は「支那を中華民国と呼称の旨」閣議決定したとの事実を述べている。高島の意見は、要約することが難しいが、こうもいわれる。

「まったく個人の感覚だが、わたしは『支那』ということばが好きである。大きく、ゆたかで、奥行きがあり、詩情がある」。本書の「はじめに」に記したように、高島は、昭和二一年六月七日外務省総務局長通牒は、「苦心の通達」と批評している。

## 9．宮脇淳子

宮脇淳子「新装版　封印された中国近現代史」（ビジネス社・二〇一九年）は、「支那」という漢字と、英語の

「チャイナ（China）」は、いずれも秦の始皇帝の「秦」を起源とするという。日清戦争のあと、一八九六年から留学生が日本にきて、日本では、自分たちの故郷を「支那」と呼んでいると気がついた。はじめ、日本人の習慣に従い、自分たちの国土を「支那」、自分たちを「支那人」と呼んだ。「ところが、『支』は、『庶子』。『那』は、『あれ』という意味で、よい意味の漢字」ではない。そこで、彼らは、一九世紀末から、「支那」の代わりに「中国」を「意味を拡張して使うようになった」。

宮脇によれば、古代日本の「倭」や「卑弥呼」は、「悪い意味の言葉」で、自分たちが、悪い言葉を使うので、「日本にも同じようにされたと言って怒ったのです。」

現在、「支那」をすべて「中国」に置き換えたが、歴史の叙述が不正確になった。カタカナの「シナ」を使うようにせよ、チャイナの日本語訳はシナに戻しましょう、と提案する。

## 10．氏名呼称日本語読み事件

ここでは、民事事件で、外国人の氏名はその人が主張するその人の母国語読みで行うべきか、現地の日本語読みで行うべきか、という訴訟を一つ紹介する。

在日韓国人がＮＨＫに対して、朝鮮語読みでその氏名を呼べという訴訟である。

北九州市小倉北区に「崔昌華」（一九三〇年生まれ）という牧師がいた。崔昌華らは、一九七五年八月二六日、「北九州市長に提出する在日韓国人・朝鮮人の人権に関する公開質問書」を市長に提出し、記者会見を行ったが、その際、北九州市公報室長が、「サイ・ショウカ」さんと呼んだが、その都度、「チオニ・チャン・ホア」です、名刺の氏名の下に書いているでしょう、と述べ、日本放送協会（以下、ＮＨＫ）の記者もこのやりとりを取材していた。このニュース報道をＮＨＫは、サイ・ショウ・カと呼んで放送した。

翌日、崔昌華は、北九州放送局に赴き、崔昌華の読み方を朝鮮語読みにすること、韓国人・朝鮮人の氏名についても朝鮮語読みで放送してほしいと主張した。

北九州放送局はこれを拒絶、崔昌華は訴訟を提起した。

一審。原告　崔昌華

崔昌華は、ＮＨＫに対し、１．原告氏名を故意に誤って読んだことを謝罪せよ、２．謝罪文をＮＨＫの全国放送し、これを全国紙四紙へ掲載せよ、３．被告ＮＨＫは、原告及びその他の韓国人、朝鮮人の氏名を今後朝鮮語読みで呼べ、４．被告は、原告に一円支払え、という請求である。原告は、弁護人なしで提起した。

福岡地裁小倉支部第三民事部の鍋山健裁判長は、昭和五二年七月一一日「主文、一、原告が被告に対し、原告を除く韓国人、朝鮮人の氏名を今後朝鮮語読みにより呼称することを求める訴えは、これを却下する。二、原告のその余の請求は、いずれもこれを棄却する。」（判時八五八号四八頁）との判決を下した。

二審。控訴人　崔昌華

福岡高裁昭和五八年七月二一日判決。

矢頭直哉裁判長は、「主文、原判決を次のとおり変更する。控訴人が被控訴人に対し控訴人及び韓国人、朝鮮人の氏名を今後現地音読みにより呼称することを求める訴は、これを却下する。控訴人のその余の請求は、これを棄却する。（以下略）」（判タ五〇三号一七九頁）。

三審。上告人　崔昌華

最高裁昭和六三年二月一六日判決。

ＮＨＫが、テレビ放送のニュース番組において、在日韓国人の氏名を日本語読みによって呼称した行為について、裁判官は全員一致で次のように判決した（判タ六六二号七七頁）。

「主文

上告人の謝罪、謝罪文の放送及び新聞紙上への掲載並びに慰藉料の支払の請求に係る部分につき本件上告を棄却し、その余の上告を却下する。上告費用は上告人の負担とする。」

（裁判長裁判官　長島敦、裁判官　伊藤正己、裁判官　安岡満彦、裁判官　坂上壽夫）

# 第六章　戦時加算問題、その経緯と取組み

## ～著作権の戦後はまだ終わっていない～

川上拓美

### はじめに

情報通信技術の急速な発達により、デジタル化、ネットワーク化は著作権制度に著しい影響を与え、権利の保護と著作物の円滑な利用に関して、様々な問題を提起している。その一方で、戦後七〇年以上を経過したいまでも、私たちは、まだ戦後の遺物とでもいうべき戦時加算という呪縛から逃れられないでいる。

日本は、太平洋戦争時の連合国とその国民の著作物の著作権について、通常の保護期間のうえに約一〇年の期間について「戦時加算」というかたちの保護義務が課されている。太平洋戦争中に相手国の著作権を保護しなかったということが主な理由とされているが、そのことは交戦国双方に言えることであり、日本のみが保護期間について加算義務を負わされなければならないことは、いかにも不平等な扱いと言わざるを得ないのではないか。[注1]

しかし、日本は戦後一貫して、この不平等な義務を誠実に履行してきたのである。ネットワークの発達により、瞬時に著作物が国境を越えて流通するいま、著作権制度に関する国際的なハーモナイゼーションは極めて重要であり、そのためにも日本に課せられた戦時加算が早期に解消されることを望んで止まない。

私たちにとって、この戦時加算が存続する限り、著作権の世界に戦後はまだ終わっていないといえる。

音楽、文芸、美術、漫画、写真等の著作権関係団体は協議のうえ、平成一八年七月に「著作権問題を考える創作

者団体協議会」を設立し、著作権の保護期間延長や戦時加算解消等の著作権問題に取り組んできたが、筆者は他の関係者とともに、この協議会の設立、運営に当初から関与してきた。

一方で、文化庁も、文化審議会著作権分科会に「過去の著作物等の保護と利用に関する小委員会」を設置し、平成二一年一月に「報告書」を公表しているが、戦時加算問題は解決をみないまま現在に至っている。

しかしながら、ＴＰＰ（環太平洋パートナーシップ）交渉及び日ＥＵ・ＥＰＡ（日本とＥＵとの経済連携交渉）の交渉において、著作権の保護期間は著作者の死後五〇年から七〇年に延長されることになるとともに、この交渉の中で、戦時加算に関する関係国間の調整が行われ、戦時加算問題も解決に向けて大きく動き出したのである。

この機会に戦時加算問題の経緯と取組みの状況、諸課題について整理し、この問題の理解と解決に向けての資料として参考にしていただければ幸いである。

注1　阿部浩二「著作権（著作隣接権）の保護期間について」『コピライト』二〇〇七年七月号一三頁参照。

## 一．日本の戦時加算とは何か

### 1．戦時加算に関する規定

著作権には保護期間があり、わが国の著作権法は第五一条第一項で「著作権の存続期間は、著作物の創作の時に始まる。」、また、同条第二項で「著作者の死後七〇年を経過するまでの間、存続する。」と規定している。

ベルヌ条約（パリ改正条約：日本は一九七五年四月二四日効力発生）においても、第七条（1）で「この条約によって許与される保護期間は、著作者の生存の間及びその死後五〇年とする。」となっており、現在、この「著作者の死後五〇年まで」が条約上で遵守しなければならない最低限の保護期間である。

平成三〇年三月のTPP協定成立に伴い、我が国の著作権の保護期間は著作者の死後五〇年から七〇年に延長されている。

しかし、わが国には「戦時加算」という制度があり、一定の外国著作物について、太平洋戦争開始から平和条約締結までの約一〇年の期間を、通常の「七〇年」に追加して保護しなければならないことになっている。

「戦時加算」とは、「日本国との平和条約」(以下「サンフランシスコ平和条約」という)第一五条(c)の規定に基づき、日本が連合国に対して負っている義務である。この条約に基づき、「連合国及び連合国民の著作権の特例に関する法律」が制定され、戦時加算に関して規定している。

### (1) 戦時加算の根拠となるサンフランシスコ平和条約の内容

日本国との平和条約(サンフランシスコ平和条約:昭和二七年条約第五号)は、一九五一(昭和二六)年九月八日、サンフランシスコのオペラ・ハウスにおいて、米国はじめ四九ヶ国の全権委員によって署名された(批准は四六ヶ国、一九五二(昭和二七)年四月二八日発効)。戦時加算問題等にかかる内容は以下のとおりである。

①ベルヌ条約への復帰

平和条約第一四条(a)二(v)では、「連合国は、日本の商標並びに文学的及び美術的著作権を各国の一般的事情が許す限り日本国に有利に取り扱うことに同意する。」と規定されている。

また、平和条約への署名後に日本国政府が行った宣言の中には「この平和条約に別段の定めがある場合を除き、日本国は、現に有効なすべての多数国間の国際文書で一九三九年九月一日に日本国が当事国であったものが完全に効力を有することを承認し、且つ、平和条約の最初の効力発生の時にこれら文書に基くすべての権利及び義務を回復することを宣言する。但し、いずれかの文書の当事国であるために日本国が一九三九年九月一日以後加盟国でなくなった国際機関の加盟国であることを必要とする場合には、この項の規定は、日本国の当該機関への再加盟をまって効力を生ずるものとする。」との項がある。

この宣言に基づき、わが国はベルヌ条約についても加盟国としての権利義務を回復した。

②戦時加算に関する規定

平和条約第一五条（c）（i）は、「日本国は、公にされ及び公にされなかった連合国及びその国民の著作物に関して一九四一年一二月六日に日本国に存在した文学的及び美術的著作権がその日以後引き続いて効力を有することを認め、且つ、その日に日本国が当事国であった条約又は協定が戦争の発生の時又はその時以後に日本国又は当該連合国の国内法によって破棄され又は停止されたかどうかを問わず、これらの条約及び協定の実施によりその日以後日本国において生じ、又は戦争がなかったならば生ずるはずであった権利を承認する。」と規定している。

また、平和条約第一五条（c）（ii）は、「権利者による申請を必要とすることなく、且つ、いかなる手数料の支払又は他のいかなる手続きもすることなく、一九四一年一二月七日から日本国と当該連合国との間にこの条約が効力を生ずるまでの期間は、これらの権利の通常期間から除算し、また、日本国において翻訳権を取得するために文学的著作物が日本語に翻訳されるべき期間からは、六箇月の期間を追加して除算しなければならない。」と規定している。

この規定により、わが国は通常の保護期間に加算し約一〇年間の期間、使用料の支払い義務が条約上生じていることになる。

**（2）連合国及び連合国民の著作権の特例に関する法律**

この平和条約の規定に基づき、戦時加算に関する取扱いを定める「連合国及び連合国民の著作権の特例に関する法律」が制定され、現在も効力を有している。

この法律の趣旨について、第一三回国会衆議院文部委員会（昭和二七年四月二日）において天野貞祐文部大臣は、次のような提案理由説明を行っている。

「対日平和条約の規定だけでは、一般国民の理解に不十分な点もあり、また実施上の細目について欠けるところもあります。そこで条約上の義務を日本国及び日本国民が誠実に履行するために、また将来において起り得べき問題をできるだけ避けるためには、同条約同規定の解釈を法律で定める必要を認めたわけであります。」

この条約を踏まえ、わが国の著作権法の規定に従って平和条約第一五条の実施に関して解釈に疑義が生じたり、条約を補足する必要性からその適用に疑問が残らないよう明らかにしたものといえよう。

公布：昭和二七年八月八日
適用：昭和二七年四月二八日（平和条約最初の効力発生の日）から
内容：著作権の存続期間に関する特例

第四条一項　昭和一六年一二月七日に連合国及び連合国民が有していた著作権は、著作権法に規定する当該著作権に相当する権利の存続期間に、昭和一六年一二月八日から日本国と当該連合国との間に日本国との平和条約が効力を生ずる日の前日までの間（当該期間において連合国及び連合国民以外の者が当該著作権を有していた期間があるときは、その期間を除く）に相当する期間を加算した期間継続する。

第四条二項　昭和一六年一二月八日から日本国と当該連合国との間に日本国との平和条約が効力を生ずる前日までの期間において、連合国又は連合国民が取得した著作権（前条の規定により有効に取得されたものとして保護される著作権を含む）は、著作権法に規定する当該著作権に相当する権利の存続期間に、当該連合国又は連合国民がその著作権を取得した日から日本国と当該連合国との間に日本国との平和条約が効力を生ずる日の前日までの間（当該期間において連合国及び連合国民以外の者が当該著作権を有していた期間があるときは、その期間を除く）に相当する期間を加算した期間継続する。

太平洋戦争開戦の前日である一九四一（昭和一六）年一二月七日の時点において、わが国で保護されていた連合国及び連合国民の著作権、すなわちベルヌ条約国である連合国及び連合国民の著作権、日米など二国間条約による著作権は、戦争開戦前日の時点で有効であったもの、そしてその後発生したものは、戦争期間中及びその後も引き続いてすべて有効であり、当該国との平和条約発効日の前日までの期間の日数を、通常の著作権の保護期間に加算して保護する必要があるとしている。

## 2．対象国と戦時加算期間

戦時加算の対象になるのは、昭和一六年一二月七日当時、わが国がベルヌ条約等により保護義務を負っていた著作物で、当時の著作権者が、平和条約に署名し、これを批准した連合国及び連合国民であったという要件を備えている必要がある。

平和条約の批准国は四六ヶ国であるが、わが国が戦時加算の義務を負う対象国は一五ヶ国である。

戦時加算の国別の加算日数は以下のとおりであるが、具体的な戦時加算日数は創作の時期や著作権の移転の有無によって著作物ごとに異なる。

（1）ベルヌ条約加盟国のうち、一九五二年四月二八日以前に平和条約を批准している国については、同日に平和条約が発効し、戦時加算の対象となっている。

①イギリス　（平和条約発効日：一九五二年四月二八日　加算日数三、七九四日）
②オーストラリア　（平和条約発効日：一九五二年四月二八日　加算日数三、七九四日）
③カナダ　（平和条約発効日：一九五二年四月二八日　加算日数三、七九四日）
④フランス　（平和条約発効日：一九五二年四月二八日　加算日数三、七九四日）

⑤スリランカ（セイロン）　（平和条約発効日：一九五二年四月二八日　加算日数三、七九四日）
⑥ブラジル　（平和条約発効日：一九五二年五月二〇日　加算日数三、八一六日）
⑦オランダ　（平和条約発効日：一九五二年六月一七日　加算日数三、八四四日）
⑧ノルウェー　（平和条約発効日：一九五二年六月一九日　加算日数三、八四六日）
⑨ベルギー　（平和条約発効日：一九五二年八月二二日　加算日数三、九一〇日）
⑩南アフリカ連邦　（平和条約発効日：一九五二年九月一〇日　加算日数三、九二九日）
⑪ギリシャ　（平和条約発効日：一九五三年五月一九日　加算日数四、一八〇日）
⑫ニュージーランド　（平和条約発効日：一九五二年四月二八日　加算日数一、六〇七日）
⑬パキスタン　（平和条約発効日：一九五二年四月二八日　加算日数一、三九三日）
⑭レバノン(注2)　（平和条約発効日：一九五四年一月七日　加算日数二、二九一日）
⑮アメリカ合衆国　（平和条約発効日：一九五二年四月二八日　加算日数三、七九四日）

（2）ベルヌ条約国ではないが、二国間条約があったアメリカ合衆国も戦時加算の対象国である。

（3）多くの資料では戦時加算の対象国を一五ヶ国としているが、宮田昇氏、作花文雄氏は、ルクセンブルグについても戦時加算の対象にしている。
ルクセンブルグ(注3)　（批准日：一九五三年三月一〇日　加算日数四、一一一日）

## 3．戦時加算の対象となっている作家の作品の利用

条約上は一九六七年以前に死亡した作家は死後五〇年を経過し、二〇一七年末で保護期間は満了することになっているが、わが国は平和条約の規定により戦時加算の義務を負っているので、その対象国の国民の著作権については、約一〇年の期間を追加して保護しなければならない（なお、ＴＰＰ協定成立に伴い、著作権の保護期間は七〇年に延長されている）。

亡命等により連合国以外の国に移動したり、作品の創作年月日によっては戦時加算の対象にならない場合もある。これらの作家の作品を利用する場合は、著作権管理団体等に戦時加算の有無を確認する必要がある。

## 4．平和条約に署名していない連合国等

ロシア（ソ連）、中国はサンフランシスコ平和条約に署名していないため、戦時加算の対象国にはならない。また、スイスやスウェーデンなどの中立国や、ドイツやイタリアなどの当時の枢軸国も対象にはならない。

戦時期間中は条約上の義務を履行していないということが、戦時加算が課せられた理由であると言われているが、そもそもロシア（ソ連）や中国はベルヌ条約に加盟していなかったため、もともと条約上の保護対象国にはなっていない。ドイツやイタリアは同じ枢軸国でありながら、後述するとおり、戦時加算は実質的に課されていない。

---

注2　平和条約第二三条（a）は、「この条約は、日本国を含めて、これに署名する国によって批准されなければならない。この条約は、批准書が日本国により、且つ、主たる占領国としてのアメリカ合衆国を含めて、次の諸国、すなわちオーストラリア、カナダ、セイロン、フランス、インドネシア、オランダ、ニュージーランド、パキスタン、フィリピン、グレート・ブリテン及び北部アイルランド連合王国及びアメリカ合衆国の過半数により寄託された時に、その時に批准しているすべての国に関して効力を生ずる。この条約は、その後にこれを批准する各国に関しては、その批准書の寄託の日に効力を生ずる。」と規定している。

また、この条約の批准国は四六ヶ国となっており、ニュージーランドとパキスタン、レバノンはこの批准国に含まれている。このためか戦時加算を解説したものの中には、ニュージーランドとパキスタンについては平和条約発効の日までの三、七九四日を加算日数とし、レバノンについては批准の日までの四、四一三日としているものが多い。

これに対し、作花文雄氏は「詳解　著作権法（第三版）」で、「ニュージーランド及びパキスタンは日本で平和条約が発効した日（一九五二年四月二八日）までに同条約を批准しているが、ニュージーランドがベルヌ条約に

加入したのが一九四七年一二月四日であり、パキスタンがベルヌ条約に加入したのが一九四八年七月五日であるので、それらの日以降において権利を取得した日から一九五二年四月二七日までの日数を加算することになる。」(四〇二頁) と解説している。

「レバノンは一九四三年一一月フランスから独立し、一九四五年三月に連合国の一員として参戦しており、平和条約の批准国になっているが、レバノンがベルヌ条約に加入したのは一九四七年九月三〇日であり、その日以降に権利を取得した日から加算すると考えるのが適当であろう。」

宮田 昇『翻訳権の実務 第三版』(日本エディタースクール出版部・二〇〇〇年) 二三四―二三五頁。

作花文雄『詳解 著作権法 (第三版)』(ぎょうせい・二〇〇四年) 四〇二頁。

注3

ルクセンブルグは平和条約に署名しているが、条約発効時の批准国には含まれていなかった (批准した日は一九五三年三月一〇日。ベルヌ条約にはローマ改正条約、ブラッセル改正条約、パリ改正条約に加入している)。

佐野文一郎・鈴木敏夫『改訂・新著作権法問答』(出版開発社・一九七一年) においても、ルクセンブルグは、「ベルヌ条約国ではあるがまだ批准していない。ただし、一九五三年三月一〇日に交換公文で国交が回復している。」と記述している (一七七頁)。

また、平和条約未批准国であったルクセンブルグの取扱いについては、一九七〇年八月号「コピライト」誌において、國分正明著作権課長は、「新著作権法の附則について」の解説の中で、次のように述べている (四頁)。

「わが国とルクセンブルグとの間では昭和二八年三月一〇日から国交が回復されている。したがって、ルクセンブルグが今後において平和条約を批准することは実際問題としては考えられず同国との間には戦時加算の問題は生じないであろう。しかし、仮に批准したとしても、著作権が稼働し得なかった戦争期間を加算すべきものとする平和条約第一五条 (C) の規定の趣旨からして戦時加算すべき著作権は昭和一六年一二月七日に有していたか、その翌日から国交回復の日までに取得された著作権であり、加算すべき期間も国交回復の日までの期間であれば足りると解されるので、連合国特例法の改正にあたっては新法施行後においてルクセンブルグおよびその国民が戦時加算すべき著作権を新たに取得することはないとの前提に立って措置している。」

## 二．日本にのみ戦時加算が課せられた経緯等

サンフランシスコ平和条約の交渉において、日本にのみ戦時加算が課せられるようになった経緯と理由について、昭和二七年四月二五日参議院文部委員会において、西村熊雄外務省条約局長は、次のとおり述べている。

この西村局長の説明によれば、①イタリアは連合国の一員として共同交戦国であった、②平和条約は戦後すでに約一〇年を経過し、各連合国は国内処置をして既成事実が出来上がっている、③対日賠償請求はしない、というのが日本にのみ実質的に戦時加算が課せられた理由ということになる。

戦前のわが国の著作権保護が諸外国に比べて条約上不十分な点はあったとしても、戦時加算が対日賠償請求を行わないことのスケープゴートという一面があったことは否めない。

（外務省西村熊雄条約局長の答弁＝国会議事録より）

**○政府委員（西村熊雄君）**　平和条約交渉の責任者としてこの問題についてどういうような話をしたかという御質問に御答弁申上げます。昨年の二月、最初にダレス顧問と会見いたしまして、平和条約の内容について具体的に話を始めましたときに、先方から提出されました議題の中に無論著作権の問題も入つておりました。そのとき私どもの申述べました事柄は、

第一の点は、日本は戦争中におきましても日米著作権保護条約、ベルヌの万国著作権保護条約のような文化的条約は、戦争によつても効力を捨てないで尊重するのが妥当だという方針の下に、政府といたしましては戦時中を通じて条約の趣旨に従つて外国人の著作権を国内的に取扱つて来たということを説明いたしました。それからその以前におきまして、平和問題について私どもがいろいろ事務的に研究いたし、方針を考えましたときには、何と申しましても指針として私どもがとりましたのは、イタリア平和条約でございます。イタリア平和条約の規定は、成るほどイタリアに一方的になつておりまするが、その打ち立てられておりまする原則は、

概して私有財産権に関する限りは平和条約といたしましては公正であると考えられます。でありますので、今申上げましたような戦時中の日本における外国人著作権の取扱が極めて公正である、従つて戦時中の我がほうの取扱について連合国から請求権みたいなような要求を出される理由はないと確信するということと、事は文化的な財産でありますから、イタリア平和条約同様の原則を以て平和条約の内容にして頂きたいという二点で臨んだわけであります。結論は、もう御承知の通り、サンフランシスコ平和条約の内容のごときものになりまして、イタリア平和条約と比較いたしますれば、幾分或いは多いと申してもよろしいかも知れませんが、私どもの要望した程度にはなつておりません。その点は交渉責任者として、国会でも申上げたことでございますが、誠に残念に思つておりまして、慚愧の念を今日なお抱いております。そうなりました理由につきましては、先だつても国務大臣から御説明があつたと思いまするが、先方の申しまする理由は二つございました。一つは、イタリアの場合は成るほど公正にしてあつたのだけれども、その場合はイタリアが戦争末期において連合国の一員として共同交戦者であつた、或る意味において連合国であつたという特殊の事情があるのであるということ。それからもう一つは、日本の平和条約の場合にはもうすでに戦争四ケ年、それから終戦後六年近く、約八年乃至十年近い年限がたつておるので、各連合国において国内的に処置をしてすでに既成事実が或る程度でき上つておる、それを平和条約によつて又元に戻すということは極めて困難な問題がある。他方連合国としては対日賠償というものはとらない方針で行つておるので、彼此勘案して、この程度のものを不満ではあろうが受託して欲しい、但し著作権につきましては文化的な権利であるから各連合国の国内事情が許す限り好意的な取扱をいたすという諏旨の規定を入れることにする、こういうふうな結論で、お手許にありまするような平和条約の条項になつた次第でございます。

　以上が交渉経路でございまして、私は先方は申しませんでしたが、私は著作権に関して日本との条約がイタリアとの平和条約ほど有利にならなかつたについては、もう一つの原因があるのではなかろうかと日頃考えております。それは皆様も御承知の通り、戦争前におきまする日本国内におきまする外国人の著作権の保護が、ベルヌ条約加盟各国から見まして頗る不完全である、日本の出版者、日本の翻訳者、殊に音楽、演芸方面におきまする外国音楽の使用という点が極めて条約の義務に違反するような形において行われておるというので、絶えず外交上の問題になつておりました。極端に申しますれば、著作権の保護問題に関する限り日本はどうも不十分であるこういう印象を強く持つていたわけでありますけれども、我々告白せざるを得ないと思います。というのは戦争前におきまして、この点は恥かしいことでありますけれど絶えず行なつて来ていたわけであります、そういう点も多少、先方は申しませんけれども、対日平和条約におきまする著作権関係の条項が、我々から見て不満足、又は満足だと言えない形に来た一つの原因であろうかと思います。今なお反省しておる次第でございます。

（傍線は筆者、以下同じ。）

## 三．制度としての戦時加算はヨーロッパに始まる

### 1．第一次世界大戦後の戦時加算の状況（注4）

戦時加算は、ヨーロッパ諸国では第一次世界大戦の時から存在する制度であり、戦争中に著作権の保護が図られなかったという一般的な理由から、義務を負うのは敗戦国に限らず、戦勝国においても国内法で独自にこれを行う例があった。ヨーロッパ諸国では、戦争期間中の工業所有権の保護期間を延長して保護する習慣があったといわれ、その発想が著作権にも戦時加算として取り入れられたと考えられる。

#### （1）フランス

①　現行知的所有権法典Ｌ一二三―八条は、「一九一四年八月二日前に発行され、かつ、一九一九年二月三日現在公有に帰していないいずれの著作物についても、一九一四年八月二日から平和条約の署名の日に続く年の

終わりまでの間に経過した期間と等しい期間だけ延長される。」と規定している。

② この期間の解釈については、敵対行為の停止を定めた法律の審署日たる一九一九年一〇月二四日から一年後の一九二〇年一〇月二四日と解釈し、延長期間を六年八三日と解する判決（一九四九年一月一九日）と「終わりまでの間」を一九二〇年一二月三一日と解釈し、延長期間を六年一五二日とする判決（一九五六年一二月五日）とがある。

### （2）ベルギー

一九二一年法により、一九二四年八月四日より前に公表された著作物で、この法律の公布日（一九二一年六月二五日）に公有に帰していないものにつき、一〇年間の戦時加算が設けられた。

### （3）ハンガリー

第一次世界大戦後、八年の戦時加算を行っている。

## 2．フランスにおける戦時加算制度導入の経緯

前述のとおり、ヨーロッパでは第一次世界大戦の時から戦時加算の制度が存在したが、この戦時加算がどのような考え方で取り入れられたのであろうか。

平成一九年度の文化庁委託調査研究「諸外国の著作物等の保護期間について」の報告書では、フランスの戦時加算の導入の経緯について、次のように記載されている（同報告書一二二頁）。

第一次世界大戦後に制定された一九一九年法は、国際的次元で見ても、戦時の状況を理由に著作権の保護期間を延長した初めての立法であった。ここでは、一九一九年法の制定時の代議院における提案理由説明の内容

を紹介する。

それによると、戦時加算は、戦争という例外的事情から止むを得ないものであると性格付けられている。具体的には次のような点が挙げられる。

・著作権は、一定期間しか行使することのできない権利である。

・戦争の期間、権利者は著作権の有益な行使を実現することができなかった。

・著作権に付与された期間は、戦争状態を理由として、停止されまたは延長されるべきである。…（略）…

第二次大戦後に制定された一九五一年法についても、立法の趣旨は一九一九年と変わるところはない。

## 3．第二次世界大戦後の戦時加算の状況

### (1) ヨーロッパの戦時加算の状況

① フランス：一九五一年法により八年一二〇日延長

ア 現行知的所有権法典L123―9条は、「一九三九年九月三日前に発行され、かつ、一九四一年八月一三日現在公有に帰していないいずれの著作物についても、一九三九年九月三日から一九四八年一月一日までの間に経過した期間に等しい期間だけ延長される。」と規定している。

イ この期間は、一九一九年法の延長期間に追加することができる。

ウ 特殊の戦時加算（フランスのために死亡した著作者の戦時加算）

このほか、フランスには「特殊の戦時加算制度」があり、戦争（第一次、第二次大戦を問わず）においてフランスのために死亡したと認められる著作者の著作物について、相続人又は継承人のために上記戦時加算に三〇年の期間が上乗せされる。「死亡した事実」は、軍事機関の意見に基づき当人の死亡証書の欄外に記載される（この戦時加算はフランス国内のみに適用される）。

第一次世界大戦の一九一四年九月五日ドイツ軍との交戦中戦死した詩人シャルル・ペギー、第二次世界大戦の一九四四年七月三一日に偵察機で出撃し、地中海上空で行方不明となったアントワーヌ・ド・サンテグジュペリの著作権の保護期間は、三〇年の戦時加算がされているとされる。

※ 現行知的所有権法典L123—10条（愛国殉職者特例）

著作者、作曲家又は芸術家がフランスのために死亡したことが死亡証明書から判明する場合には、さらに三〇年の期間だけ延長される。

② オーストリア

一九五三年法により、一九四九年一月一日より前に発生していた著作権につき、七年間の戦時加算が設けられた。

③ ノルウェー

一九五五年法により、同年一二月二日においてなお著作権保護を受けている著作物で、その著作者が一九五五年の満了までに死亡したものについて、六年間の戦時加算が設けられた。

④ このほか、ブルガリア、フィンランド、ルーマニア、ハンガリーについても戦時加算が行われている。

**（2） 日本以外の枢軸国の状況**

ドイツもイタリアも日本と交戦しておらず、サンフランシスコ平和条約に署名していないことから、お互いに戦時加算はないが、両国における戦時加算の取扱いは、以下のとおりである。

① ドイツ

ア ドイツは平和条約を締結していないため、平和条約における戦時加算の規定はないが、連合国高等委員会指令八号（「外国及び外国人の営業上、文芸および芸術的財産権」（一九四九年一〇月二〇日）第五条に戦時加算について規定している。

イ　内容：「連合国及びその国民は、ドイツ特許庁に一九五〇年三月一〇日までに申し出ることにより、工業所有権及び著作権の保護期間を延長することができる」とされ、延長期間は「開戦から一九四九年九月三〇日まで」とされていた。

ウ　実質的に戦時加算はなかった。

　著作権については、各国がドイツに延長の申請をしなかったため、実質的にドイツでは著作権の戦時加算はなかった。

②　イタリア(注5)

ア　イタリア平和条約（一九四七年二月一〇日）付属書第一五章A節三条によれば、戦争開始時から平和条約発効までの期間は、戦争開始時において連合国または連合国民に帰属していた著作権および産業財産権の通常の存続期間から除算されるものと規定されており、同四条において、三条の規定が連合国の領域におけるイタリアの権利についても等しく適用されると規定されている。

　すなわちイタリアは実質的相互主義の原則により交戦国双方に加算の義務を課し、連合国と双務的に六年間の戦時加算が定められていた。

イ　実質的に戦時加算はなかった。

　双方に加算義務がある形をとっているが、双方から請求が行われることなく、実質的に戦時加算は行われなかった。イタリアが双務的な形になっていることに対し、日本が片務的になっていることが、不公平ではないかという根拠になっている。

注4　各国の状況は、平成一九年度文化庁委託調査研究「著作物等の保護と利用円滑化方策に関する調査研究『諸外国の著作物等の保護期間について』」の報告書（平成二〇年二月発行：三菱ＵＦＪリサーチ＆コンサルティング編）

及び前掲書・阿部「著作権（著作隣接権）の保護期間について」『コピライト』二〇〇七年七月号一二—一四頁参照。

注5　イタリアは、一九四三年に降伏し、後年は「敵国」とされたドイツと異なる「特殊地位国」として取り扱われている。

## 四．ヨーロッパにおける保護期間の延長と戦時加算の取扱い

ドイツは、一九六五年の改正により早くも保護期間を著作者の死後七〇年に延長しており、その後ヨーロッパ諸国においては一九九三年のＥＣ指令により「保護期間の域内調和」の観点から、多くの国が著作権の保護期間を死後七〇年までに延長している。こうした状況下で、ドイツでは一九九五年改正において「欧州連合の他のいずれかの加盟国又は欧州経済領域に関する条約の他のいずれかの締約国の国民をドイツ国民と同様に取り扱う」とし、戦時加算の適用を受けるケースはなくなっている。

また、イタリアでは一九九六年に、フランスでは一九九七年にそれぞれ保護期間を著作者の死後七〇年に延長し、その際、戦時加算は解消されており、保護期間延長の中に埋め合わせたものと理解することができる。

なお、わが国においても昭和四五年の著作権法全面改正により、保護期間は著作者の死後三〇年から五〇年に延長されているが、戦時加算はそのまま存続されることになった。保護期間の延長にあたっての戦時加算の取扱いに関するヨーロッパの事例は、今後、わが国が保護期間を延長する場合に戦時加算問題を検討する指針になると考えられる。

以下、各国の状況は、前掲注4：「諸外国の著作物等の保護期間について」の報告書から引用・まとめたものである。

**（1）フランス**

一九九七年改正法により、死後七〇年まで保護期間が延長された後、さらに戦時加算を適用することが可能かどうかをめぐって争われたが、二〇〇七年二月二七日、フランス破毀院は、七〇年の保護期間を戦時加算によって延長することはできないと判示し、戦時加算は事実上廃止されたものと解釈されている。この判決は、EC指令前文に掲げる「保護期間の域内調和」に配慮し、EC共同体法を優位として判示したものと解されている。

ただし、前掲L123―10条の規定に基づき、著作者がフランスに殉じたことにより保護期間が三〇年加算されることについては、従前のとおりである。

［判決の趣旨］

「ヨーロッパ共同体内での著作権の保護期間の調和を目的として採用された七〇年の期間とは、若干の加盟国の認める戦時加算を埋め合わせるものである。ただし、これらの国において、一九九五年七月一日の時点で七〇年より長い保護期間がすでに起算されていた場合には、当該期間が唯一適用される。」

**（2）イタリア**

イタリアでは、一九九六年二月六日法より、EC指令を国内法化して死後七〇年の保護期間を採用し、これにより戦時加算の規定は廃止された。

## 五．保護期間の延長と戦時加算に関する学説

フランスにおいて、保護期間が著作者の死後七〇年に延長された一九九七年以降、戦時加算の適用そのものに対

して学説上の対立が生じた。

日本の保護期間の延長と戦時加算との関係を考える上でも学説の内容を検証しておくことは肝要であり、前掲注4：「諸外国の著作物等の保護期間について」の報告書から、その概要を紹介する（「報告書」一二三―一二七頁）。

①適用肯定説

〈Pollaud-Dulian（ポロ・デュリアン）の説〉

（1）戦時加算の適用を今後も認めるべきである。

・戦時加算の規定は削除されず残っている。

・一九九三年指令一〇条一項は、死後七〇年より長い保護期間が一九九五年七月一日前に起算されている場合、これを尊重する意思を示している。戦時加算がこれに当たる。戦時加算は、著作者の「既得権（droits acquis）」として維持されるべきである。

（2）一九九五年七月一日時点で存続している著作権については、死後七〇年を標準期間として、これに加算すべきである。

・戦時加算は、戦争により著作物利用が困難となったことに対する補填であり、またフランスのために死亡した著作者の早世に対する補填である。

・保護期間が七〇年に延長されたことを理由に戦時加算の適用を否定することは、普通法上の保護期間と特別の延長との混同である。

②適用否定説

（1）死後七〇年の保護期間を定める現行法の下では、戦時加算はもはや適用すべきではない。

ヨーロッパ共同体レベルでの保護期間の調和を優先させるべきとする論調が支配的である。特に詳しく論ずるものを以下に紹介する。

〈Durrande（デュランド）の説〉

・保護期間の統一を定める共同体法規範（一九三一年指令一条）とこれに反する国内法規範とが並存している場合は、共同体法の趣旨に沿うよう国内法を解釈すべきである。

・私人間における指令の直接効果は認められていないけれども、国内裁判所は、共同体法に十全の効力を与える方向で国内法を解釈適用する義務を負っている。

・戦時加算の問題においては、Ｌ１２３―８条およびＬ１２３―９条が保護期間五〇年の一八六六年法を参照していることに基づき字義通りの解釈を行い、五〇年の保護期間に加算することとすべきである（最大でも六四年と二七二日であり、七〇年に遠く及ばない）。裁判官は、現行法下ではそのような解釈が著作者の相続人にとって不利となることを指摘し、戦時加算の適用を回避すべきである。

〈Gautier（ゴティィエ）の説〉

・保護期間の調和を目的とする指令が国内法化されたこと、および、保護期間五〇年の時代に創設された戦時加算制度は保護期間七〇年の現行法下では意義を失っていることから、Ｌ１２３―８条およびＬ１２３―９条は黙示的に削除されたものといえる。

・内国民待遇原則により戦時加算はＥＵ域外の外国人に対しても適用されるので、好ましくない。

## 六．日本における戦時加算問題に関する動き

### 1．条約締結時における政府答弁

平和条約の第一五条（c）の規定を具体的に実施するため、「連合国及び連合国民の著作権の特例に関する法律」が第一三回国会に提出された。この法案は参議院文部委員会で六回審議され、昭和二七年五月一五日可決、衆議院文部委員会でも八回審議を行い、昭和二七年七月三〇日可決、同年七月三一日の衆議院本会議で可決成立している。

この審議においては、イタリアの戦時加算との取扱いの相違、日本国民の海外での著作権の取扱い、翻訳権問題など幅広い観点から参考人の意見聴取を含め広範な議論が行われている。

ここでは、戦時加算を中心にその審議状況をみたい。

①　戦時加算導入の経緯等

昭和二七（一九五二）年第一三回国会における「連合国及び連合国民の著作権の特例に関する法律」の審議の中で、戦時加算が規定された経緯等については、昭和二七年四月二五日参議院文部委員会において西村熊雄外務省条約局長が述べているとおりである（前記三一九頁参照）。

②　ベルヌ条約の分担金

「連合国及び連合国民の著作権の特例に関する法律」の審議の中で注目すべき質疑が行われている。実はベルヌ条約の分担金は戦時中の分も占領中の分もわが国は支払っていたというのである。外務省西村条約局長は平和条約の交渉において、「日本は戦争中におきましても日米著作権保護条約、ベルヌの万国著作権保護条約のような文化的条約は、戦争によっても効力を捨てないで尊重するのが妥当だという方針の下に、政府といたしましては戦時中を通じて条約の趣旨に従って外国人の著作権を国内的に取り扱ってきたという説明をいたしました。…（略）…戦時中の日本における外国人の著作権の取扱いが極めて公正である、したがって戦時中のわが方の取扱いについて連合国から請求権みたいなような要求を出される理由はないと確信す

る。」と述べているが、そうであれば実質的にわが国にのみ課せられた戦時加算は、極めて不平等な条約と言わざるを得ない。

しかもベルヌ条約の分担金を戦時中の分も支払っていたということは、条約は失効しておらず、わが国は条約の義務を履行する意思はあった、放棄していたとはいえないのではないか。一方的に著作権を保護していなかったということで片務的な戦時加算を押し付けられる所為はなかったのではないかという思いが拭いきれない。

ベルヌ条約の分担金に関して、以下のような質疑が行われている。（関係部分を抜粋）

昭和二七年四月一五日参議院文部委員会（参考人質疑）

**○中嶋健蔵君**　日本が加盟しておりますのはベルヌ条約というものであります。これは戦争中は発動しないでいたように見えましたが、戦後にスイスの政府から突然日本の政府に対して毎年の負担金を支払っていない、スイス政府が立て替えておるのは迷惑だ、早く払えという通知が来た。これは晴天の霹靂でありまして、その時に非常にあわててさてはいっていたのかということで多分戦時中の分もこめて支払った。従ってベルヌ条約は戦時中、占領中も活きていたと考えなければならん。これは非常に条約の関係でむずかしいと思います。この戦争によってあらゆる国際条約が失効するかどうかということになりますので、専門的に私はわかりません。

昭和二七年六月九日衆議院文部委員会（法律案質疑）

**○浦口委員**　ベルヌ条約に加盟しているということにおいて、日本は負担金を負わされている。それを敗戦後の占領下の負担金も、現在まで全部さかのぼってこれを支払えという要求を受けて、日本がこれを払ったということは、一体どういうこと意味するのかということを、私はお聞きしたい。占領下も、日本はベルヌ条約に加盟国として負担金をずっと払っておったということは、ローマ規定を日本がずっと遵守しておることはもちろんですが、一九四八年にできたいわゆるブラッセル規定をも、自然に「日本は承諾しているという結果になるのかならないのか、その点を伺っておきたい。

**○柴田説明員** 事務局の維持費として、日本が分担金を払うということは、ブラッセル条約の規定を受けるというふうなこととは、関係ございません。

**○浦口委員** そういたしますと、やはり日本として、ブラッセル条約の規定を守るかどうかということは、今後の外交交渉あるいは通商協定その他により、全然拘束される必要はないと考えてよろしゅうございますか。

**○柴田説明員** 現在のところそう解釈しております。

## 2．昭和四四年著作権法改正案と戦時加算の取扱い

昭和三七年四月に著作権制度審議会が設置され、同年五月から昭和四一年四月にわたり、わが国の著作権制度の抜本的な改正について審議がおこなわれた。同審議会は延べ二七八回におよぶ審議を重ね、昭和四一年四月に最終答申を行っている。文部省はこの答申を踏まえ、同年一〇月に著作権及び著作隣接権に関する法律草案を文化局試案として公表した。

その後、同草案について関係者に意見聴取し、昭和四三年四月に著作権法案として閣議決定を行うに至った。しかし、この法案は国会に提出されることなく、この間、著作権制度改革の過程において権利が消滅することとなる著作者を救済するため、昭和三七年、四〇年、四二年、四四年にそれぞれ著作権の保護期間の暫定延長措置が実施されている。

① 昭和四四年四月一八日、著作権法の改正案が第六一回国会に提出されたが、衆議院文教委員会で一〇回にわたり審議が行われたにもかかわらず、大学紛争に伴う大学臨時措置法案等の審議との関連により審議未了廃案になっている。この改正案とともに「著作権の施行に伴う関係法律の整理等に関する法律案」も提出されたが、同様に審議未了廃案となった。

② 昭和四四年六月四日の衆議院文教委員会で、「著作権法改正案」及び「著作権の施行に伴う関係法律の整理

等に関する法律案」の審議が行われている。その中で戦時加算の取扱いに関して、以下のような質疑が行われている。

**○唐橋委員**　…（略）…サンフランシスコ平和条約一五条（C）の戦時加算の問題であります。今度五〇年になったのですから、この機会に、著作権における戦後の解消とでも申しましょうか、これは当然出してよかった。これは著作権全面改定における、この機会における文化庁あるいは文部省の基本的態度として出すべきでなかったか、こういうように考えるのでございますが、この戦時加算についてはどう考えられたのですか。

**○安達政府委員**　まず、戦時加算というものでございますが、この戦時加算と申しますのは、戦争期間中その著作権が稼働し得なかった、すなわちその間は著作権としての行使が実効的にできなかった、そういう連合国及び連合国民の著作権の存続期間については、通常の著作権の存続期間に戦争期間を加算する。こういうことで、具体的に申しますれば昭和一六年の一二月七日から平和条約の発効いたしました昭和二七年の四月二八日までの間、約一〇年と四カ月余の期間を加算する。こういう制度でございまして、この義務は日本国との平和条約の第一五条（C）の規定によっているわけでございまして、これを戦時加算と呼んでいるのでございます。このような戦時加算の制度を今度の法律改正についてどう扱うか。つまり考え方としては、戦時加算のあった当時は通常の保護期間が三〇年であった。それが今度五〇年に延びたのだから、当然この戦時加算のところはその中に埋没してしまったのではないか。だから事実上もうそれが含まれている以上、五〇年にする以上は戦時加算の制度をやめていくべきではないか、こういう意見が一つあるわけでございます。しかしながら、事は実は平和条約の第一五条（C）の規定の解釈の問題になるわけでございまして、条約の解釈としてそういうことができるかどうかというところの問題があるわけでございます。

そこで、一応この考え方として、そういう保護期間の延長の中で埋没させるという方向で検討もしたのでございます。外務省とも協議いたしましたが、それは日本国との平和条約第一五条（C）の解釈であって、通常の期間、すなわちノーマルピリオドというのは平和条約批准時において著作権法で規定する保護期間ではない。著作物の保護が要求されるそのときの国内法の定める保護期間、つまり通常の保護期間であるから、ある著作物について保護が要求されたときの通常の保護期間と解される。したがって、それを五〇年に延ばしたから従来の戦時加算の制度はやめろということは平和条約上の義務を履行しないことになる。こういう関係からいたしまして、戦時加算の制度はやはりなお残す、すなわち五〇年にプラスする、こういう考え方になったわけでございます。

**○唐橋委員**　そうしますと、実際一一年になりますね。現実として、場合によっては一一年になってくるでしょう。だから、五〇年プラス一一年になるというような状態は、平和条約の問題であろうとも、この著作権の全面改正という大きなときに、文部当局あるいは外務当局においていま私が申し上げたような趣旨を主張したのか、当然主張すべきではなかったのか。こういう点を私は非常に重視したいのでございますが、それに対してはどうですか。

**○安達政府委員**　この戦時加算の問題につきましては、著作権制度審議会でも特に特別小委員会を設けまして十二分に審議をしたのでございます。それで著作権制度審議会といたしましては、方向としてはなるべく解消するような方向で検討してもらいたいというような答申もあったわけでございます。ちょっと答申を読んでみますと、「平和条約により連合国民に与えられる通常十年余」十年五カ月余でございます。実質は日で計算いたしますけれども、「十年余の保護期間の戦時加算は、当時著作者の死後三〇年を原則とした保護期間の下において設けられたものであり、今回保護期間が大幅に延長されることを考慮し、この機会にその解消をはかることが適当である。」すなわち、内容的にはむしろ解消すべき方向ではないか、こういうことでございます。私どももそういう方向で外務省と再三交渉いたしたわけでございますけれども、条約の解釈として、通常の保護期間、ノーマルピリオドというものは、そのときにおける期間ではなくて、著作権法が変われば変わったときの通常の保護期間と解すべきである、こういう解釈は法制局なり外務省から曲げられないということでございましたので、やむを得ずそういうことで戦時加算の制度を残すということにしたのが実情でございます。

すなわち、著作権制度審議会は「一〇年余の保護期間の戦時加算は、当時著作者の死後三〇年を原則とした保護期間の下において設けられたものであり、今回保護期間が大幅に延長されることを考慮し、この機会にその解消を図ることが適当である。」との答申であったが、外務省、法制局とも協議の結果、保護期間延長後も戦時加算はそのまま適用するとの考え方が文化庁次長の答弁で明らかにされている（前述のとおり、この衆議院文教委員会では審議未了廃案となっている）。

「著作権法百年史」（文化庁監修・著作権情報センター、二〇〇〇年）三四四頁においても、この問題に関して次のとおり記載されている。

この整理法案において特に次の点が注目される。

①保護期間及び戦時加算

連合国及び連合国民の著作権の特例に関する法律（昭和二七年法律第三〇二号）を改正して、日本国との平和条約第一五条（c）の規定に基づく保護期間の特例（連合国民の戦前又は戦中に取得した著作権についての所定の戦争期間を通常の保護期間に加算するもの。保護期間の戦時加算）を新法の保護期間についても適用することとした。

平和条約発効時の保護期間が死後三〇年を原則としていたことから、この三〇年に戦争期間の一〇年五月余を加算した保護期間をなお上回る保護を、今回の改正により与えることになるのであるから、保護期間が死後五〇年に延長されるに際して、この戦時加算制度を改正することが望ましい旨を審議会答申において指摘していた。

しかし、平和条約の解釈としては、加算の基礎となる通常の期間を、条約発効当時の期間に固定することはできないと解されるため、上記のように措置せざるを得なかった。

②参考人の意見

しかし、「著作権法百年史」は「昭和四四年六月一一日の衆議院文教委員会において、法貴次郎（東海大学教授）参考人から次のような内容の意見が出されている。」ことを紹介している。（三五二頁）

「著作権法の施行に伴う関係法律の整理等に関する法律案」の第六条の「連合国及び連合国民の著作権の特例に関する法律の一部改正」には問題がある。これによると、米国やフランス、英国など連合国民のものは死後六〇年を超えて保護することになるが、これは平和条約の解釈を誤っている。平和条約が発効したときに延長の効果が生じ、連合国民の著作物に延長の効果が付着しており、その後において、保護期間を死後五〇年に延ばす場合には、平和条約に基づく一〇年余の戦時加算は、死後五〇年間の中に吸収される。平和条約の著作権に関する条項について、日本国民の意見を反映させる道がなかった。戦勝国の考えだけで文章を書き、我々は判を押させされたという関係にある。このような著作権条項については、そもそもどのような内容を念頭に置いてこの条文を書いたのかよく分かっていない状況にあり、今ここで修正を加えることには賛成できない。

## 3．昭和四五年著作権法改正案と戦時加算の取扱い

①昭和四五年二月、第六三回国会に著作権法改正案が提出されたが、内容は昭和四四年法案と基本的に変わるものではない。同法案は昭和四五年四月二八日可決成立し、施行期日を翌昭和四六年一月一日とした。

この著作権法改正案は、明治三二年に制定された旧著作権法を全面改正するものであり、保護期間を国際的な水準である著作者の死後五〇年に延長することは大きな眼目でもあった。

しかし、保護期間に関しては、すでに四次わたり暫定的に延長してきたこともあり、写真や映画に関する質疑が

多かった。また、この改正案には著作者人格権、レコードを用いた音楽等の放送、有線放送及び演奏に著作権を認めること、著作隣接権制度を創設することなど国際的な動向を踏まえ、抜本的に改正するものであったことなどから、保護期間や戦時加算問題はさほど取り上げられていない。

②保護期間の死後五〇年までの延長と戦時加算の取扱い

第六三回国会に提出された著作権法改正案において、わが国の保護期間は著作者の死後五〇年までに延長されることになったが、その際、保護期間の延長に関して戦時加算の取扱いが問題となった。保護期間が延長された場合、戦時加算は延長した期間に含まれることになり、戦時加算は実質的に失効するのではないかとの指摘について、昭和四五年四月二八日の参議院文教委員会でも質疑が行われている。

質疑内容は以下のとおりであるが、結局、戦時加算はそのまま存続されることになった。

**○多田省吾君**　安達次長にお聞きしますけれども、この連合国及び連合国民の著作権の特例に関する法律におきまして、これは保護期間が旧法の死後三〇年のときの定めでございますが、戦時加算といたしますと、ほぼ十年四カ月二〇日、このようになると思いますけれども、今度の改正におきまして死後五〇年というように延長された場合、この十年四カ月二〇日というものが加算されるのか、それともいわゆる二〇年の中に食い込んでしまって、事実上五〇年でよろしいのかどうか、この点をお聞きしたい。

**○政府委員（安達健二君）**　この問題は、日本国との平和条約の第一五条Cの解釈の問題になるわけでございます。その条約の解釈からいたしますと、その期間につきまして、一五条のCというところに「権利者による申請を必要とすることなく、且つ、いかなる手数料の支払又は他のいかなる手続もすることなく、一九四一年一二月七日から日本国と当該連合国との間にこの条約が効力を生ずるまでの期間は」つまり戦時加算の期間は「これらの権利の通常期間から除算し」というように書いてあるわけでございます。いわゆる権利の通常期間から除算する、逆に言えば加算をするということでございますが、そういういわゆる権利の通常期間というものは、解釈といたしまして、平和条約を批准したときにおいて著作権法で規定しておった保護期間であるか、あるいは著作物の保護が要求されるとき、その保護が要求されるときの国内法の定める保護期間であるかという問題でございます。もし前者でございますれば、三〇年にその戦時加算の年数を入れるということになると、五〇年の中に食い込むということになるわけでございます。しかしながら、この条約の解釈としては、これは平和条約批准時における保護期間ではない、通常の保護期間である、ノーマル・タームということになっているから、それが法律が変われば変わったときにおけるところの保護期間であるという解釈でございますから、したがって五〇年にその戦時加算の期間を加えたものである、こういう考え方になっておるわけでございます。

**○多田省吾君**　いますでに国連憲章なんかでも、佐藤総理が敵国条項なんか廃止すべきであるということを強力に申し入れている現段階において、また沖縄返還が一九七二年において見通しがついている現段階において、こういったものは、もう当然撤廃すべきであると思いますけれども、どう思いますか。またその撤廃に関してどういう努力をいままで払われてきたか、これからどうなさるつもりか、それをお尋ねしておきます。

**○説明員（山田中正君）**　いま御指摘の点でございますが、先生の御意見のとおり、現在の時点におきまして、特に著作権法の改正に基づきまして保護期間を延長されるというような時点におきまして、戦時加算の制度は実質的に満足されるので、廃止すべきであるという御意見もごもっともであると思います。ただ、戦時中に、戦争が始まりまして、これら連合国との平和が回復しますまでの間は、著作権の保護が行なわれていない法的な立場にあったということも現実の事実でございますので、それをわれわれ、平和条約でその分を加算するということを約束している事実もございますので、この点につきましては、関係各国の意向なども十分確かめなくてはならない点でございますので、慎重に検討していきたいと思います。

**○多田省吾君**　文部大臣にお尋ねしますけれども、当然著作権のこの改正案に関しましては、ベルヌ条約等との関係等もあり、相当外務省と折衝されたこともあると思います。こういった点で、まだ国内法に、附則

第二四条、二五条にまでこの著作権の特例に関する法律というものが固定されているわけです。これに関して、一体外務省とどういう折衝をなさったのか。それからこの附則二四条、二五条に固定されたものは、引き続きずっといつまでも置いておかれるつもりなのか、どうですか。

**○政府委員（安達健二君）**　この附則二四条をつくるにあたりまして、これはまず著作権制度審議会でこの問題を審議するための特別委員会を置きまして、これは特に外国との条約関係の問題を審議するところで審議をいたしたわけでございまして、そこでいまおっしゃったように、その五〇年の中に食い込むということもこれはまた一つの考えであろうけれども、しかしきめ手は条約の解釈の問題であるということで、外務省の関係当局とも十分審議をしたのでございますけれども、この平和条約の解釈からすると、それは通常の期間に合算するわけでございますから、それは当然その保護を要求されるときの保護期間と見るべきで、批准のときのものではない、これはいかにしてもそのような解釈はとり得ない、という外務省の解釈でございました。したがって、その解釈に従ってこのような規定になっているわけでございます。

したがって、この平和条約そのものをどうするかという問題は、これはまた非常に大きな問題でございます。私どもは、この平和条約の解釈上、許される範囲内においてこの著作権法をつくるというのがわれわれの使命であるということから、このような規定を置いたということでございます。

**○多田省吾君**　ですから、さっき外務省の課長もおっしゃったように、実質的には五〇年の中に食い込んでよろしいのではないかという話もありましたけれども、この際、これを外交ルートに乗せて、これを撤廃をはかることはできないのですか。

**○政府委員（安達健二君）**　これはつまり解釈の問題ではなくて、ポリシイの問題になるわけでございますから、私どもが云々することではございませんけれども、いわゆる戦敗国に対してこういう戦時加算の制度をするというのは、第一次世界大戦後から行なわれている制度でございまして、これを直すということになれば、いろいろな問題との関連もございまして、なかなかむずかしいだろうと私どもは思うわけでございます。ただ私どもは、現行の平和条約の解釈という立場から、こういう解釈をせざるを得ない、そういうふうに考えてこのような制度をつくった、こういうことでございます。

前掲「著作権法百年史」においても、著作権法改正案の「第7節　国会審議の経過」の「2　審議の概要」の中で、戦時加算の取扱いについて、以下のように記述している。（三五二頁）

⑪保護期間の戦時加算等

平和条約第一五条（c）の戦時加算について、今回の保護期間の延長に伴い解消すべきではなかったのかとの質問が幾度かなされたが、文部省と外務省との間で協議した結果、条約上の加算の対象となる通常の期間、ノーマル・ピリオドとは、ある著作物についての保護が要求されたときの保護期間であるから、保護期間が延長されれば、その期間に更に戦時加算する義務が条約上ある旨の答弁が政府側からなされた。

## 七．戦時加算に関する審議会の検討状況

戦時加算問題に関して、審議会で検討された例は意外と少ない。現行著作権法への改正の時（昭和四一（一九六六）年著作権制度審議会）と、近年では、平成一八年九月二二日に「著作権問題を考える創作者団体協議会」が文化庁長官に要望書を提出したこと、及び同協議会の要請により平成一九年六月一日のＣＩＳＡＣ（著作権協会国際連合）総会で「戦時加算の権利を行使しないよう要請する」決議が採択されたことにより、戦時加算問題がクローズアップされ、審議会の課題として取り上げられた。

しかし、これまでの審議会での検討は、保護期間の延長問題が主で、戦時加算問題はその関連した課題として取

り上げられることがほとんどであり、まとまった議論はされていないのが実態である。

保護期間の延長に関連する課題であるとはいえ、戦時加算の取扱いが条約に係る問題であり、日本が単独で解決できる問題ではないことから議論が深まらなかったものと思われる。

これまでの審議会での検討状況は、以下のとおりである。

### （1）昭和四一年一月二六日：著作権制度審議会「法律問題に関する第二専門委員会」審議結果の報告書

著作権制度審議会「法律問題に関する第二専門委員会」審議結果の報告書では、戦時加算に関して次のとおり記載している。

二　連合国及び連合国民の著作権の特例に関する法律に係る保護期間の戦時加算について

2　この戦時加算が延長された保護期間にも及ぶかどうかについては、戦時加算の趣旨を戦争状態によって著作権を保護しなかった一〇年余の期間はなかったものとして取扱うことであるとすれば、保護期間がいかように延長されようとも通常の著作権が保護される期間に一〇年余の期間を加算して保護するべきものと一応解されるが、一方、この戦時加算は、平和条約の効力発生時における著作権法が規定する保護期間に戦争期間を加算するものであるとする考え方もあり得るところであり、なお検討を要するものと考える。

### （2）昭和四一年四月二〇日：著作権制度審議会答申

四月二〇日の著作権制度審議会答申では「法律問題に関する第二専門委員会」の審議結果報告を踏まえつつも、保護期間が死後三〇年から五〇年に延長されるのであるから、この延長を機に戦時加算は解消されるべきであると答申している。しかし、前述のとおり戦時加算は解消されなかった。

「第六　保護期間」の「一　原則」
1　著作権は、著作者の生存間および死後五〇年間存続するものとする。（以下略）
5　平和条約に基づく保護期間の戦時加算は、前期の保護期間の延長を機に、解消されるべきものと考える。

答申説明書「第六　保護期間」の「一　原則」
5　平和条約により連合国民に与えられる通常一〇年余の保護期間の戦時加算は、当時著作者の死後三〇年を原則とした保護期間の下において設けられたものであり、今回保護期間が大巾に延長されること考慮し、この機会にその解消をはかることが適当である。

**（3）平成一七年一月二四日：文化審議会著作権分科会第一四回総会**

文化審議会著作権分科会第一四回総会において、「著作権法に関する今後の検討課題」（資料3―1）の中で、以下のとおり取り上げられている。前記昭和四一年四月二〇日の著作権制度審議会答申に比べれば、かなりトーンダウンした内容になっている。

1．基本問題
（6）保護期間の見通し
①欧米諸国において著作権の保護期間が著作者の死後七〇年までとされている世界的趨勢等を踏まえて、著作権の保護期間を著作者の死後五〇年から七〇年に延長すること等に関して、著作物全体を通じての保護期間のバランスに配慮しながら、検討する。
②いわゆる戦時加算特例の廃止に関して検討する。

**（4）平成一八年八月二四日：文化審議会著作権分科会第二〇回総会**

文化審議会著作権分科会第二〇回総会において、委員会報告等の後、著作権分科会長が、その他の著作権問題全般について発言を求めたところ、戦時加算問題に関連して委員から以下のような発言があった。（発言要旨：筆者要約）

・保護期間のほかに「戦時加算」というものがあり、日本だけいまだに戦争の影を引きずっている。欧米等の戦勝国よりも二〇年も短かったため問題提起できなかったということもあるので、欧米と対等のフェアな状況に一刻も早く保護期間の延長を実現すべきである。戦時加算の問題について国際小委員会でも検討していただきたい。
・戦時加算はやむを得ないと思うが、日本だけに押し付けられているのは屈辱的だ。七〇年問題と併行して国内法制化にあたり、議論して解決していただきたい。
・平和条約を改正するというのはおよそ現実的ではない。時間を待つしかない。保護期間を七〇年に延ばすという話と戦時加算を一緒に議論しろというのは考えられない話だ。
・国際小委員会の方でも、戦時加算の問題等を含めて、七〇年問題を話し合ってもよいのではないか。
・平和条約の問題はあるが、国内法上の問題として対処するとともに、国際間の協議の中にこれを入れることはできないのか。
・条約があるから「だめだ」とあきらめるのでなく、国と国との話し合いで戦時加算はやめようという合意が得られるかもしれない。方法論を探ってほしい。

これらの意見に対して、文化庁国際課長の発言は「国際条約の話になるので、外務省や関係省庁との関係も含めて検討したい。」と述べるにとどまっている。

**（5）平成一九年一月三〇日：文化審議会著作権分科会第二一回総会**

文化審議会著作権分科会第二一回総会において、著作権分科会報告書の審議の後、著作権問題全般について著作権分科会長が委員に発言を求めたところ、「戦時加算問題について、文化審議会で話し合っていただくことはもちろんであるが、国際小委員会の方でも話し合っていただきたい。」（要旨）との意見があった。

**（6）平成一九年三月一二日：文化審議会著作権分科会第二二回総会**

文化審議会著作権分科会第二二回総会において、保護期間の延長や戦時加算問題を検討するため、著作権分科会に「過去の著作物等の保護と利用に関する小委員会」が設置された。

この小委員会には、「著作権問題を考える創作者団体協議会」の加盟団体から、里中満智子（日本漫画家協会）、椎名和夫（日本芸能実演家団体協議会）、瀬尾太一（日本写真著作権協会）、都倉俊一（日本音楽著作権協会）、生野秀年（日本レコード協会）、三田誠広（日本文藝家協会）の六名の委員が参加している。

第一回小委員会（平成一九年三月三〇日）の資料４「検討課題の背景等について」の「３．保護期間の在り方について」の中で、「（1）課題の概要」として、「我が国では著作権の保護期間は死後五〇年とされているが、欧米諸国並み七〇年に延長すべきとの議論がある一方で、延長については慎重に議論すべきだとの意見がある。そこで、これらの様々な議論を踏まえつつ、保護期間の在り方について検討することが求められている。また、併せてサンフランシスコ平和条約に規定されている戦時加算特例の取扱について検討することが必要である。」旨説明されている。

**（7）平成一九年四月から九月：文化審議会著作権分科会の「過去の著作物等の保護と利用に関する小委員会」**

文化審議会著作権分科会の「過去の著作物等の保護と利用に関する小委員会」では、以下のとおり検討を行い、その結果を著作権分科会に報告している。

①ヒアリングの実施

小委員会は、関係団体等へのヒアリングを二回（四月二七日、五月一六日）実施した後、それぞれ検討課題について審議した。

②保護期間の在り方及び戦時加算の取扱いについては、九月三日及び九月二七日に審議が行われた（「審議経過」は、一〇月一二日の第二三回著作権分科会総会に報告された）。

**（8）平成一九年一〇月一二日：文化審議会著作権分科会第二三回総会**

文化審議会著作権分科会第二三回総会において、「過去の著作物等の保護と利用に関する小委員会」における検討状況が報告され（資料五）、戦時加算に関して以下のとおり記載されている。

3．保護期間の在り方について

「（9）戦時加算の取扱いについて」の意見等

a　戦後六〇年以上が経過しており、既に戦時中の逸失利益は還元されていること、また、わが国のみに課せられており、正当性を欠くものであるから、連合国側の理解を得て解消を図るべき。

b　保護期間の延長との関係では、国際的な保護期間の平準化のためには戦時加算の解消が不可欠であることから、戦時加算制度の廃止、又は戦時加算対象著作物の消滅後とすべき。

c　二〇年の戦時加算を解消するために、二〇年の延長をすることで交渉するのは不合理である。

**（9）平成二〇年一〇月一日：文化審議会著作権分科会第二六回総会**

文化審議会著作権分科会第二六回総会において、「過去の著作物等の保護と利用に関する小委員会」の「中間整理」が報告された（資料四）。戦時加算に関しては「主な意見の整理」として、以下の内容が記載されている（同報告書九七頁）。

第4節　関連する課題

3．いわゆる「戦時加算」について

（2）主な意見の整理

○この戦時加算の取扱いについては、次のような意見があった。

・戦後六〇年以上が経過しており、既に戦時中の逸失利益は還元されていること、また、我が国のみに課せられており、正当性を欠くものであるから、連合国側の理解を得て解消を図るべき。

・戦時加算があることにより、対象国ごとに保護期間が異なるほか、戦時加算の適用の有無について著作権の譲渡等の有無も調査する必要が生じ、権利関係の調査費用の増大につながっている。

・保護期間の延長との関係では、一〇年の戦時加算の解消を交渉するために二〇年の延長をすることは考えにくい。また、国際的な保護期間の平準化のためには戦時加算の解消が不可欠であることから、戦時加算制度の廃止か、又は戦時加算対象著作物の消滅後を待ってから延長を検討すべき。

このように、この問題については、戦時加算を解消すべき旨の指摘はあるものの、それと保護期間延長との関係をどのように考えるのかについては、保護期間延長を戦時加算解消のきっかけとする考え方と、保護期間延長を利用すべきではないとの考え方の双方が示されている。

○戦時加算解消のための理屈としては、中にはそもそも戦後六〇年以上経過した状況の変化を理由として検討を求める主張もあるが、ＣＩＳＡＣの決議にも見られるように、仮に著作権の保護期間が延長される場合の課題であるとの観点もある。現実問題としては、仮に前者の主張によるとしても、その後の状況の変化を説明する要素として、我が国の著作権保護法制の変化はその要素の一つになると思われるため、いずれにしても、この課題は、著作権の保護期間の在り方の議論の動向によって、深く影響を受ける課題であると考えられる。

このため、これらの課題については、必要に応じて検討を加えつつも、まずは著作権についての議論を中心とした上で、その動向を踏まえて対応を検討することを基本とすることが適当と考えられる。

### (10) 平成二一年一月六日：文化審議会著作権分科会の「過去の著作物等の保護と利用に関する小委員会」の「中間整理」に対する意見募集の結果概要

「過去の著作物等の保護と利用に関する小委員会」の「中間整理」に対する意見募集の結果概要（資料1—2）が同小委員会に報告された。

①戦時加算は、本来的な課題の位置付けからすれば、保護期間延長の有無にかかわらず解消を目指すべきものであるが、現実問題としては、保護期間延長のタイミングが解消を実現する数少ない好機であると考える（社団法人日本音楽著作権協会）。

②保護期間延長を行う場合には、少なくとも、戦時加算制度の廃止または戦時加算対象著作物の消滅後とすることが適当である（社団法人日本書籍出版協会）。

③戦時加算は基本的には二国間の条約の問題である。二国間で同意がなされれば撤廃することが可能なものであって、それは保護期間の延長とは無関係であるため、保護期間の延長の是非とは切り離して検討すべき（個人）。

④戦時加算は時間が経て無くなるものであり、その影響も時間とともに少なくなっていくので、急いで取り組む必要はない（個人）。

## (11) 平成二二年一月二六日：文化審議会著作権分科会第二七回総会

前記(10)の「中間整理」は、同小委員会の「報告書」としてまとめられ、文化審議会著作権分科会第二七回総会に報告されたが、戦時加算に関しては「第二章保護期間の在り方について」の「(5) 関連する課題について」の中で、以下のように記載されているのみである。

著作権の保護期間の在り方に関連する課題として、

①映画の著作物の保護期間の在り方

②著作隣接権の保護期間の在り方

③いわゆる「戦時加算」

について意見の整理を行った。

これらの課題については、それぞれ独自に検討すべき論点もあるが、基本的に著作権の保護期間について論点と同様の検討が当てはまる部分があるほか、著作権の保護期間の在り方についての結論が得られる前に結論を得ることが考えにくい課題であることから、固有の問題と思われる論点について検討を加えつつも、まずは著作権の保護期間の在り方についての議論を中心とした検討を進め、その動向を踏まえて併せて検討することが適当である。

このように、著作権分科会の審議経過を見る限り、戦時加算については正面から取り上げて議論されることはあまりなかったといっていい。昭和四一年四月の著作権制度審議会で、保護期間の延長を機に戦時加算は解消させるべきとの答申があったものの、平和条約の解釈上保護期間の延長に併せて解消することが困難であったことから、その後、具体的な解決に向けての展望が描けなくなり、審議会でも課題として指摘する以外になかったのであろう。

## 八．知的財産推進計画と戦時加算

内閣府によるわが国の知的財産推進計画は二〇〇三年に始まっている。二〇〇四年には映画の著作物については、その保護期間が「公表後五〇年」から「公表後七〇年」に延長されたが、映画以外の著作物に係る保護期間の在り方についても、「著作物全体を通じての保護期間のバランスに配慮しながら検討を行い、二〇〇七年度中に結論を得る。」と記載されているのみで、戦時加算に関しては言及していない。

二〇〇七年以後の同計画では、保護期間及び戦時加算に関して次のとおり記載されている。

①知的財産推進計画二〇〇七

「利用のバランスに留意しつつ適正な保護を行う国内制度を整備する」の中で、「著作物の保護期間の延長や戦時加算の取扱いなど保護期間の在り方について、保護と利用のバランスに留意した検討を行い、二〇〇七年度中に一定の結論を得る。」（九四頁）

②知的財産推進計画二〇〇八及び二〇〇九

一定の結論が得られなかったことから、「著作物の保護期間の延長や戦時加算の取扱いなど保護期間の在り方について、保護と利用のバランスに留意した検討を行い、二〇〇八年度中に一定の結論を得る。」（二〇〇八・九一頁）、「…二〇〇九年度中に結論を得る。」（二〇〇九・六〇頁）と、二〇〇七と同様の内容で年度だけが訂正されて盛り込まれている。

③知的財産推進計画二〇一〇

「二〇一〇」においては、「著作権制度上の課題の総合的な検討（中期）」の中で、「デジタル化・ネットワーク化に対応した著作権制度上の課題（保護期間・補償金制度の在り方を含む）について総合的な検討を行い、検討の結果、措置を講じることが可能なものから順次実施しつつ、二〇一二年までに結論を得る。」（二二頁）と記載されている。

結局、「保護期間の延長」は毎年先送りされ、二〇一〇年の推進計画ではさらに遅れて「二〇一二年までに結論を得る」となってしまった。戦時加算に至っては記載内容からも削除されている状態である。

④知的財産推進計画二〇一二以降

知的財産推進計画二〇一二には「（イ）デジタル化・ネットワーク化に対応した著作権制度の整備及びコンテンツ侵害への対応の強化」の中で、「社会経済の変化に対応した著作権制度の整備」として、「デジタル化・ネットワーク化の進展に機敏に対応するとともに、知的財産の保護・活用に関する国際的な状況を踏まえ、著作権の保護期間の延長、間接侵害に係る差止請求範囲の明確化、私的録音録画補償金制度の見直しを含め、著作権制度上の課題について検討を行い、必要な措置を講ずる。」（二七頁）と記載されているが、戦時加算問題に関しては記載がない。その後の推進計画では、保護期間の延長についても記載されていない。

## 九．ＣＩＳＡＣ（著作権協会国際連合）の決議

### ⑴ＣＩＳＡＣの決議等

二〇〇七（平成一九）年三月一二日、「著作権問題を考える創作者団体協議会」は、日本の戦時加算の解消について理解と支援を求める書簡をＣＩＳＡＣのエリック・バティスト事務局長に送付している。

同月、ニューヨークで開催されたＣＩＳＡＣ理事会において、（社）日本音楽著作権協会（以下「ＪＡＳＲＡＣ」という）理事から、保護期間の戦時加算対象のＣＩＳＡＣ加盟理事国団体に対して、日本の戦時加算の解消に同意

するよう提案した件に関して、理事会はこの提案を全会一致で承認し、次回理事会又は総会で決議を行うことを決定した。

同年五月二九日、ベルギーのブリュッセルで開催されたＣＩＳＡＣ理事会は、この件に関して総会で決議することを決定した。

引き続き六月一日にブリュッセルで開催されたＣＩＳＡＣ総会で、ＪＡＳＲＡＣ理事が、日本の戦時加算の解消を要請する演説を行い、続いて各国のＣＩＳＡＣ加盟団体は会員に対し戦時加算の権利を行使しないよう働きかけることを要請する決議が、全会一致で採択された。

（決議内容：抜粋）

日本国が、戦後から今日に至るまでの六〇年間以上にわたり一貫してこの戦時加算義務を果たしてきたこと、及び日本の加盟団体が戦時加算義務の解消を強く希望していることに鑑み、以下のことを決議する。

一．ＣＩＳＡＣは、加盟団体が会員に対し戦時加算の権利を行使しないよう働きかけることを要請する。

二．行使しないこととする時期については、日本の著作権保護期間が著作者の生存中及び死後七〇年までに延長される時期等を基準に、当該加盟団体の判断に委ねる。

ＣＩＳＡＣはこの決議を日本国政府に伝える。

ＣＩＳＡＣ総会の決議後、会場は総立ちになって拍手が起こり、日本の出席理事に対し、各国のほとんどの参加団体から握手を求められたと報告されている。民間団体の活動により、ＣＩＳＡＣが戦時加算の権利を行使しないよう働きかける決議を採択した意義は極めて高い。

このような決議が採択されたことは、これまで日本が不条理とも思える戦時加算を戦後一貫して誠実に履行してきたこととともに、ＣＩＳＡＣという国際機関の場において、日本の著作権団体の地道な活動が評価された証ともいえよう。

この決議が、「(戦時加算を) 行使しないこととする時期については、日本の著作権保護期間が著作者の生存中及び死後七〇年までに延長される時期等を基準」としている点は、この問題の解決のために極めて重要なポイントであることに留意すべきである。保護期間の延長は、この問題の実質的な解決のためにも非常に重要な課題である。

**(2) 関係機関への理解と支持を求める書簡の送達**

その後、CISAC事務局長は、総理大臣、外務大臣、文部科学大臣、文化庁長官及び知的財産戦略本部事務局長に、総会の決議について理解と支持を求める書簡を送達している(二〇〇七年六月一五日付け)。

また、同年一二月二七日付けで、同様の書簡を各党党首にも送達している。

## 一〇.「著作権問題を考える創作者団体協議会」の活動

著作権の保護期間の延長や戦時加算問題の解消など、各著作権関係団体に共通する問題について、連携・協力して検討、対応していくことを目的に「著作権問題を考える創作者団体協議会」が設置されたが、その活動状況は以下のとおりである。

①平成一八年の活動
七月四日に、著作権関係の一四団体が懇談会を開催し、著作権の保護期間の延長や戦時加算の解消など、各団体に共通する問題について連携・協力して検討、対応していくこととし、議長に(社)日本文藝家協会 副理事長の三田誠広氏を選出した。

九月一五日に、同懇談会は、会の名称を「著作権問題を考える創作者団体協議会」とし、著作権の保護期間の延長や戦時加算の解消について共同声明を出すことを決定した。

その後「協議会」の構成は一六団体となり、九月二二日に記者会見を開催して共同声明を発表するとともに、文部科学大臣、文化庁長官等に同声明書を提出した。

また、九月二八日には、協議会の代表者が議員会館を訪問し、文教・文化芸術に関係する一七名の国会議員に共同声明の趣旨等について説明し、理解を求めた。

一二月一日に、（社）日本演劇協会が参加し、協議会の構成メンバーは一七団体となった。

協議会は一二月一八日に自民党文化伝統創造調査会と、一二月二二日には公明党文化芸術振興会議と懇談し、著作権の保護期間の延長や戦時加算の解消について要望した。

②平成一九年の活動

一月二五日に新春記者懇談会を開催し、著作権の保護期間の延長や戦時加算の解消について理解を求めた。また、前述のとおり、三月一二日に三田議長が、戦時加算の解消について理解と支援を求める書簡をＣＩＳＡＣ事務局長に送付し、ＣＩＳＡＣ理事会は、六月一日の総会で加盟団体の会員に戦時加算の権利を行使しないよう働きかけること等を決定し、これを総会は満場一致で決議した。

協議会は、ＣＩＳＡＣ総会の決議を踏まえ、六月一四日に「著作権の保護期間に関する戦時加算問題の早期解決を」とのメッセージを発表するとともに、ＣＩＳＡＣ事務局長から、総理大臣、外務大臣、文部科学大臣、文化庁長官及び知的財産戦略本部事務局長に総会の決議について理解と支持を求める書簡が送達されたことを踏まえ、六月二五日に外務大臣、文部科学大臣、文化庁長官に戦時加算の早期解消を求める要望書を提出した。

一〇月二日には、超党派の音楽議員連盟総会に参加し、一一月二九日には民主党関係議員と懇談を行い、保護期間の延長や戦時加算の早期解消等を要請した。

③平成二〇年以降の活動

平成二〇年一月一五日に関係八七団体で、「Culture First はじめに文化ありき」を発表した。同年四月二二日には自民党、公明党に対し、また、五月九日には民主党に対し、保護期間の延長や戦時加算の早期解消等を要請した。

その後、協議会は平成二一年一月二三日にホームページを立ち上げ、ポータルサイトを発表した。

## 二・戦時加算に関する判例

戦時加算が争点となった裁判例はそれほど多くあるわけではなく、それも戦時加算問題を正面から取り上げたものはない。しかしながら、これらの判決においては、連合国及びその国民に対する戦時加算制度の存在が、あくまでも疑問を差し挟むことなく前提になっている。以下に、代表的な判例を紹介する。

### 1．著作権侵害排除等請求事件（ミュシャの絵画の戦時加算事件）

本件は、アルフォンス・ミュシャ（一九三九年七月一四日没。以下「ミュシャ」という。）の著作物の著作権を有する原告が、ミュシャの絵を使用したジグソーパズルを製造販売している被告に対し、著作権（複製権）の侵害を理由として製造販売の禁止を求めた事件である。

原告は、ベルヌ条約の同盟国であるチェコの国民であるミュシャが、フランスで第一発行した本件著作物の本国はフランスということになるのであるから、戦時加算の対象になると主張した。

戦時加算の特例が適用されるためには、①昭和一六年（一九四一）年一二月七日当時、本件著作物の著作権につきわが国がベルヌ条約等による保護義務を負っていたこと、②当時の著作権者が平和条約に署名し、これを批准した連合国の又はその国民であったこと、の二つの要件を備える必要がある。

しかし、平和条約及び連合国特例法には、連合国で最初に発行された著作物の著作権について保護期間の戦時加算の特例が適用される規定はなく、ミュシャはチェコスロバキアの国籍を有しており、チェコあるいはチェコスロバキアが平和条約に署名し、批准していない以上、戦時加算は適用されないと裁判所は判断した。

事件名・事件番号　平成九年（ワ）第一二〇七六号　著作権侵害排除等請求事件
原告　ミュシャトラスト
被告　株式会社ビバリー
判決　東京地方裁判所
　　平成一〇年（一九九八）年三月二〇日

## 2．リヒャルト・シュトラウスの著作権に関する諸事件

### （1）「ナクソス島のアリアドネ」事件

①第一審「損害賠償請求事件」

本件は、平成一四年六月二九日に、東京の新国立劇場において、リヒャルト・シュトラウスが作曲した歌劇「ナクソス島のアリアドネ」（以下「本件楽曲」という。）を無許諾で上演した被告に対し、本件の著作権は、ブージー社（原告）が有しているとし、同楽曲を上演した日独楽友協会に対し、上演権及びパート譜の複製権に基づき損害賠償を求めた事件である。

しかし、契約書の記載等の事実認定の結果、本件楽曲の著作権は、権利を承継したと称するリヒャルト・シュトラウス及びその相続人が有しており、同権利を承継したと主張するフェルストナー・リミテッド及び原告は、いずれも、リヒャルト・シュトラウスからの委託により著作権の管理を行っていたにすぎないものと認められ、リヒャルト・シュトラウス及びその相続人には、上演権や上演を管理する権利が留保されているから、自ら権利行使する

ことが可能であったと認められる。

本件楽曲については、昭和一六年一二月七日の時点において、連合国民が著作権者であったとは認められないから、原告の戦時加算の主張は認められない。したがって、本件楽曲については、すでに著作権の保護期間を経過したものと認められ、原告の請求は棄却された。

事件名・事件番号　平成一四年（ワ）一五四三二号　損害賠償請求事件
原告　ブージー・アンド・ホークス・ミュージック・パブリッシャーズ・リミテッド
被告　日独楽友協会
判決　東京地方裁判所
　　　平成一五（二〇〇三）年二月二八日

＊リヒャルト・シュトラウスは「アルプス交響曲」「ドン・ファン」「死と変容」「ナクソス島のアリアドネ」等著名な作品で知られるドイツの作曲家。一九四九（昭和二四）年九月八日没。

②第二審「損害賠償請求控訴事件」
本件は、控訴人が、被控訴人に対し、リヒャルト・シュトラウスの作曲した歌劇「ナクソス島のアリアドネ」（以下「本件楽曲」という。）を、被控訴人が上演したことに対し、その上演権に基づき、上演許諾料相当額の損害賠償を求めた事件である。

東京高等裁判所は、リヒャルト・シュトラウスが、昭和一六年一二月八日以降、日本国において、本件楽曲の著作権を行使できなかったとは認められず、戦時加算を認めることはできないので、原判決を相当としてこれを棄却した。

事件名・事件番号　平成一五年（ネ）一七五二号　損害賠償請求控訴事件
原告　ブージー・アンド・ホークス・ミュージック・パブリッシャーズ・リミテッド
被告　日独楽友協会
判決　東京高等裁判所
　　　平成一五（二〇〇三）年六月一九日

③最高裁判所の判断
東京高等裁判所（平成一五（二〇〇三）年六月一九日控訴審判決）の判断は、最終的に平成一五年一二月一九日付けの最高裁判所による上告不受理の決定によって確定した。

**（2）不当利得返還請求事件**

本件は、リヒャルト・シュトラウスを著作者とする音楽著作物に関して、その保護期間は満了しているので、ＪＡＳＲＡＣが分配した著作物使用料について不当利得返還請求を求めた事件である。

被告は、一九四一年一二月七日時点で、連合王国の法人であるフェルストナー・リミテッドが同著作権を有していたから、戦時加算は適用されると主張したが、本件著作物の上演権、演奏権及び録音権については、昭和一六（一九四一）年一二月七日の時点で、リヒャルト・シュトラウスなど、連合国民でない者による日本での権利行使の可能性があったというべきであり、フェルストナー・リミテッドが、上記時点で前記の権利を有していたと評価することはできない。したがって、戦時加算特例法四条一項は適用されないと判断された。

期限内に原告、被告の双方が控訴しなかったことで、判決は確定した。

事件名・事件番号　平成一七年（ワ）二七八二号　不当利得返還請求事件
原告　社団法人日本音楽著作権協会（ＪＡＳＲＡＣ）
被告　日本ショット株式会社
判決　東京地方裁判所
　　平成一八（二〇〇六）年三月二二日

## 一二．ＴＰＰ協定及び日ＥＵ・ＥＰＡ協定における戦時加算問題の取扱い

著作権の保護期間の延長問題は、関係者間の合意が得られず、解決の見通しもつかないままであり、また、条約に関連する著作権の戦時加算問題も解決の道筋すら見いだせないまま時間だけが経過していく状態にあった。

しかし、ＴＰＰ協定と日ＥＵ・ＥＰＡ協定の交渉において、保護期間の延長問題は大きな進展をみることになった。著作権法は第一条で「著作者の権利及びこれに隣接する権利を定め、これらの文化的所産の公正な利用に留意しつつ、著作者等の権利の保護を図り、もって文化の発展に寄与することを目的とする。」と定めている。ネット社会といわれる現在、著作物が瞬時に国境を越えて流通する実態を考えれば、保護期間についても国際的な協調が極めて大事であり、ＴＰＰ協定と日ＥＵ・ＥＰＡ協定の交渉において、著作権の保護期間の延長が実現した意義は大きい。

以下に、ＴＰＰ協定等の交渉における著作権の保護期間の延長及び戦時加算問題の検討の概要を紹介する。

### １．ＴＰＰ協定

ＴＰＰ（環太平洋パートナーシップ：Trans-Pacific Partnership。以下「ＴＰＰ」という。）協定の交渉の中で、

戦時加算問題についても関係国との間で協議が行われている。

ＴＰＰは、アジア太平洋地域の一二ケ国が参加する包括的な経済連携協定である。参加国はシンガポール、ニュージーランド、チリ、ブルネイ、アメリカ合衆国、オーストラリア、ペルー、ベトナム、マレーシア、メキシコ、カナダと日本の一二ヶ国である。

戦時加算問題は、ＴＰＰ協定の交渉項目には挙がっていない。また、ＴＰＰ交渉一二ヶ国のうち、戦時加算の対象となる国は、ニュージーランド、アメリカ合衆国、オーストラリア、カナダの四ヶ国のみである。参加一二ヶ国でＴＰＰ協定の交渉が行われる中で、著作権の保護期間の延長問題に関連して、上記四ヶ国との間で戦時加算問題についても調整が行われた。

その背景としては、①これまで日本が戦時加算の義務を誠実に履行してきたこと、②ヨーロッパ諸国において、著作権の保護期間を著作者の死後七〇年に延長したときに戦時加算が解消されていること、③平成一九（二〇〇七）年にＣＩＳＡＣ（著作権協会国際連合）が、「日本の著作権の保護期間が著作者の死後五〇年から七〇年に延長された時期等を基準に、加盟団体は会員に対し戦時加算の権利を行使しないよう働きかける」ことを決議していること等の状況を配慮し、調整が行われたのではないかと思われる。

平成二七（二〇一五）年一〇月五日に米国のアトランタでＴＰＰ協定は大筋合意に至った。政府はこのＴＰＰ協定の締結に向けて関連法案も含め対応するため、「ＴＰＰ協定交渉の大筋合意を踏まえた総合的な政策対応に関する方針」を平成二七年一〇月九日に決定（ＴＰＰ総合対策本部）している。また、これを受けて知的財産戦略本部は「知的財産分野におけるＴＰＰへの政策対応について」を平成二七年一一月二四日に決定した。

ＴＰＰ協定の対象となる知的財産の保護については、「原則として、ＷＴＯ協定の一部である『知的所有権の貿易関連の側面に関する協定』（ＴＲＩＰＳ協定）より高度又は詳細な規律を含めている。」、また、各締約国は、「文学的及び美術的著作物の保護に関するベルヌ条約」、「著作権に関する世界知的所有権機関条約」及び「実演及びレコードに関する世界知的所有権機関条約」を批准し、加入する必要がある。（著作権分科会法制・基礎問題小委員

会：第六回「資料二」（平成二八年二月二四日）

以下に、ＴＰＰ協定交渉における著作権の保護期間及び戦時加算に関係する部分を記載する。

**（１）ＴＰＰの著作権（保護期間）関係の内容**

ＴＰＰ協定「第一八章知的財産章」の「二．主要条文の概要」において、「第Ｈ節　著作権及び関連する権利」の中で、著作権の保護期間に関して次のように規定している。

〇保護期間（第一八・六三条）

各締約国は、著作物、実演又はレコードの保護期間を計算する場合については、次のことを定める。

（ａ）自然人の生存期間に基づいて計算される場合には、保護期間は、著作者の生存期間及び著作者の死の後少なくとも七〇年とすること。

（ｂ）自然人の生存期間に基づいて計算されない場合には、保護期間は、次のいずれかの期間とすること。

（ｉ）当該著作物、実演又はレコードの権利者の許諾を得た最初の公表の年の終わりから少なくとも七〇年。

（ii）当該著作物、実演又はレコードの創作から二五年以内に権利者の許諾を得た公表が行われない場合には、当該著作物、実演又はレコードの創作の年の終わりから少なくとも七〇年。

**（２）ＴＰＰ総合対策本部の「ＴＰＰ協定交渉の大筋合意を踏まえた総合的な政策対応に関する方針」（平成二七年一〇月九日）における著作権に関する内容**

18．知的財産

ＴＰＰ協定の知的財産章は、特許、商標、著作権、意匠、地理的表示、営業上の秘密その他の形式での知的財産及び知的財産権の行使並びに締約国が協力することを合意する分野を対象とする。（以下略）

著作権について、本章は、歌唱、映画、書籍、ソフトウェア等の著作物、実演及びレコードに対する保護を求める約束を定めた。これらの約束には、技術的な保護手段及び権利管理情報に関する効果的で均衡のとれた規定が含まれる。

これらの約束を補完するために、本章は、特に、正当な目的による例外及び制限（デジタル環境におけるものを含む。）を通して、締約国が、著作権制度における均衡を継続して達成するよう努める義務を含む。

本章は、締約国にインターネット・サービス・プロバイダーに関する著作権に係る免責措置の枠組みを創設し又は維持することを求める。これらの義務は、締約国に対して、インターネット・サービス・プロバイダーがそのシステムにおいて侵害行為を監視することを、その免責措置の条件とすることを許容するものではない。

（以下略）

**（3）知的財産戦略本部の「知的財産分野におけるＴＰＰへの政策対応について」（平成二七年一一月二四日）の著作権に関する内容**

2．ＴＰＰ協定の実施のために必要な知財制度の整備

ＴＰＰ協定の締結に必要な国内実施のため、知的財産分野において、以下の事項などについて、協定に特別の定めがある場合を除き、協定の発効とあわせて実施されるよう、早急に検討を行い、国内法との整合性に留意しつつ、必要な措置を講ずるものとする。

（2）著作権関係

①著作物等の保護期間の延長（著作者の死後五〇年から死後七〇年とする等）

②著作権等侵害罪の一部非親告罪化

③著作物等の利用を管理する効果的な技術的手段（アクセスコントロール）に関する制度整備

④配信音源の二次使用に対する使用料請求権の付与

⑤著作権等侵害により生じた損害を賠償するための法定の損害賠償又は追加的損害賠償に関する制度整備

著作権法の改正については、権利の保護と利用のバランスに留意し、特に、著作権等侵害罪の一部非親告罪化については、二次創作への委縮効果等を生じさせないよう、その対象となる範囲を適切に限定するものとする。また、アクセスコントロールに関する制度整備については、権利者に不当な不利益を及ぼさないものが制度の対象外となるよう、適切な例外規定を定める。

**（4）文化審議会著作権分科会における検討**

著作権分科会では、「TPP協定の締結のために必要な著作権制度上の課題等については、早急に結論を得ることが求められている一方、TPP協定において制度整備が求められている事項は、これまでの我が国における著作権制度の見直しの議論においても結論が得られなかったものが少なからず含まれており、幅広い関係者の意見を聴きつつ、専門的な見地から適切に検討を行う必要がある。」とし、同分科会「法制・基本問題小委員会」は平成二七年一一月一一日「TPP協定（著作権関係）への対応に関する基本的な考え方」を決定している。この中で、「戦時加算問題」については、次のように記載されている。

1．TPP協定の締結のために必要な法整備において講じるべき措置

○TPP協定の締結のために必要な法制度の検討にあたって、以下の事項について、法改正の要否や在り方

を検討すること。

①著作物等の保護期間の延長

②著作権等侵害罪の一部非親告罪化

③著作物等の利用を管理する効果的な技術的手段（アクセスコントロール）に関する制度整備

④配信音源の二次利用に対する使用料請求権の付与

⑤法定の損害賠償又は追加的な損害賠償に係る制度整備

2．ＴＰＰ協定締結に関連して検討すべき措置

○上記1．①の著作物等の保護期間の延長にあたっては、戦時加算の問題について、関係する国際協定、国内法及び政府間交渉の状況を踏まえて適切な措置を講じること。

○上記1．①の著作物等の保護期間の延長に伴い、権利者不明の著作物等の増加が予想されるため、その利用円滑化策を講じることが求められる。文化審議会著作権分科会での審議を踏まえ、著作者不明等の場合の裁定制度の改善、権利情報の集約等を通じたライセンシングの環境整備等の方策を検討し、順次措置を講じること。

1）関係団体の意見

著作権分科会の「法制・基本問題小委員会」は、平成二八年の一一月に、権利者、産業界、利用者団体の二一関係団体から意見聴取を行っているが、関係団体から提出された戦時加算に関する意見は次のとおりである。「法制・基礎問題小委員会」第六回「資料2：法制・基本問題小委員会における意見の概要」（二頁）：平成二八年二月二四日

【戦時加算について】

○（仮にサンフランシスコ平和条約の修正によることができなくても、）政府としては戦時加算制度に関する

各国間での協議を積極的に進め、実質的に戦時加算が解消される方向で動いて欲しい。（日本音楽著作権協会、日本書籍出版協会、日本写真著作権協会）

○保護期間の延長は戦時加算の解消が確約された後にすべき。（インターネットユーザー協会）

2）審議会での検討（「法制・基礎問題小委員会」委員の意見）

また、著作権分科会「法制・基礎問題小委員会」では、戦時加算について次のような意見が出されている。

同小委員会の委員の意見（同小委第六回「資料二：法制・基本問題小委員会における意見の概要」（三頁）：平成二八年二月二四日）

【戦時加算について】

○戦時加算の問題をどうするか明確にすべき。二国間の協議によって私人である国民の権利行使を制約できるものなのか疑問であり、英仏など連合国の中にはTPPに参加していない国もあり、それらの国の保護期間が延長される可能性もあるので、先決問題として解決すべき。平和条約の義務として著作者が平和条約発効後に亡くなった場合の著作物まで戦時加算しなければならないかは疑問であり、平和条約を修正するまでもなく連合国特別法を現時点で廃止することも可能なのではないか。

○戦時加算はTPP協定締結と併せて講じるべき措置となりうると考える。戦時加算の有無や長さの算定は、著作物ごとにその作成時期や権利の帰属を確定させなければならず、極めて複雑であることが問題。単にCISAC決議のように国民に権利行使をしないことをお願いするものでは利用者が安心できない。

○連合国特例法の廃止ないし大幅な見直しができるように理解を得るべく交渉すべき。その際には日本が平和条約上負っている義務の内容の範囲について慎重に検討する必要がある。平和条約上、連合国民以外の著作物について戦時加算してはいけないという義務を負っているわけではないので、フランスやベルギーの例と同様、平和条約上の義務を害することなく戦時加算を解消できる余地は十分にある。過去に保護期間を三〇年から五〇年に延長した際は、条約に対する前提理解に誤解があったのではないか。

○解決できるか否かは別として、TPPに関連する論点として戦時加算の問題も併せて考慮せざるを得ないのではないか。

3）著作権分科会の結論（著作権分科会、同法制・基礎問題小委員会報告書：平成二八年二月二四日）

著作権分科会「法制・基礎問題小委員会」は、過去の検討状況、国際的な状況、関係団体からの意見聴取等を踏まえ検討した結果を、平成二八年二月二四日「環太平洋パートナーシップ（TPP）協定に伴う制度整備の在り方等に関する報告書」として取りまとめている。

この中で、戦時加算については、次のように記載されている。

（2）TPP協定の締結に関連して検討すべき措置について（同報告書一一頁）

①戦時加算

戦時加算については、著作権法の全面改正について審議していた著作権制度審議会（昭和四一年四月「著作権制度審議会答申」）において、解消されるべきものと考えるとする基本的な方向性が示されているところである。

戦時加算の問題については、世界各国の著作権管理団体が構成員となっている著作権協会国際連合（CISAC）において、日本が保護期間を延長する場合は、各構成団体が会員である著作権者に対して戦時加算の権利を行使しないよう働きかけることが既に決議されている（平成一九年六月）が、今般のTPP協定の合意事項に保護期間の延長が盛り込まれることを受け、我が国と、TPP交渉参加国のうち戦時加算対象国との調整が行われた。その結果、戦時加算問題に対処するため、権利管理団体と権利者との間の対話を奨励することや、これらの対話の状況及び他の適切な措置を検討するため、政府間で協議を行うことを確認する書簡が政府間で交わされたところである。

この点に関しては、本小委員会における意見聴取において、権利者団体より、戦時加算義務の実質的な解消に向けた政府の取り組みを歓迎する旨が表明されたところであり、本小委員会としては、本問題の現実的な打開に向けたこれらの取り組みが適切に行われるよう提言するとともに、具体的取り組みの状況を注視することとする。

②権利者不明著作物等の利用円滑化策（略）

**（5）各国政府との書簡**

TPP協定の交渉においては、戦時加算問題について、その対象国であるアメリカ合衆国、カナダ、オーストラリア、ニュージーランドの四ヶ国との間で調整が行われ、平成二八（二〇一六）年二月四日、オークランドで次のような書簡が交わされている。

TPP協定においては、これに参加する一二ヶ国の全てが戦時加算の対象となる国でないことから、同協定には戦時加算に関する項目はあがっていないが、前記のとおり、対象四ヶ国との間で調整が行われ、保護期間の延長に関連して実質的に戦時加算の解決を図ろうとしたものである。

四ヶ国とも同様の内容であり、以下にアメリカ合衆国との書簡の主な内容について紹介する。但し、これらの書簡は、「法的拘束力を有するものではない。」とされている。

「アメリカ合衆国との書簡の内容」

○両国政府は、日本国が延長する著作権等の保護期間が、一九五一年九月八日に署名されたサンフランシスコ平和条約第一五条（C）に基づく戦時加算を含めた現行の保護期間を超える事実を認め、注意を喚起する。

○両国政府は、戦時加算問題への対処のため、個別の著作権を集中管理する団体と影響を受ける権利者との間の産業界主導の対話を奨励し、歓迎する。

○両国政府は、必要に応じて、本書簡が対象とする問題に関し、上記の対話の状況を見直し、及び適切な措置を検討するため政府間で会合する。

○本書簡は、サンフランシスコ平和条約第一五条（C）に基づく両国政府の権利及び義務に影響を及ぼすものではないことを確認する。

なお、この交渉においてオーストラリアのアンドリュー・ロブ（Andrew Robb）貿易・投資大臣から、石原伸晃経済再生担当大臣あての書簡において、我が国の保護期間がTPP協定を受けて延長された場合、戦時加算も含めた現行の保護期間を超えることになる点を確認した上で、TPP協定が我が国とオーストラリアの双方について効力を生ずる日以後、平和条約第一五条（C）の規定に基づき与えられる権利を行使しないことを決定した旨を表明している。

後述の松野大臣が国会答弁（三七四頁）において述べているとおり、「日豪両国間の緊密かつ良好な関係を背景に、豪州側が善意に基づき、できる限りの対応をしたいとの意図から発出されたもので、サンフランシスコ平和条約上の権利及び義務を変更するものではありません。そのため、仮に豪州の著作権者が戦時加算の権利を行使したいと主張した場合に法的にそれに対抗できるものではありません。」となっている。大きな前進ではあるが、根本的な解決策にはなっていないのである。

## （6）TPP協定に対応した著作権法の改正

TPP協定の実施に伴い、著作権等の保護期間を五〇年から七〇年に延長するほか、著作権等を侵害する罪のうち一定の要件に該当するものについて告訴がなくても公訴を提起できることとする等の規定の整備を行う必要があることから、政府は、平成二八（二〇一七）年三月八日に「環太平洋パートナーシップ協定の締結に伴う関係法律の整備に関する法律案」を国会に提出した。

この法案は、平成二八年一二月九日参議院本会議において可決、成立した（第一九〇回国会閣法第四七号）。しかし、その施行日はＴＰＰ協定が発効した日となっている。

このため、アメリカ合衆国がこの協定から離脱したことによりＴＰＰ協定が発効される見込みはなくなったのである。

1）法案の内容

この法案において、「著作物等の保護期間の延長」について、次のように規定されている。

1．背景

ＴＰＰ協定の実施に伴い、著作権等の存続期間を五〇年から七〇年に延長するほか、著作権を侵害する罪のうち一定の要件に該当するものについて告訴がなくても公訴を提起できることとする等の規定の整備を行う必要がある。

2．改正の概要

A．著作物等の保護期間の延長

| 種類 | | 現行法 | 改正法 |
|---|---|---|---|
| 著作物 | 自然人の原則 | 著作者の死後五〇年 | 著作者の死後七〇年 |
| | 無名・変名の著作物 | 公表後五〇年 | 公表後七〇年 |
| | 団体名義の著作物 | 公表後五〇年 | 公表後七〇年 |
| | 映画 | 公表後七〇年（＊） | 公表後七〇年（＊） |
| 実演 | | 実演が行われた後五〇年 | 実演が行われた後七〇年 |
| レコード | | レコードの発行後五〇年 | レコードの発行後七〇年 |

（＊）映画の著作物の保護期間については、すでに協定上の義務を満たしている。

B．著作権等侵害罪の一部非親告罪化（以下略）

2）国会審議における戦時加算の質疑の状況

第一九二回国会の参議院「環太平洋パートナーシップ協定等に関する特別委員会」（平成二八（二〇一六）年一一月一四日）において、戦時加算問題について、次のような質疑が行われている。

**〇行田邦子君**　…それで、今日私が質問したいテーマに移りたいと思いますけれども、先ほど、冒頭、日本政府は結構頑張って交渉したと思うと申し上げましたけれども、日本政府がもっと頑張って交渉しなければいけないテーマについて伺いたいと思います。著作権保護期間の戦時加算についてです。

戦時加算という言葉、多くの国民の皆様にとってはなじみがないかと思います。私自身がこの戦時加算という制度を初めて知ったのは、実は私がかつて広告代理店に勤めているときのことでした。私のクライアントに対してテレビＣＭ案を提案しようという社内会議においてなんですけれども、何か有名な誰もが知っている楽曲、そして著作権料を払わなくていい、いわゆる著作権フリーの楽曲はないかということで探していたんですけれども、そこで私が思い付いたのがグレン・ミラーの「ムーンライト・セレナーデ」という曲でした。総理も御存じかと思います。

既にその当時にグレン・ミラーは死後五〇年を経過していましたので、著作権料を払わなくていい、発生しないということで、私は社内の先輩に提案をしたんですけれども、ところがその先輩から、いやいや、「ムーンライト・セレナーデ」はまだ著作権料を払わなきゃいけないんだということを言われました。なぜならば、日本は戦争に負けた国だから、戦争に勝ったアメリカの国民が著作権を持っている楽曲に対しては、通常の保護期間に加えて更に約十年長く著作権を日本は保護しなければいけないんだということを言われたんです。平成のこの世の中に、戦争に負けた国だから戦時加算と、こういうことがあるのかと非常に私は驚き、そしてまたショックを受けたことを今でも覚えています。

そこで、大臣に伺いたいんですけれども、この著作権の保護期間の戦時加算というのはどういう制度なんでしょうか。

**○国務大臣（松野博一君）** 著作権保護期間における戦時加算とは、サンフランシスコ平和条約に基づいて我が国に課せられている義務であり、具体的に言えば、連合国及び連合国民の著作権について、一九四一年十二月八日の開戦時から各国の平和条約が発効した前日までの期間を通常の保護期間に加算して保護するものであります。

**○行田邦子君** ということです。日本は、戦争状態にあったときに十分に著作権を保護する状態になかったので戦時加算という制度を課せられているということであります。

本来の、通常の保護期間であれば著作権がもう切れているのに、戦時加算という制度があるから日本は著作権を払わなければいけない、こういった著作物というのは実は結構あります。例えば、ちょっと古いんですけど、越路吹雪、総理なら御存じだと思いますけれども、越路吹雪も歌った「ビギン・ザ・ビギン」、それからあと「私を野球に連れてって」、こういった楽曲。それからあと、さらには文学作品でいいますと、ヘミングウェーの「誰がために鐘は鳴る」、カミュの「異邦人」、サマセット・モームの「月と六ペンス」などなど、結構あるわけなんです。

そこで、大臣に伺いたいんですけれども、日本以外にこの著作権の保護期間の戦時加算義務を負っているのは日本だけであると承知をしております。

**○国務大臣（松野博一君）**　現時点で確認している範囲においては、片務的な戦時加算という制度を課せられている国がどこにあるのでしょうか。

**○行田邦子君**　随分御答弁が簡潔だったんですけれども、太平洋戦争時の枢軸国、イタリア、ドイツは結果的に戦時加算を課せられていないと。世界でただ一人日本だけがいまだに戦時加算という義務を負わされ続けているということであります。

そこで、続いて大臣に伺いたいんですけれども、今般のＴＰＰの交渉におきまして、日本は様々な著作権の交渉をしました。そして、著作権の保護期間を五〇年から七〇年に延長するということで合意をしました。五〇年から七〇年に延長されるのであれば、私はこれは戦時加算を解消する絶好のタイミングではないかと思ったわけですけれども、ＴＰＰにおいてどのような交渉をされましたでしょうか。

**○国務大臣（松野博一君）**　具体的な交渉経過につきましては、相手国との関係があるので、説明を差し控えたいと思います。

委員御指摘の戦時加算は重要な課題であることから、日本とＴＰＰ協定署名国の関係国の政府間で文書を交わし、戦時加算問題への対処のため、権利管理団体と権利者との間の対話を奨励すること、必要に応じてこれらの対話の進捗状況を把握したり、他の適切な措置を検討するため政府間で協議を行うことを確認をいたしました。このことにより、官民連携により戦時加算義務の現実的な打開に向けて意味ある一歩を踏み出すことができたと考えております。

**○行田邦子君**　ＴＰＰ参加国のうち、アメリカ、カナダ、オーストラリア、ニュージーランドが日本に戦時加算を課している国でありますけれども、その四ヶ国と各々と書簡、いわゆるサイドレターを交わしたということは私は一歩前進だと思っていますけれども、その中身を見ますと、残念ながら政府がこの問題について前向きに積極的に解消していこう、解決していこうという姿勢がなかなか見て取れません。産業界主導の対話を奨励し、歓迎するということにとどまってしまっているわけであります。

戦時加算というのは、日本が戦争状態にあったときに十分に著作権を保護する状態になかったということが問われて、サンフランシスコ平和条約におきまして、国と国、国家間の約束におきまして日本が受け入れた制度であります。これは民間ベースの話ではありません。国家と国家の間の問題と私は捉えております。

そこで、総理に伺いたいんですけれども、戦時加算の解消について、もっと国が前面に出て取り組むべきではないでしょうか。

**○内閣総理大臣（安倍晋三君）** サンフランシスコ平和条約は、領土の確定や賠償問題の解決を含め、我が国の戦後処理の法的な基礎であり、戦時加算義務の法的な解消は同条約の権利義務の変更を要することから、現実的には困難であります。

その上で、TPP交渉においては、戦時加算対象国の政府との間で、著作権保護期間についてのサンフランシスコ平和条約上の日本の義務に関する二国間の書簡を交わしました。この書簡により、権利管理団体間の取組及びこれを政府間で後押しすることを通じて、対象国において戦時加算分については権利交渉をしないという対応が期待され、官民連携による問題の現実的な打開に向けて意味のある一歩を踏み出すことができたと考えています。

政府としても、民間主導の海外団体への働きかけが更に進展するよう、適切な情報提供を行うなどの支援に努めていきたいと思っています。必要に応じ、関係省庁と連携しつつ、相手国政府に対する働きかけを行ってまいりたいと思います。

**○行田邦子君** 民間主導で、仮に日本が実質的に戦時加算を払わなくてもよくなったとしても、それはあくまでも戦勝国の国民の皆さんの御慈悲と御厚意によって日本が戦時加算を払わなくてよくなるということにすぎないと私は考えております。やはり、これは国としてもっと前面に立って解消に努めるべきだと私は考えております。

このＴＰＰの交渉、人、物、そして資本、そしてまた情報、それだけではなくて、あらゆる著作物が世界を行き来するこの二十一世紀の時代の共通ルールを作っていこうというわけであったわけであります。ですから、私は、この著作権の保護期間についても日本だけ戦時加算を課せられるということを、この度、これを機に解消すべきだと、このように訴えていきたいと思っております。

それでなんですけれども、大臣に伺いたいと思います。

先ほど御答弁でありました四ヶ国、アメリカ、カナダ、オーストラリア、ニュージーランドと書簡を交わしたということで、産業界主導の対話を奨励し、歓迎しようと、必要に応じて国家間でも会合を設けようという書簡を交わしたということでありますけれども、実はその二月四日、その後に、同じ日なんですけれども、オーストラリアだけは日本に対して追加の書簡を送っています。

皆様のお手元にお配りしていますけれども、どういうことかといいますと、日本はＴＰＰ協定で著作権の保護期間を五〇年から七〇年に延ばす、そのＴＰＰの発効後、オーストラリアは日本に対して著作権の保護に関する権利を行使しない、つまり戦時加算権利を行使しないことを決定したという書簡を送ってきました。私はこれ本当に前進だと思っております。

そこで、大臣に伺いたいんですけれども、ただ、この書簡というのは法的拘束力がありません。それでは、仮に、仮になんですけれども、オーストラリアの著作権者が戦時加算権利を行使したいと、このように言った場合なんですけれども、そのようなへそ曲がりがいた場合なんですけれども、どのようなことになると解釈をすればよいでしょうか。

**○国務大臣（松野博一君）**　今回のＴＰＰ協定署名式の日に豪州政府から追加的に出された書簡は、日豪両国間の緊密かつ良好な関係を背景に、豪州側が善意に基づき、できる限りの対応をしたいとの意図から発出されたもので、サンフランシスコ平和条約上の権利及び義務を変更するものではありません。そのため、仮に豪州の著作権者が戦時加算の権利を行使したいと主張した場合に法的にそれに対抗できるものではありません。

しかしながら、戦時加算は重要な課題であることから、日本と豪州の政府間で文書を交わし、この問題への対処のため、権利団体と権利者の間の対話を奨励すること、必要に応じ、これらの対話の進捗状況を把握したり他の適切な措置を検討するため政府間で協議を行うことを確認しているところであり、この枠組みに従って政府として必要に応じ、関係省庁間で連絡をしつつ、対象国への働きかけを努めていく考えであります。

**○行田邦子君** 聞くところによりますと、このオーストラリアからの書簡というのは、日本が求めたわけではなかったと。けれども、これがＴＰＰの交渉を担当してきた閣僚同士の人間関係、信頼関係においてこのような書簡が送られてきたと、このように聞き及んでおります。

私は、この法的拘束力がない書簡ではありますけれども、こうしたことをもっとほかの国に対しても働きかけていって、そして一歩一歩進めていくべきだと思っております。

この戦時加算の問題というのはなかなか難しい問題であることは百も承知であります。なぜならば、サンフランシスコ平和条約が絡んでいるからです。このサンフランシスコ平和条約、もちろん私は否定しません。そして、そこで日本は主権を回復し、そして領土の確定、そしてまた連合国の賠償請求権の放棄ということをセットで戦時加算というものはこのサンフランシスコ条約で規定されているわけですので、なかなか難しい問題だということは百も承知なんですけれども、是非とも政府におきましては汗をかいて、そしてまた知恵を絞って取り組んでいただきたいと思っております。

そこで、最後に、総理にもう一度伺いたいと思うんですけれども、ＴＰＰはこのような結果になっております。このＴＰＰ自体もどうなるのか分からないという状況ではありますけれども、一旦このような書簡を交わすという結果になりました。そしてさらに、民間主導で、産業界主導で対話を奨励するだけではなくて、必要に応じて積極的に政府間で会合を持って取り組んでいただきたいということを、まずはＴＰＰの参加国、四ヶ国についてはそのことをお願いをしたいと。

そして、更になんですけれども、日本に対して戦時加算の義務を課している国というのは全部で十五ヶ国あります。そのうちの五ヶ国がＥＵの加盟国です。今ちょうど、日本とＥＵの間におきまして経済連携協定の交渉、この真っ最中であります。年内の大筋合意に向けて交渉しているということであります。私は、是非この日ＥＵ・ＥＰＡの交渉の中におきまして、ＥＵは日本に対して戦時加算権を行使をしないという約束を取り付けていただきたいと思うんですけれども、いかがでしょうか。

**○内閣総理大臣**（安倍晋三君）　この戦時加算の問題は、サンフランシスコ条約を締結をする際、日本はまさにこれ、独立を果たすためにこのサンフランシスコ条約に調印をする必要があったわけでありまして、その際、様々なことを受け入れなければならなかったということでもあろうと思います。

そこで、このＥＵ加盟国のうち、戦時加算の対象国は、英国、フランス、オランダ、ベルギー、ギリシャの五ヶ国でありますが、これらの国々との間でも、日ＥＵ・ＥＰＡ交渉を含め様々な機会を活用し、問題の現実的な打開に向けて今後更に働きかけを行っていきたいと、このように思います。

先ほどオーストラリアの例を挙げられました。ＴＰＰ交渉の結果そうした成果を得ることもできたわけでございますので、ＥＰＡ交渉においても努力をしていきたいと、このように思っております。

**○行田邦子君**　さらに、日ＥＵ・ＥＰＡの交渉におきましては、ＴＰＰで出した結果より更に一歩も二歩も進んだ結果を出していただきたいと思っております。

日本は、戦後六十数年間にわたりまして、ずっと長きにわたって、この日本だけに課せられた戦時加算という義務を真面目に、そして誠実に履行し続けてきたわけであります。そして、これは経済的な損益でいうとそれほどの大きな額ではないかもしれませんけれども、このことは、この戦時加算の解消というのは日本の姿勢が問われている問題だと私は理解をしております。

総理はよく戦後レジームからの脱却という言い方をされていますけれども、私は余りこの言葉、好きではないんですけれども、戦後レジームからの脱却というのであれば、著作権の保護期間の戦時加算の解消こそ国が汗をかいて知恵を絞って取り組むべきテーマであることを申し上げまして、私の質問を終わります。

## 2．アメリカのＴＰＰからの脱退とＴＰＰ11協定の締結

平成二九（二〇一七）年一月二三日、アメリカ大統領ドナルド・トランプは「永遠に離脱する」と明記した大統領令に署名し、ＴＰＰからの離脱を決定した。ＴＰＰは地域内の国内総生産（ＧＤＰ）の全体が八五％以上を占める六ケ国以上の批准がなければ発効できないことになっており、アメリカがＧＤＰの約六〇％を占めていることから、このままではＴＰＰ協定は発効できない状況になった。

本来のＴＰＰ（ＴＰＰ12）に関する「環太平洋パートナーシップ協定の締結に伴う関係法律の整備に関する法律案」が、平成二八年一二月九日参議院本会議において可決、成立したものの、その施行期日は「環太平洋パートナーシップ協定が日本国について効力を生ずる日」となっており、改正法が発効する見通しは全くたたなくなってしまったのである。

### (1) 一一ヶ国による検討

離脱したアメリカを除くＴＰＰ協定参加の一一ヶ国は、ベトナムのダナンにおいて平成二九（二〇一七）年一一月九日にＴＰＰ閣僚会合を開催して善後策について協議し、新協定の条文、凍結リスト等を含む合意パッケージに大筋合意し、一一月一〇日の閣僚会合で内容を確認、閣僚声明を作成、「包括的及び先進的なＴＰＰ（ＣＰＴＴＰ）」にすると発表した。

一一ヶ国は平成三〇（二〇一八）年三月八日チリのサンチャゴで署名し、新協定の名称は「包括的及び先進的な環太平洋パートナーシップ協定」（Comprehensive and Progressive Agreement for Trans-Pacific Partnership）と

した。

この新協定は、アメリカを含む一二ヶ国が合意したＴＰＰ協定の内容を踏襲したものになっており、アメリカの復帰を前提に協定内容の大幅な修正を行わず、離脱したアメリカが戻るまでは実施しない二〇項目を「凍結」扱いとした。著作権の保護期間の延長もこの「凍結」に含まれている。

新協定は発効要件を見直し、一一ヶ国のうち六ヶ国の国内承認手続きが完了してから六〇日後に発効することに改めている。今までのＴＰＰ12協定が、国内総生産（ＧＤＰ）総額の八五％以上を占める六ヶ国の批准が必要であり、ＧＤＰの六〇％を占めるアメリカ抜きでは発行できない仕組みであったことから、このＧＤＰ基準を撤廃したものである。

この新協定は、平成三〇（二〇一八）年三月一三日の参議院本会議で可決、承認された。これを踏まえ、政府は「環太平洋パートナーシップ協定の締結に伴う関係法律の整備に関する法律の一部を改正する法律案」を提出、同年六月二九日参議院本会議で可決、成立している。

ＴＰＰ12協定の内容に基いて「環太平洋パートナーシップ協定の締結に伴う関係法律の整備に関する法律案」は平成二八年一二月一六日に公布されているが、その施行日はＴＰＰ12の発効日とされている。アメリカを除く一一ヶ国による新たなＴＰＰ11協定は、ＴＰＰ12協定とは別の条約であるため、ＴＰＰ11協定が発効しても、ＴＰＰ12協定関連法が施行されることにはならない。

政府は、平成三〇年三月二七日、ＴＰＰ11協定に基づく新たな国内整備法として「環太平洋パートナーシップ協定の締結に伴う関係法律の整備に関する法律の一部を改正する法律案」を提出している。すなわち従前のＴＰＰ12関係の整備法の一部を改正する形式になっており、知的財産関連項目を含む多くの部分についてＴＰＰ12関係の整備法を継承した形になっている。

この結果、「環太平洋パートナーシップ協定」（ＴＰＰ12協定）という文言は「環太平洋パートナーシップに関する包括的及び先進的な協定」（ＴＰＰ11協定）という文言に変更され、法律案については「環太平洋パートナーシップ協定の締結に伴う関係法律の整備に関する法律（平成二八年法律第一〇八号）」の題名を「環太平洋パートナーシップ協定の締結及び環太平洋パートナーシップに関する包括的及び先進的な協定に伴う関係法律の整備に関する法律」に改めることとしたものである。

この改正により、ＴＰＰ12協定に関連した知的財産関連法の改正の施行日もＴＰＰ11協定の発効日に変更されたことになる。

環太平洋パートナーシップ協定の締結に伴う関係法律の整備に関する法律の一部を改正する法律案の概要

1．背景

環太平洋パートナーシップに関する包括的及び先進的な協定の締結に伴い、環太平洋パートナーシップ協定の締結に伴う関係法律の整備に関する法律（ＴＰＰ整備法）について、所要の改正を行う必要がある。

2．改正の内容

Ａ 題名の改正（ＴＰＰ整備法題名）

「環太平洋パートナーシップ協定の締結に伴う関係法律の整備に関する法律」

⇓

「環太平洋パートナーシップ協定の締結及び環太平洋パートナーシップに関する包括的及び先進的な協定に伴う関係法律の整備に関する法律」

Ｂ 施行期日の改正（ＴＰＰ整備法附則第一条）

◇一部を除き、環太平洋パートナーシップ協定の発効日

⇐　環太平洋パートナーシップに関する包括的及び先進的な協定の発効日

## （2）著作権の保護期間の延長が実現

この新協定（ＴＰＰ11）は、平成三〇年三月一三日の参議院本会議で可決、成立するとともに、「環太平洋パートナーシップ協定の締結及び環太平洋パートナーシップに関する包括的及び先進的な協定に伴う関係法律の整備に関する法律」も、同年六月二九日に参議院本会議で可決、成立した。

ＴＰＰ11協定の成立要件が、一一ヶ国のうち六ヶ国の国内承認手続きが完了してから六〇日後に発効することに改められていること、発効日も同協定の発効日になっていることから、同整備法は平成三〇年一二月三〇日発効し、著作権の保護期間は、著作者の死後五〇年から七〇年に改正されることになったわけである。

アメリカがこの協定に復帰するまで「凍結項目」となっていた著作権の保護期間の延長であったが、ＴＰＰ11の新協定の締結によりどうして保護期間は延長されることになったのだろうか。その理由について平成三〇年四月一七日の衆議院本会議において茂木敏充大臣は次のように述べている。

①凍結項目は各国がそれぞれの判断でそれを上回るレベルの内容を実施することを妨げるものではない。
②ＴＰＰ12協定締結に伴う国内整備法で、七〇年にすることが国際基準の観点から重要であると判断したこと。
③日ＥＵ・ＥＰＡにおいても、著作権等の保護期間を著作者の死後七〇年とすることでＥＵ側と合意しており、著作権等の七〇年は国際基準となっている。

## 3．日ＥＵ・ＥＰＡ協定

### （1）日本とＥＵとの経済連携協定（ＥＰＡ）

日本とＥＵとの経済連携協定（ＥＰＡ）（以下「日ＥＵ・ＥＰＡ協定」という）については、平成二五（二〇一三）年四月から検討が開始されているが、アメリカの保護主義政策に対抗するため協定締結に向けた交渉が加速し、平成二九（二〇一七）年七月六日、安倍晋三首相とＥＵのドナルド・トゥスク欧州理事会議長及びジャン＝クロード・ユンケル欧州委員長が共同記者会見を開き、交渉が大筋合意に至ったことを表明した。その後、同年一二月の最終合意を経て、平成三〇（二〇一八）年七月一七日に東京で開催された日ＥＵ首脳協議において「経済上の連携に関する日本国と欧州連合との間の協定について」署名された。

この「日ＥＵ・ＥＰＡ協定」は、人口が約六・四億人（世界の八・七％）、域内総生産（ＧＤＰが二一・三兆ドル（世界の二八・四％）の巨大な経済圏を構築することになる。日ＥＵ協力の進展と自由貿易体制を支える連携の強化につながる。

この「日ＥＵ・ＥＰＡ協定」は、ＴＰＰ協定とほぼ同様の内容を含んでおり、著作権の保護期間の延長も盛り込まれている。外務省は平成二九（二〇一七）年一二月一五日「日ＥＵ・経済連携協定（ＥＰＡ）に関するファクトシート」を公表しているが、著作権関係の内容は以下のとおりである。

「日ＥＵ・経済連携協定（ＥＰＡ）に関するファクトシート」の概要（抜粋）

○効力発生

本協定の効力は、本協定の効力発生のために各々必要な法的手続が完了した後、その旨を互いに通報した日の翌々月の初日又は両締約者間の合意により定めた日に生じること等を規定する。

14　知的財産

(1) 概要

本章は、特許、商標、意匠、著作権及び関連する権利、地理的表示、植物の新種、営業上の秘密及び医薬品等の開示されていない試験データその他のデータ等の知的財産を対象とする。

日ＥＵ双方とも既に高いレベルの知的財産保護制度を有しているところ、これらの知的財産について、知的所有権の貿易関連の側面に関する協定（ＴＲＩＰＳ協定）よりも高度又は詳細な規律を定める観点から、知的財産に関する制度の運用における透明化、十分かつ効果的な実体的権利保護を確保するとともに、知的財産の権利行使、協力及び協議メカニズム等について規定し、知的財産の保護と利用の推進を図る内容となっている。

(2) 主な内容

ア　一般規定

国際協定、内国民待遇、最恵国待遇、手続事項及び透明性、知的財産の保護に関する啓発の促進等について規定する。

イ　知的財産に関する基準

著作権及び関連する権利

著作者、実演家、レコード製作者及び放送機関の権利の保護、著作物等の保護期間の延長（著作者の死後七〇年等）、権利の制限と例外等について規定する。

商標（略）

地理的表示（ＧＩ）（略）

意匠（略）

未登録の商品形態（略）

特許（略）

営業上の秘密及び開示されていない試験データその他のデータ（略）

植物の新品種（略）

不正競争（略）

ウ 知的財産の権利行使

民事上の救済に係る権利行使

知的財産侵害に対する民事上の救済手続に関し、証拠保全措置、暫定的・予防的措置、差止命令、損害賠償等について規定する。

営業上の秘密の不正使用に対する権利行使

営業上の秘密の不正使用に対する民事上の救済手続に関し、差止命令、損害賠償、秘密保持命令等について規定する。

国境措置に係る権利行使（略）

エ 協力及び協議メカニズム

協力

知的財産分野において、情報交換、経験及びスキルの共有その他の形態等による協力を行うことについて規定する。

知的財産に関する委員会

本章の規定の効果的な実施のために、知的財産に関する委員会を設立することについて規定する。

**（2）日EU・EPA協定における保護期間延長に関する内容**

協定の内容に関する保護期間の延長に関しては、国内において議論がなされたわけではない。このため外圧に屈して延長したとの意見も一部にみられるが、ヨーロッパ諸国が著作権の保護期間を「著作者の死後七〇年」としており、この機会に国際的な調和を図る観点から日本の保護期間を七〇年に延長することは極めて妥当なことであるといえよう。

日ＥＵ・ＥＰＡ協定の第14・13条には、保護期間を含め次のように規定されている。

第14・13条　保護期間
1　ベルヌ条約第2条に規定する文学的又は美術的著作物に関する著作者の権利についての保護期間は、著作者の生存間及び著作者の死後七〇年とする（著作物が適法に公衆に利用可能なものとされる日のいかんを問わない。）当該権利の保護期間は、自然人の生存期間に基づいて計算されない場合には、著作物が適法に公衆に利用可能なものとされた後少なくとも七〇年とする。著作物の創作の後七〇年以内に適法に公衆に利用可能なものとされない場合には、当該保護期間は、当該著作物の創作から少なくとも七〇年とする。
2　実演家の権利についての保護期間は、実演の後少なくとも五〇年とする。
3　レコード製作者の権利についての保護期間は、レコードが発行された後少なくとも七〇年とする。レコードへの固定から少なくとも五〇年以内に発行されなかった場合には、当該保護期間は、当該固定が行われた後少なくとも五〇年とする。
（注）各締約国は、五〇年を経過した後の二〇年の保護期間中に生ずる利益が実演とレコード製作者との間で公平に配分されることを確保するための効果的な措置をとることができる。
4　放送にかかる権利についての保護期間は、放送の最初の送信の後少なくとも五〇年とする。
5　この条に定める保護期間は、当該保護期間の根拠となる事実が生じた年の翌年の一月一日から起算する。

第14・14条　制限及び例外

各締約国は、自国が締結している条約及び国際協定に従い、第14・8条から第14・12条まで定める権利の制限又は例外について、対象事項の通常の利用を妨げず、かつ、権利者の利益を不当に害しない特別な場合においてのみ定めることができる。

第14・15条　美術の著作物に関する著作者の追求権

両締約国は、美術の著作物の原作品の再販売による利益を受ける権利に関する問題並びに欧州連合及び日本国における当該問題の状況について意見及び情報を交換することに合意する。

第14・16条　集中管理

両締約国は、次のことを行う。

(a) 双方の集中管理を行う団体の間で協力を促進する重要性を認識すること。

(b) 集中管理を行う団体の透明性を高めることに合意すること。

(c) 集中管理を行う団体が直接に又は集中管理を行う他の団体を通じて代表する権利者について、当該集中管理を行う団体が当該権利者を無差別に待遇することを促進するよう努めること。

第14・17条　既存の対象事項の保護

1　各締約国は、ベルヌ条約第18条委及び貿易関連知的所有権協定第14条6の規定を、著作物、実演及びレコード並びにこの款の規定によって要求されるこれらの対象事項に与えられる保護について準用する。

2　締約国は、この協定の効力発生の日に自国の領域において公共の領域（パブリック・ドメイン）にある対象事項については、保護を回復することを要求されない。

### （2）戦時加算関係各国との協議

ＴＰＰの時と同様に、日ＥＵ・ＥＰＡ協定の協議においても、戦時加算に関係する各国との協議が行われており、イギリス、フランス、オランダ、ベルギー、ギリシャの担当大臣と日本の外務大臣との間で書簡が交わされている。内容は各国とも同様であり、フランスの場合を参考までに紹介する。

著作権の保護期間に関する日本国政府とフランス共和国政府との間の書簡

（日本側書簡）二〇一八年六月一五日

本大臣は、両締約国における著作権及び関連する権利の保護期間に係る条項が含まれる経済上の連携に関する日本国と欧州連合との間の協定（以下「本協定」という。）を想起し、本協定第14・13条（保護期間）の規定に関連して、一九五一年九月八日にサンフランシスコで署名された日本国との平和条約（以下「平和条約」という。）第一五条（Ｃ）の適用に関する日本国の次の了解を確認する光栄を有します。

（ⅰ）日本国政府は、本協定が効力を生ずる日に本協定に定めるところにより著作権及び関連する権利に関して同国において与えられる保護期間が、それまでに同国において与えられていた保護期間（平和条約第一五条（Ｃ）の規定に基づき当該規定が対象とする著作物について与えられる調整部分を含む。）を超えることとなるという事実を認めるとともに、その事実について注意を喚起する。

（ⅱ）日本国政府及びフランス共和国政府は、（ⅰ）に関連し、並びに日本国とフランス共和国との間における使用料の効率的な徴収及び分配の重要性並びに両国にある権利を集中的に管理する団体（以下「集中管理団体」という。）の間の関連する相互取決めに基づく著作権の保護期間の計算に伴って生じ得る事務上の負担を認め、各集中管理団体の運営に関する文書及び関係法令に適合する方法によるこれらの事項への取組及びその解決のため、個別の集中管理団体と影響を受ける権利者との間で行われる産業界の主導による対話を奨励し、及び歓迎する。

（ⅲ）日本国政府及びフランス共和国政府は、必要に応じて、（ⅱ）の対話の状況を見直すために、またこの書簡が対象とする問題に関する他の適切な措置を議論するために、会合する意図を有する。

本大臣は、更に、日本国政府に代わって、この書簡が平和条約第一五条（Ｃ）の規定に基づく日本国及びフランス共和国の権利及び義務に影響を及ぼすことを意図するものではないことを確認する光栄を有します。

本大臣は、閣下が、貴国政府がこの了解を共有していることを確認されれば幸いであります。

日本国外務大臣　河野太郎

フランス共和国欧州・外務大臣

ジャン＝イヴ・ル・ドリアン閣下

（フランス共和国側書簡）二〇一八年七月一二日

日本国外務大臣　河野太郎閣下

本大臣は、二〇一八年六月一五日付けの閣下の書簡に表明されているとおり、経済上の連携に関する日本国と欧州連合との間の協定（以下「本協定」という。）第14・13条（保護期間）の規定に関連して、一九五一年九月八日にサンフランシスコで署名された日本国との平和条約（以下「平和条約」という。）第一五条（Ｃ）の適用に関するフランス共和国の次の了解を確認する光栄を有します。

（ⅰ）フランス共和国政府は、本協定が効力を生ずる日に本協定に定めるところにより著作権及び関連する権利に関して日本国において与えられる保護期間が、それまでに同国において与えられていた保護期間（平和条約第一五条（Ｃ）の規定に基づき当該規定が対象とする著作物について与えられる調整部分を含む。）を超えることとなるという事実を認めるとともに、その事実について注意を喚起する。

(ⅱ)フランス共和国政府及び日本国政府は、(ⅰ)に関連し、並びにフランス共和国と日本国との間における使用料の効率的な徴収及び分配の重要性並びに両国にある権利を集中的に管理する団体(以下「集中管理団体」という。)の間の関連する相互取決めに基づく著作権の保護期間の計算に伴って生じ得る事務上の負担を認め、各集中管理団体の運営に関する文書及び関係法令に適合する方法によるこれらの事項への取組及びその解決のため、個別の集中管理団体と影響を受ける権利者との間で行われる産業界の主導による対話を奨励し、及び歓迎する。

(ⅲ)フランス共和国政府及び日本国政府は、必要に応じて、(ⅱ)の対話の状況を見直すために、またこの書簡が対象とする問題に関する他の適切な措置を議論するために、会合する意図を有する。

本大臣は、更に、フランス共和国政府に代わって、この書簡が平和条約第一五条(C)の規定に基づくフランス共和国及び日本国の権利及び義務に影響を及ぼすことを意図するものではないことを確認する光栄を有します。

フランス共和国欧州・外務大臣　　ジャン＝イヴ・ル・ドリアン

現在でも戦時加算の対象となっている著作物は決して少なくなく、そこから逸失利益が生じている。それ以上にこの問題の厳しさは、戦後、我が国が国際的な著作権制度の中でひとり不当とも思える義務を負い続けてきた点にある。

こういう状況の中で、著作権の保護期間の延長は、この問題に対する国内外の要請に応じ、わが国が文化国家として立場を確固たるものにするためにも、また、これに基づいてひとりわが国にのみ課せられた戦時加算の問題を実質的に解決する上でも、大きな意義を持つ実現性の高い解決策であった。

この戦時加算問題が解決されない以上、著作権の世界に戦後は終わらないのである。

ＴＰＰ協定により著作権の保護期間が五〇年から七〇年に延長することに合わせて戦時加算問題も解消することが期待されていた。参加国のうち戦時加算対象国の四ヶ国との間で交わされた書簡により、「権利管理団体間の取組み及びこれを政府間で後押しすることを通じて、対象国において戦時加算分について権利交渉をしないという対応が期待され、官民連携による問題の現実的な打開に向けて意味のある一歩を踏み出すことができた。」と安倍総理は発言している（第一九二回国会参議院「環太平洋パートナーシップ協定に関する特別委員会」平成二八（二〇一六）年一一月一四日）。

アメリカがＴＰＰ12協定から離脱したこともあったが、日本をはじめ一一ヶ国の努力により、ＴＰＰ11協定は発効が可能となり、一方で、日ＥＵ・ＥＰＡ協定の協議においても、著作権保護期間延長が実現することになったことは、極めて意義深い。

しかも、両協定の協議の中で、各国関係大臣と戦時加算の解消に向けた書簡が交わされ合意形成ができたことは、この問題に関係した一人として深い感慨を覚えるとともに、これまで戦時加算問題の解決に向けて真剣で地道な活動を展開してきた著作権関係団体の努力に対して敬意を表するものである。

（本小論は、平成二三（二〇一一）年コピライト六月号（第六〇二号、社団法人著作権情報センター「ＣＲＩＣ」発行）に掲載したものを一部修正加筆したものである。）

# 一三、資料・［平和条約関係］

## 1．日本国との平和条約

### ◎日本国との平和条約

（昭和二七年四月二八日　条約第五号）

連合国及び日本国は、両者の関係が、今後、共通の福祉を増進し且つ国際の平和及び安全を維持するために主権を有する対等のものとして友好的な連携の下に協力する国家の間の関係でなければならないことを決意し、よつて、両者の間の戦争状態の存在の結果として今なお未決である問題を解決する平和条約を締結することを希望するので、

日本国としては、国際連合への加盟を申請し且つあらゆる場合に国際連合憲章の原則を遵守し、世界人権宣言の目的を実現するために努力し、国際連合憲章第五十五条及び第五十六条に定められ且つ既に降伏後の日本国の法制によつて作られはじめた安定及び福祉の条件を日本国内に創造するために努力し、並びに公私の貿易及び通商において国際的に承認された公正な慣行に従う意思を宣言するので、

連合国は、前項に掲げた日本国の意思を歓迎するので、

よつて、連合国及び日本国は、この平和条約を締結することに決定し、これに応じて下名の全権委員を任命した。これらの全権委員は、その全権委任状を示し、それが良好妥当であると認められた後、次の規定を協定した。

#### 第一章　平和

**第一条**

(a) 日本国と各連合国との間の戦争状態は、第二十三条の定めるところによりこの条約が日本国と当該連合国との間に効力を生ずる日に終了する。

(b) 連合国は、日本国及びその領水に対する日本国民の完全な主権を承認する。

#### 第二章　領域

**第二条**

(a) 日本国は、朝鮮の独立を承認して、済州島、巨文島及び鬱陵島を含む朝鮮に対するすべての権利、権原及び請求権を放棄する。

(b) 日本国は、台湾及び澎湖諸島に対するすべての権利、権原及び請求権を放棄する。

(c) 日本国は、千島列島並びに日本国が千九百五年九月五日のポーツマス条約の結果として主権を獲得した樺太の一部及びこれに近接する諸島に対するすべての権利、権原及び請求権を放棄する。

(d) 日本国は、国際連盟の委任統治制度に関連するすべての権利、権原及び請求権を放棄し、且つ、以前に日本国の委任統治の下にあつた太平洋の諸島に信託統治制度を及ぼす千九百四十七年四月二日の国際連合安全保障理事会の行動を受諾する。

(e) 日本国は、日本国民の活動に由来するか又は他に由来するかを問わず、南極地域のいずれの部分に対する権利若しくは権原又はいずれの部分に関する利益についても、すべての請求権を放棄する。

(f) 日本国は、新南群島及び西沙群島に対するすべての権利、権原及び請求権を放棄する。

**第三条**

日本国は、北緯二十九度以南の南西諸島（琉球諸島及び大東諸島を含む。）、孀婦岩の南の南方諸島（小笠原群島、西之島及び火山列島を含む。）並びに沖の鳥島及び南鳥島を合衆国を唯一の施政権者とする信託統治制度の下におくこととする国際連合に対する合衆国のいかなる提案にも同意する。このような提案が行われ且つ可決されるまで、合衆国は、領水を含むこれらの諸島の領域及び住民に対して、行政、立法及び司法上の権力の全部及び一部を行使する権利を有するものとする。

**第四条**

(a) この条の(b)の規定を留保して、日本国及びその国民の財産で第二条に掲げる地域にあるもの並びに日本国及びその国民の請求権（債権を含む。）で現にこれらの地域の施政を行つている当局及びそこの住民（法人を含む。）に対するものの処理並びに日本国におけるこれらの当局及び住民の財産並びに日本国及びそ

の国民に対するこれらの当局及び住民の請求権（債権を含む。）の処理は、日本国とこれらの当局との間の特別取極の主題とする。第二条に掲げる地域にある連合国又はその国民の財産は、まだ返還されていない限り、施政を行つている当局が現状で返還しなければならない。（国民という語は、この条約で用いるときはいつでも、法人を含む。）

(b)　日本国は、第二条及び第三条に掲げる地域のいずれかにある合衆国軍政府により、又はその指令に従つて行われた日本国及びその国民の財産の処理の効力を承認する。

(c)　日本国とこの条約に従つて日本国の支配から除かれる領域とを結ぶ日本所有の海底電線は、二等分され、日本国は、日本の終点施設及びこれに連なる電線の半分を保有し、分離される領域は、残りの電線及びその終点施設を保有する。

## 第三章　安全

### 第五条

(a)　日本国は、国際連合憲章第二条に掲げる義務、特に次の義務を受諾する。

(i)　その国際紛争を、平和的手段によつて国際の平和及び安全並びに正義を危うくしないように解決すること。

(ii)　その国際関係において、武力による威嚇又は武力の行使は、いかなる国の領土保全又は政治的独立に対するものも、また、国際連合の目的と両立しない他のいかなる方法によるものも慎むこと。

(iii)　国際連合が憲章に従つてとるいかなる行動についても国際連合にあらゆる援助を与え、且つ、国際連合が防止行動又は強制行動をとるいかなる国に対しても援助の供与を慎むこと。

(b)　連合国は、日本国との関係において国際連合憲章第二条の原則を指針とすべきことを確認する。

(c)　連合国としては、日本国が主権国として国際連合憲章第五十一条に掲げる個別的又は集団的自衛の固有の権利を有すること及び日本国が集団的安全保障取極を自発的に締結することができることを承認する。

### 第六条

(a)　連合国のすべての占領軍は、この条約の効力発生の後なるべくすみやかに、且つ、いかなる場合にもその後九十日以内に、日本国から撤退しなければならない。但し、この規定は、一又は二以上の連合国を一方とし、日本国を他方として双方の間に締結された若しくは締結される二国間若しくは多数国間の協定に基く、又はその結果としての外国軍隊の日本国の領域における駐とん又は駐留を妨げるものではない。

(b)　日本国軍隊の各自の家庭への復帰に関する千九百四十五年七月二十六日のポツダム宣言の第九項の規定は、まだその実施が完了されていない限り、実行されるものとする。

(c)　まだ代価が支払われていないすべての日本財産で、占領軍の使用に供され、且つ、この条約の効力発生の時に占領軍が占有しているものは、相互の合意によつて別段の取極が行われない限り、前記の九十日以内に日本国政府に返還しなければならない。

## 第四章　政治及び経済条項

### 第七条

(a)　各連合国は、自国と日本国との間にこの条約が効力を生じた後一年以内に、日本国との戦前のいずれの二国間の条約又は協約を引き続いて有効とし又は復活させることを希望するかを日本国に通告するものとする。こうして通告された条約又は協約は、この条約に適合することを確保するための必要な修正を受けるだけで、引き続いて有効とされ、又は復活される。こうして通告された条約及び協約は、通告の日の後三箇月で、引き続いて有効なものとみなされ、且つ、国際連合事務局に登録されなければならない。日本国にこうして通告されないすべての条約及び協約は、廃棄されたものとみなす。

(b)　この条の(a)に基いて行う通告においては、条約又は協約の実施又は復活に関し、国際関係について通告国が責任をもつ地域を除外することができる。この除外は、除外の適用を終止することが日本国に通告される日の三箇月後まで行われるものとする。

**第八条**

(a) 日本国は、連合国が千九百三十九年九月一日に開始された戦争状態を終了するために現に締結し又は今後締結するすべての条約及び連合国が平和の回復のため又はこれに関連して行う他の取極の完全な効力を承認する。日本国は、また、従前の国際連盟及び常設国際司法裁判所を終止するために行われた取極を受諾する。

(b) 日本国は、千九百十九年九月十日のサン・ジェルマン＝アン＝レイの諸条約及び千九百三十六年七月二十日のモントルーの海峡条約の署名国であることに由来し、並びに千九百二十三年七月二十四日にローザンヌで署名されたトルコとの平和条約の第十六条に由来するすべての権利及び利益を放棄する。

(c) 日本国は、千九百三十年一月二十日のドイツと債権国との間の協定及び千九百三十年五月十七日の信託協定を含むその附属書並びに千九百三十年一月二十日の国際決済銀行に関する条約及び国際決済銀行の定款に基いて得たすべての権利、権原及び利益を放棄し、且つ、それらから生ずるすべての義務を免かれる。日本国は、この条約の最初の効力発生の後六箇月以内に、この項に掲げる権利、権原及び利益の放棄をパリの外務省に通告するものとする。

**第九条**

日本国は、公海における漁猟の規制又は制限並びに漁業の保存及び発展を規定する二国間及び多数国間の協定を締結するために、希望する連合国とすみやかに交渉を開始するものとする。

**第一〇条**

日本国は、千九百一年九月七日に北京で署名された最終議定書並びにこれを補足するすべての附属書、書簡及び文書の規定から生ずるすべての利得及び特権を含む中国におけるすべての特殊の権利及び利益を放棄し、且つ、前記の議定書、附属書、書簡及び文書を日本国に関して廃棄することに同意する。

**第一一条**

日本国は、極東国際軍事裁判所並びに日本国内及び国外の他の連合国戦争犯罪法廷の裁判を受諾し、且つ、日本国で拘禁されている日本国民にこれらの法廷が課した刑を執行するものとする。これらの拘禁されている者を赦免し、減刑し、及び仮出獄させる権限は、各事件について刑を課した一又は二以上の政府の決定及び日本国の勧告に基く場合の外、行使することができない。極東国際軍事裁判所が刑を宣告した者については、この権限は、裁判所に代表者を出した政府の過半数の決定及び日本国の勧告に基く場合の外、行使することができない。

**第一二条**

(a) 日本国は、各連合国と、貿易、海運その他の通商の関係を安定した且つ友好的な基礎の上におくために、条約又は協定を締結するための交渉をすみやかに開始する用意があることを宣言する。

(b) 該当する条約又は協定が締結されるまで、日本国は、この条約の最初の効力発生の後四年間、

(1) 各連合国並びにその国民、産品及び船舶に次の待遇を与える。

(i) 貨物の輸出入に対する、又はこれに関連する関税、課金、制限その他の規制に関する最恵国待遇。

(ii) 海運、航海及び輸入貨物に関する内国民待遇並びに自然人、法人及びその利益に関する内国民待遇。この待遇は、税金の賦課及び徴収、裁判を受けること、契約の締結及び履行、財産権（有体財産及び無体財産に関するもの）、日本国の法律に基いて組織された法人への参加並びに一般にあらゆる種類の事業活動及び職業活動の遂行に関するすべての事項を含むものとする。

(2) 日本国の国営商企業の国外における売買が商業的考慮にのみ基くことを確保する。

(c) もっとも、いずれの事項に関しても、日本国は、連合国が当該事項についてそれぞれ内国民待遇又は最恵国待遇を日本国に与える限度においてのみ、当該連合国に内国民待遇又は最恵国待遇を与える義務を負うものとする。

前段に定める相互主義は、連合国の非本土地域の産品、船舶、法人及びそこに住所を有する人の場合並びに連邦政府をもつ連合国の邦又は州の法人及びそこに住所を有する人の場合には、その地域、邦又は州において日本国に与えられる待遇に照らして決定される。

(d) この条の適用上、差別的措置であつて、それを適用する当事国の通商条約に通常規定されている例外に基くもの、その当事国の対外的財政状態若しくは国際収支を保護する必要に基くもの（海運及び航海に関するものを除く。）又は重大な安全上の利益を維持する必要に基くものは、事態に相応しており、且つ、ほしいままな又は不合理な方法で適用されない限り、それぞれ内国民待遇又は最恵国待遇の許与を害するものと認めてはならない。

(e) この条に基く日本国の義務は、この条約の第十四条に基く連合国の権利の行使によつて影響されるものではない。また、この条の規定は、この条約の第十五条によつて日本国が引き受ける約束を制限するものと了解してはならない。

第一三条

(a) 日本国は、国際民間航空運送に関する二国間又は多数国間の協定を締結するため、一又は二以上の連合国の要請があつたときはすみやかに、当該連合国と交渉を開始するものとする。

(b) 一又は二以上の前記の協定が締結されるまで、日本国は、この条約の最初の効力発生の時から四年間、この効力発生の日にいずれかの連合国が行使しているところよりも不利でない航空交通の権利及び特権に関する待遇を当該連合国に与え、且つ、航空業務の運営及び発達に関する完全な機会均等を与えるものとする。

(c) 日本国は、国際民間航空条約第九十三条に従つて同条約の当事国となるまで、航空機の国際航空に適用すべきこの条約の規定を実施し、且つ、同条約の条項に従つて同条約の附属書として採択された標準、方式及び手続を実施するものとする。

## 第五章　請求権及び財産

第一四条

(a) 日本国は、戦争中に生じさせた損害及び苦痛に対して、連合国に賠償を支払うべきことが承認される。しかし、また、存立可能な経済を維持すべきものとすれば、日本国の資源は、日本国がすべての前記の損害及び苦痛に対して完全な賠償を行い且つ同時に他の債務を履行するためには現在充分でないことが承認される。

よつて、

1 日本国は、現在の領域が日本国軍隊によつて占領され、且つ、日本国によつて損害を与えられた連合国が希望するときは、生産、沈船引揚げその他の作業における日本人の役務を当該連合国の利用に供することによつて、与えた損害を修復する費用をこれらの国に補償することに資するために、当該連合国とすみやかに交渉を開始するものとする。その取極は、他の連合国に追加負担を課することを避けなければならない。また、原材料からの製造が必要とされる場合には、外国為替上の負担を日本国に課さないために、原材料は、当該連合国が供給しなければならない。

2 (I) 次の(II)の規定を留保して、各連合国は、次に掲げるもののすべての財産、権利及び利益でこの条約の最初の効力発生の時にその管轄の下にあるものを差し押え、留置し、清算し、その他何らかの方法で処分する権利を有する。

(a) 日本国及び日本国民

(b) 日本国又は日本国民の代理者又は代行者、並びに

(c) 日本国又は日本国民が所有し、又は支配した団体

この(I)に明記する財産、権利及び利益は、現に、封鎖され、若しくは所属を変じており、又は連合国の敵産管理当局の占有若しくは管理に係るもので、これらの資産が当該当局の管理の下におかれた時に前記の(a)(b)又は(c)に掲げるいずれかの人又は団体に属し、又はこれらのために保有され、若しくは管理されていたものを含む。

(II) 次のものは、前記の(I)に明記する権利から除く。

(i) 日本国が占領した領域以外の連合国の一国の領域に当該政府の許可を得て戦争中に居住した日本の自然人の財産。但し、戦争中に制限を課され、且つ、この条約の最初の効力発生の日にこの制限を解除されない財産を除く。

(ii) 日本国政府が所有し、且つ、外交目的又は領事目的に使用されたすべての不動産、家具及び備品並びに日本国の外交職員又は領事職員が所有したすべての個人の家具及び用具類その他の投資的性質をもたない私有財産で外交機能又は領事機能の遂行に通常必要であつたもの

(iii) 宗教団体又は私的慈善団体に属し、且つ、もつぱら宗教又は慈善の目的に使用した財産

(iv) 関係国と日本国との間における千九百四十五年九月二日後の貿易及び金融の関係の再開の結果として日本国の管轄内にはいつた財産、権利及び利益。但し、当該連合国の法律に反する取引から生じたものを除く。

(v) 日本国若しくは日本国民の債務、日本国に所在する有体財産に関する権利、権原若しくは利益、日本国の法律に基いて組織された企業に関する利益又はこれらについての証書。但し、この例外は、日本国の通貨で表示された日本国及びその国民の債務にのみ適用する。

(III) 前記の例外(i)から(v)までに掲げる財産は、その保存及び管理のために要した合理的な費用が支払われることを条件として、返還しなければならない。これらの財産が清算されているときは、代りに売得金を返還しなければならない。

(IV) 前記の(I)に規定する日本財産を差し押え、留置し、清算し、その他何らかの方法で処分する権利は、当該連合国の法律に従つて行使され、所有者は、これらの法律によつて与えられる権利のみを有する。

(V) 連合国は、日本の商標並びに文学的及び美術的著作権を各国の一般的事情が許す限り日本国に有利に取り扱うことに同意する。

(b) この条約に別段の定がある場合を除き、連合国は、連合国のすべての賠償請求権、戦争の遂行中に日本国及びその国民がとつた行動から生じた連合国及びその国民の他の請求権並びに占領の直接軍事費に関する連合国の請求権を放棄する。

**第一五条**

(a) この条約が日本国と当該連合国との間に効力を生じた後九箇月以内に申請があつたときは、日本国は、申請の日から六箇月以内に、日本国にある各連合国及びその国民の有体財産及び無体財産並びに種類のいかんを問わずすべての権利又は利益で、千九百四十一年十二月七日から千九百四十五年九月二日までの間のいずれかの時に日本国内にあつたものを返還する。但し、所有者が強迫又は詐欺によることなく自由にこれらを処分した場合は、この限りでない。この財産は、戦争があつたために課せられたすべての負担及び課金を免除して、その返還のための課金を課さずに返還しなければならない。所有者により若しくは所有者のために又は所有者の政府により所定の期間内に返還が申請されない財産は、日本国政府がその定めるところに従つて処分することができる。この財産が千九百四十一年十二月七日に日本国に所在し、且つ、返還することができず、又は戦争の結果として損傷若しくは損害を受けている場合には、日本国内閣が千九百五十一年七月十三日に決定した連合国財産補償法案の定める条件よりも不利でない条件で補償される。

(b) 戦争中に侵害された工業所有権については、日本国は、千九百四十九年九月一日施行の政令第三百九号、千九百五十年一月二十八日施行の政令第十二号及び千九百五十年二月一日施行の政令第九号（いずれも改正された現行のものとする。）によりこれまで与えられたところよりも不利でない利益を引き続いて連合国及びその国民に与えるものとする。但し、前記の国民がこれらの政令に定められた期限までにこの利益の許与を申請した場合に限る。

(c)
(i) 日本国は、公にされ及び公にされなかつ

た連合国及びその国民の著作物に関して千九百四十一年十二月六日に日本国に存在した文学的及び美術的著作権がその日以後引き続いて効力を有することを認め、且つ、その日に日本国が当事国であつた条約又は協定が戦争の発生の時又はその時以後日本国又は当該連合国の国内法によつて廃棄され又は停止されたかどうかを問わず、これらの条約及び協定の実施によりその日以後日本国において生じ、又は戦争がなかつたならば生ずるはずであつた権利を承認する。

(ii) 権利者による申請を必要とすることなく、且つ、いかなる手数料の支払又は他のいかなる手続もすることなく、千九百四十一年十二月七日から日本国と当該連合国との間にこの条約が効力を生ずるまでの期間は、これらの権利の通常期間から除算し、また、日本国において翻訳権を取得するために文学的著作物が日本語に翻訳されるべき期間からは、六箇月の期間を追加して除算しなければならない。

第一六条

日本国の捕虜であつた間に不当な苦難を被つた連合国軍隊の構成員に償いをする願望の表現として、日本国は、戦争中中立であつた国にある又は連合国のいずれかと戦争していた国にある日本国及びその国民の資産又は、日本国が選択するときは、これらの資産と等価のものを赤十字国際委員会に引き渡すものとし、同委員会は、これらの資産を清算し、且つ、その結果生ずる資金を、同委員会が衡平であると決定する基礎において、捕虜であつた者及びその家族のために、適当な国内機関に対して分配しなければならない。この条約の第十四条(a)2(II)の(ii)から(v)までに掲げる種類の資産は、条約の最初の効力発生の時に日本国に居住しない日本の自然人の資産とともに、引渡しから除外する。またこの条の引渡規定は、日本国の金融機関が現に所有する一万九千七百七十株の国際決済銀行の株式には適用がないものと了解する。

第一七条

(a) いずれかの連合国の要請があつたときは、日本国政府は、当該連合国の国民の所有権に関係のある事件に関する日本国の捕獲審検所の決定又は命令を国際法に従い再審査して修正し、且つ、行われた決定及び発せられた命令を含めて、これらの事件の記録を構成するすべての文書の写を提供しなければならない。この再審査又は修正の結果、返還すべきことが明らかになつた場合には、第十五条の規定を当該財産に適用する。

(b) 日本国政府は、いずれかの連合国の国民が原告又は被告として事件について充分な陳述ができなかつた訴訟手続において、千九百四十一年十二月七日から日本国と当該連合国との間にこの条約が効力を生ずるまでの期間に日本国の裁判所が行つた裁判を、当該国民が前記の効力発生の後一年以内にいつでも適当な日本国の機関に再審査のため提出することができるようにするために、必要な措置をとらなければならない。日本国政府は、当該国民が前記の裁判の結果損害を受けた場合には、その者をその裁判が行われる前の地位に回復するようにし、又はその者にそれぞれの事情の下において公正且つ衡平な救済が与えられるようにしなければならない。

第一八条

(a) 戦争状態の介在は、戦争状態の存在前に存在した債務及び契約（債券に関するものを含む。）並びに戦争状態の存在前に取得された権利から生ずる金銭債務で、日本国の政府若しくは国民が連合国の一国の政府若しくは国民に対して、又は連合国の一国の政府若しくは国民が日本国の政府若しくは国民に対して負つているものを支払う義務に影響を及ぼさなかつたものと認める。戦争状態の介在は、また、戦争状態の存在前に財産の滅失若しくは損害又は身体傷害若しくは死亡に関して生じた請求権で、連合国の一国の政府が日本国政府に対して、又は日本国政府が連合国政府のいずれかに対して提起し又は再提起するものの当否を審議する義務に影響を及ぼすものとみなしてはならない。この項の規定は、第十四条によつて与えられる権利を害するものではない。

(b) 日本国は、日本国の戦前の対外債務に関する責任と日本国が責任を負うと後に宣言された団体の債務に関する責任とを確認する。また、日本国は、これらの債務の支払再開に関して債権者とすみやかに交渉を開始し、他の戦前の請求権及び債務に関する交渉を促進し、且つ、これに応じて金額の支払を容易にする意図を表明する。

第一九条

(a) 日本国は、戦争から生じ、又は戦争状態が存在したためにとられた行動から生じた連合国及びその国民に対する日本国及びその国民のすべての請求権を放棄し、且つ、この条約の効力発生の前に日本国領域におけるいずれかの連合国の軍隊又は当局の存在、職務遂行又は行動から生じたすべての請求権を放棄する。

(b) 前記の放棄には、千九百三十九年九月一日からこの条約の効力発生までの間に日本国の船舶に関していずれかの連合国がとつた行動から生じた請求権並びに連合国の手中にある日本人捕虜及び被抑留者に関して生じた請求権及び債権が含まれる。但し、千九百四十五年九月二日以後いずれかの連合国が制定した法律で特に認められた日本人の請求権を含まない。

(c) 相互放棄を条件として、日本国政府は、また、政府間の請求権及び戦争中に受けた滅失又は損害に関する請求権を含むドイツ及びドイツ国民に対するすべての請求権（債権を含む。）を日本国政府及び日本国民のために放棄する。但し、(a)千九百三十九年九月一日前に締結された契約及び取得された権利に関する請求権並びに(b)千九百四十五年九月二日後に日本国とドイツとの間の貿易及び金融の関係から生じた請求権を除く。この放棄は、この条約の第十六条及び第二十条に従つてとられる行動を害するものではない。

(d) 日本国は、占領期間中に占領当局の指令に基いて若しくはその結果として行われ、又は当時の日本国の法律によつて許可されたすべての作為又は不作為の効力を承認し、連合国民をこの作為又は不作為から生ずる民事又は刑事の責任に問ういかなる行動もとらないものとする。

第二〇条

日本国は、千九百四十五年のベルリン会議の議事の議定書に基いてドイツ財産を処分する権利を有する諸国が決定した又は決定する日本国にあるドイツ財産の処分を確実にするために、すべての必要な措置をとり、これらの財産の最終的処分が行われるまで、その保存及び管理について責任を負うものとする。

第二一条

この条約の第二十五条の規定にかかわらず、中国は、第十条及び第十四条(a)2の利益を受ける権利を有し、朝鮮は、この条約の第二条、第四条、第九条及び第十二条の利益を受ける権利を有する。

## 第六章　紛争の解決

第二二条

この条約のいずれかの当事国が特別請求権裁判所への付託又は他の合意された方法で解決されない条約の解釈又は実施に関する紛争が生じたと認めるときは、紛争は、いずれかの紛争当事国の要請により、国際司法裁判所に決定のため付託しなければならない。日本国及びまだ国際司法裁判所規程の当事国でない連合国は、それぞれがこの条約を批准する時に、且つ、千九百四十六年十月十五日の国際連合安全保障理事会の決議に従つて、この条に掲げた性質をもつすべての紛争に関して一般的に同裁判所の管轄権を特別の合意なしに受諾する一般的宣言書を同裁判所書記に寄託するものとする。

## 第七章　最終条項

第二三条

(a) この条約は、日本国を含めて、これに署名する国によつて批准されなければならない。この条約は、批准書が日本国により、且つ、主たる占領国としてのアメリカ合衆国を含めて、次の諸国、すなわちオーストラリア、カナダ、セロイン、フランス、インドネシア、オランダ、ニュー・ジーランド、パキスタン、フィリピン、グレート・ブリテン及び北部アイルランド連合王国及びアメリカ合衆国の過半数により寄託された時に、その時に批准しているすべての国に関して効力を生ずる。この条約は、その後これを批准する各国に関しては、その批准書の寄託の日に効力を生ずる。

(b) この条約が日本国の批准書の寄託の日の後九箇月以内に効力を生じなかつたときは、これを批准した国は、日本国の批准書の寄託の日の後三年以内に日本国政府及びアメリカ合衆国政府にその旨を通告して、自国と日本国との間にこの条約の効力を生じさせることができる。

**第二四条**

すべての批准書は、アメリカ合衆国政府に寄託しなければならない。同政府は、この寄託、第二十三条(a)に基くこの条約の効力発生の日及びこの条約の第二十三条(b)に基いて行われる通告をすべての署名国に通告する。

**第二五条**

この条約の適用上、連合国とは、日本国と戦争をしていた国又は以前に第二十三条に列記する国の領域の一部をなしていたものをいう。但し、各場合に当該国がこの条約に署名し且つこれを批准したことを条件とする。第二十一条の規定を留保して、この条約は、ここに定義された連合国の一国でないいずれの国に対しても、いかなる権利、権原又は利益も与えるものではない。また、日本国のいかなる権利、権原又は利益も、この条約のいかなる規定によつても前記のとおり定義された連合国の一国でない国のために減損され、又は害されるものとみなしてはならない。

**第二六条**

日本国は、千九百四十二年一月一日の連合国宣言に署名し若しくは加入しており且つ日本国に対して戦争状態にある国又は以前に第二十三条に列記する国の領域の一部をなしていた国で、この条約の署名国でないものと、この条約に定めるところと同一の又は実質的に同一の条件で二国間の平和条約を締結する用意を有すべきものとする。但し、この日本国の義務は、この条約の最初の効力発生の後三年で満了する。日本国が、いずれかの国との間で、この条約で定めるところよりも大きな利益をその国に与える平和処理又は戦争請求権処理を行つたときは、これと同一の利益は、この条約の当事国にも及ぼされなければならない。

**第二七条**

この条約は、アメリカ合衆国政府の記録に寄託する。同政府は、その認証謄本を各署名国に交付する。

以上の証拠として、下名の全権委員は、この条約に署名した。

千九百五十一年九月八日にサン・フランシスコ市で、ひとしく正文である英語、フランス語及びスペイン語により、並びに日本語により作成した。

アルゼンティン　オーストラリア
ベルギー王国　ボリヴィア
ブラジル　カンボディア
カナダ　セイロン
チリ　コロンビア
コスタ・リカ　キューバ
ドミニカ共和国　エクアドル
エジプト　サルヴァドル
エティオピア　フランス
ギリシャ　グァテマラ
ハイティ　ホンデュラス
インドネシア　イラン
イラーク　ラオス
レバノン　リベリア
ルクセンブルグ大公国　メキシコ
オランダ王国　ニュー・ジーランド
ニカラグァ　ノールウェー王国
パキスタン　パナマ
パラグァイ　ペルー
フィリピン共和国　サウディ・アラビア
シリア　トルコ共和国
南アフリカ連邦　グレート・ブリテン及び北部アイルランド連合王国
アメリカ合衆国　ウルグァイ
ヴェネズエラ　ヴィエトナム
日本国

## 議定書

下名は、このために正当に権限を与えられて、日本国との平和が回復した時に契約、時効期間及び流通証券の問題並びに保険契約の問題を律するために、次の規定を協定した。

契約、時効及び流通証券

A　契約

1　Fに定める敵人となつたいずれかの当事者の間でその履行のため交渉を必要とした契約は、いずれかの契約当事者が敵人となつた時に解除されたものとみなす。もつとも、この解除は、本日署名された平和条約の第十五条及び第十八条の規定を害するものではなく、また、契約の当事者に対しては、前渡金又は内金として受領され、且つ、その当事者が反対給付を行わなかつた金額を払いもどす義務を免除するものではない。

2　分割することができ、且つ、Fに定める敵人となつたいずれかの当事者の間で履行のため交渉を必要としなかつた契約の一部は、前項の規定にかかわらず、解除されないものとし、且つ、本日署名された平和条約の第十四条に含まれる権利を害することなく、引き続いて有効とする。契約の規定がこのように分割されることができない場合には、その契約は、全体として解除されたものとみなす。前記は、この議定書の署名国で、平和条約にいう連合国であり且つ当該契約又はいずれかの契約当事者に対し管轄権を有するものによつて制定された国内の法律、命令又は規則の適用を受け、且つ、当該契約の条項に従うものとする。

3　Aの規定は、敵人間の契約に従つて適法に行われた取引がこの議定書の署名国で平和条約にいう連合国であるものの政府たる関係政府の許可を得て行われたときは、当該取引を無効にするものとみなしてはならない。

4　前記の規定にかかわらず、保険契約及び再保険契約は、この議定書のD及びEの規定に従つて取り扱う。

B　時効期間

1　人又は財産に影響する関係で、戦争状態のために自己の権利を保全するのに必要な訴訟行為又は必要な手続をすることができなかつたこの議定書の署名国の国民に係るものについて訴の提起又は保存措置をする権利に関するすべての時効期間又は制限期間は、この期間が戦争の発生の前に進行し始めたか又は後に進行し始めたかを問わず、一方日本国の領域において、他方この項の規定の利益を相互主義によつて日本国に与える署名国の領域において、戦争の継続中その進行を停止されたものとみなす。これらの期間は、本日署名された平和条約の効力発生の日から再び進行し始める。この項の規定は、利札若しくは配当金受領証の呈示について、又は償還のための抽せんに当せんした有価証券若しくは他の何らかの理由で償還される有価証券の支払を受けるための呈示について定められた期間に適用する。但し、これらの利札又は有価証券に関しては、期間は、利札又は有価証券の保有者に対して金額を支払うことができるようになつた日から再び進行し始めるものとする。

2　戦争中に何らかの行為をせず、又は何らかの手続をしなかつたために処分が日本国の領域において行われた場合において、この議定書の署名国で平和条約にいう連合国であるものの一国の国民に損害を与えるに至つたときは、日本国政府は、損害を生じた権利を回復しなければならない。この回復が不可能又は不衡平である場合には、日本国政府は、関係署名国の国民にそれぞれの事情の下において公正且つ衡平な救済が与えられるようにしなければならない。

C　流通証券

1　敵人間においては、戦前に作成された流通証券は、戦争中に、引受若しくは支払のための証券の呈示、振出人若しくは裏書人への引受拒絶若しくは支払拒絶の通知又は拒絶証書の作成を所要の期間内にしなかつたことだけを理由として、あるいは戦争中に何らかの手続を完了しなかつたことを理由として無効となつたものとみなしてはならない。

2　流通証券が引受若しくは支払のために呈示され、引受拒絶若しくは支払拒絶の通知が振出人若しくは裏書人に与えられ、又は拒絶証書が作成されなければならない期間が戦争中に経過し、且つ、証券を呈示し、拒絶証書を作成し、又は引受拒絶若しくは支払拒絶の通知を与えなければならない当事者が戦争中にそれを行わなかつた場合には、呈示し、引受拒絶若しくは支払拒絶の通知を与え、又は拒絶証書を作成することができるように、本日署名された平和条約の効力発生の日から三箇月以上の期間が与えられなければならない。

3　何人かが、戦争前又は戦争中に、後に敵人となつた者から与えられた約束の結果として、流通証券に基く債務を負つたときは、後者は、戦争の発生にかかわらず、この債務に関して前者に補償する責任を引き続いて負わなければならない。

D　当事者が敵人となつた日の前に終了していなかつた保険契約及び再保険契約（生命保険を除く。）

1　保険契約は、当事者が敵人となつたという事実によつては解除されなかつたものとみなす。但し、当事者が敵人となつた日の前に保険責任が開始しており、且つ、保険契約者がその日の前に契約に従つて保険を成立させ又はその効力を維持するための保険料として支払うべきすべての金額を支払つたことを条件とする。

2　前項に基いて引き続き効力を有しているもの以外の保険契約は、存在しなかつたものとみなし、これに基いて支払われた金額は、返済しなければならない。

3　以下に明文の規定がある場合を除き、特約再保険その他の再保険契約は、当事者が敵人となつた日に終了したものとみなし、且つ、これに基くすべての出再保険契約は、その日に取り消されたものとする。但し、特約海上再保険に基いて開始された航海保険に関する出再保険契約は、再保険された条件に従つて自然に終了するまで引き続いて完全に効力を有したものとみなす。

4　任意再保険契約は、保険責任が開始しており、且つ、再保険を成立させ又はその効力を維持するための保険料として支払うべきすべての金額が通例の方法で支払われ、又は相殺された場合には、再保険契約に別段の定がない限り、当事者が敵人となつた日まで引き続いて完全に効力を有し、且つ、その日に終了したものとみなす。

もつとも、航海保険については、この任意再保険は、再保険された条件に従つて自然に終了するまで引き続いて完全に効力を有したものとみなす。更に、前記の1に基いて引き続き効力を有している保険契約に関する任意再保険は、元受保険の期間満了まで引き続いて完全に効力を有したものとみなす。

5　前項で取り扱つたもの以外の任意再保険契約並びに「超過損害率」に基く超過損害再保険及び雹害再保険（任意契約であるかどうかを問わない。）のすべての契約は、存在しなかつたものとみなし、これらに基いて支払われた金額は、返済しなければならない。

6　特約再保険その他の再保険契約に別段の定がない場合には、保険料は、経過期間に比例して清算しなければならない。

7　保険契約又は再保険契約（特約再保険に基く出再保険契約を含む。）は、いずれかの当事者が国民であつたいずれかの国又はその国の連合国若しくは同盟国による交戦行為に基く損害又は請求権を担保しないものとみなす。

8　保険が戦争中に原保険者から他の保険者に移転された場合又は全額再保険された場合には、その移転又は再保険は、自発的に行われたか又は行政若しくは立法の措置によつて行われたかを問わず、有効と認め、原保険者の責任は、移転又は再保険の日に消滅したものとみなす。

9　同一の両当事者間に二以上の特約再保険その他の再保険契約があつた場合には、両当事者間の勘定を清算するものとし、その結果生ずる残高を確定するために、その勘定には、すべての残高（未払の損害に対する合意した準備金を含む。）及びこのようなすべての契約に基いて一当事者から他の当事者に支払うべきすべての金額又は前記の諸規定のいずれかによつて返済されるべきすべての金額を算入しなければならない。

10　当事者が敵人となつたために保険料、請求権又は勘定残高の決済に当つて生じた又は生ずる延滞については、いずれの当事者も、利息の支払いを要しないものとする。

11　この議定書のDの規定は、本日署名された平和条約の第十四条によつて与えられる権利を害し又はこれに影響を及ぼすものではない。

E　生命保険契約

保険が戦争中に原保険者から他の保険者に移転された場合又は全額再保険された場合には、その移転又は再保険は、日本国の行政機関又は立法機関の要求によつて行われたものであるときは、有効と認め、原保険者の責任は、移転又は再保険の日に消滅したものとみなす。

F　特別規定

この議定書の適用上、自然人又は法人は、これらの者の間で取引をすることがこれらの者又は当該契約が従つていた法律、命令又は規則に基いて違法となつた日から敵人とみなす。

最終条項

この議定書は、日本国及び本日署名された日本国との平和条約の署名国による署名のために開放され、且つ、この議定書が取り扱う事項について、日本国とこの議定書の署名国である他の各国との間の関係を、日本国及び当該署名国の双方が平和条約によつて拘束される日から律するものとする。

この議定書は、アメリカ合衆国政府の記録に寄託する。同政府は、その認証謄本を各署名国に交付する。

〔解説〕ポツダム宣言第一二項による連合国の撤収と対日平和条約の締結については、昭和二十二年三月十七日のマッカーサー元帥の声明、同年七月十六日の合衆国政府による極東委員会における講和予備会議の提案により、早期実現が期待されたが、ソ連の賛成が得られないまま米ソ間の対立——冷戦の段階に入った。

二十五年六月、合衆国の国務省顧問としてダレスが訪日し、その直後に朝鮮戦争が開始され、アメリカは対日講和の促進に踏み切ることになった。そして二十六年二月には、ダレスにより「講和七原則」が示され、日本国内でもソ連、中国を含む「全面講和」か、不賛成国を除く「単独講和」かで盛んに論議が展開された。

サンフランシスコの条約調印には、吉田茂内閣総理大臣が首席全権となり、池田勇人大蔵大臣、星島二郎（自由党）、苫米地義三（国民民主党）、徳川宗敬（緑風会）、一万田尚登（日本銀行総裁）が参列した。

この条約には、ソ連・中国・インドの三国は参加せず、四十八か国との間に、昭和二十六年九月八日に調印され、翌年四月二十八日に発効、日本国の主権が回復した。

なお、日本の国際連合への加盟は、四年半後の昭和三十一年十二月十八日に承認された。

## 2．平和条約第一二条に基づく著作権に関する内国民待遇の相互許与に関する日米交換公文

## ◎平和条約第十二条に基く著作権に関する内国民待遇の相互許与に関する日米交換公文

（昭和二十九年一月十三日外務省告示第四号）

### （一）米国大使書簡

（訳文）

書簡をもつて啓上いたします。本使は、合衆国及び日本国がそれぞれ相手国国民の著作物に対して与える著作権保護につき最近両国政府の代表者の間に行われた会談に関し、合衆国政府が、両国間の平和条約の効力発生の日である千九百五十二年四月二十八日以後、日本国国民に対し自国市民に対すると実質的に同一の基礎における著作権保護を与えてきていることを確認する光栄を有します。本使は合衆国市民も、同様に、前記の日以後、日本国が自国民に対して与えると実質的に同一の基礎における著作権保護を日本国において与えられてきているもの了解いたします。

合衆国大統領は、前記の条約の第十二条に従い、合衆国市民が、千九百五十二年四月二十八日以後日本国において日本国国民に対すると実質的に同一の基礎における著作権保護を与えれてきていること、及び新たな著作権協定が締結されるまで前記の日から四年間引き続き前記の著作権保護を与えられることを述べる書簡を受領した時に、千九百五十二年四月二十八日以後著作権に関し合衆国政府が日本国国民に対し内国民待遇を与えてきていることを明らかにする布告（ここにその写を同封いたします。）を発せしめる用意があります。

本使は、更に、両国政府は両国間の著作権関係を正常化するための相互に満足すべき著作権協定をできる限りすみやかに締結するよう努力するものであると合衆国政府が了解していることを閣下に通報する光栄を有します。本使は、閣下が以上

の了解を確認されれば幸であります。
本使は、以上を申し進めるに際し、ここに重ねて閣下に向つて敬意を表します。
千九百五十三年十一月十日
ジョン・M・アリソン（署名）
日本国外務大臣　岡崎勝男閣下

## (二)　日本人著作物に関する合衆国大統領布告（写）（訳文）（昭和二十九年一月十三日外務省告示第四号）

著作権　日本国

アメリカ合衆国大統領の布告

千九百四十七年七月三十日に承認された議会の制定法〔第六十一集六五二頁〕によつて成文法に法典化され且つ制定された「著作権」と題する合衆国法典条例第十七編第九節は、その中で、この条例の保障する著作権は外国の市民である著作者又は著作権者の著作物には次の場合にのみ与えられることを規定するので、

「(a)　外国人著作者又は著作権者がその著作物の最初に発行された時に合衆国内に住所を有している場合

「(b)　前記の著作者又は著作権者が市民又は臣民である外国が、条約、協約、協定又は法令に基いて自国の市民に対すると実質的に同一の基礎における著作権の利益を合衆国市民に与え、又はこの条例若しくは条約によつてこのような外国人著作者に対して保障されているものと実質的に同等の著作権保護を合衆国市民に与える場合、あるいは当該外国が著作権の許与に関して相互主義を規定する国際協定であつてその条項により合衆国が希望すればその当事国となること

のできるものの当事国である場合」

前記の条例第十七編第一節は、その中で次のとおり規定しているので、

「この条例に基いて資格のある者は、この条例の規定に従うときは、次の排他的権利を有するものとする。

×　×　×　×

(e)　当該著作物が楽曲である場合には、収益の目的でこの著作物を公に演奏すること。（中略）。但し、この条例の規定は、音楽著作物を機械的に複製するために用いられる機器の部分を規制する著作権の保障に関する限り、千九百九年七月一日以後に発行され且つ著作権を取得した楽曲のみを含み、外国人著作者又は作曲者の著作物を含まないものとする。但し、当該著作者又は作曲者が市民又は臣民である外国が、条約、協約、協定又は法令に基いて合衆国市民に対し同様の権利を与える場合はこの限りでない。」

前記の条例第十七編第九節は、更に、「前記の相互的条件の存在は、合衆国大統領により、この条例の目的上必要なときに随時発せられる布告によつて決定される」ことを規定しているので、

日本国の著作権法第二十二条の六は、合衆国法典条例第十七編第一節(e)に基いて与えられると同様の権利を与えているので、

千九百五十一年九月八日にサン・フランシスコ市で署名された日本国との平和条約第十二条は、日本国が、この条約の最初の効力発生の日から四年間、連合国に対し、当該連合国が日本国に与える限度において著作権保護に関する内国民待遇を与えることを規定しているので、

合衆国及び日本国は、前記の平和条約の最初の効力発生の日である千九百五十二年四月二十八日以後自国の市民に対すると実質的に同一の基礎における著作権保護をそれぞれ相手国国民に対して実際に与えてきているので、

ここにアメリカ合衆国大統領たる本職ドワイト・D・アイゼンハウァーは、次のとおり宣言し且つ布告する。

千九百五十二年四月二十八日以後、合衆国法典条例第十七編の第九節(b)及び第一節(e)に明記されている条件は日本国国民に関して存在し且つ充足されてきており、日本国国民は、前記の日から、前記の条例第十七編第九節(b)第二項の規定によつて与えられる利益（著作権の要件及び方式の履行期間延長に関するもの）を除き、前記の条例第十七編によつて与えられるすべての利益を受ける資格を有してきたのであり、且つ、前記の平和条約の最初の効力発生の日から四年間引き続きそのような資格を有するものである。

もつとも、いずれかの著作物が前記の条例第十七編によつて与えられる権利及び利益を享受するのは、合衆国の著作権法が当該著作物に関して定める要件及び方式に従うことを条件とするものとする。

以上の証拠として、本大統領は、ここに本書に署名し、且つ、アメリカ合衆国の国璽を押捺せしめた。

千九百五十三年すなわち、アメリカ合衆国独立百七十八年の十一月十日にワシントン市において作成した。

ドワイト・D・アイゼンハウアー

## (三) 日本国外務大臣書簡

書簡をもつて啓上いたします。本大臣は、本日付の閣下の次の書簡を受領したことを確認する光栄を有します。

本使は、合衆国及び日本国がそれぞれ相手国国民の著作物に対して与える著作権保護につき最近両国政府の代表者の間に行われた会談に関し、合衆国政府が、両国間の平和約の効力発生の日である千九百五十二年四月二十八日以後、日本国国民に対し自国市民に対すると実質的に同一の基礎における著作権保護を与えてきていることを確認する光栄を有します。本使は、合衆国市民も、同様に、前記の日以後、日本国が自国民に対して与えると実質的に同一の基礎における著作権保護を日本国において与えられてきているものと了解いたします。

合衆国大統領は、前記の条約の第十二条に従い、合衆国市民が、千九百五十二年四月二十八日以後日本国において日本国国民に対すると実質的に同一の基礎における著作権保護を与えられてきていること、及び新たな著作権協定が締結されるまで前記の日から四年間引き続き前記の著作権保護を与えられることを述べる書簡を受領した時に、千九百五十二年四月二十八日以後著作権に関し合衆国政府が日本国国民に対し内国民待遇を与えてきていることを明らかにする布告(ここにその写を同封いたします。)を発せしめる用意があります。

本使は、更に、両国政府は両国間の著作権関係を正常化するための相互に満足すべき著作権協定をできる限りすみやかに締結するよう努力するものであると合衆国政府が了解していることを閣下に通報する光栄を有します。本使は、閣下が以上の了解を確認されれば幸であります。

本大臣は、平和条約第十二条に従い、合衆国市民が、昭和二十七年四月二十八日以後日本国において日本国国民に対すると実質的に同一の基礎における著作権保護を与えられてきていること、及び新たな著作権協定が締結されるまで前記の日から四年間引き続き前記の著作権保護を与えられることを閣下に通報する光栄を有します。

本大臣は、更に、両国政府は両国間の著作権関係を正常化するための相互に満足すべき著作権協定をできる限りすみやかに締結するよう努力するものであると日本国政府も了解していることを確認する光栄を有します。この点に関し、本大臣は、この機会に、前記の協定のための交渉がこの暫定的取極によつて何ら影響を受けるものでないという日本国政府の見解を記録したいと思います。

本大臣は、以上を申し進めるに際し、ここに重ねて閣下に向つて敬意を表します。

昭和二十八年十一月十日

外務大臣　岡　崎　勝　男（署名）

日本国駐在アメリカ合衆国特命全権大使　ジョン・M・アリソン閣下

## ◎平和条約第十二条に基く著作権に関する内国民待遇の相互許与に関する日米交換公文の附属書簡（昭和二十九年一月十三日外務省告示第四号）

### （一）米国大使書簡及び日本国外務大臣回答

（訳文）

書簡をもつて啓上いたします。本使は、日本国との平和条約第十二条に従つて両国が相互に相手国の市民又は国民に対し著作権に関する内国民待遇を与えることに関して本日閣下との間に交換した公文に言及し、且つ、閣下がこれらの公文の下におけるアメリカ合衆国政府の次の了解を日本国政府に代つて確認されることを要請する光栄を有します。

1　いずれかの当事国の法令によつて与えられる権利であつて著作権を取得している著作物を許諾なしに翻訳するためのものは、音楽作品に関しては、その音楽作品の歌詞のみに適用される。

2　日本国との平和条約第十二条に基く暫定的取極（前記の公文の交換によつて成立した。）は、いずれかの当事国の法令又は著作権に関する条約若しくは協約で適用すべきものに基いていずれかの当事国の国民が千九百五十二年四月二十七日以前に取得したいかなる権利又は日本国との平和条約の第十九条(d)若しくはその他の条項によつて確認されているいかなる権利にも、影響を与えない。

本使は、更に、合衆国政府が千九百五十二年四月二十七日以前に発行された著作物の翻訳権については千九百五十二年四月二十八日以後与える保護の期間は、これを当該著作物の最初の発行の日から千九百五十二年四月二十八日までの期間に加算した場合に合衆国の法令によつて認められる保護の全期間と等しくなるようなものとする旨を閣下に通報する光栄を有します。本使は、閣下が日本国政府に代つて同様な言明をされれば幸であります。

本使は、以上を申し進めるに際し、ここに重ねて閣下に向つて敬意を表します。

千九百五十三年十一月十日

ジョン・M・アリソン（署名）

日本国外務大臣　岡崎勝男閣下

（同回答）

書簡をもつて啓上いたします。本大臣は、著作権に関する両国間の暫定的取極を定めた本日付の交換公文の下におけるアメリカ合衆国政府の了解を本大臣が日本国政府に代つて確認することを要請された千九百五十三年十一月十日付の閣下の書簡に言及する光栄を有します。

本大臣は、右に言及された閣下の書簡に述べられたアメリカ合衆国政府の了解を日本国政府に代つて確認することをきん快とするものであります。

本大臣は、更に、日本国政府も、昭和二十七年四月二十七日以前に発行された著作物の翻訳権について昭和二十七年四月二十八日以後与える保護の期間は、これを当該著作物の最初の発行の日から昭和二十七年四月二十八日までの期間に加算した場合に日本国の法令によつて認められる全期間と等しくなるようなものとする旨を閣下に通報する光栄を有します。

本大臣は、以上を申し進めるに際し、ここに重ねて閣下に向つて敬意を表します。

昭和二十八年十一月十日

外務大臣　岡　崎　勝　男（官印）

日本国駐在アメリカ合衆国特命全権大使　ジョン・M・アリソン閣下

## （二）　日本国外務大臣書簡及び米国大使回答

書簡をもつて啓上いたします。本大臣は、日本国との平和条約第十二条に従つて両国が相互に相手国の国民又は市民に対し著作権に関する内国民待遇を与えることに関して本日閣下との間に交換した公文に言及し、且つ、閣下がこれらの公文の下における日本国政府の次の了解をアメリカ合衆国政府に代つて確認されることを要請する光栄を有します。

1　明治三十八年十一月十日に東京で署名された日本国とアメリカ合衆国との間の著作権保護に関する協約の諸規定は、戦争及び占領の期間中合衆国において、有効であり且つ日本国国民の著作物の保護に関して適用しうるものとみなされていた。

2　日本国との平和条約第十四条(a)2(1)は、同条約の最初の効力発生の時に合衆国の管轄の下にあつた日本国国民の著作権を処分する合衆国の権利の条約上の承認である。もつとも、合衆国は、政策上、前記の平和条約の効力発生の日以後は、合衆国内にある日本国国民の著作権財産の所属を変じた事実がなく、且つ、現在の事情の下においては、日本国国民の著作物の所属を今後更に変ずる意思を有しない。

3　日本国国民は、大統領布告が発せられた後に合衆国著作権法の条件及び方式を履行することを条件として、大統領布告が発せられた前に生じた侵害を含む著作権侵害に関し、合衆国国民と同一の基礎において合衆国の裁判所に訴を提起することができる。

本大臣は、以上を申し進めるに際し、ここに重ねて閣下に向つて敬意を表します。

昭和二十八年十一月十日

外務大臣　岡　崎　勝　男（官印）

日本国駐在アメリカ合衆国特命全権大使　ジヨン・M・アリソン閣下

（同回答訳文）

書簡をもつて啓上いたします。本大使は、著作権に関する両国間の暫定的取極を定めた本日付の交換公文の下における日本国政府の了解を本使がアメリカ合衆国政府に代つて確認することを要請された千九百五十三年十一月十日付の閣下の書簡に言及する光栄を有します。

本使は、右に言及された閣下の書簡に述べられた日本国政府の了解をアメリカ合衆国政府に代つて確認することをきん快とするものであります。

本使は、以上を申し進めるに際し、ここに重ねて閣下に向つて敬意を表します。

千九百五十三年十一月十日

ジヨン・M・アリソン（署名）

日本国外務大臣　岡　崎　勝　男　閣　下

## 3．連合国及び連合国民の著作権の特例に関する法律

# 連合国及び連合国民の著作権の特例に関する法律

（昭和二十七年八月八日　法律第三百二号）

改正　昭和四十二年六月十二日　法律第三十六号
〔登録免許税法の施行に伴う関係法令の整備等に関する法律第三十四条による改正〕
同　四十五年五月　六日　同　第四十八号
〔著作権法附則第二十四条による改正〕

（目的）

**第一条**　この法律は、連合国及び連合国民の著作権に関し、日本国との平和条約第十五条(c)の規定に基き、著作権法（昭和四十五年法律第四十八号）の特例を定めることを目的とする。

（定義）

**第二条**　この法律において「連合国」とは、日本国との平和条約第二十五条において「連合国」として規定された国をいう。

2　この法律において「連合国民」とは、左の各号に掲げるものをいう。

一　連合国の国籍を有する者

二　連合国の法令に基いて設立された法人及びこれに準ずる者

三　前号に掲げるものを除く外、営利を目的とする法人その他の団体で、前二号又は本号に掲げるものがその株式又は持分（当該法人その他の団体の役員が有する株式又は持分を除く。）の全部を有するもの

四　第二号に掲げるものを除く外、前三号又は本号に掲げるものが支配する宗教法人その他の営利を目的としない法人その他の団体

3　この法律において「著作権」とは、旧著作権法（明治三十二年法律第三十九号）に基く権利（同法第二十八条の三に規定する出版権を除く。）の全部又は一部をいう。

（戦時中に生じた著作権）

**第三条**　昭和十六年十二月七日に日本国が当事国であつた条約又は協定が、日本国と当該連合国との戦争の発生の時以後において、日本国又は当該連合国の国内法により廃棄され、又は停止されたかどうかにかかわらず、その日から日本国と当該連合国との間に日本国との平和条約が効力を生ずる日の前

七、連合国及び連合国民の著作権の特例に関する法律（三条―七条・附則）

日までの期間に、当該条約又は協定により連合国又は連合国民が取得するはずであつた著作権は、その取得するはずであつた日において有効に取得されたものとして保護する。

（著作権の存続期間に関する特例）

**第四条**　昭和十六年十二月七日に連合国及び連合国民が有していた著作権は、著作権法に規定する当該著作権に相当する権利の存続期間に、昭和十六年十二月八日から日本国と当該連合国との間に日本国との平和条約が効力を生ずる日の前日までの期間（当該期間において連合国及び連合国民以外の者が当該著作権を有していた期間があるときは、その期間を除く。）に相当する期間を加算した期間継続する。

2　昭和十六年十二月八日から日本国と当該連合国との間に日本国との平和条約が効力を生ずる日の前日までの期間において、連合国又は連合国民が取得した著作権（前条の規定により有効に取得されたものとして保護される著作権を含む。）は、著作権法に規定する当該著作権に相当する権利の存続期間に、当該連合国又は連合国民がその著作権を取得した日から日本国と当該連合国との間に日本国との平和条約が効力を生ずる日の前日までの期間（当該期間において連合国及び連合国民以外の者が当該著作権を有していた期間があるときは、その期間を除く。）に相当する期間を加算した期間継続する。

（翻訳権の存続期間に関する特例）

**第五条**　著作物を日本語に翻訳する権利について、著作権法附則第八条の規定によりなお効力を有することとされる旧著作権法第七条第一項（翻訳権）に規定する期間につき前条第一項又は第二項の規定を適用する場合には、それぞれ更に六箇月を加算するものとする。

（連合国及び連合国民以外の者の著作権）

**第六条**　前二条の規定は、日本国と当該連合国との間に日本国との平和条約が効力を生ずる日において連合国又は連合国民が有する著作権（前二条に規定する加算期間を加算することにより、著作権の存続期間が同日以後なお継続することとなる場合を含む。）についてのみ、これを適用する。

（手続等の不要）

**第七条**　第三条から第五条までの規定の適用については、申請書の提出、手数料の支払その他一切の手続又は条件を課さない。但し、著作権法第七十七条（著作権の登録）若しくは第七十八条（登録手続等）又は登録免許税法（昭和四十二年法律第三十五号）の規定の適用を妨げない。

附　則

この法律は、公布の日から施行し、日本国との平和条約の最初の効力発生の日から適用する。〔昭和二十七年四月二十八日から適用〕

附　則（昭和四十二年法律第三十六号）（抄）

1　この法律は、登録免許税法の施行の日から施行する。〔昭和四十二年八月一日から施行〕

附　則（昭和四十五年法律第四十八号）（抄）

（施行期日）

**第一条**　この法律は、昭和四十六年一月一日から施行する。

## 4．日米間著作権保護に関する条約

### ◎日米間著作権保護ニ関スル条約

千九百五年(明治三十八年)十一月十日　東京ニ於テ調印
千九百六年(明治三十九年)四月二十八日　批准
同　年　五月十一日　公布
千九百五十三年(昭和二十八年)四月二十八日　廃棄確認

**第一条**

両締約国ノ一方ノ臣民又ハ人民ハ文学及美術ノ著作物並写真ニ付他ノ一方ノ版図内ニ於テ其ノ国ノ臣民又ハ人民ニ許与セラルル保護ト同様ノ基礎ニ於テ不正ノ複製ニ対シ著作権ノ保護ヲ享有スヘシ

但シ本協約第二条ノ規定ニ遵由スヘシ

**第二条**

両締約国ノ一方ノ臣民又ハ人民ハ他ノ一方ノ臣民又ハ人民カ其ノ版図内ニ於テ公ニシタル書籍、小冊子其ノ他各種ノ文書、演劇脚本及楽譜ヲ認許ヲ俟タスシテ翻訳シ且其ノ翻訳ヲ印刷シテ公ニスルコトヲ得ヘシ

**第三条**

本協約ハ之ヲ批准シ其ノ批准ハ成ルヘク速ニ東京ニ於テ交換シ批准交換ノ日ヨリ之ヲ実施シ其ノ実施後ニ公ニセラルル著作物ニ限リ適用スヘシ両締約国ノ一方ハ何時タリトモ本協約ヲ終了セムト欲スル旨ヲ他ノ一方ニ通知スルノ権利ヲ有シ其ノ通知ヲ為シタル後三箇月ヲ経過シタルトキハ本協約ハ全然消滅ニ帰スヘシ

# 第七章　宗教・言論統制・著作権等についての覚書・指令・法律等の題名

大家重夫

## 一・資料1

ＧＨＱが占領期に公布した（宗教、言論統制、著作権等についての覚書、指令等）のうち、本書に関係すると筆者が考えたものを、題名のみをここに掲載する。

主として次の文献から採った。

現代法制資料編纂会編「戦後占領下法令集」国書刊行会、昭和五九年六月八日初版
日本管理法令研究＝編輯者　東京帝国大学法学部内日本管理法令研究会　代表者横田喜三郎・発行者　田村敬男、発行所　大雅堂（一巻一号、昭和二一年五月一日）
宮田＝宮田昇「翻訳権の戦後史」みすず書房・一九九九年（平成一一年）
日本著作権協議会「著作権関係法規集」一九五六年（昭和三一年）
文部省「著作権に関する法規集」昭和二九年一〇月
国立国会図書館立法考査局「国際関係から見た著作権問題」（昭和二六年一月）
文部省編「文部行政資料」（一集から八集）国書刊行会（一九九七年）

**平和条約**

1　日本国との平和条約（昭和二七年四月二八日条約第五号）「著作権関係法規集」（昭和三一年）五二頁（本書三八九頁）

2　連合国及び連合国民の著作権の特例に関する法律（昭和二七年八月八日法律第三〇二号）、「著作権関係法規集」（昭和三一年）五五頁（本書四一〇頁）

3「連合国及び連合国民の著作権の特例に関する法律」に対する国会の付帯決議（昭和二七年七月三一日衆議院本会議）「著作権関係法規集」（昭和三一年）五七頁

4　ポツダム宣言の受諾に伴い発する命令に関する件に基づく文部省関係諸命令の措置に関する法律（昭和二七年四月二七日法律第八六号）

5　平和条約第一二条に基づく著作権に関する内国民待遇の相互許与に関する日米交換公文（昭和二九年一月一三日外務省告示第四号）「著作権関係法規集」（昭和三一年）七四頁（本書四〇〇頁）

6，平和条約第一二条に基づく著作権に関する内国民待遇の相互許与に関する日米交換公文の附属書簡（昭和二九年一月一三日外務省告示第四号）、「著作権関係法規集」（昭和三一年）七四頁（本書四〇五頁）

**日米安全保障条約**

1　日本国とアメリカ合衆国との間の安全保障条約（昭和二七年四月二八日条約第六号）

2　日本国とアメリカ合衆国との間の相互協力及び安全保障条約（昭和三五年六月二三日条約第六号）（発効昭和三五年六月二三日（昭和三五年外務省告示四九号））（本書四三四頁）

**法律・勅令・政令**

「ポツダム」宣言ノ受諾ニ伴ヒ発スル命令ニ関スル件（昭和二〇年九月二〇日勅令第五四二号）（戦後占領下法令

集二一頁）

「ポツダム」宣言ノ受諾ニ伴ヒ発スル命令ニ関スル件ノ施行ニ関スル件（昭和二〇年九月二〇日勅令第五四三号）（戦後占領下法令集二一頁）

連合国占領軍の占領目的に有害な行為に対する処罰に関する勅令（昭和二一年六月一二日勅令第三一一号）（戦後占領下法令集二三頁）

占領目的阻害行為処罰令（昭和二五年一〇月三一日政令第三二五号）（戦後占領下法令集二四頁）

**閣議了解**

神宮及び神社に関する事務の所管に関する件（昭和二一年一月二五日閣議了解事項）

**連合国軍最高司令部からの指令**

（1）宗教

1　神社等の保護に関する作戦指令（一九四五年九月九日）（日本管理法令研究一巻二号九一頁左二頁）

2　信教の自由に関する覚書（一九四五年一〇月二四日聯合国軍最高司令部ヨリ終戦連絡中央事務局経由日本帝国政府ニ対スル指令覚書）（日本管理法令研究一巻四号七二頁左五四頁）

3　神道指令—国家神道、神社神道に対する政府の保証、支援、保全、監督並びに弘布の廃止に関する覚書（SCAPIN448（CIE）15Dec45（AG000.3））（戦後占領下法令集八九九頁、日本管理法令研究一巻六号六五頁、左三〇頁）（本書五六頁）

4　宗教法人令（一九四五年一二月二八日勅令第七一九号）（戦後占領下法令集三二四頁）

5　日本の郵便切手及び通貨のデザインにおける特定の主題の禁止（SCAPIN947（CIE）13May46（AG311.14））（一九四六年五月一三日）（日本管理法令研究一巻一一号五七頁左二四頁）（本書六〇頁）

6　隣組による神道の保証支援に関する覚書（一九四六年一一月六日）（SCAPIN1318（CIE）6Nov46（AG000.3））（日本管理法令研究一六号八八頁左八頁）（本書六一頁）（訳文は異なる）

7　宗教機関の使用する国有地の処分に関する覚書（SCAPIN1334（CIE）13Nov46（AG603））（一九四六年一一月一三日）（日本管理法令研究一六号五〇頁左一二頁）（本書六二頁）（訳文は異なる）

8　美術品、記念物及文化的並に宗教的地域、使節の保護に関する政策及び手続に関する覚書（一九四五年一一月二日）（日本管理法令研究一巻五号六六頁、左一六頁）

9　宗教機関の使用する国有地の処分に関する覚書（一九五一年九月一二日）（日本管理法令研究三五号五三頁左六九頁）

10　信教の自由違反に関する覚書（一九五二年二月八日）（日本管理法令研究三五号七三頁左一二七頁）
一九四五年一〇月二四日付けで、立教学院などが戦時中、軍国主義教育、国家主義教育を行ったとして、職員の解職等を命じた覚書（日本管理法令研究四号左五四頁）を取り消したものである。

（2）言論

1　「言論及び新聞の自由」に関する覚書」（一九四五年九月一〇日）（日本管理法令研究一巻二号九四頁左四頁）

2　「日本に於ける新聞規則」に関する覚書（一九四五年九月一九日）（日本管理法令研究一巻二号九八頁左八頁）

3　「日本に於けるラジオ放送規則」に関する覚書（一九四五年九月二二日）（日本管理法令研究一巻二号九九頁左三二頁）

4　新聞の政府よりの分離に関する覚書（一九四五年九月二四日）（日本管理法令研究一巻三号九〇頁左二頁）

5　検閲指令の明確化に関する覚書（一九四五年九月二四日）（日本管理法令研究一巻三号九二頁左六頁）

6　新聞及言論の自由への追加措置に関する覚書（一九四五年九月二七日）（日本管理法令研究一巻三号九四頁左一六頁）

7 新聞及ラジオ発表に関する覚書（一九四五年一〇月一日）（日本管理法令研究一巻三号九八頁左二八頁）

8 郵便の検閲に関する覚書（一九四五年一〇月一日）（日本管理法令研究一巻三号九九頁左二八頁）

9 政治的民事的及宗教的自由に対する制限の撤廃に関する覚書（一九四五年一〇月四日）（日本管理法令研究一巻三号一〇〇頁左三〇頁）

10 用紙配給に関する新聞及び出版協会の統制の排除に関する覚書（一九四五年一〇月二六日）（日本管理法令研究一巻四号五六頁左五八頁）

11 新聞、言論、出版物及び映画の月次報告に関する覚書（一九四六年三月二三日）（日本管理法令研究一巻一二号一一〇頁左一七一頁）

（3）著作権、特許権、商標権

国立国会図書館立法考査局「国際関係から見た著作権問題」八六頁は、「1、2、11、33」の覚書が重要であるとして、七頁にわたってその内容を解説している。

**一九四五年**

1 聯合国と枢軸国財産の保護に関する覚書（一九四五年九月一三日）（宮田三九二頁）

2 金融取引の統制に関する件（一九四五年九月二二日連合国最高司令部発終戦連絡中央事務局経由日本帝国政府あて覚書）（宮田三九二頁、「著作権法規集」（昭和三一年二月）一四七頁）（本書一九七頁）

3 聯合国と枢軸国財産の保護に関する覚書（一九四五年一〇月一二日）

4 「日本国外在住者の所有者が管理する在日財産の処置」に関する覚書（一九四五年一一月一四日）（一九四六年一月一四日）（国立国会図書館立法考査局「国際関係から見た著作権問題」八六頁）

5 「連合国財産の保護」に関する覚書（一九四五年一二月二一日）（国立国会図書館立法考査局「国際関係から見た著作権問題」八六頁）

**一九四六年**

（一九四六年一月七日総司令部スポークスマン談話及び同年一月一五日ＣＩＥ新聞課発表が行われた。両者は、２金融取引の統制に関する件（一九四五年九月二二日連合国最高司令部発終戦連絡中央事務局経由日本帝国政府あて覚書）の指令の意味を明確にし、また、米国の新聞雑誌記事の転載翻訳（要約を含む）規準を述べた。（国立国会図書館立法考査局「国際関係から見た著作権問題」八三頁から八五頁））

6　「日本にある在外商社及び外国人が利害関係を有する商社との間の契約」に関する覚書（一九四六年一月二日）

7　特許権及び特許権の制限に関する覚書（一九四六年三月八日）（日本管理法令研究一巻九号八〇頁左一二頁）（SCAPIN 802）

8　特許権制限に関する命令に関する覚書（一九四六年五月二四日）（日本管理法令研究一巻一一号八三頁左六二頁）

9　工業所有権戦時特例廃止に関する覚書（一九四六年六月二九日）（日本管理法令研究一巻一二号八六頁左一一七頁）

10　特許、実用新案、意匠及び商標に関する覚書（一九四六年七月一三日）（日本管理法令研究一三号八一頁左三二頁）（SCAPIN1725-A）

11　日本における外国人所有の著作権に関する覚書（一九四六年一〇月一七日連合国最高司令部発終戦連絡中央事務局経由日本帝国政府あて覚書）（日本管理法令研究一五号五四頁左六六頁）

12　「違法に取引された連合国人財産の返還」に関する覚書（一九四六年一一月二二日）（国立国会図書館立法考査局「国際関係から見た著作権問題」八六頁）

13　聯合国国民の特許権及び著作権に基づく使用料からの銀行預金に関する覚書（一九四六年一一月三〇日連合国軍最高司令官総司令部発ＡＧ第〇七二号）（日本管理法令研究一六号四二頁四四頁）（SCAPIN 1371）

14 「連合国又はその国民の所有する日本所在財産の保全」（一九四六年一一月三〇日）（国立国会図書館立法考査局「国際関係から見た著作権問題」八六頁）

15 外国雑誌、図書、映画、ニュース或いは写真其の他の輸入及び日本におけるそれ等の普及に関する件（連合国軍最高司令部回状第一二号一九四六年一二月五日）

16 連合国人の特許権、実用新案権、意匠権、商標権及び著作権使用に関する覚書（一九四六年一二月一七日連合国最高司令部発終戦連絡中央事務局経由日本帝国政府あて覚書）（日本管理法令研究一六号四七頁左六四頁）（SCAPIN 2811-A）

**一九四七年**

17 特許、実用新案、商標、意匠及び著作権に対する指令適用に関する覚書（一九四七年六月一〇日連合国軍最高司令官総司令部民間財産管理部発ＡＧ第〇七号）（日本管理法令研究一八号五二頁左四〇頁、宮田三九二頁）

18 特許標準局連絡部設置に関する覚書（一九四七年七月二三日）（日本管理法令研究一九号四六頁左四八頁）

19 特許明細書の公表に関する覚書（日本管理法令研究一九号六四頁左五二頁）

20 外国人に依る特許権其の他の出願の受付に関する覚書（一九四七年一二月二三日）（日本管理法令研究二一号四八頁左五七頁）

21 特許権の登録に関する覚書（一九四七年一二月二九日）（日本管理法令研究二一号四九頁左六一頁）

**一九四八年**

22 特許権の登録に関する覚書（一九四八年一月一四日）（日本管理法令研究二二号四二頁左一六頁）

23 商標に対する各指令の適用に関する覚書（一九四八年二月一三日）（日本管理法令研究二二号六五頁左三四頁）

24 著作権に対する指令の適用に関する覚書（一九四八年八月三〇日）（日本管理法令研究二五号七七頁左二〇頁、

宮田三九二頁）

25　特許権の登録に関する覚書（一九四八年九月七日）（日本管理法令研究二六号五一頁）

26　著作権に対する指令の適用に関する覚書（一九四八年九月九日）（日本管理法令研究二六号五二頁左一〇頁、宮田三九五頁）

27　著作権に対する指令の適用に関する覚書（一九四八年九月二二日）（日本管理法令研究二六号五三頁左二二頁、宮田三九七頁）

28　商標の登録に関する覚書（一九四八年一〇月五日）（日本管理法令研究二六号五四頁左二四頁）

29　商標及び著作権に関する指令適用の件（一九四八年一〇月一八日連合国軍最高司令官総司令部発ＡＧ第〇七二号（最高司令官閲第六〇六一―Ａ号）日本政府宛覚書）

**一九四九年**

30　外国人所有の特許権の保全及び保護に関する連合国最高司令官指令の実施に関する覚書（一九四九年一月二一日）（日本管理法令研究二八号八六頁左二〇頁）

31　商標及び著作権に対する指令適用の件（一九四九年一月五日連合国軍最高司令官総司令部発ＡＧ第七二号（最高司令官閲第六二八三―Ａ号）日本政府宛覚書）

32　著作権に対する指令適用の件（一九四九年三月七日ＡＧ第七二号）

33　日本における外国人所有の著作権の登録及び保護に関係する事項に関する覚書（一九四九年四月四日ＡＧＯ七二号）ＣＰＣ／ＦＰ（日本管理法令研究二九号三二頁左四頁、宮田三〇八頁、宮田三九九頁「著作権関係法規集」（昭和三二年二月）一四七頁）（本書一九九頁）なお、日本管理法令研究三四号左一九頁二三頁（高野雄一）

この覚書を根拠に、「外国人に移転された著作権の登録及び保護に関する政令」（昭和二四年七月一六日政令第二百七二号）が公布された。（日本著作権協議会「著作権関係法規集」百四八頁）

この政令は、対日平和条約の発効に伴い廃止された。「ポツダム宣言の受諾に伴い発する命令に関する件の廃止に関する法律」昭和二七年四月二八日法律第八六号）

34 連合国人の特許、実用新案、意匠の回復手続に関する覚書（一九四九年四月八日）（日本管理法令研究二九号三四頁左一〇頁）

35 連合国人の在日特許権の回復手続に関する覚書（一九四九年五月一六日）（日本管理法令研究二九号三八頁左三四頁）

36 特許出願に関する覚書（一九四九年五月二七日）（日本管理法令研究二九号四一頁左四八頁）

37 外国人に移転された著作権の登録及び保護に関する政令（昭和二四年七月一六日政令第二七二号）（宮田四一四頁、日本著作権協議会「著作権法規集」（昭和三一年二月）一四八頁）

38 日本に於ける商標、商号及び商品のマークに関する覚書（一九四九年九月九日）（日本管理法令研究三〇号五九頁左三六頁）

**一九五〇年**

39 ドイツ人所有特許権使用許可申請に関する覚書（一九五〇年二月一六日）（日本管理法令研究三二号四九頁左三一頁）

40 外国著作権尊重に関する注意（通牒）（一九五〇年年二月二五日付国管第七号各都道府県知事各都道府県教育委員会各国立大学学長あて文部事務次官通牒）「著作権法規集」（昭和三一年二月）一四九頁

41 連合国人に対する特許、実用新案及び意匠の回復手続に関する覚書（一九五〇年三月二一日）（日本管理法令研究三二号五四頁左五三頁）

42 商標、商品名及び日本における商品の標識に関する覚書（一九五〇年五月二日）（日本管理法令研究三三号三〇頁左一一頁）

43 特許申請に関する覚書（一九五〇年六月一日）（日本管理法令研究三三号三六頁左二五頁）

44　外国著作権に関する注意（通知）（一九五〇年六月一〇日付国管第一七号各都道府県知事、各都道府県教育委員会、日本出版協会会長、全国出版協会会長、日本新聞協会会長日本放送協会会長あて文部省管理局長通知）

45　連合国人に対する特許、実用新案、意匠の回復手続に関する覚書（一九五〇年八月四日）（日本管理法令研究三四号二二頁左一七頁）

46　著作権法改正に関する覚書（一九五〇年八月七日）（日本管理法令研究三四号二三頁左一九頁）（宮田三九九頁終わりから九行は、「四月六日」とする）（内容は「日本における外国人所有の著作権の登録および保護に関する件」と題する連合国最高司令官総司令部発日本政府宛覚書一九四九年四月四日附第ＡＧ〇七二号ＣＰＣ／ＦＰ（最高司令官閲第六四九九Ａ号）などを参照せよ）

**一九五一年**

47　特許、実用新案、意匠及び商標の回復手続に関する覚書（一九五一年一月一七日）（日本管理法令研究三五号二八頁左一三頁）

48　特許、実用新案、意匠及び商標の回復手続に関する覚書（一九五一年七月一八日）（日本管理法令研究三五号三五頁左六一頁）

49　従来ドイツ人が所有した特許、実用新案、意匠及び出願中のものの最終的処理に関する覚書（一九五一年一〇月一五日）（日本管理法令研究三五号三九頁左八五頁）

**一九五二年**

50　従来ドイツ人が所有した商標及び商品名の最終的処理に関する覚書（一九五二年二月一八日）（日本管理法令研究三五号四七頁左一二七頁）

51　外国人に移転された著作権の登録原簿の様式及びその記載例（一九五二年七月二一日文部省告示第一六二号）（「著作権関係法規集」（昭和三一年二月）一四九頁）

## 日本政府（文部省）からＧＨＱへの請願とこれに対するＧＨＱの指令

52 「著作権法改正に関する請願」と題する日本政府文部省管理局長発連合国最高司令官総司令部民間財産管理局あて。一九五〇年三月一四日附覚書。（日本管理法令研究三四号左一九頁、二三頁（高野雄一））

53 国立国会図書館調査立法考査局「国際関係から見た著作権問題」（昭和二六年一月）六二頁（本書二〇一頁）「翻訳に関するベルヌ条約の規定の適用を日本が留保した事情ならびに日米間翻訳自由の規定の復活方希望」と題する京都・東北大学教授勝本正晃発連合国最高司令官総司令部民間財産管理局あて一九五〇年三月三一日附覚書（日本管理法令研究三四号左一九頁）（本書二〇五頁）

54 文部省に対し、一九四八年ブラッセルで修正されたベルヌ条約に基づいて、現行著作権法を修正する案をこの覚書を受領してから四五日以内に、承認のため連合国最高司令官総司令部民間財産管理局あて提出するよう指令する。一九五〇年八月七日。（日本管理法令研究三四号左一九頁、二三頁（高野雄一））（本書二〇八頁）

（4）出版物

1 用紙配給ニ関スル新聞及出版協会ノ統制ノ排除ニ関スル覚書（昭和二〇年一〇月二六日）（日本管理法令研究一巻四号五六頁）

2 禁止図書、出版物ニ関スル件（昭和二一年二月二六日聯合国軍最高司令官総司令部発七三号（民間情報教育部）ヨリ終戦連絡中央事務局経由日本帝国政府宛覚書）（日本管理法令研究一巻八号四四頁、左五四頁）

3 宣伝出版物の没収に関する覚書（一九四六年三月一七日）（日本管理法令研究一巻一二号一〇九頁左一六九頁）

4 宣伝出版物の没収に関する覚書―補足第一［二五七ａ］（日本管理法令研究一巻一二号一一一頁左一六九頁）

5 出版物没収に関する件（昭和二一年五月一〇日発社八五号文部次官ヨリ

6 宣伝用出版物没収に関する件（昭和二一年五月一七日聯合国軍総司令部終戦連絡中央事務局（小倉謙氏））
7 宣伝用刊行物没収の件―追補第五号（昭和二一年五月三一日聯合国軍総司令部陸軍情報部参謀民間情報部民間検閲技隊発日本帝国政府終戦連絡中央事務局宛（終戦中央事務局政治部警察部長古屋亨氏気付））
8 宣伝用刊行物没収の件―追補第六号（昭和二一年六月一〇日聯合国軍総司令部軍事諜報部及民間検閲部共同通牒日本政府終戦連絡中央事務局宛覚書（同局政治部警察課長古屋亨氏気付））
9 宣伝用刊行物没収の件―追補第七号（昭和二一年七月一日聯合軍総司令部陸軍情報部参謀部民間諜報部民間検閲係終戦連絡中央事務局宛ジョン・J・コステロ）
10 宣伝用出版物没収書名―追加第八号（昭和二一年八月一日覚書）
11 宣伝用刊行物没収に関する件―追加第九号（昭和二一年八月一五日聯合軍最高司令部軍事諜報部民間情報部及民間検閲部発共同覚書日本帝国政府終戦中央事務局（同局政治部警察課長古屋亨氏気付）宛通牒）
12 出版物没収に関する件（追加）（昭和二一年八月二〇日発社一二九号社会教育局長ヨリ各地方長官各地方中央図書館長宛）
13 宣伝用刊行物の没収の件（追加第一〇号）（昭和二一年八月二一日聯合国軍最高司令官総司令部陸軍諜報部民間諜報部民間検閲係発日本政府終戦連絡中央事務局宛（終連政治部警察課長古屋亨氏気付））
14 出版物没収に関する件（追加）（昭和二一年八月二六日発社一二九号社会教育局長ヨリ各地方長官帝国図書館長各地方中央図書館長宛）
15 書籍出版許可に関する覚書（一九四六年年一〇月八日）（日本管理法令研究一五号六二頁左五四頁）
16 SCAPIN958 に従って提出された不完全な報告に対する覚書（一九四六年一一月一九日）（日本管理法令研究一六号三六頁左一八頁）
17 書籍出版許可に関する覚書（一九四六年一一月二二日）（日本管理法令研究一六号三八頁左三〇頁）

（5）映画

1 映画企業に対する日本政府の統制の撤廃に関する覚書（一九四五年年一〇月一六日終戦連絡中央事務局経由日本帝国政府覚書）（日本管理法令研究一巻四号五四頁）

2 非民主主義的映画の除去に関する覚書（一九四五年一一月一六日）（日本管理法令研究一二号一〇八頁左一四三頁）

2 映画検閲に関する件（一九四六年一月二八日聯合国軍最高司令官総司令部発終戦連絡中央事務局経由日本帝国政府宛覚書）（日本管理法令研究一巻八号三九頁左一六頁）

3 上映を禁止された日本映画に対する処置に関する覚書（一九四六年二月一七日）（日本管理法令研究一巻八号四三頁左四四頁）

4 日本における外国映画の調査に関する覚書（一九四六年七月八日連合国最高司令部発AG第六二号ノ二、民間財産保管部映画財産課終戦連絡中央事務局経由日本帝国政府宛覚書）（日本管理法令研究一三号六七頁左一四頁）

5 日本国内において非合法的に所有されている外国映画フィルムに関する覚書（一九四六年一一月二九日聯合国軍最高司令官総司令部発AG第〇六二、二号（最高司令官閲第一三六七号）東京終戦連絡中央事務局経由日本帝国政府宛覚書）（日本管理法令研究一六号五二頁左三八頁）

6 映画工業に関する具体的要求（一九四七年五月一九日、昭和二二年五月二〇日、一九四七年五月二三日）

7 非合法的に所持する外国フィルムに関する覚書（一九四七年三月五日）（日本管理法令研究一七号五三頁左五八頁）

8 不法所持外国映画ノ件（一九四八年三月二六日総司令部民間財産管理部外国財産課発四一三、五三号日本政府外務省特殊財産局宛覚書）

9 日本国内において非合法的に所有されている外国映画フィルムに関する覚書（一九四八年一〇月一一日聯合

国軍総司令部民間財産管理部発（SCAPIN第一三六七―一号）日本政府宛覚書）（日本管理法令研究二六号五八頁左二八頁）

（6）ラジオ・電話

1　ラジオ通信統制に関する覚書（一九四五年一一月二〇日）（日本管理法令研究一巻五号四〇頁左三六頁）

2　一切の日本の国際無線電話及び電信回路に関する週間報告に関する覚書（一九四六年四月一八日）（日本管理法令研究一巻一〇号六七頁左五四頁）

3　国際電気通信連合条約、同議定書及び無線電話規則に対する日本の加入に関する覚書（一九四八年九月一日）（日本管理法令研究二六号五〇頁左二頁）

4　電話権利の取扱と公共電気通信の転売禁止に関する指令に関する覚書（一九四九年一月一七日）（日本管理法令研究二八号一〇三頁左一四頁）

（7）その他

1　司令部宛文書ニ関スル件（昭和二一年二月二五日聯合国軍最高司令部マンソン大佐発終戦連絡中央事務局宛）

2　「聯合国」「中立国」及び「敵国」ノ定義に関スル覚書（一九四五年一〇月三一日）（日本管理法令研究一巻四号六八頁）

3　連合国、中立国、敵国、特殊の地位にある国の区別について（一九四七年八月四日総司令部外交部発ＡＧ第三一二、四号（総司令官閲第一七五七号）東京終連中央事務局経由日本帝国政府宛覚書）（日本管理法令研究一九号三六頁左五八頁）

4　隣組に関する覚書（一九四五年一一月四日）（日本管理法令研究一巻五号三九頁左八頁）

5　海軍大臣の保有する特許権移譲に関する覚書（一九四六年三月四日）（日本管理法令研究一巻九号七七頁左

四頁)

6 官報翻訳に関する覚書(一九四六年三月一五日)(日本管理法令研究一巻九号七四頁左二二頁)

7 合衆国聯邦法、州法及び判決録の陳列室設置に関する覚書(一九四六年三月二六日)(日本管理法令研究一巻一〇号一〇五頁左一二頁)

8 官公刊行物の交換に関する覚書(一九四八年四月一四日)(日本管理法令研究二三号四四頁左二〇頁)

9 外国産の美術品目録に関する覚書(一九四七年九月一二日)(日本管理法令研究一九号四二頁左九六頁)

10 図書館建物に関する覚書(一九四七年八月二三日)(日本管理法令研究一九号七七頁左八四頁)

11 科学及び技術人員の履歴報告に関する覚書(一九四七年三月二〇日)(日本管理法令研究一七号七七頁左六六頁)

12 連合国、中立国、敵国、特殊地位及び地位未決定の国の定義に関する覚書(一九四八年六月二一日五七頁左三二頁)

13 日本国内における日本の科学及び技術情報の入手に関する覚書(一九四八年八月六日)(日本管理法令研究二五号七六頁左一六頁)

14 研究の年次報告に関する覚書(一九四九年五月二七日)(日本管理法令研究二九号六四頁左四六頁)

15 日本人技術者の海外旅行に関する覚書(一九四九年八月一日)(日本管理法令研究三〇号八二頁左三〇頁)

16 日本国内における外国人の事業活動に関する覚書(一九四九年一〇月二一日)(日本管理法令研究三〇号五八頁左二三頁)

17 日本における日本の科学的及び技術的情報の入手に関する覚書(一九五〇年一月二七日左一五頁)

18 連合国、中立国、敵国、特殊地位国及び地位未決定国の定義に関する覚書(一九五一年一月九日)(日本管理法令研究三五号二八頁)

## 日本開戦と敗戦、その他

1　詔書（官報号外昭和一六年一二月八日）
2　「大東亜戦争」と呼称することについて（昭和一六年一二月一二日閣議決定）
3　詔書（官報号外昭和二〇年八月四日）
4　カイロ宣言（一九四三年一一月二七日公表外務省条約局仮訳）（戦後占領下法令集八八一頁）（日本管理法令研究一巻一号七〇頁左二頁）
5　日本に関する協定―クリミヤ（ヤルタ）秘密協定正文（一九四五年二月一一日）（一九四六年二月一一日公表外務省条約局仮訳）（戦後占領下法令集八八一頁））
6　日本の降伏条件をきめた宣言―ポツダム宣言（一九四五年七月二六日公表外務省条約局公表）（戦後占領下法令集八八二頁）（日本管理法令研究一巻一号七六頁左二頁）
7　日本政府の―ポツダム宣言にのべられた降伏条件の―制限つき受諾に対する国務長官の回答（一九四五年八月一一日）（日本管理法令研究一巻一号八五頁左六頁）
8　詔書（太平洋戦争終結に関する詔書）（戦後占領下法令集八八三頁）（日本管理法令研究一巻一号九四頁左一四頁）
9　指令第一号（戦後占領下法令集八八六頁）（日本管理法令研究一巻一号九四頁左一八頁）
10　降伏後における米国の初期の対日方針（一九四五年九月二二日）（戦後占領下法令集八八八頁）（日本管理法令研究一巻二号七九頁）
11　極東委員会及び連合国対日理事会付託条項（一九四五年モスクワ会議公表文抜粋）
12　「支那」の呼称を避けることについて（昭和二一年七月三日官文五七号文書課長ヨリ省内各局課室長、部長、直轄各部長、公私立大学高等専門学校長あて）（「終戦教育事務処理提要」第三集三一四頁）

## 二・資料2

1　日本国との平和条約（昭和二七年四月二八日条約第五号）（本書三八九頁）
2　日本国とアメリカ合衆国との間の安全保障条約（昭和二七年四月二八日条約第六号）
3　日本国とアメリカ合衆国との間の相互協力及び安全保障条約（昭和三五年六月二三日条約第六号）（本書四三四頁）
4　平和条約第一二条に基づく著作権に関する内国民待遇の相互許与に関する日米交換公文（昭和二九年一月一三日外務省告示第四号）（本書四〇〇頁）
5　平和条約第一二条に基づく著作権に関する内国民待遇の相互許与に関する日米交換公文の附属書簡（昭和二九年一月一三日外務省告示第四号）（本書四〇五頁）
6　連合国及び連合国民の著作権の特例に関する法律（昭和二七年八月八日法律第三百二号）（本書四一〇頁）
7　日米間著作権保護ニ関スル条約（一九〇六年（明治三九年）五月一一日公布）（本書二一七、四一三頁）

## 三・資料3

1　聯合国と枢軸国財産の保護に関する覚書（一九四五年九月一三日連合国最高司令部発終戦連絡中央事務局経由日本帝国政府あて覚書）（宮田三九二頁）
2　金融取引の統制に関する件（一九四五年九月二二日連合国最高司令部発終戦連絡中央事務局経由日本帝国政府あて覚書）（宮田三九二頁、「著作権法規集」（昭和三一年二月）一四七頁）（本書一九七頁）
3　日本における外国人所有の著作権に関する覚書（一九四六年一〇月一七日連合国最高司令部発終戦連絡中央事務局経由日本帝国政府あて覚書）（日本管理法令研究一五号五四頁左六六頁）

4　日本における外国人所有の著作権の登録及び保護に関係する事項に関する覚書（一九四九年四月四日ＡＧＯ七二号）ＣＰＣ／ＦＰ（日本管理法令研究二九号三二頁左四頁、宮田三〇八頁、宮田三九九頁「著作権関係法規集」（昭和三一年二月）一四七頁）（本書一九九頁）なお、日本管理法令研究三四号左一九頁二三頁（高野雄一）

5　外国人に移転された著作権の登録及び保護に関する政令（昭和二四年七月一六日政令第二百七二号）官報（日本著作権協議会「著作権関係法規集」一四八頁）
この政令は、対日平和条約の発効に伴い廃止された。「ポツダム宣言の受諾に伴い発する命令に関する件の廃止に関する法律」（昭和二七年四月一一日法律第八六号）

6　外国著作権尊重に関する注意（通牒）（昭和二五年二月二五日付国管第七号各都道府県知事各都道府県教育委員会各国立大学学長あて文部事務次官通牒）

7　外国著作権に関する注意（通知）（昭和二五年六月一〇日付国管第一七号各都道府県知事各都道府県教育委員会日本出版協会会長全国出版協会会長日本新聞協会会長日本放送協会会長あて文部省管理局長通知）

# 第八章　日米安全保障条約

大家重夫

**［コメント］**

一九五一年（昭和二六年）サンフランシスコで、対日平和条約と別に、次の条約に調印したのは、吉田茂講和会議全権委員首席であった。

「日本国とアメリカ合衆国との間の安全保障条約（昭和二七年四月二八日条約第八号）で、全五条である。

吉田は、「講和によって政治的に独立すると同時に、国土の防衛は共同防衛によって確保する」「それを外交文書と文字に現したのが」「日米相互安全保障条約」で、「これは日本から特に頼み込んだという訳でもなく、そうかといって米国側から押しつけたという訳でもない。相共に共産侵略に備え、太平洋防衛の戦略的一環として、日本も参加する。そうした日米両国の利害の一致から生まれたのである。戦力なき日本としては、それ以外に方法なかりし国防体制だったのである。また米国にとっても最もよき太平洋防衛の方策であったと確信する」と回想している（『回想十年2』（中公文庫・一九九八年）二〇五頁））。

一九五七年（昭和三二年）成立の岸信介内閣および自民党は、日本がより対等な条約にしたいと米国と交渉し、安全保障条約の改定に成功した。

日本国とアメリカ合衆国との間の相互協力及び安全保障条約（昭和三五年六月二三日条約第六号）で、この条約は、全一〇条である。

第五条は、「日本の施政の下の領域」で、日本が武力攻撃されたとき、アメリカは反撃する。アメリカが武力攻撃されたとき、日本が反撃する、と読める。

ところが「アメリカの施政の下の領域」でアメリカが武力攻撃されたとき、という条項はない。北朝鮮の核がアメリカに到達するかどうかが議論されはじめた。また、周知のようにアメリカが強要した日本国憲法第九条は、「国権の発動たる戦争と武力による威嚇又は武力の行使」を禁止し、戦争放棄、戦力の不支持を定め、国の交戦権を認めていない。結局、アメリカ合衆国のみが、日本のために防衛の義務を負うという解釈になる。

トランプ大統領は、大統領選挙の予備選のとき以来、たびたび「日米安保条約は不平等だ」と述べている。安倍政権は、「真に受ける必要はない」という姿勢のようだが、橋下徹元大阪市長と国際政治学者三浦瑠麗氏は、積極的に対応すべきだ、と論じる（文藝春秋・二〇一九年九月号一五八頁）。

河東哲夫氏は、安全保障条約は、日米にとって、「お徳な」条約であり、大統領選に再選されるよう、日本は、『何か目立つ』成果を日本の役にも立つ形で作ってやればいい」と提案する（ニューズウィーク日本版・二〇一九年七月一六日号一三頁）。

宮崎正弘氏は、トランプ大統領のことだから、この条約一〇条により、「この条約を終了させる意思を通告し」、のち、一年で終了するのでないか、と予想する（「世界から追い出され壊れ始めた中国」（徳間書店・二〇一九年）二五一頁)）。

核をもつ中国、北朝鮮、ロシアを隣国に持つ日本に、核をもたせず、このままアメリカ軍が、駐留し、日本を一方的に保護する義務を負うか、それともアメリカは、日本に核をもたせ、アメリカ軍が撤退するか、駐留の人員を大幅に減らし、日本にアメリカとともに反米の国と対峙させる政策をとるか、アメリカと日本は選択を迫られている。

かねて、日下公人氏は、「日本は、核武装して自らを守る、核を保有するという選択肢を放棄しない」と言明し、その意思を明確にせよ、と論じている（「アメリカに頼らなくても大丈夫な日本へ」（ＰＨＰ研究所・二〇〇六年）。

## ◎日本国とアメリカ合衆国との間の相互協力及び安全保障条約

（昭和三五年六月二三日 条約第六号）

発効　昭和三五・六・二三（昭和三五外告四九）

日本国及びアメリカ合衆国は、

両国の間に伝統的に存在する平和及び友好の関係を強化し、並びに民主主義の諸原則、個人の自由及び法の支配を擁護することを希望し、

また、両国の間の一層緊密な経済的協力を促進し、並びにそれぞれの国における経済的安定及び福祉の条件を助長することを希望し、

国際連合憲章の目的及び原則に対する信念並びにすべての国民及びすべての政府とともに平和のうちに生きようとする願望を再確認し、

両国が国際連合憲章に定める個別的又は集団的自衛の固有の権利を有していることを確認し、

両国が極東における国際の平和及び安全の維持に共通の関心を有することを考慮し、

相互協力及び安全保障条約を締結することを決意し、

よつて、次のとおり協定する。

**第一条**　締約国は、国際連合憲章に定めるところに従い、それぞれが関係することのある国際紛争を平和的手段によつて国際の平和及び安全並びに正義を危うくしないように解決し、並びにそれぞれの国際関係において、武力による威嚇又は武力の行使を、いかなる国の領土保全又は政治的独立に対するものも、また、国際連合の目的と両立しない他のいかなる方法によるものも慎むことを約束する。

締約国は、他の平和愛好国と協同して、国際の平和及び安全を維持する国際連合の任務が一層効果的に遂行されるように国際連合を強化することに努力する。

**第二条**　締約国は、その自由な諸制度を強化することにより、これらの制度の基礎をなす原則の理解を促進することにより、並びに安定及び福祉の条件を助長することによつて、平和的かつ友好的な国際関係の一層の発展に貢献する。締約国は、その国際経済政策におけるくい違いを除くことに努め、また、両国の間の経済的協力を促進する。

**第三条**　締約国は、個別的に及び相互に協力して、継続的かつ効果的な自助及び相互援助により、武力攻撃に抵抗するそれぞれの能力を、憲法上の規定に従うことを条件として、維持し発展させる。

**第四条**　締約国は、この条約の実施に関して随時協議し、また、日本国の安全又は極東における国際の平和及び安全に対する脅威が生じたときはいつでも、いずれか一方の締約国の要請により協議する。

**第五条**　各締約国は、日本国の施政の下にある

領域における、いずれか一方に対する武力攻撃が、自国の平和及び安全を危うくするものであることを認め、自国の憲法上の規定及び手続に従って共通の危険に対処するように行動することを宣言する。

前記の武力攻撃及びその結果として執ったすべての措置は、国際連合憲章第五十一条の規定に従って直ちに国際連合安全保障理事会に報告しなければならない。その措置は、安全保障理事会が国際の平和及び安全を回復し及び維持するために必要な措置を執ったときは、終止しなければならない。

**第六条**　日本国の安全に寄与し、並びに極東における国際の平和及び安全の維持に寄与するため、アメリカ合衆国は、その陸軍、空軍及び海軍が日本国において施設及び区域を使用することを許される。

前記の施設及び区域の使用並びに日本国における合衆国軍隊の地位は、千九百五十二年二月二十八日に東京で署名された日本国とアメリカ合衆国との間の安全保障条約第三条に基く行政協定（改正を含む。）に代わる別個の協定及び合意される他の取極により規律される。

**第七条**　この条約は、国際連合憲章に基づく締約国の権利及び義務又は国際の平和及び安全を維持する国際連合の責任に対しては、どのような影響も及ぼすものではなく、また、及ぼすものと解釈してはならない。

**第八条**　この条約は、日本国及びアメリカ合衆国により各自の憲法上の手続に従って批准されなければならない。この条約は、両国が東京で批准書を交換した日に効力を生ずる。

**第九条**　千九百五十一年九月八日にサン・フランシスコ市で署名された日本国とアメリカ合衆国との間の安全保障条約は、この条約の効力発生の時に効力を失う。

**第一〇条**　この条約は、日本区域における国際の平和及び安全の維持のため十分な定めをする国際連合の措置が効力を生じたと日本国政府及びアメリカ合衆国政府が認める時まで効力を有する。

もっとも、この条約が十年間効力を存続した後は、いずれの締約国も、他方の締約国に対しこの条約を終了させる意思を通告することができ、その場合には、この条約は、そのような通告が行われた後一年で終了する。

以上の証拠として、下名の全権委員は、この条約に署名した。

千九百六十年一月十九日にワシントンで、ひとしく正文である日本語及び英語により本書二通を作成した。（以下略）

**〈注〉**いわゆる〝六十年安保条約〟である。

# 人名索引


## ア

アイゼンハウアー，ドワイト・D　227, 403
アウン，ミシェル　9
アキノ　34
アゴスチニ　233
アダムス，トマス　148
アチソン，ジョージ　128
アドラー，ソロモン　30
アリソン，ジョン・M　401, 405 〜 409
アンダーソン　104, 105
青木冨貴子　132
青木文教　136, 137
赤沢史朗　141
赤司鷹一郎　12
明石照男　285
秋山恵子　はじめにiv
秋山真之　276
芥川也寸志　287
浅井収　248
浅沼稲次郎　286
浅野直人　250
朝比奈貞一　156
芦田均　23, 163
葦津珍彦　78, 86
安達健二　333, 334, 337, 338, 339
天羽英二　130
阿部温子　はじめにiv
安倍源基　279
阿部浩二　223, 255, 311, 326
安倍晋三　372, 375, 380, 433
阿部照哉　34
阿部美哉　はじめにiv, 33, 34, 68, 79, 82, 83, 84, 90, 92, 93, 107, 109, 111, 112, 114, 115, 116, 120, 141, 142
天野貞祐　314
網島毅　224
新井音浪　289
新井文夫　289
新井善教　296
荒井稔　35
荒木光太郎　140
有賀美智子　223
有田八郎　130
有光次郎　72, 73
有本香　306, 307
粟屋憲太郎　277
安藤穣　167
安藤正純　100

## イ

イントレビット　40
インボーデン　136, 141
飯塚半衛　264
井伊直弼　215
飯沼一省　77
飯村敏明　250
井口武夫　22
生悦住（いけずみ）求馬　279
池田勇人　399
石井満　143
石井良助　298

石川寅吉　264
石垣綾子　127
石原伸晃　367
磯山久美子　32
板垣征四郎　126
一万田尚登　399
伊藤和子　141
伊藤隆　47
伊藤信男　268, 278, 280, 282, 283, 297, 298
伊藤延司　33, 35, 158, 160
伊藤博文　215
伊藤真　283
伊藤正己　309
井上（京都府副知事）　104
井上恵行　33, 52, 64, 69, 74, 75, 76, 91
今泉（大井蔵省国有財産局総務課長）　104, 105
井本威夫　37, 132, 157
岩崎民平　156
岩田宙造　52

## ウ

ウインチェスター　212
ウィロビー，C・A　133, 134, 138, 139, 140, 146, 164
ウエデマイヤー　43
ウッダード，ウイリアム・P　33, 34, 69, 79, 86, 87, 88, 89, 105, 107, 120, 137, 142
ヴィンセント，ジョン・カーター　78, 120
上田秋成　209
宇垣一成　285
内田庶　271
内山岩太郎　140
内山登志子　140
梅田義彦　92, 116, 117
梅津美治郎　5, 14, 15, 32, 125, 126
浦口鉄男　331, 332

## エ

エスマン　140
エマーソン，J・K　53, 137, 138
エモット，ビル　12
江崎道朗　はじめに iv, 30, 35, 36, 43, 44, 46, 47, 52, 53, 135, 136, 139, 141, 162, 163, 165
江藤淳　18, 34, 38, 133, 134, 139, 141
遠藤源六　277

## オ

オステルリート　223
オットー　24
オプラー　134, 135
及川古志郎　24
汪兆銘　はじめに iv, 2, 46, 306
大家重夫　はじめに iv, vi, vii, 32, 64, 68 ～ 77, 79, 81, 83, 84, 86, 87, 88, 91, 92, 93, 94, 100, 101, 123, 140, 147, 165, 167, 209, 223, 225, 248, 263, 269, 298, 301, 432
大石義雄　33, 128, 131
大岡昇平　282, 283
王樹　242
大久保康雄　160, 224
大久保泰甫　230
大坂なおみ　10
大田周夫　280, 293, 294, 296
大村敦志　229, 234, 259

大山幸房　299
大輪盛登　136, 141, 147
岡崎勝男　はじめに vi, 156, 302, 405～409
岡崎恕一　265
岡崎匡史　33, 38, 52
岡田資　282, 283
丘英通　156
岡部伸　53, 134, 138, 139, 155
魚返善雄　156
小笠原長行　288
緒方信一　298
緒方富雄　156
小川明子　298
小川菊松　264
小倉謙　425
小倉正恒　4, 12
越智道雄　267
小尾俊人　272


## カ


カウフマン　129
カミュ　371
カリー，ラフリン　30, 42
カロン　234
ガードナー，E・S　221
粕谷よし子　156
加瀬英明　21, 34, 35
片山哲　23, 163, 285
片山杜秀　33
勝海舟　140
勝承夫　286, 287
葛野信　44, 165
葛野竜　44, 165
勝本勘三郎　298
葛本京子　はじめに vii
勝本正晃　98, 144, 168, 169, 205, 209, 224, 291, 292, 298, 300, 424
桂太郎　218
加藤昭　44
加藤周一　131
加藤新太郎　262
加藤徹　305, 306
加藤友三郎　277
加藤友康　32
加藤祐三郎　165
金子與　246
樺山愛輔　124
樺山資紀　216
神出七郎　291, 298, 299
亀井　147
唐橋東　333, 334
河合栄治郎　140
河井道　37
川上拓美　はじめに iii, vi, vii, 310
川島武宜　161
河和田唯賢　はじめに iv, 68, 69, 75, 76, 77, 78, 81, 87, 88, 89, 90, 92, 93, 99, 116
河和田唯彰　はじめに iv
河東哲夫　433
河盛好藏　156
樺美智子　286
顔真卿　242, 253, 255～258, 260


## キ


キーナン Joseph B.Keenan　22, 26
キンジェリー　156
キントナー Earl W.Kintner　223
キンメル，ハズバンド　27, 28, 29, 36
ギッシング　183

ギルバート，ケント　37, 139
菊井康郎　261
菊池寛　264, 265
岸信介　432
岸本英夫　19, 59, 70, 71, 74, 75, 79, 80, 81, 96, 97, 109, 120
北博昭　283
北村一郎　234
木田（河村）禮子　299
木戸幸一　25, 46, 124, 128, 131
城戸芳彦　269, 278, 280, 281, 282
木村勝美　140, 165
木村毅　272
木村兵太郎　126
清浦奎吾　277
金自成　41, 47

## ク

クーリッジ，カルヴァン　40
クラーク　30, 43
クラレンドン　223
クリーブランド Grover Cleveland　212
クリントン，ビル　28
クレア，ハーヴェイ　はじめに iv, 41, 47
グリスコム，ロイド・シー　218
グルー　124
日下公人　433
公荘（くじょう）惟和　264
楠山正雄　263, 264
工藤美代子　131
国塩耕一郎　164, 165, 166, 167, 269, 282 ～ 287, 291, 298
国吉康雄　127
久保田藤麿　291
久保庭伊佐男　299
栗田尚弥　155, 161
來栖赳夫　164
来栖三郎　13, 21, 25, 26, 124
呉智英　305, 307
黒川誠一郎　212, 223
黒澤明　280
黒田慶子　はじめに v, 299
久原房之助　279

## ケ

ケーディス，チャールズ・L　18, 121, 128, 129, 134, 140, 157, 163, 164
ゲール　228
ゲイン，マーク Mark Gayn　37, 132, 139, 157

## コ

コー，フランク　30
コステロ，ジョン・J　425
コルニュ　235
コンデ，デビット　136, 137, 141
ゴーン，カルロス　10, 12
ゴティエ Gautier　234, 329
ゴンドレ　228
小磯国昭　284
河野一郎　23
河野一之　298
河野太郎　386
行田（こうだ）邦子　369 ～ 375
郡祐一　287
古賀英正　298
國分正明　318
古在由重　156
越路吹雪　370
近衛文麿　3, 4, 17, 23, 24, 25, 34, 41, 119, 123, 124, 127, 128, 131, 290

小林峻一　44
小林尋次　236, 269, 279, 280, 281, 293
小林行雄　290, 296
小林由紀子　280
小林よしのり　306
小堀桂一郎　47, 161
駒田泰土　225, 254, 258, 259
小松崎和夫　47
小室直樹　127
後藤新平　288

## サ

サトウハチロー　147
サムソム　145
サン＝テクジュペリ Antoine de Saint Exupery　はじめに iii, 324
西園寺公望　219
西条八十　279
西条八束　279
斉藤昇　140
斉藤博（外交官）　25
斉藤博（著作権学者）　262
齋藤実　277
崔昌華　308, 309
坂井衆庶　288
坂井末子　288
酒井三郎　286
坂上壽夫　309
坂本嘉治馬　264
相良守峰　156
佐々木惣一　17, 33, 128, 131
佐々木太郎　41, 47
佐々木良一　299
佐竹（大村）敬子　299
作花文雄　317, 318
佐藤朝生　298
佐藤功　34, 121
佐藤達夫　32
佐藤義亮　264
里中満智子　344
実方正雄　259
佐野文一郎　239, 260, 261, 287, 294, 295, 296, 297, 299, 318

## シ

シーボルト　213
シュトラウス，リヒャルト　355, 356, 357
シュラー，マックス　フォン　29, 35, 44
ショート，ウォルター　27, 28, 29, 36
ショーンバーガー，ハワード・B　164
ショットウエル Shottowell　203
シロタ，ベアテ　18
シン，ビン　161
椎名和夫　344
志賀義雄　53, 125, 133, 138
色摩力夫　はじめに vii, 11, 12, 13, 22, 28, 35, 126, 127
時雨音羽（池野音吉）　280
重政誠之　164
重光葵　5, 14, 15, 32, 125, 126, 132
幣原喜重郎　5, 17, 44, 128, 140, 163
篠原義雄　91, 97, 98, 99, 100
四宮和夫　229, 230, 259
柴田小三郎　164, 291, 296, 298, 332
渋川謙一　はじめに iv, 68, 70, 76, 77, 78, 84, 85, 89, 90, 91, 92, 105, 108, 109, 115, 116, 117
渋川孝子　はじめに iv
渋沢栄一　276
渋谷敬三　294, 295
嶋田繁太郎　285

清水芳太郎　33
習近平　31
蒋介石　1, 9, 119, 307
昭和天皇　5, 15, 21, 26, 37, 38, 41, 124, 125, 129, 132, 139, 162, 188
白洲次郎　18, 157
榛村専一　264
城島国弘　140

## ス

スオウブ，ガイ・J　140
スターク　27, 29
スターリン　36, 41
スタックポール　45
スチムソン，ヘンリー　27, 28, 29, 45, 46
スティネット，ロバート・B　35, 38, 39
ストークス，ヘンリー・S　34, 35
スミス，ルパート　28, 29
末川博　260
末松謙澄　216
菅原出　40
杉捷夫　156
杉田玄白　209
杉本栄一　156
杉本喬　156
杉山元　32
杉山直治郎　265
杉山長谷夫　166
鈴木貫太郎　5, 17
鈴木竹雄　266, 270
鈴木九萬　5
鈴木敏夫　239, 318
鈴木利貞　141, 143
鈴木文史朗　143
須藤眞志　35, 39, 123, 124
須磨彌吉郎　3
砂山充子　32

## セ

瀬尾太一　344
関口高次郎　248
関岡英之　136, 137
石平　270, 271
瀬野精一郎　32
妹尾作太男　35, 38
妹尾茂喜　292, 294

## ソ

ソープ　133, 134, 139
ソーン，クリストファー　14
ゾラ　183
ゾルフ　273
曽祢益　70
副田義也　163, 164, 165
袖井林二郎　131

## タ

タトル　136, 271
ダイク　74, 81, 107, 120, 132, 135, 145, 146, 151, 152, 224
ダッカン（ダガン），ローレンス　30, 42
ダラス　194
ダレス　319
ダワー，ジョン　17, 34
高木多喜夫　259
高島俊男　はじめに vi, 307
高島正継　297
高野雄一　138, 148, 149, 169, 270, 421, 424, 431
高橋史朗　135, 142
田上穣治　298

滝沢正　260
竹内洋　140
竹内好　304
竹島栄雄　112
竹前栄治　122, 136 ～ 138, 140, 142
多田省吾　337, 338, 339
辰野隆　265
田中義一　277, 279
田中耕太郎　131
田中二郎　163
田中壮谷　33
田中智学　33
田中盈　265
田辺治通　4, 12
谷岡貞子　156
谷沢永一　127, 304
田沼意次　209
玉木英彦　156
田村勝夫　272
田村敬夫　414
大亀哲郎　299
大地飛太郎　278, 283

## チ

チェーホフ　183
チェンバレン　44
チャーチル　38, 40, 43, 45, 226
秩父宮　133
千葉金蔵　293
趙無民　20

## ツ

ツイプラス，アレクシス　301
塚越建太郎　223
次田大三郎　44, 163, 165
辻正美　255, 257, 258, 262
都留重人　128, 131, 156, 157
都留正子　131
鶴見和子　156

## テ

ディッケンズ　211
デュランド Durrande　329
デュリアン，ポロ　328
寺内正毅　277
寺崎太郎　66, 67
寺崎英成　38

## ト

トゥスク，ドナルド　380
トランプ，ドナルド　はじめに vi, 376, 433
トルーマン　41
ド・ゴール　シャルル　9, 225, 226, 228
ドイル，アーサー・コナン　はじめに iii
ドストエフスキー　283
ドリアン，ジャン=イヴ・ル　386, 387
ドリンクウォーター　146
東郷茂徳　25, 124
東条かつ子　32
東条英機　3, 4, 20, 24, 25, 26, 27, 32, 124, 126, 139, 284, 296
鳥海靖　32
門叶（とが）宗雄　298
徳川家治　209
徳川家斉　213
徳川崇敬　399
徳田球一　53, 125, 133, 138
徳富蘇峰　30, 33, 158, 162
都倉俊一　344, 351
床次竹二郎　276
戸高一成　32

苫米地義三　399
富坂聰　20
戸山三郎　122, 142, 268
豊田きいち（亀市）　271
豊田貞次郎　4, 24, 123
豊田武　102
豊田副武　32
鳥居民　131
鳥尾敬光　140
鳥尾鶴代（または鳥尾多江）　140, 165
土井輝生　223
土肥原賢二　126

## ナ

ナッシュ，ジョージ・H　はじめに iv, 40
中井三朗　141, 155
中川善之助　223
中澤俊輔　53
中嶋健蔵　331
中嶋嶺雄　305
中武香奈美　はじめに v, 141, 151, 154, 155, 156, 159, 161
中西輝政　11, 12, 13, 20, 23, 32, 35, 36, 39, 41, 42, 46, 47, 127, 161
中野利子　131
中野好夫　156
中山晋平　166
長島敦　308
梨本宮　133
夏目漱石　276
鍋島京子　140
鍋島直縄　140
鍋山健　309
並木路子　166
楢橋文子　140
楢橋渡　140
南條範夫　298

## ニ

ニーチェ　183
ニューゼント（またはニュージェント）　72, 74, 92, 107, 111, 136, 151
西尾幹二　23, 35, 129, 131, 132, 133, 135
西尾末広　23, 164, 285
西川正身　156
西沢富夫　156
西沢冨雄　156
西原善平　279
西村熊雄　319, 330
西脇順三郎　156
丹生義孝　289, 298

## ノ

ノーマン，E・ハーバート　はじめに iv, 52, 53, 128, 131, 134, 138, 139, 141, 154, 155, 156, 162
ノックス　27, 29
能見善久　229, 230, 258, 259, 260
野上素一　275
野口肇　141
野口弥吉　156
野坂参三　44, 46, 137, 165
野島弥三郎　292
野田卯一　102
野田良之　260
野村吉三郎　13, 21, 24, 25, 26, 123, 124
野村義男　261

## ハ

ハーディング　40
ハッシー（またはハッセー）　18, 134, 140
ハリーリ　9, 10

ハリーリ，ラフィーク・アル　9
ハル Cordell Hull　5, 13, 20, 21, 25, 26, 27, 29, 30, 35, 39, 45, 123, 124, 226
バーコフ，ロバート　136, 141
バイニング（ヴァイニング）　38
バティスト，エリック　350
バンス（またはバーンズ），ウイリアム・K Bunce William Kenneth　18, 19, 52, 59, 64, 71, 73, 74, 75, 77, 79 ～ 83, 85 ～ 92, 94 ～ 98, 102 ～ 108, 110, 111, 112, 115, 120, 121, 122, 137, 142, 163
パーマストン　223
パケナム，コンプトン　129, 132
パル　26
生野（はえの）秀年　344
萩原徹　292
橋本武人　264
橋下徹　433
長谷川公昭　259
長谷川元吉　18
長谷川周重　298
長谷川松治　157, 161
秦郁彦　39, 131
秦重徳　165
畑博行　34
羽溪了諦　112, 113
服部卓四郎　139
服部良一　287
鳩山一郎　23, 132
花井忠　264
濱野英一　264
林修三　32, 99
林銑十郎　119
原敬　276, 277
原百代　160
半藤一利　32

## ヒ

ヒス，アルジャー　30, 42, 45
ヒットラー　40, 225, 267
ビーヴァー，アントニー　259
ビアード　43
ビッソン，トーマス　135, 162
ビョルンソン　183
ピンクニ，チャールズ　210
東久邇稔彦　5, 17, 53, 127, 162, 163
日暮吉延（ひぐらしよしのぶ）　35
久富達夫　143
平川祐弘　139
平賀源内　209
平賀秀明　259
平田時次郎　130
平塚柾緒　139
平沼騏一郎　118
平野義太郎　156
広田弘毅　44, 118, 126, 165

## フ

フーバー，ハーバート　はじめに iv, 37, 40, 43, 45
フィッシュ，ハミルトン　はじめに iv, 23, 26, 27, 35, 38, 39, 43
フィッチ B・M・FITCH　133
フィリップ　183
フェラーズ，ボナー　37, 38, 133, 139, 157
フォルスター，ジョージ　166, 167
フォルスター，ヘレン・J　167
フックス，クラウス　42

フランコ　3, 30, 32, 133
フランソン　233, 255
フロレンツ　274
ブッシュ，ジョージ・W　28
ブラウン，ドン　はじめに v, 127, 136, 141, 151, 152, 154, 155, 156, 157, 159, 161
プーチン　31
プラーゲ　165, 166, 269, 273 ～ 279, 281, 282 ～ 284, 287
プランゲ　134
プリシェット Pritchett　228
深沢正策　160, 161, 224
深澤晴奈　32
深澤安博　3, 32
深田祐介　22
福王寺一彦　248, 298
福島正実　273
福田和也　32
福田赳夫　164, 289, 298
福田繁　はじめに iv, 33, 64, 68 ～ 82, 85 ～ 117
福田三枝　289
福永文夫　138, 163
伏見威蕃　12
藤井厳喜　36, 43
藤田君代　268
藤田玖平　264
藤田正人　147, 166
舟木重信　156
古井喜実　279
古屋亨　425


## ヘ


ヘイズ，フランク・E　140
ヘインズ，ジョン・アール　はじめに iv, 41, 47
ヘッセ　184
ヘミングウェー　370
ヘンダーソン　70, 74
ベネディクト，ルース　127, 157, 161
ペギー　324
ペタン　23, 225, 226
ペリー　215


## ホ


ホームズ，シャーロック　はじめに iii
ホール，キング Hall Robert King　52, 71, 72, 135, 136, 142
ホール，セオドア　42
ホイットニー　18, 128, 129, 133, 134, 157
ホルトム　79, 80
ホワイト，ハリー・デクスター　24, 26, 29, 30, 42, 45
ホワイト，パトリック　266
ボアソナド　230, 260
ポアンカレー　184
法貴慶次郎　288
法貴三郎　289
法貴次郎　はじめに v, 149, 151, 154, 164, 165, 178, 270, 288 ～ 290, 292 ～ 294, 296 ～ 300, 336
保阪正康　32, 139
星島二郎　399
堀内謙介　130
本田喜代治　156
本多顕彰　266


## マ


マーカット　133, 135
マーシャル　27, 29
マクロン　10

マッカーサー　5, 16, 17, 18, 34, 37, 93, 120, 121, 127, 128, 129, 131, 132, 133, 137, 139, 147, 157, 159, 162, 163, 179, 290
マッカラム　39
マッシューバー，シドニー・F　133
マディソン，ジェイムズ　210
マルコス　34
マンソン　427
前田多門　74
前畑安宏　299
牧野邦昭　140
牧野利秋　262
正木ひろし　278
増沢健美　166
松井石根　126
松枝茂夫　156
松尾弘　256, 257, 258, 262
松岡洋右　3, 4, 24, 123
松方正義　216
松平康昌　132
松平康久　140
松野博一　370, 373
松前重義　296
松本和夫　292
松本重治　123
松本烝治　17, 18, 128, 129, 131, 157
松本清張　34
丸太知美　35
円山応挙　209
丸山擁成　32
万波教　293

## ミ

ミアーズ，ヘレン Helen Mears　16, 22, 30, 33, 35, 158, 159, 160
ミッチェル，マーガレット　161, 224
ミューラー，P・H　133
ミュシャ，アルフォンス　354, 355
ミラー，E・C　208
ミラー，グレン　370
三浦正広　251, 259, 262
三浦瑠麗　433
三木武夫　23
三島宗彦　262
水野政一　278
水野政直　278
水野錬太郎　166, 216, 220, 223, 265, 269, 276, 277, 279, 286
三田誠広　344, 352, 353
美土路昌一　285
宮川宗徳　78, 79, 112
宮城音彌　156
宮崎正弘　はじめに iv, 45, 271, 433
宮地直一　75, 81
宮田昇　はじめに vii, 138, 141, 144, 149, 151, 154, 155, 161, 162, 167, 221, 224, 268 ～ 271, 273, 297, 299, 316, 414, 418, 420 ～ 423, 430, 431
宮原次郎　264
宮本顕治　119
宮脇淳子　307, 308

## ム

陸奥宗光　215
武藤章　126

## メ

メーテルリンク，モーリス　263 ～ 268
明治天皇　124
目賀田種太郎　140

目賀田信道　140
目賀田正子　140
毛受信雄　264

## モ

モーム，サマセット　371
モンロー　213
毛沢東　9, 36, 168
茂木敏充　379
本居宣長　209
桃井直美　66
森真一郎　264
森美秀　165
盛秀雄　33, 128
森田正典　286
森安由貴子　155
森山優　24

## ヤ

八嶋由香利　32
安岡満彦　309
安嶋彌　292
矢頭直哉　309
矢野浩三郎　271
山内恭彦　156
山縣有朋　21
山縣有光　21
山口昇　264
山崎一郎　265
山崎巌　52, 53, 162, 163
山崎匡輔　67, 102
山崎猛　164, 165
山下博章　264, 269, 278, 281
山下龍二　278
山添博史　41, 47
山田耕筰　275
山田順　はじめに iv, 2, 3, 12, 29, 30, 36, 45
山田中正　338
山田美妙　276
山本五十六　21, 226
山本桂一　261
山本武利　127
山本チヨ　293

## ユ

ユーゴー　211
ユンケル，ジャン・クロード　380
湯浅年子　156

## ヨ

除村吉太郎（よけむら　よしたろう）　156
横田喜三郎　132, 414
横山敏夫　249
吉田孝一　75, 95, 100
吉田幸吉　264
吉田茂（外交官 , 首相）　5, 18, 129, 139, 140, 163, 164, 302, 399, 432
吉田茂（内務省神社局長）　78
吉村保　166, 167, 223, 285, 287
米川猛郎　164, 165, 167, 290, 291, 293, 298, 299
米原謙　33
延禎　139

## ラ

ラー Jack L. Lahr　223
ラウエル，マイロ・E　18, 140
ラッシュ，ポール　86

## リ

リー，ダンカン　30, 42

リトルトン，オリヴァー　38
リンカーン，アブラハム　146

ル

ルーズベルト Franklin D.Roosevell　19, 21, 23, 25 ～ 29, 35 ～ 40, 42 ～ 45, 123, 139, 157
ルナァル　183

レ

レー，エー・ジェー　199
レーリンク　35
レイ，ハリー　142
レコード，ジェフリー　27, 35
レスター，マーク　252
レノー，ポール　225
レヴィー，アール・エム　199

ロ

ロウスト　140
ロダオ，フロレンティーノ　3, 4, 12, 14, 30, 32
ロバーツ　28
ロブ，アンドリュー　367
ロベール　233

ワ

若月紫蘭（若月保治）　263, 264, 266
若槻礼次郎　276
我妻栄　259
渡辺慧　156
渡辺聡　259
渡部昇一　16, 21, 23, 33, 34, 125, 126, 127, 304
渡辺惣樹　はじめにiv , 23, 36, 38, 39, 40, 43, 44, 45, 46
渡邉千秋　32
和田小六　131
和田博雄　285

# 判例索引


フランス，セーヌ民事裁判所 1905 年（明治 38 年）2 月 10 日判決……253
東京地裁昭和 7 年 11 月 10 日判決（青い鳥事件）……265
極東国際軍事裁判所昭和 23 年 3 月 4 日判決（伊藤法務少佐に絞首刑）……282
極東国際軍事裁判所昭和 23 年 11 月 12 日判決（東条ら 9 名に絞首刑）……126
東京地裁昭和 51 年 6 月 29 日判決（マーク・レスター事件）……252
東京地裁昭和 52 年 3 月 17 日判決（広告用ガス気球事件）……240, 255
福岡地裁小倉支部昭和 52 年 7 月 11 日判決（氏名呼称日本語読み事件）……309
東京高裁昭和 53 年 9 月 28 日判決（広告用ガス気球事件）……241, 255
東京地裁昭和 57 年 1 月 25 日判決（顔真卿自書告身帖事件）……242, 243, 255
東京高裁昭和 57 年 11 月 29 日判決（顔真卿自書告身帖事件）……243
福岡高裁昭和 58 年 7 月 21 日判決（氏名呼称日本語読み事件……309
最高裁昭和 59 年 1 月 20 日判決（顔真卿自書告身帖事件）……244, 253, 255, 258, 260
高知地裁昭和 59 年 10 月 29 日判決（長尾鶏事件）……245, 257
東京高裁昭和 60 年 10 月 17 日判決（藤田君代対小学館事件）……268
最高裁昭和 63 年 2 月 16 日判決（氏名呼称日本語読み事件）……309
東京地裁平成元年 10 月 6 日判決（美術小冊子事件）……238
東京高裁平成 3 年 9 月 26 日判決（おニャン子くらぶ事件）……252
神戸地裁伊丹支部平成 3 年 11 月 28 日判決（大型クルーザー事件）……248, 256, 262
フランス，メッツ控訴院 1992 年 11 月 26 日判決……232
東京地裁平成 10 年 3 月 20 日判決（ミュシャ絵画戦時加算事件）……354, 355
フランス，破毀院 1999 年 3 月 10 日判決（カフェ　ゴンドレ事件）……232
名古屋地裁平成 12 年 1 月 19 日判決（ギャロップレーサー事件）……251 ～ 253
名古屋高裁平成 13 年 3 月 8 日判決（ギャロップレーサー事件）……251 ～ 253
東京地裁平成 13 年 8 月 27 日判決（ダービースタリオン事件）……253
東京地裁平成 14 年 7 月 3 日判決（かえでの木事件）……250, 251, 258
東京高裁平成 14 年 9 月 12 日判決（ダービースタリオン事件）……253
東京地裁平成 15 年 2 月 28 日判決（リヒャルト・シュトラウス戦時加算事件）……355, 356
東京高裁平成 15 年 6 月 19 日判決（リヒャルト・シュトラウス戦時加算事件）……355, 356
最高裁平成 15 年 12 月 19 日決定（リヒャルト・シュトラウス戦時加算事件）……357
最高裁平成 16 年 2 月 13 日判決（ギャロップレーサー事件）……251, 252
東京地裁平成 18 年 3 月 22 日判決（不当利得返還請求事件）……357, 358

■編著者紹介

**川上　拓美**(かわかみ　ひろみ)

昭和 45 年旧文部省入省。文化庁著作権課課長補佐、群馬大学学生部長、社団法人日本音楽著作権協会(JASRAC)総務本部副本部長・同常任理事、著作権情報センター(CRIC)参与を歴任後、平成 24 年 4 月から内閣府認証特定非営利活動法人学生文化創造事務局長

**大家　重夫**(おおいえ　しげお)

1934 年生まれ、福岡県出身。京大法卒、旧文部省に 27 年間勤務、文化庁著作権課課長補佐、著作権調査官、内閣審議官、宗務課長等を経て 1988 年から 22 年間、久留米大学法学部教授。現在、久留米大学名誉教授。株式会社インタークロス IT 企業法務研究所客員研究員(〒 100－0014　東京都千代田区永田町 2 丁目 17－17　アイオス永田町 717 号室)

〈主要著書〉

「肖像権」新日本法規・1979 年 5 月

「ニッポン著作権物語」出版開発社・1981 年 5 月

「最新　肖像権関係判例集」ぎょうせい・1989 年 4 月

「最新　企業秘密ノウハウ関係判例集」(河野愛氏と共編)ぎょうせい・1989 年 5 月

「宗教関係判例集成」全 10 巻・第一書房・1994 年 7 月

「最新　著作権関係判例集」(共編)全 10 巻・ぎょうせい・1995 年 5 月

「改訂版ニッポン著作権物語」青山社・1999 年 1 月

「タイプフェイスの法的保護と著作権」成文堂・2000 年 8 月

「著作権を確立した人々──福沢諭吉先生、水野錬太郎博士、プラーゲ博士　第 2 版」成文堂・2004 年 4 月

「唱歌『コヒノボリ』『チューリップ』と著作権──国文学者藤村作と長女近藤宮子とその時代」全音楽譜出版社・2004 年 9 月

「肖像権　改訂新版」太田出版・2011 年 8 月

「著作権文献・資料目録(2010)」(黒澤節男氏と共編)著作権情報センター・2012 年 3 月

「美術作家の著作権──その現状と展望」(福王寺一彦氏と共著)里文出版・2014 年 2 月

「ウルトラマンと著作権──海外利用権・円谷プロ・ソムポート・ユーエム社」(上松盛明氏と共編)青山社・2014 年 12 月

「インターネット判例要約集」青山社・2015 年 12 月

「シリア難民とインドシナ難民──インドシナ難民受入事業の思い出」青山社・2017 年 1 月

「文字書体の法的保護──タイプフェイス・フォント・ピクトグラム」(葛本京子氏と共編)青山社・2019 年 1 月

表紙デザイン：葛本京子

**日本敗戦の代償**　— 神道指令・著作権・戦時加算

2020年1月12日　第1刷発行

編著者　大家 重夫　川上 拓美

発行者　池上　淳
発行所　株式会社　**青 山 社**
〒252-0333　神奈川県相模原市南区東大沼2-21-4
TEL　042-765-6460（代）　FAX　042-701-8611
振替口座　00200-6-28265
ISBN　978-4-88359-366-8
URL　http://www.seizansha.co.jp　E-mail　contactus_email@seizansha.co.jp
印刷・製本　モリモト印刷株式会社　Printed in Japan

# ウルトラマンと著作権

## ―海外利用権・円谷プロ・ソムポート・ユーエム社

編著：
ユーエム株式会社 代表取締役社長 上松盛明
久留米大学名誉教授　大家重夫

A5 判・第 1 版 535 頁、第 2 版 545 頁
2015 年 2 月 23 日　第 2 版発行
定価：本体 4,500 円＋税
ISBN 978 - 4 - 88359 - 328 - 6

**円谷プロには何故円谷一族がいないのか、ウルトラマン海外利用権をめぐり、日本国、タイ王国、中国でどのような裁判が行われたか。判決文を収集、丹念に追跡、解説する。**

第Ⅰ部　意見と解説
　ウルトラマンと裁判と私（円谷英明）
　タイ王国人ソムポート氏と円谷プロと私（上松盛明）
　ウルトラマンと著作権（大家重夫）
　ウルトラマン海外利用権事件を中心とする裁判について（大家重夫）
第Ⅱ部　ウルトラマン海外利用権事件判例集 - 大家重夫編
　日本国／タイ王国／中華人民共和国
第Ⅲ部　資料–上松盛明・大家重夫編
　（1）1976（昭和 51）年契約書
　（2）1996（平成 8）年ソムポート・サンゲンチャイあて円谷一夫書簡
　（3）ソムポート氏からユーエム株式会社への権利譲渡証書
　（4）ウルトラマン関係年表

---

株式会社　**青 山 社**
〒 252-0333　神奈川県相模原市南区東大沼 2-21-4
TEL　042-765-6460（代）　FAX　042-701-8611
URL　http://www.seizansha.co.jp　E-mail　contactus_email@seizansha.co.jp

# インターネット判例要約集

## ―附・日本著作権法の概要と最近の判例

著者：
久留米大学名誉教授　大家重夫
(株)インタークロス IT 企業法務研究所 客員研究員

A5 判・542 頁
2015 年 12 月 20 日　第 1 版発行
定価：本体 2,800 円＋税
ISBN 978 - 4 - 88359 - 341 - 5

世界中のコンピュータを接続するという通信網の「インターネット」が一般に普及し始めて約 20 年になる。インターネットは、必需品になった。インターネット上で、誹謗中傷されたり、著作物を無断で使用されたり、インターネットをめぐるトラブルが多く発生している。 検索サイトの表示差止めを求める「忘れられる権利」があるか、という事件もある。

本書は、インターネットに関する事件の判決 135 件を年代順に集め、これを要約し、編集したものである。

第 1 部　インターネット判例要約集
イスラム教徒情報流出事件(東京高裁平成 27 年 4 月 15 日判決)
為替相場情報無断コピー事件(東京地裁平成 27 年 4 月 24 日判決)
「食べログ」サイト事件(札幌地裁平成 26 年 9 月 4 日判決)
塗装屋口コミランキング事件(東京地裁平成 26 年 10 月 15 日判決)
自炊事件(知財高裁平成 26 年 10 月 22 日判決)
マンガ家佐藤秀峰事件(東京地裁平成 25 年 7 月 16 日判決)
中村うさぎ「狂人失格」事件(大阪地裁堺支部平成 25 年 5 月 20 日判決)
第 2 部　資料
インターネットに関する法律及び参考文献を掲載した。
附録　日本著作権法の概要と最近の判例を掲載した。

株式会社　**青山社**
〒 252-0333　神奈川県相模原市南区東大沼 2-21-4
TEL 042-765-6460 (代)　FAX 042-701-8611
URL http://www.seizansha.co.jp　E-mail contactus_email@seizansha.co.jp

# シリア難民とインドシナ難民

## ―インドシナ難民受入事業の思い出

著者：
久留米大学名誉教授　大家重夫
(株)インタークロスIT企業法務研究所 客員研究員

A5判・336頁
2017年 1月27日　第1版発行
定価：本体2,800円＋税
ISBN 978 - 4 - 88359 - 347 - 7

**2015年・2016年の欧州諸国の難民受入状況を概観した。ドイツは、難民を約100万人受入れ、フランス・カレーでは、イギリスを目指す移民キャンプを強制撤去、イタリアでは難民受入に反対するデモ隊、イギリスは、難民、移民受入れ反対の意見強く2016年6月、国民投票でEU離脱を決定した。**

**日本は、約40年前の1979年（昭和54年）、ベトナム、ラオス、カンボジアのインドシナ難民を受入れ、日本語を教え、就職を斡旋し、10年かけて、1万人以上を日本に定住させた。この難民受入事業に関与した著者は、事業を回顧し、提言する。**

**1, 外国人庁の創設、2, 日本語学校を内外に設置し、教師を公費で派遣する。**

**3, 日本語習得者から毎年、500人程度選抜、入国させる。4, シリア難民や難民認定待ちの者にも声をかけよ、と提言する。**

**第Ⅰ部　シリア難民**
一　クルド族、ロヒンギャ族の難民たち　二　シリア難民に思う―内藤正典「欧州・トルコ思索紀行」を読んで
三　ヨーロッパ難民事情と日本　四　シリア難民、移民など一万人受入れ表明をしてはどうか
五　フランスの難民受入制度
**第Ⅱ部　インドシナ難民**
一　インドシナ難民受入事業の思い出　二　日本が難民を受け入れる―その経緯と現状
三　難民と日本語教育　四「亡命者」と「難民」
五　昭和五八年の難民受入れ状況　六　一時滞在インドシナ難民と小学校
七　一時滞在インドシナ難民と宗教団体
**第Ⅲ部　インドシナ難民の現在**
一　竹原茂(ウドム・ラタナヴォン)教授をめぐる開原紘氏と南雅和氏のこと
二　グエン・バン・トアさんと民族料理店一覧
**第Ⅳ部　資料**
一　奥野誠亮衆議院議員の国会・予算委員会質問　二　インドシナ難民・条約難民・移民・入国関係年表
三　関連法律等　四　最近10年間の難民関係判例集
五　難民問題資料集
判例索引

---

株式会社　**青 山 社**
〒252-0333　神奈川県相模原市南区東大沼2-21-4
TEL 042-765-6460（代）　FAX 042-701-8611
URL http://www.seizansha.co.jp　E-mail contactus_email@seizansha.co.jp

# 文字書体の法的保護

## —タイプフェイス・フォント・ピクトグラム

著者：
株式会社視覚デザイン研究所社長　葛本京子
久留米大学名誉教授・（株）インタークロスIT企業法務研究所 客員研究員　大家重夫

A5判・442頁
2019年 1月29日　第1版発行
定価：本体 2,500 円＋税
ISBN 978 - 4 - 88359 - 357 - 6

現在、日本には2000書体前後のデジタル書体があるという。流麗な書体、毅然とした書体、温かみのある書体、滑稽な書体、寄席文字・・・。文章に使われるとき、私たちは、読みやすく、目が疲れず、できれば意識されない書体がいい。書体デザイナーが権利を主張されることは少ない。本書は、読書人、ビジネスマン、裁判官、弁護士などのために「文字書体の法律面での現状と提案」を、法律研究者と書体デザイナーが述べたものである。

第一章　タイプフェイスの例示
一.タイプフェイスの例示
第二章　タイプフェイス制作者に「書体著作権」を与えたい
一.正木香子氏、鳥海修氏へのお願い
第三章　文字書体の制作者からの発言
一.文字書体の制作者・フォントベンダーの置かれている立場
二.写研とモリサワ—視覚デザイン研究所から見たゴナU事件の背景
三.文字書体を無断複製され、被害を受けた事例
四.フォントの使用許諾契約
五.視覚デザイン研究所のフォント
六.TPPにあたっての文字書体制作者からのお願い
第四章　文字書体をめぐる判例
一.印刷用文字書体に関する知的財産権判例（二〇一八年）
二.印刷用文字書体保護の現状と問題点（一九八七年）—ゴナU事件判決以前
三.印刷用文字書体の法的保護の現状と課題（二〇一三年）—ゴナU事件以後
第五章　ゴナU事件最高裁判決について
一.印刷用書体の著作物性—ゴナU事件最高裁判決
二.印刷用書体の著作権法改正による保護—最高裁平成一二年九月七日判決を契機に
三.ゴナU事件判決を再考する（二〇一八年）
第六章　民法七〇九条と最高裁北朝鮮映画事件判決
一.知的財産権法は、不完全である
二.すべてのデータベースが保護されるわけではない
三.自動車データベース（翼システム）事件
四.民法七〇九条によって「知的財産」が論ぜられた事例
五.北朝鮮映画事件（最高裁平成二三年一二月八日判決）の衝撃
六.最高裁判決の再考、変更を期待する
第七章　タイプフェイス保護のための新法制定を提案する
一.デジタルフォント保護法の制定を提案する（二〇一六年）
第八章　ピクトグラムの保護
一.ピクトグラム事件（大阪地裁平成二七年九月二四日判決）について
資料　判決文—文字デザイン・デザイン書体に関する判例一覧

株式会社　**青山社**
〒252-0333　神奈川県相模原市南区東大沼 2-21-4
TEL　042-765-6460（代）　FAX　042-701-8611
URL　http://www.seizansha.co.jp　E-mail　contactus_email@seizansha.co.jp